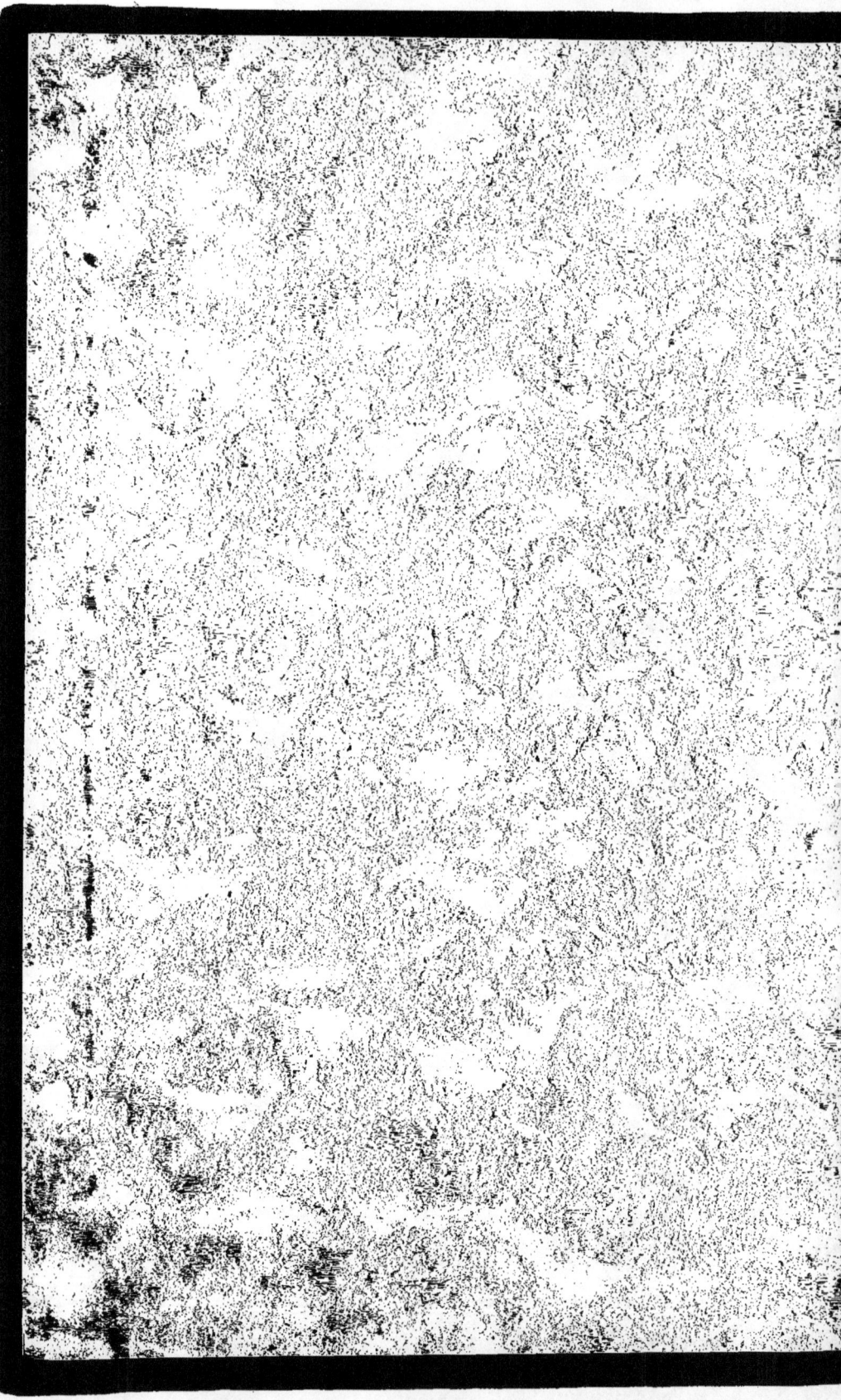

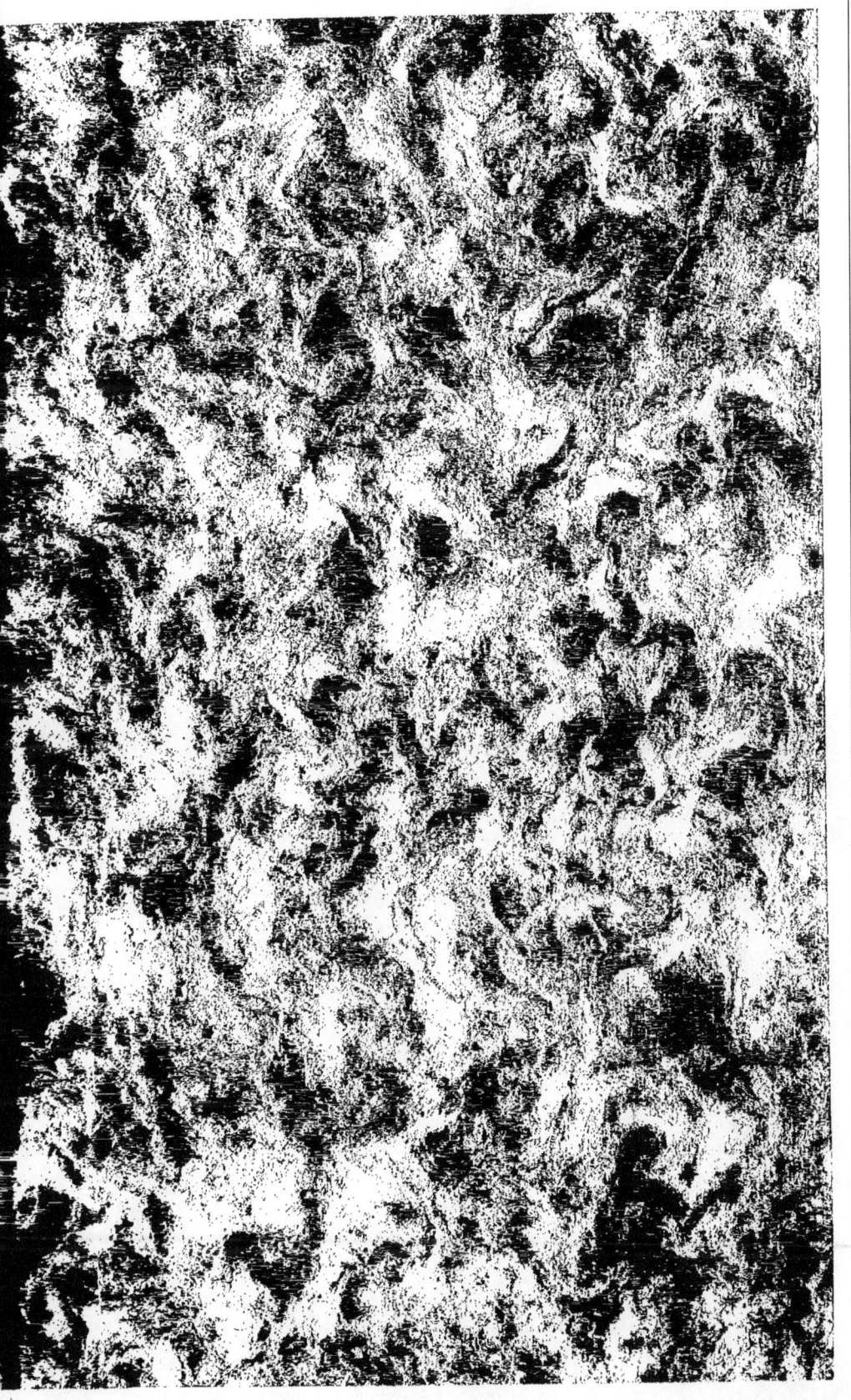

FERRET GUIONIE 1984

DOCUMENTS

SUR LES

JUIFS A PARIS

AU XVIIIᵉ SIÈCLE

ACTES D'INHUMATION ET SCELLÉS

RECUEILLIS PAR

P. HILDENFINGER

A PARIS
Chez E. CHAMPION
Libraire de la Société de l'Histoire de Paris
Quai Malaquais, 5 (VIᵉ)
1913

Exercice 1913.

DOCUMENTS

SUR LES

JUIFS A PARIS

AU XVIIIe SIÈCLE

DOCUMENTS

SUR LES

JUIFS A PARIS

AU XVIIIe SIÈCLE

ACTES D'INHUMATION ET SCELLÉS

RECUEILLIS PAR

P. HILDENFINGER

A PARIS
Chez E. CHAMPION
Libraire de la Société de l'Histoire de Paris
Quai Malaquais, 5 (VIe)

1913

Exercice 1913.

AVERTISSEMENT DE L'ÉDITEUR.

Le Destin veut que ce recueil d'actes mortuaires des Israélites qui vécurent à Paris au XVIIIe siècle, s'ouvre par la plus imprévue et la plus attristante des nécrologies.

L'érudit distingué qui consacra de longs mois à la difficile enquête dont le présent volume offre le résultat, Paul Hildenfinger, est décédé le 23 juin 1912.

Né à Reims le 14 mars 1874, Hildenfinger, après de brillantes études poursuivies au Lycée de sa ville natale, était entré à l'École des Chartes, d'où il sortit en 1899 avec le diplôme d'archiviste-paléographe. Ses devoirs militaires accomplis, il fut nommé attaché à la Bibliothèque Nationale, au temps de l'administration de Léopold Delisle. Une intelligente collaboration à la publication du Catalogue général des livres imprimés lui valut de conquérir rapidement le grade de Bibliothécaire. Conciliant l'accomplissement ponctuel de ses devoirs professionnels avec son goût pour l'érudition, il consacra ses loisirs à des travaux historiques touchant soit les Léproseries de Reims, soit Strasbourg, son pays d'origine, soit les Juifs. L'histoire des malheureux, celle de sa chère Alsace et celle de ses coreligionnaires tenaient dans son esprit la même place que la pitié, le culte du souvenir et les liens religieux occupaient dans son cœur.

A remplir ses devoirs d'homme et de savant tels qu'il les concevait, Hildenfinger dépensa sans compter et épuisa ses forces. Aussi est-ce un juste hommage qu'au jour de ses obsèques M. Ch. de La Roncière et M. L. Lazard [1], et, plus récemment, M. Henry Martin [2] et M. Eug. Morel [3], ont rendu à la mémoire de celui qui nous fut sitôt ravi.

L'une des dernières joies d'Hildenfinger fut de tenir en ses mains défaillantes quelques placards de ce recueil de documents ; il n'en devait pas voir davantage.

---

1. *Bibliothèque de l'Ecole des Chartes*, t. LXXIII, 1912, p. 390.
2. *Bulletin de la Société de l'histoire de Paris*, assemblée générale de 1913.
3. *Bibliothèque de Levallois-Perret. Catalogue* (1913), p. XVII.

Le secrétaire du Comité de publication de la Société de l'histoire de Paris et de l'Ile de France a dû assumer la mission délicate de surveiller l'impression du volume et d'en établir la table. Quelque soin qu'il ait apporté dans l'accomplissement de cette tâche, quelque désir qu'il ait eu de bien servir la renommée d'un confrère très estimé et d'un ami très cher, il n'a pu, éditeur improvisé, prétendre résoudre toutes les difficultés résultant de l'onomastique imprécise des familles israélites au xviiie siècle, avec la même compétence qu'eût apportée l'auteur s'il avait lui-même mené son œuvre à bonne fin. Les juges indulgents voudront bien excuser les imperfections qu'ils constateront ici, en raison des circonstances exceptionnellement pénibles dans lesquelles le dernier livre d'Hildenfinger voit le jour.

A. Vidier.

Août 1913.

DOCUMENTS

SUR

LES JUIFS A PARIS

AU XVIIIe SIÈCLE

ACTES D'INHUMATION ET SCELLÉS.

INTRODUCTION.

Au XVIIIe siècle, comme on sait, l'état civil de chaque sujet coïncide avec son état religieux. C'est le curé qui continue à tenir registre, et ce qu'il inscrit c'est non pas tant la naissance, le mariage ou le décès des individus que le baptême, l'union religieuse ou la sépulture. Sans doute l'ordonnance de 1667 [1] et la déclaration de 1736 [2] « laïcisent » ce qu'on appelle alors l'état des hommes et organisent de façon plus efficace le contrôle de l'Etat [3]. Mais l'état civil n'existe toujours, pourrait-on dire, qu'en fonction de l'état religieux.

Quelle est, dans ces conditions, la situation des non-catho-

---

[1]. Titre XX, art. 7, sqq, dans Isambert, *Recueil général des anciennes lois françaises*, XVIII, p. 137.
[2]. Isambert, XXI, p. 405.
[3]. Le curé est obligé de tenir deux registres, dont l'un est ensuite déposé au greffe du juge royal, et il est loisible d'en demander un extrait soit au curé, soit à l'agent civil. Sur la résistance du clergé à l'application de l'édit de 1736, voy. L. Cahen, *La Question de l'état civil à Paris au XVIIIe siècle*, dans la *Révolution française*, t. LVII (1909), p. 193.

liques ? Si à la rigueur la question pouvait ne pas être posée pour les naissances ou les mariages [1], il était impossible à la police de se désintéresser du décès de ces habitants [2]. Aussi la déclaration royale du 9 avril 1736 « concernant la forme de tenir les registres des baptêmes, mariages, sépultures, noviciats et professions » prévoyait-elle des mesures spéciales. L'article XIII est ainsi conçu : « Ne seront... inhumés ceux auxquels la sépulture ecclésiastique ne sera pas accordée qu'en vertu d'une ordonnance du Juge de Police des lieux rendue sur les conclusions de notre Procureur ou de celui des hauts-justiciers, dans laquelle ordonnance sera fait mention du jour du décès et du nom et qualité de la personne décédée [3]... »

Par application de cette déclaration, le Lieutenant général de police de Paris arrête, le 20 octobre 1736 [4], que « ceux auxquels la sépulture ecclésiastique ne sera pas accordée, qui viendront à décéder dans la ville, fauxbourgs et banlieue de Paris, ne pourront être inhumés qu'en vertu de » son « ordonnance rendue sur les conclusions dudit Procureur du Roi » ; et une sentence du même magistrat à la date du 22 décembre de la même année complète ainsi ces prescriptions : « Lorsqu'il viendra à décéder des personnes auxquelles la sépulture ecclésiastique ne sera pas accordée, les commissaires du Châtelet se transporteront chacun dans leur quartier dans les maisons où les personnes seront décédées, lorsqu'ils en seront requis, ou sur l'avis qui leur en aura été donné, à l'effet de dresser leurs procès-verbaux qu'ils seront tenus de communiquer aussitôt audit Procureur du Roi, pour être par lui requis ce qu'il appartiendra, et de Nous en référer ensuite, pour être par Nous sur iceux ordonné ce que de raison ; lesquels com-

---

1. Cf. sur toutes ces questions, G. Baudry-Lacantinerie et Houques-Fourcade, *Traité théorique et pratique de droit civil : des personnes*, t. II (1907, 3ᵉ éd.), pp. 9 sqq.
2. Voyez par exemple une délibération relative à l'inhumation des étrangers et particulièrement des Protestants dans une assemblée de police de 1727 (Bib. Nat. Ms. fr. 11356, fᵒˢ 93 et 115).
3. Isambert, XXI, p. 409.
4. E. de La Poix de Fréminville, *Dictionnaire ou traité de la police générale*, (Paris, 1758 ; in-4°), p. 539.

missaires, chacun dans leur quartier, tiendront la main à l'exécution de notre ordonnance qui interviendra sur lesdits procès-verbaux, conclusions et ordonnances qu'ils remettront dans vingt-quatre heures au plus tard des expéditions (*sic*) en forme au greffe dudit Me Caillet [l'ancien des greffiers de la Chambre civile et de celle de police du Châtelet de Paris], pour être enregistrées sur le registre qui sera par lui tenu à cet effet... [1] »

Ces textes visent nettement les Réformés et ils ont en effet régi les inhumations protestantes [2] jusqu'à l'édit de novembre 1787 [3]. Malesherbes, dans son *Second mémoire sur le mariage des Protestants* [4], affirme que les rédacteurs de la déclaration de 1736 ne pensèrent pas aux Juifs, rentrés cependant à Paris vers la fin du règne de Louis XIV [5]. Mais elle devait leur être appliquée, par une assimilation toute naturelle, comme aux Catholiques grecs [6]. L'Assemblée du clergé de 1788, par

---

1. E. de La Poix de Freminville, p. 540.
2. Voyez par exemple [Taillandier], *Procès-verbal d'inhumation d'une dame protestante à Paris au XVIIIe siècle*, dans *Bulletin de la Société d'histoire du Protestantisme*, I (1853), p. 483 ; *Inhumation de Protestants à Paris au XVIIIe siècle*, ibid., II (1854), p. 118 ; C. Read, *Les Sépultures des Protestants étrangers et régnicoles à Paris au XVIIIe siècle*, ibid., XXXVI (1887), p. 34 ; H. Vial, *Le Cimetière des Protestants étrangers à la Porte Saint-Martin*, ibid., LI, p. 259.
3. Isambert, XXVIII, p. 472.
4. Londres, 1787, in-8o [Bibl. Nat. 8o Ld [176]. 697], p. 152.
5. En 1709 déjà Moyse et Ruben Schwabe frères, de Metz, sollicitent du Contrôleur des finances l'autorisation, au moins pour l'un d'eux avec un commis, de séjourner à Paris pendant six mois pour le règlement de leurs affaires. (Arch. Nat. G7. 1119 : lettre du 5 mars 1709). — Le 14 février 1715, Joseph Lévy le jeune, banquier à Paris, demeurant rue Quincampoix *à la ville de Bruxelles*, porte plainte contre Pierron fils qui lui a emprunté, sans la lui rendre, sa tabatière d'or. (Arch. Nat. Y. 12344). — Cf. P. Viollet, *Histoire du droit civil français* (2e éd ; Paris, 1893), p. 359.
6. A l'occasion de la mort du P. Gervais Sgoursky, aumônier de l'ambassade de Russie, Sartine écrit au commissaire Duchesne (9 mars 1767) : « Il est nécessaire de remplir à son égard les formalités ordinaires et de le faire enterrer cette nuit dans le cimetière des Protestants ». (Y. 15275). — Voir de même les inhumations de Pierre Tcherepnine, chantre de la chapelle de Russie, 1er juin 1768 ; Pierre Grignauff, peintre, 17 novembre 1768 (Y. 15276), etc.

exemple, s'élevant précisément contre cet édit de 1787, ne manque pas de ranger « sous le titre de non-catholiques » non seulement les religionnaires, mais « les hommes de toute secte tant nationale qu'étrangère, même... les ennemis du nom chrétien... [1] » Et de fait l'ordonnance du Lieutenant de police du 7 mars 1780, autorisant l'établissement d'un cimetière israélite à la Villette [2], se réfère de façon expresse à l'article XIII de la déclaration de 1736.

Il était donc intéressant de vérifier si — à défaut des registres spéciaux tenus par les greffiers de la Chambre civile du Châtelet, et aujourd'hui disparus [3] — on ne retrouverait pas de ces procès-verbaux parmi les papiers des commissaires du Châtelet conservés aux Archives Nationales dans la série Y [4], et

---

1. *Remontrances du Clergé de France assemblé en 1788 au Roi sur l'édit du mois de novembre 1787 concernant les non-catholiques* (Paris, 1788 ; in-8º [Bibl. Nat. 8º Ld⁵. 601]), p. 12.

2. Léon Kahn, *Histoire de la communauté israélite de Paris. Le Comité de bienfaisance, l'hôpital, les cimetières* (Paris, 1886 ; in-18), p. 168. — Nous citerons cet ouvrage sous la forme abrégée de : *Cimetières*.

3. La sentence du 22 décembre 1736 citée ci-dessus confie la tenue de ce registre au greffier Caillet ; une note de l'*Almanach royal* indique à partir de 1774 que « C'est M. Moreau [l'un des greffiers des chambres civile et de police au Châtelet] qui est chargé de la garde des registres de baptêmes, mariages, etc., conformément à la Déclaration du Roi, du 9 avril 1736 ». Mais le procès-verbal d'apposition de scellés et inventaire des papiers du greffe du Châtelet rédigé en 1791 (Arch. Nat. U. 1009) ne relève pour les Protestants que les registres du XVIIᵉ siècle et, pour le XVIIIᵉ, mentionne seulement (fº 204) un « carton renfermant des procès-verbaux de sépultures de personnes de la R. P. R. faits par le commissaire Defacq et autres commissaires depuis... 1747 jusques et compris... 1755 » ; il est vrai que cet inventaire signale à différentes reprises (fᵒˢ 186, 250) un certain nombre d'articles en masse, sans en préciser le contenu. — Les registres déposés avant 1871 aux Archives de la Seine, brûlés à cette date (cf. E. Welvert, *Etat sommaire des Archives anciennes de la Seine brûlées en 1871*, dans *Archives historiques, artistiques et littéraires*, I, p. 475) et que l'on connaît seulement par quelques notes de Ch. Read prises avant l'incendie (*op. cit.*, dans *Bulletin de la Société du Protestantisme français*, XXXVI, p. 25 et sqq.) avaient peut-être — au moins pour quelques-uns, une autre origine. Voir plus loin p. 14, n. 2.

4. Cf. l'état numérique de cette série, rédigé par M. H. Stein, *Ministère de l'Instruction publique et des Beaux-Arts. Archives nationales. Répertoire numérique des archives du Châtelet de Paris. Série Y.* (Paris, 1898 ; in-4º).

s'il n'y aurait pas là — à côté des cahiers de péritomistes [1], des pierres tombales [2] ou des états dressés à Paris par les inspecteurs de police [3] — une source de renseignements utiles pour l'histoire des Juifs au XVIIIe siècle. C'est le résultat de cette recherche que nous publions ici.

---

1. Le péritomiste, en hébreu, *Mohel*, est l'opérateur chargé de la circoncision.

2. Sur les registres de naissance, mariage et décès des Juifs Portugais de Bordeaux, voir L. Cardozo de Bethencourt, *Le Trésor des Juifs Sephardim*, dans *Revue des études juives*, XXVI, p. 246, et G. Cirot, *Recherches sur les Juifs Espagnols et Portugais à Bordeaux*, dans *Bulletin hispanique*, t. VIII (1906), p. 281. Pour Metz, la Lorraine et Paris, M. Lambert, *Liste des circoncis opérés par le mohel Isaac Schweich* (1775-1801), dans *Revue des études juives*, t. II, p. 282. Pour les pierres tombales, voir L. Kahn, *Cimetières*, p. 170 (pour Paris); G. Cirot, *op. cit.*, dans *Bulletin hispanique*, t. X (1908), p. 68 et 157 (pour Bordeaux); N. Netter, *Les anciens cimetières israélites de Metz*, dans *Revue des études juives*, LI, p. 280 et LII, p. 98, et M. Ginsburger, *Les anciens cimetières israélites de Metz*, *ibid.*, LII, p. 272; M. Ginsburger, *Der israelitische Friedhof in Jungholz* (Gebweiler, 1904, in-8º); A. Nordmann, *Der israelitische Friedhof in Hegenheim* (Basel, 1910, in-8º), etc., et d'une manière générale, M. Schwab, *Rapport sur les inscriptions hébraïques de la France* (Paris, Impr. nationale, 1904; in-8º), avec un chapitre sur l'étranger. — La Société pour l'histoire des Juifs d'Alsace-Lorraine possède un certain nombre de registres de péritomistes et de registres d'inhumations, sans compter les *mappoth* et les contrats de mariage, déposés au Musée alsacien de Strasbourg (Les *mappoth* sont des bandelettes destinées à tenir serrés les rouleaux de la Loi : chaque enfant mâle doit en offrir une au temple, portant son nom et la date de sa naissance). Il faut noter aussi les indications biographiques fournies par les *Memorbücher* : cf. par exemple pour le moyen âge, A. Neubauer, *Le Memorbuch de Mayence*, dans *Revue des études juives*, IV, p. 1-30 ; et plus particulièrement pour l'époque moderne, M. Ginsburger, *Les Mémoriaux alsaciens*, *ibid.*, XL, p. 231-247 et XLI, p. 118-143. Sur la valeur testimoniale de ces différentes sources, voir M. Thibeaud, *De la mancipation en droit romain. Histoire des actes de l'état civil en droit français* (thèse) (Bordeaux, 1891 ; in-8º), p. 174.

3. Voir l'état de 1721 dans L. Kahn, *Les Juifs de Paris au XVIIIe siècle*, p. 6 ; les états de 1755-1759 dans L. Kahn, *Les Juifs de Paris de 1755 à 1759* dans *Revue des études juives*, XLIX, p. 121.

I.

On sait qu'en 1702[1] Paris avec ses faubourgs avait été divisé en vingt quartiers, où se trouvaient répartis quarante-huit commissaires, portant le titre officiel de commissaires-enquêteurs-examinateurs au Châtelet et placés sous l'autorité du Lieutenant général de police. Cette subdivision, qui subsista durant tout le siècle, n'était pas en fait toujours étroitement respectée : le commissaire de tel quartier pouvait, le cas échéant, aller exercer dans tout autre quartier[2], et quand il s'agissait d'une opération particulièrement lucrative comme un scellé, il ne se faisait pas faute de « se transporter » jusqu'à la campagne[3]. D'autre part, en dehors de leurs attributions locales, les commissaires pouvaient être chargés par le Lieutenant de police, pour toute la circonscription parisienne, d'un département administratif : approvisionnement, jeux, théâtres, Bourse, etc.[4] ; un mémoire rédigé en 1770 par ordre du Lieutenant de Sartine[5] établit que l'inhumation des Protestants étrangers constitue précisément un de ces services généraux.

---

1. Déclaration du 12 décembre 1702. Cf. Peuchet *Encyclopédie méthodique. Jurisprudence. T. IX contenant la police et les municipalités* (Paris, 1789), p. 567-568.
2. Au sujet des empiétements des commissaires d'un quartier sur l'autre, voir le précis des règlements du 1er mai 1688, art. X-XI, publié par Desmazes, *Le Châtelet de Paris*, 2e édition (Paris, 1870; in-18), p. 179 sqq., et une lettre de Lenoir aux syndics des commissaires (19 janvier 1780) où le lieutenant de police se plaint de ce que certains d'entre eux se chargent des affaires « sans égard à la division des départemens ». (Arch. Nat. Y. 12830.)
3. Sur les « mauvaises voyes... pratiquées » pour parvenir à apposer les scellés, voir une série de délibérations de la Chambre des commissaires du Châtelet, à la Bib. Nat., ms. Joly de Fleury, 2383, fos 2 sqq.
4. Le Lieutenant de police charge par exemple le commissaire Grimprel de la rédaction de l'état général les baptêmes, mariages et décès pour 1763 et 1773 ; Mutel, pour 1775, 1776, 1778 ; Joron, pour 1781, 1782, 1785, 1788, etc.
5. Rédigé par Le Maire, publié par Gazier, *La Police de Paris en 1770*, dans *Mémoires de la Société de l'histoire de Paris*, V, p. 43.

« Un autre [1], écrit le rédacteur, est chargé de donner des ordres nécessaires pour l'inhumation des protestants [et des] étrangers [2] qui viennent mourir à Paris et il en tient registre afin qu'on puisse avoir un acte authentique de leur décès. » « Tous ces différents départements, ajoute le mémoire, sont donnés autant que possible, aux commissaires des quartiers dont la situation les met le plus à portée de remplir ces différentes branches d'inspection [3]. »

C'est le seul renseignement que nous ayions sur l'attribution de ces divers services. On ne trouve aucune indication de cet ordre dans l'*Almanach royal*, qui donne les noms des commissaires en fonction groupés par quartiers, et la *Liste de messieurs les conseillers du Roi, commissaires enquêteurs examinateurs au Châtelet de Paris*, publiée chaque année, n'est pas plus utile à consulter sur ce point [4]. Il ne semble pas que les archives subsistantes, après l'incendie de la Préfecture de police en 1871, et en l'absence des archives de la Chambre de la communauté des commissaires, permettent de retrouver un état général de la répartition de ces départements [5]. Et ce n'est que par l'examen des papiers mêmes de chaque commissaire en particulier qu'il sera possible de savoir s'il était chargé d'un service de ce genre, et duquel.

On est dès lors conduit à se poser cette question : Quel est, à une date donnée, le commissaire chargé, le cas échéant, de l'inhumation d'un Juif? Y a-t-il un commissaire spécial ? Et

---

1. Commissaire.
2. L'addition [*et des*] est de l'éditeur. Mais si l'on se reporte à la traduction allemande du mémoire de Le Maire, *Abhandlung von der Polizeyverfassung in Frankreich* (Wien, Rehm, 1790; in-8° [B. N. 8° Lf34. 55]), p. 103, il semble que l'inhumation des *Protestants étrangers* seule forme un département spécial de la police : « Ein Anderer, dit ce texte, hat den Auftrag die nöthigen Verordnungen wegen die Beerdigung der zu Paris sterbenden fremden Protestanten zu ertheilen. » Les régnicoles sont soumis à un autre régime. Voir plus loin, p. 13.
3. Gazier, *loc. cit.*, p. 60-61.
4. Il existe un certain nombre de ces listes imprimées aux Arch. Nat. (U. 990; A D11. 9) et à la Bibliothèque Nat. (4° Lf34. 45).
5. Quelques « sondages » dans les papiers de ceux des commissaires qui ont été « syndics » de la communauté n'ont rien donné.

quel est-il ? Intervient-il à la fois pour la reconnaissance du cadavre et pour la mise en terre ? Ou n'est-ce pas le commissaire du quartier, et les subdivisions sont-elles dans ce cas respectées ?

Au milieu du siècle, Sallé [1], dans son *Traité des fonctions des commissaires*, précise que, si pour l'inhumation des Protestants étrangers — en faveur desquels a été établi en 1720 le cimetière de la Porte Saint-Martin [2] — c'est au commissaire « ancien » de ce quartier qu'il faut s'adresser, pour les Protestants régnicoles et « autres qui n'ont point droit à la sépulture ecclésiastique », c'est le commissaire du quartier qui dresse le procès-verbal. Denisart [3] observe de même qu'à Paris, les commissaires doivent « chacun dans leur quartier » se transporter au domicile du défunt, quand la sépulture ecclésiastique est refusée aux Protestants « ou autres personnes décédées. » C'est donc à cette catégorie qu'appartiennent les Juifs, comme les condamnés, les duellistes ou les suicidés [4].

---

1. *Traité des fonctions, droits et privilèges des commissaires au Châtelet* (Paris, impr. de Le Prieur, 1759 ; in-4º), t. II. p. 68-85.
2. Sur ce cimetière et celui qui l'a remplacé en 1762, cf. F. Waddington, *Influence de l'ambassade de Hollande à Paris sur les affaires des Protestants de France au XVIIIe siècle*, dans *Bulletin de la Société de l'histoire du protestantisme français*, III, p. 595 ; Ch. Read, *Les Sépultures des Protestants étrangers et regnicoles à Paris au XVIIIe siècle*, ibid., XXXVI, p. 25, 87, 133, 203 ; H. Vial, *Le Cimetière des Protestants étrangers à la Porte Saint-Martin*, ibid, LI, p. 259 ; A. Vuaflart et N. Weiss, *Le Cimetière parisien des Protestants étrangers et la sépulture de John Paul Jones*, ibid, LIV, p. 457 ; et les communications relatives à la découverte et à l'identification des restes de l'amiral Paul Jones, dans *Ville de Paris. Commission municipale du vieux Paris, année 1905. Procès-verbaux*, p. 137 sqq.
3. *Actes de notoriété donnés au Châtelet de Paris* (Paris, 1759, in-4º) [B. N. F. 12573], p. 326, note C — Guyot, *Répertoire universel et raisonné de jurisprudence*, t. LIII (Paris, 1782 ; in-8º), vº Religionnaires, p. 313, se réfère de même à l'ordonnance de 1736.
4. On sait qu'il existe en droit canon deux espèces d'interdits de la sépulture ecclésiastique, qui privent, l'un de l'accompagnement et des cérémonies de l'enterrement, l'autre de l'inhumation en terre sainte. Voir par exemple abbé André, *Cours alphabétique et méthodique de droit canon*, II, col. 1060. — L'inhumation nocturne d'Adrienne Le Couvreur est célèbre. Cf. Voltaire, *La mort de Mademoiselle Lecouvreur* et l'épître dédicatoire de *Zaïre*, dans *Œuvres complètes*, éd. Garnier, t. IX, p. 369 et II, p. 544. — Pour

Mais ces principes étaient-ils toujours appliqués ? Le dépouillement des répertoires des commissaires [1], malheureusement conservés en trop petit nombre et souvent rédigés

---

l'application de l'art. 12 de la Déclaration du 9 avril 1736 à l'inhumation d'une femme qui s'était pendue à la Salpétrière, voir Bib. Nat., ms. Joly de Fleury, 479, f° 6. Cf. Mercier, *Tableau de Paris*, (Amsterdam, 1782) ch. CCLVIII, t. III, 195-196.

1. Les Commissaires devaient tenir un répertoire de leurs minutes surtout en vue des prélèvements faits sur leurs émoluments pour la Bourse commune des commissaires. Cf. notamment un arrêt du Parlement du 18 août 1740 homologuant une délibération de la Chambre des commissaires du 29 mai [Bib. Nat. F. 23673 (76)] ; une liste des commissaires qui, conformément à cet arrêt, ont fait parapher leur répertoire se trouve Bib. Nat., Dép. des mss. Fr. nouv. acq. 3247, f° 210. — Mais on est loin d'avoir conservé les répertoires de tous les commissaires du XVIIIe siècle. Nous croyons devoir donner ici la liste de ces registres que nous avons parcourus : Aubert, quartier Saint-Denis, 1709-1741 (Y. 14126) ; Auret de La Grave, quartier S. Antoine, 1749-1770 (Y. 16020) ; Blanchard, qu. S. Martin, 1717-1748 (Y. 14590) ; Boullanger, qu. Cité, 1760-1780 (Y. 12701) ; Bourgeois, qu. S. Jacques de la Boucherie, 1749-1785 (Y. 11989) ; Bouquigni, qu. Luxembourg, 1737-1760 (Y. 14368) ; J. J. Camuset, qu. Grève, puis S. Paul, 1697-1748 (Y. 12089) ; Courcy, qu. S. Benoît, S. Eustache, Les Halles, 1723-1776 (Y. 11288) ; Crespy, Luxembourg, 1741-1749 (Y. 14126) ; Daminois, Palais-Royal, 1743-1752 (Y. 11745 : registre spécial des plaintes) et 1691-1752 (Y. 11746 : registre spécial des scellés et comptes) ; Defacq, S. Denis, S. Martin, 1711-1719 (Y. 12496) ; Delafosse, Cité, 1733-1760 (Y. 12700) ; Delaporte, S. Denis, 1764-1791 (Y. 12225-12226) : Delavergée, Palais-Royal, 1723-1755 (Y. 13830) ; Demortain, Les Halles, Louvre, 1728-1741 (Y. 13164) ; Dorival, Cité, 1756-1790 (Y. 12497) ; H.-P. Duchesne, S. Denis, S. Martin, 1752-1772 (Y. 15310) ; Dudoigt, S. Martin, S. Jacques de la Boucherie, 1738-1766 (Y. 14701) ; Duruisseau, place Maubert, Halles, S. André des Arts, 1751-1777 (Y. 15025) ; Fontaine, Montmartre, S. Eustache, S. Avoye, (1758-1770 (Y. 13165) ; Gallyot, Temple, 1678-1737 (Y. 14367) ; Glou, Temple, 1724-1753 (Y. 15685) ; Guyot, Les Halles, S. Germain des Prés, Luxembourg, S. Germain des Prés, 1756-1789 (Y. 13631) ; J. Hubert, S. Jacques de la Boucherie, S. Germain des Prés, 1707-1772 (Y. 14042) ; M. Hubert, 1703-1707 (Y. 14042) ; Joron, Temple, S. Antoine, 1765-1790 (Y. 13997) ; Landelle, Luxembourg, 1772-1788 (Y. 14042) ; Leclair, Cité, S. Martin, 1734-1765 (Y. 13996) ; Le Droit, place Maubert, 1729-1738 (Y. 14700) ; Léger, Luxembourg, 1760-1792 (Y. 14369) ; Leseigneur, S. Germain des Prés, 1775-1788 (Y. 14591-14592) ; Marrier, S. Eustache, 1680-1719 (Y. 15024) ; Michel, S. Jacques de la Boucherie, S. Eustache, 1766-1791 (Y. 14701 *bis*) ; Monnaie, S. Germain des Prés, 1773-1775 (Y. 14591) ;

de façon fort insuffisante [1], l'examen des minutes mêmes pour les quartiers où les Juifs habitaient de préférence, c'est-à-dire les quartiers Saint-Martin et Saint-André des Arts [2], des « sondages » dans les archives des commissaires des autres quartiers [3] fournissent sur ce point quelques conclusions. Si

---

Mouricault, S. Martin, la Grève, 1737-1781 (Y. 14859); Parent, Luxembourg, S. Germain des Prés, 1723-1750 (Y. 13296); Premontval, S. Paul, S. Jacques de la Boucherie, 1720-1750 (Y. 15025); L.-P. Regnard, S. Benoît, Maubert, 1711-1752 (Y. 10936-10937); P. Regnard jeune, S. Eustache, 1712-1751 (Y. 15310); Regnaudet, Grève, S. André des Arts, 1741-1760 (Y. 15404); Sirebeau, S. Paul, Palais-Royal, 1753-1791 (Y. 15686); Thierion, Palais-Royal, 1755-1762 (Y. 10941); Thilloi, S. Germain des Prés, 1755-1762 (Y. 14591); Thiot, S. André des Arts, S. Germain des Prés, 1755-1770 (Y. 13831); Touvenot, S. Germain des Prés, 1762-1773 (Y. 14591); Tourton, Louvre, 1701-1731 (Y. 12224); Trudon, S. Paul, S. Antoine, Palais-Royal, 1731-1766 (Y. 15119); Vanglenne, Le Temple, 1770 (Y. 16020).

1. Les articles y sont parfois rédigés de façon très vague : ainsi, répertoire Tourton (Y. 12224), fol. 106 : 22 novembre 1721 : « information de 14 témoins contre des gardes du Roy »; répertoire Courcy (Y. 11288) : 12 janvier 1726 : « proced verbal et information à la requeste de Mr le Procureur du Roy ; 12 janvier : information à la requeste de M. le Procureur du Roy »... — Ils ne sont d'ailleurs pas toujours complets : ou bien ils sont interrompus avant la mort ou la retraite du commissaire ; ainsi le répertoire (Y. 15310) de H. P. Duchesne, commissaire jusqu'en 1781, finit en 1772 ; — ou bien ils ne renferment pas tous les actes ; ainsi le commissaire Defacq signale en bloc à la fin de chaque année (Y. 12496) les procès-verbaux d'enfants trouvés ; ainsi le commissaire Blanchard ne relève pas dans son répertoire (Y. 14590) des procès-verbaux d'inhumation qui figurent dans ses minutes.

2. L. Kahn, *Histoire de la communauté israélite de Paris. Les Juifs de Paris sous Louis XV*, p. 52-53. Cf. Du Hautchamp, *Histoire du système des finances sous la minorité de Louis XV* (La Haye, 1739), t. I. p. 184 : « Elle [la rue Quinquempoix] a été de tout tems occupée par des banquiers .. il s'y trouve même beaucoup de Juifs. » — Coquebert de Montbret (*Notice sur l'état des Israélites en France* [Paris, 1821 ; in-8º]), note (p. 16) qu'avant la Révolution presque tous les Juifs Avignonais demeuraient dans l'enclos de l'abbaye Saint-Germain-des-Prés, à cause des franchises dont jouissait ce local et qui leur permettaient de se livrer au commerce de soierie et de mercerie sans être molestés par les corps de marchands de Paris.

3. Nous croyons devoir donner la liste des commissaires dont nous avons vu ainsi les papiers, pour le cas où un chercheur souhaiterait reprendre

l'on s'étonnait de les voir si provisoires, il faudrait se rappeler le petit nombre des Juifs et leur inexistence légale, qui expliqueraient l'absence de mesures générales et expresses à leur égard.

L'ordonnance de 1736 semble généralement observée. C'est le commissaire du quartier qui se rend au domicile du défunt, constate le décès et remplit les formalités nécessaires auprès du Procureur du Roi au Châtelet et du Lieutenant de police, et c'est dans les papiers de ce commissaire qu'il faut chercher le procès-verbal. Blanchard, du quartier Saint-Martin, appelé dans une maison de la rue de la Corroyerie, note que cette rue dépend de sa circonscription [1] ; et pour un décès survenu rue Mazarine [2], les témoins spécifient qu'ils ont d'abord « donné avis aux commissaires de leur quartier » ; ce n'est que

---

ce travail : les années sont celles pour lesquelles nous avons parcouru les minutes : les noms en italique indiquent les commissaires dans les papiers desquels nous avons relevé des actes d'inhumation de Juifs, nous ne notons le quartier que pour ceux qui ne figurent pas à la note 1 de la p. 9 ; Aubert, 1738 ; *Blanchard*, 1717-1747 ; Boin, quartier Montmartre, puis S. André des Arts, 1784-1789 ; *Chenu*, S. Germain des Prés, Luxembourg, 1760, 1764, 1767, 1780-1789 ; Coquelin, S. Martin, 1764-1767 ; Daminois, 1750 ; Dassonvillez, le Temple, 1786-1788 ; *Defacq*, 1747-1755 (pour le 2e semestre 1754 tous les actes sont de Rousselot) ; Demontcrif, S. Martin, 1715, 1720-1737 ; Dorival, 1757-1759 et 1780 ; Doublon, S. André des Arts, S. Benoît, 1750-1751, 1754-1760, F. Dubois, S. André, 1722-1728 : *H.-P. Duchesne*, 1758, 1762-1764, 1769, 1773-1781 ; Duruisseau, 1766 ; Fontaine, 1771, 1775, 1780, 1785 ; *Formel*, S. André, 1761-1781 ; Foucault, S. André 1782 ; Gallyot, 1730 ; *Graillard de Graville*, S. André, 1769-1780 ; Guyot, 1780-1781 ; J. Hubert, S. Jacques de la Boucherie, 1720-1727 ; *J. F. Hugues*, Montmartre, 1777-1779 ; Joron, 1767-1768 ; Langlois, S. Jacques de la Boucherie, 1715-1721 ; Lebas, S. Paul, 1787 ; Le Blanc, S. André, 1766 ; Leblond, S. Denis, 1782-1784 ; *Leclair*, 1756-1765 ; Lerat, S. Antoine, 1779 ; Levié, S. André, Montmartre, 1740, 1749-1760 ; Lucotte, S. Opportune, 1783-1791 ; *Maillot*, le Temple, 1769-1772 ; Michel, 1780 ; Mutel, Palais-Royal, 1752 ; Odent, S. André, 1780-1788 ; L.-P. Regnard, 1723, 1725 ; *P. Regnard jeune*, 1735-1745 ; Regnaudet, 1743-1746 ; Serreau, S. Martin, 1766-1767 ; *Simonneau*, S. Jacques de la Boucherie, S. Martin, 1769-1791 ; Vanglenne, 1784.

1. Pièce n° 11.
2. Pièce n° 13.

par ce que ceux-ci ne se sont pas dérangés qu'ils requièrent leur confrère de Saint-Martin.

Il y a lieu cependant de tenir compte de certaines observations. Ces papiers de la série Y sont d'ordinaire classés chronologiquement pour chaque commissaire, chaque année ou semestre formant une liasse spéciale. Mais il arrive que des commissaires ont, pour leur commodité personnelle, groupé certains de leurs actes en dossiers spéciaux, comprenant des documents de plusieurs années, et qui se trouvent aujourd'hui insérés dans une liasse quelconque. C'est ainsi que la liasse Y. 14843 comprend un ensemble de procès-verbaux d'inhumations d'étrangers de 1725-1737 [1]. C'est ainsi que les papiers du commissaire Blanchard pour 1739 [2] contiennent un dossier d'inhumations juives et protestantes datant de 1737, 1738 et 1739; et ceux de 1740 [3] un dossier semblable pour 1740-1746. Le commissaire Graillard de Graville rédige même tous les procès-verbaux de ce genre sur un cahier particulier, et c'est dans ce cahier joint aujourd'hui aux papiers de 1778 [4] qu'il faudra chercher un acte du 17 décembre 1779 [5] ou du 8 mars 1780 [6].

Il convient aussi de ne pas oublier que les commissaires, changeant parfois de quartier durant leur carrière, emportent leurs archives avec eux, — et d'autre part que les empiètements ne sont pas rares. Le commissaire Formel, du quartier Saint-André des Arts, ira ainsi instrumenter rue de la Verrerie [7], rue Saint-Honoré [8], rue de l'Étoile (quartier Saint-Paul [9]), rue de Seine [10], ou rue des Fossés Saint-Germain [11]

---

1. Cf. H. Vial, art. cité, dans *Bulletin de la Société du Protestantisme français*, LI, p. 259.
2. Y. 14535.
3. Y. 14536.
4. Y. 10796.
5. Pièce n° 139.
6. Pièce n° 143.
7. Pièce n° 43.
8. Pièce n° 45.
9. Pièce n° 57.
10. Pièces nos 50, 52.
11. Pièce n° 54.

(quartier du Luxembourg), et même rue des Vieilles-Etuves-Saint-Martin [1]. En se reportant aux procès-verbaux que nous avons retrouvés pour les années 1775 à 1780, on verra qu'ils sont signés de quatre commissaires : Duchesne, du quartier Saint-Martin, Hugues, du quartier Montmartre, Formel et Graillard de Graville, du quartier Saint-André des Arts, et l'on pourra vérifier que Hugues se transporte rue du Paon [2], quartier Saint-André, tandis que Formel exerce rue Neuve-Saint-Eustache [3] ou rue de la Platrière [4], Graillard de Graville à l'hôpital de la Charité, quartier Saint-Germain [5] et Duchesne rue Saint-Honoré [6] ou rue Dauphine [7].

On peut enfin facilement supposer que ce régime n'a pas été immuable pendant tout le siècle. Quand il est décidé, en 1777, que les Protestants regnicoles seront désormais enterrés dans la cour du Cimetière des étrangers, c'est le commissaire Duchesne qui est chargé de « cette partie de la police » [8]. Quand par ordonnance du 7 mars 1780, le lieutenant Lenoir autorise l'établissement d'un cimetière particulier pour les Juifs Portugais, il désigne le même commissaire pour « veiller aux inhumations » [9]. Duchesne est l' « ancien » du quartier Saint-Martin. En 1788, Simonneau déclare avoir « seul l'inspection du cimetière des étrangers et Juifs » [10], Simonneau est le successeur de Duchesne [11]. — D'autre part, en parcourant les pièces publiées

---

1. Pièce n° 53.
2. Pièce n° 137.
3. Pièce n° 93.
4. Pièces n°s 100, 105.
5. Pièce n° 139.
6. Pièces n°s 103, 120.
7. Pièce n° 130.
8. Ch. Read, art. cité, dans *Bulletin de la Société de l'histoire du protestantisme*, XXXVI, p. 89.
9. L. Kahn, *Cimetières*, p. 168.
10. Pièce n° 174.
11. « M. le commissaire Simonneau, ci-devant rue Aubry le Boucher, demeure actuellement rue Saint-Martin, vis-à-vis celle Grenier Saint-Lazare, même maison qu'occupoit M. Duchesne, qu'il a remplacé dans l'inspection du cimetière des Protestans » (*Journal de Paris*, 22 août 1782). — En 1792 encore, Simonneau réclame contre tout autre le privilège d'enterrer

plus loin, on remarquera qu'à certains actes de décès sont joints les procès-verbaux de l'inhumation même, actes et procès-verbaux étant rédigés par les mêmes commissaires[1]. Puis vers 1746 cet usage ne se constate plus. Très probablement ces procès-verbaux sont désormais transcrits sur un registre spécial, analogue à celui que prévoit l'arrêt du Conseil du 20 juillet 1720 pour les Réformés étrangers, — et pareillement disparu[2]. Ce registre des inhumations protestantes devait être tenu en double par le concierge du Cime-

---

au cimetière des Protestans. Une contestation se produit à ce sujet entre lui et le juge de paix de la section Henri IV. Cf. procès-verbal du 25 janvier 1792 aux Archiv. de la Préfecture de police, sections de Paris, procès-verbaux des commissaires, Bondy. C'est lui en effet qui préside à l'inhumation de l'amiral Paul Jones. Cf. le rapport de l'ambassadeur H. Porter dans *Ville de Paris. Commission municipale du vieux Paris. Année 1905. Procès-verbaux*, p. 140.

1. Voir pièces, 6, 7, 8, 9, 10, 11, 13, etc.
2. Ce registre des inhumations protestantes, comprenant en réalité deux parties : 1721-1779 et 1779-1792, est un des quatre qui avaient été remis le 1er janvier 1793 par le concierge du cimetière entre les mains du commissaire de la section de Bondy et déposés par celui-ci le 2 à la Maison commune (Archives de la Préfecture de police, sections de Paris, procès-verbaux des commissaires, Bondy). Il fut plus tard déposé aux Archives de la Seine, où Read y a pris quelques notes (*op. cit.*, dans *Bulletin de la Société de l'histoire du protestantisme*, XXXVI, p. 135). Un autre des cinq registres vus par Read était celui de Moreau, propriétaire du chantier où se faisaient généralement les inhumations des Réformés régnicoles (*ibid*, p. 134). Un autre enfin avait été remis par Sartine en 1769 au commissaire chargé de l'inhumation des Protestants étrangers pour y inscrire les inhumations des Protestants français. Ce ne sont donc pas là les registres dont l'ordonnance de 1736 prescrivait la tenue par les greffiers du Châtelet (Cf. ci-dessus p. 4 n. 3).— Mais il faut noter que l'inventaire publié par E. Welvert (voir *ibid.*) ne mentionne pas de registre relatif aux Juifs : n'avait-il pas été déposé ? A-t-il été remis par le commissaire Simonneau qui en était chargé ? A-t-il été égaré ? Lors de la remise faite par Simonneau au dépôt des Archives judiciaires, en exécution de la loi du 5 germinal an V, il est constaté (28 messidor an VI) que ses papiers étaient « dans un grennier non fermé à clef, placé à côté des privés et qu'il existe des lacunes considérables ». (Liste par ordre alphabétique de 48 ex-commissaires au ci-devant Châtelet de Paris qui ont en exécution de la loi du 5 germinal an 5 déposé leurs minutes aux Archives judiciaires et état sommaire desdites minutes. Arch. Nat. Y*, registre non coté).

tière et par les bureaux du Lieutenant de police. Or Sallé [1] spécifie que l'exemplaire qui devait rester aux mains du Magistrat était dans le fait confié au commissaire ancien du quartier Saint-Martin, inspecteur du cimetière des Protestants étrangers. Et c'est en effet Simonneau qui délivre un extrait « du registre des inhumations faites au cimetière des Juifs allemands » constatant le décès du graveur Heckscher [2]. Il semble donc de ces observations, de la fréquence des actes rédigés après 1780 par Duchesne, puis par Simonneau dans tous les quartiers, de l'absence de procès-verbaux rédigés par les autres commissaires, qu'on puisse conclure, à partir d'une certaine date, à un privilège de l'un des commissaires du quartier Saint-Martin, non seulement pour les Juifs Portugais, mais pour les Juifs de toutes origines, et cette sorte de prééminence s'expliquerait soit par une analogie naturelle avec les Protestants, soit par la densité de la population israélite dans ce quartier, soit par la proximité du lieu d'inhumation, établi, on va le voir, non plus dans la région de la Sorbonne, comme au moyen âge [3], mais à la Villette.

---

1. *Traité des fonctions, droits et privilèges des commissaires au Châtelet*, II, p. 68.
2. Pièce n° 174.
3. On sait que, selon De La Mare (*Traité de la police*, 2ᵉ éd. [Paris, 1722 ; in-fol.], I, 301), il existait au XIIIᵉ siècle deux cimetières juifs rue de la Harpe et rue Galande. Voir aussi Sauval, *Histoire et recherches des antiquités de la ville de Paris*, I, 20. Un certain nombre d'épitaphes, retrouvées en 1849 lors de la reconstruction d'une maison de la rue Pierre Sarrazin et aujourd'hui déposées au Musée de Cluny, ont été successivement étudiées par Ph. Luzzatto, *Notice sur quelques inscriptions hébraïques du XIIIᵉ siècle*, dans *Mémoires de la Société des antiquaires de France*, t. XXII (1855), p. 60 ; A. de Longpérier, *Œuvres complètes*, éd. G. Schlumberger, t. VI, p. 103 ; et M. Schwab, *Rapport sur les inscriptions hébraïques de la France* (Paris, 1904), p. 237. Il existe en outre au département des mss. de la Bibliothèque nationale une copie faite par Baluze d'une série de pierres tombales subsistant encore au XVIIᵉ siècle et aujourd'hui disparues. Ce document, signalé par M. L. Lazard dans sa thèse (non imprimée) de l'Ecole des Chartes, *Essai sur les Juifs dans le domaine royal au XIIIᵉ siècle* (1885), a été examiné par M. Schwab dans le même *Rapport*, p. 270. — Le même auteur a depuis décrit *Une épitaphe juive trouvée à Paris*, dans *Bulletin de la Société de l'histoire de Paris*, 36ᵉ année (1909), p. 113, et *Une nouvelle épitaphe hébraïque médiévale à Paris*, dans *Revue des études juives*, LXIII, p. 298.

II.

A la fin de l'ancien Régime, les Israélites parisiens possédaient deux cimetières, l'un à la Villette et l'autre à Montrouge. Un précieux article des *Archives israélites* [1] et un chapitre de l'ouvrage de Léon Kahn [2] nous renseignent sur les conditions dans lesquelles ces enclos avaient été créés. Le 3 mars 1780, Jacob Rodrigues Pereire [3], agent de la nation juive portugaise à Paris, achetait, avec l'assentiment du Lieutenant général de police et après visite des lieux par le commissaire Duchesne [4], deux petits jardins situés derrière la maison des frères Bonnet, grande rue de la Villette, à l'effet d'y établir un lieu d'inhumation pour les Juifs Portugais. Cerf Berr, syndic des Juifs d'Alsace, acquérait de son côté le 22 avril

---

1. II (1841), p. 602-606 : *Des cimetières israélistes de Paris* [signé : R.]. Il utilise en effet des documents consultés aux Archives de la Préfecture de police et incendiés depuis.

2 *Cimetières*, p. 98 sqq.

3. Cf. E. La Rochelle, *Jacob Rodrigues Pereire, premier instituteur des sourds-muets en France, sa vie et ses travaux*, p. 452.

4. Y. 15288. Le 16 février, le Lieutenant de police envoyait au commissaire Duchesne un mémoire de Pereire relatif au cimetière et lui demandait « d'examiner le local pour savoir si la situation n'exciteroit pas des plaintes et des réclamations de la part des domiciliés les plus voisins » et de lui donner son avis en lui renvoyant ce mémoire. La visite eut lieu le 25 février à 8 heures du matin. Voici un extrait du rapport : « Nous avons observé 1° que la maison desdits sieurs Bonnet a son entrée par la grande rue dudit lieu par une porte charretière d'environ huit pieds de large et qu'elle est élevée d'un rez de chaussée, d'un premier étage et de greniers au dessus couverts de thuilles, 2° que la cour de laditte maison a cinq toises de largeur et huit toises ou environ de longueur... 3° qu'au fond de laditte cour il y a une grange couverte en paille dans laquelle l'on passe pour aller au jardin dependant de laditte maison ; 4° que ledit jardin... a vingt huit toises ou environ de longueur... 5° que le mur de closture du coté du septentrion depuis la grange jusqu'au pignon de l'écurie du sieur Matar est bon et élevé d'environ trente pieds, que depuis ce pignon il y a une continuation de mur d'environ dix toises de longueur et de cinq à six pieds de hauteur jusqu'au mur qui fait coude, le mur en retours jusqu'à celuy qui fait closture du coté de l'orient et des champs a huit toises de longueur, ces derniers

1785 pour les Allemands [1] un terrain au Petit Vanves sur la route de Châtillon à Montrouge. Ces deux cimetières existent encore, 44, rue de Flandre et 94, Grande Rue à Montrouge ; on en trouvera les plans et les vues dans l'ouvrage de Léon Kahn [2], avec la liste des tombes subsistantes ; et une photopraphie du cimetière de la Villette en son état actuel figure dans les *Dix promenades dans Paris*, de A. Mousset et G. Mazeran [3].

Après 1780, c'est l'un ou l'autre de ces enclos que désignent les procès-verbaux de décès, en spécifiant que l'inhumation se fera « dans le cimetière des Juifs » [4]. C'est d'ailleurs dans cette région du Nord-Est parisien que dès le début du XVIIIe siècle, ou peut-être la fin du XVIIe [5], étaient ensevelis les Israélites qui pouvaient mourir à Paris. L'inhumation ordonnée par un

---

murs sont défectueux et tombés en partie de sorte qu'on peut passer facilement dans le jardin du sieur Matar qui sert depuis longtemps de cimetière commun à tous les Juifs. La grange et le jardin que le S. Pereire est dans l'intention d'acquérir paroissent suffisants pour remplir ses vues au moyen de ce que les vendeurs s'obligeront par le contrat de vente de donner la liberté de la porte charretiere de laditte maison et de la cour. Mais il sera nécessaire de rétablir et mettre en bon état les murs qui sont actuellement défectueux. Lesdits vendeurs et lesdits sieurs Matar et Laurent, propriétaires des maisons voisines, nous ont déclaré qu'ils ne s'opposoient point à l'établissement dudit cimetiere et même ledit sieur Matar au rétablissement des murs défectueux qui séparent son jardin d'avec celui dont s'agit... »

1. On sait que les Juifs originaires de Lorraine, d'Alsace, d'Allemagne (ou *Askenazim*) se distinguent par leur prononciation de l'hébreu et quelques particularités liturgiques des Juifs Espagnols et Portugais (*Sefardim*).
2. D'après les plans figurés conservés dans les archives du Consistoire israélite.
3. Paris, 1909, in-18 ; p. 77 et 78.
4. Ils précisent même parfois : cimetière des Portugais ou des Allemands.
5. Lettre de Calmer fils à Pereire, 19 juin 1775 : « Le ministre et toute la justice n'ont pas ignoré *depuis quatre-vingt-dix ans* qu'il (le jardin Cameau) est pour cet usage. » Je dois communication d'un extrait de cette lettre (qui fait partie des archives de la famille Pereire) à la bonne obligeance de M. Alfred Pereire que je suis heureux de remercier ici. L'agitation des Juifs signalée en 1724 dans un rapport au Lieutenant de police « à cause du changement de leurs sépultures » (L. Kahn, *Les Juifs de Paris au XVIIIe siècle*, p. 129) peut-elle se rapporter à un déplacement ?

acte de 1720[1] dans un jardin de Clignancourt paraît être exceptionnelle et faite en raison de circonstances particulières. Sauf ce cas, tous les permis d'inhumer indiquent comme lieu de sépulture « le chantier de la Villette », « le jardin du sieur Camot[2], aubergiste à la Villette », et à partir de 1765 environ, « le cimetière des Juifs ». Quelques documents nouveaux permettront de préciser cette brève indication officielle.

Cette auberge de Cameau — qui correspond aujourd'hui au 46 de la rue de Flandre — faisait partie, comme la propriété Bonnet à laquelle elle était contiguë, de ces maisons placées en bordure sur la droite de la grande route de Paris au Bourget[3] et qui, avec les constructions de Sainte-Périne situées sur la gauche, formaient au xviiie siècle l'entrée de la Villette-Saint-Lazare[4]. On les aperçoit nettement sur le plan de Roussel (1730), groupées au Sud d'une voie qui allait de la Chapelle à Belleville sous les noms de rue des Tournelles et rue Notre-Dame[5]. Cette maison appartenait à la fin du xviie siècle aux époux Boucaut, — qui l'avaient eux-mêmes achetée des époux Vilon par acte du 17 mars 1630, — quand par une série de contrats signés successivement les 30 septembre 1691, 10 octobre 1693, 17 mai 1699, 24 février 1702 et 25 août 1707, elle avait passé aux mains de Germain Camot et Catherine Durand, sa femme. Un plan cavalier manuscrit, conservé aux Archives Nationales[6], permet d'apercevoir l'aspect général de cette propriété et celle des maisons attenantes en 1722. Il suffirait pour se rendre compte de ce qu'était l'auberge Cameau à cette date. Mais il se trouve que

---

1. Pièce n° 2.
2. Les fonctionnaires chargés de ce service semblent n'avoir pas toujours été très sûrs eux-mêmes du lieu des inhumations. Voir dans la pièce 48 les conclusions du Procureur du Roi, où le nom de Camot est laissé en blanc.
3. Route nationale n° 2, qui dans cette partie prend le nom de rue de Flandre.
4. F. Bournon, *La Chapelle-Saint-Denis et La Villette* (Paris, 1896; in-8°), p. 10-11.
5. Aujourd'hui rue Riquet et rue de Crimée.
6. S. 6643, plan côté 4, et Saint-Lazare, 54.

P. Hildenfinger. *Les Juifs à Paris*, p. 19.   Soc. de l'Hist. de Paris.

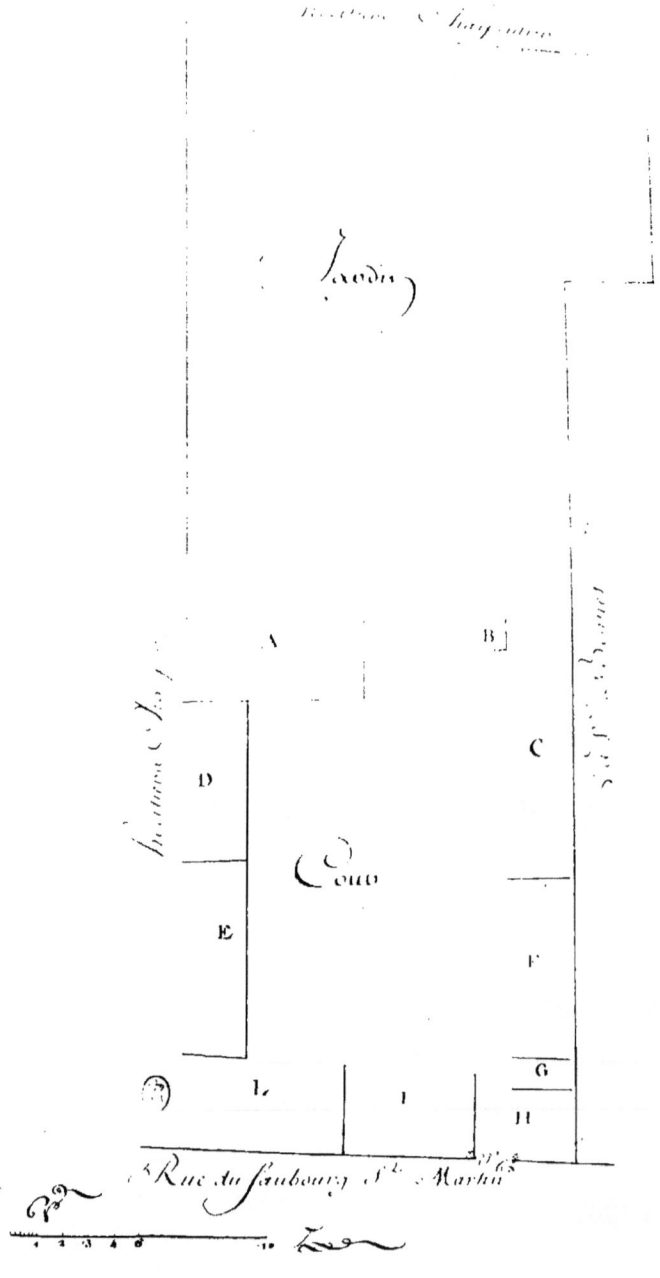

MAISON CAMEAU, FAUBOURG SAINT-MARTIN (1725)

nous en avons vers la même époque une description complète et officielle, faite à l'occasion du « procez verbal et recensement de toutes les maisons à porte cochère estant hors de l'enceinte de la ville... et dans les faubourgs d'icelle », établi en vertu de la déclaration royale du 18 juillet 1724 [1]. Parmi les immeubles ainsi toisés par les soins de Jean et Jean-Baptiste-Augustin Beausire, commis à ces opérations [2], figure en effet la maison Cameau. Il a paru intéressant de reproduire le plan dressé en cette circonstance, et, pour plus de précision, de donner le rapport des commissaires [3], à la date du 15 décembre 1725 :

N° 65e à droite. — Nous sommes entrés dans une maison à droite dans lad. rue du fauxbourg S. Martin apartenante au S. Cameau, marchand de vin, occupée par luy, la porte de laquelle est numérottée 65e, dont le point milieu est à huit toises quatre pieds six pouces de distance au delà du point milieu de la precedente porte numérottée 64e.

Lad. maison tenante d'un côté à droite à la Ve Bonnet, de l'autre aux héritiers Charpentier, aboutissante aux mêmes et par le devant ayant face sur lad. rue du fauxbourg S. Martin.

A nous représenté par lesd. Beausire père et fils le plan particulier de lad. maison qu'ils en ont conjointement levé avec leurs aydes, nous avons reconnu que led. terrain et emplacement général de lad. maison contenoit en superficie six cent quatre vingt six toises et demie six pieds, partie duquel terrain est apliquée à différens édifices consistans :

en une écurie cottée A sur led. plan ayant vint toises un quart un pied en superficie et onze pieds de haut ;

un poulailler cotté B, *id.*, ayant une toise trois quarts trois pieds en superficie et quatre pieds six pouces de haut ;

une autre écurie cottée C, *id.*, ayant vint quatre toises en superficie et sept pieds six pouces de haut ;

une autre écurie cottée D, *id.*, ayant quatorze toises trois quarts quatre pieds en superficie et onze pieds de haut ;

une autre écurie cottée E, *id.*, aïant dix huit toises huit pieds en superficie et dix pieds de haut ;

---

1. Peuchet, *Collection des lois, ordonnances et règlements de police*, 2e série, III, p. 258.

2. Par le Parlement le 23 août 1724.

3. Le résultat de ce travail est conservé en 13 vol. gr. in-folio et 4 pet. in-fol. au Département des Estampes de la Bibliothèque Nationale (Ve. 46-46 p.) ; il en existe un autre exemplaire aux Archives Nationales Z¹ f. 948-953. Le procès-verbal reproduit ici se trouve dans les vol. Ve. 46, e f° 24 et Z¹ f. 949, f° 26 v°.

une autre écurie cottée F, *id.*, aïant quinze toises et demie cinq pieds en superficie et sept pieds six pouces de haut ;

un escalier cotté G, *id.*, ayant deux toises et demie deux pieds en superficie et douze pieds trois pouces de haut ;

un corps de logis cotté H, *id.*, ayant dix toises et demie cinq pieds en superficie et dix sept pieds de haut ;

un autre corps de logis cotté I, *id.*, ayant dix sept toises et demie en superficie et vint pieds six pouces de haut ;

un autre corps de logis cotté L, *id.*, aïant vint une toises et demie trois pieds en superficie et quatorze pieds neuf pouces de haut ;

lesd. hauteurs prises depuis le rez de chaussée jusques sous l'égout des couvertures.

Tous lesd. batimens contenant ensemble en superficie cent quarante sept toises quatre pieds dont déduction faite sur le total dud. terrain et emplacement général montant à la susd. quantité de six cent quatre vingt six toises et demie six pieds ou environ, reste cinq cent trente neuf toises et demie deux pieds en superficie de cour et jardin [1] ».

On apercevra sans peine sous la précision de ces détails, la petite auberge de faubourg ; on devinera les constructions basses, le porche encombré, la cour sale par où les pauvres Juifs, entre des écuries, des hangars et des poulaillers, gagnaient l'humble lieu de leur dernier repos.

Par une complication singulière, la propriété laissée en héritage par les époux Cameau à leur fils devait, quelques années plus tard, être rachetée par leur bru. En effet, Jean-Baptiste Cameau, inspecteur des chasses du Roi en la capitainerie de la Varenne des Tuileries, en faisait le 8 mai 1756 donation à André Héguin, aubergiste à Vauderlan, et à sa femme, née Marie-Madeleine Vaillant, et ceux-ci, par acte du 16 juin 1759 passé devant Mᵉ Maquer [2], notaire à Paris, revendaient à Marie-Catherine Pigeon, veuve dud. Jean-Baptiste Cameau, moyennant le prix de 6000 l., la maison avec « d'un costé par bas, une cuisine, une salle et un petit cabinet, et deux chambres et deux greniers au-dessus, de l'autre costé

---

1. Une description analogue se trouve dans le même registre au f° 23 v° pour la propriété occupée par la Vᵉ Bonnet et dont une partie servira en 1780 de cimetière.

2. Cet acte est aujourd'hui déposé chez Mᵉ Decloux à qui nous en devons la communication. C'est de ce contrat que sont tirés les renseignements relatifs à l'origine de propriété donnés ci-dessus.

une cave, scellier, au-dessus petite salle, à costé une petite chambre et grenier au-dessus, huit écuries avec greniers au-dessus et une chambre aussi sur l'une desd. écuries avec grenier, le tout couvert de thuilles, cour, puits en icelle, avec un jardin derrière clos de murs... » La vente était faite à charge de deux rentes payables à des tiers et aussi des cens qui pouvaient être dus pour la maison et le jardin soit aux prêtres de Saint-Lazare soit au Chapitre Notre-Dame, sans que les parties pussent dire quels étaient exactement ces redevances, droits et devoirs.

C'est qu'en effet la propriété Cameau se trouvait située dans la zône du Cens-Commun, ensemble de biens ayant primitivement appartenu en commun au Chapitre de la Cathédrale et aux religieux de Saint-Lazare, et dont, malgré l'accord de 1482, la circonscription restait contestée et la répartition des droits litigieuse encore au milieu du XVIIIe siècle [1]. L'arrêt du Conseil du 10 juin 1768 [2], homologuant une transaction des parties, plaçait nettement dans le domaine du Chapitre l'immeuble numéroté 65 de la grande rue du faubourg de la Villette : aussi, par sentence du 16 décembre 1769, le bailli laïc du bailliage de la barre du Chapitre condamnait-il la veuve Cameau à justifier de ses titres de propriété pour l'établissement du terrier du Cens-Commun [3] et à payer 29 années d'arriéré de cens [4].

---

1. J. Meuret, *Le Chapitre Notre-Dame en 1790*, ne mentionne pas ce procès, dont certaines pièces se trouvent aux Archives Nationales, S. 220 A.
2. Arch. Nat., S. 220 A. Cet arrêt fixe aux deux seigneuries les limites marquées par un plan qui se trouve également aux Arch. Nat., N. III. 277 (Seine). — Il est curieux de noter que le cens, sous lequel a été aliéné à la ville de Paris le terrain du cimetière des Protestants étrangers, est attribué au Chapitre, la maison de Saint-Lazare gardant la rente de 50 l. à elle constituée pour la valeur dud. terrain. — Le 1er mai 1711, la veuve Germain Camo avait été ensaisinée par le Chapitre Notre-Dame pour une partie du jardin sis derrière sa maison (Arch. Nat., S. 222).
3. Le Chapitre avait obtenu le 26 mars 1768 des « lettres de terrier » (Paris, impr. de C. Herissant, in-fol. plano [Arch. Nat., S. 216]) et chargé le notaire Antoine Rouveau, de Belleville, de la rédaction de ce terrier (contrat du 13 septembre 1756, aux Arch. Nat., S. 217).
4. Arch. Nat., S. 217.

Mais elle n'avait encore rien acquitté [1] quand elle mourut le 30 novembre 1773. Elle était même loin d'avoir acquitté le prix d'achat de sa maison. Sur un total de 6.000 l., 1000 avaient été versées comptant, le reste devant être réglé en 5 annuités avec intérêts à 5 %: au bout de quatorze ans et demi elle restait devoir 5.000 l. et les intérêts. La propriété revint donc aux vendeurs, qui se hâtèrent de faire apposer les scellés [2], et le 8 janvier 1776 ils la revendaient par acte sous seing privé à François-Alexandre Matard et à Marie-Marguerite Duval, sa femme. C'est dans la famille de ces derniers qu'elle allait désormais rester jusqu'au 23 novembre 1833, date à laquelle elle passait entre les mains du comte Auguste-Jean-Benoît de Ribes, auteur des propriétaires actuels [3].

Au moment de son décès, la veuve Cameau habitait la maison, mais elle en avait loué une partie à destination d'auberge à un nommé Marie, et celui-ci au cours de la procédure des scellés apposés par le commissaire Bourgeois, déclarait avoir par devers lui une somme de 48 l. « reçeues pour l'enterrement d'un Juif [4] ». Matard devait utiliser de la même manière le terrain placé derrière sa maison pour en tirer les mêmes bénéfices, et de graves difficultés devaient surgir entre les Juifs et lui.

---

1. La propriété figure en effet dans un « État de la situation du terrier du fief du Cens-Commun pour les art. à reconnoistre », c'est-à-dire des propriétés qui ne sont pas enregistrées aud. terrier, avec ces deux notes : « Appartenoit à la Ve Cameau, il y a sentence ; mais cette maison est nouvellement vendue : sçavoir à qui ». « C'est la maison de l'Etoille ». Ces notes renvoient au n° 27 de la carte 15 correspondante.

2. Minutes du commissaire François Bourgeois, 1er décembre 1773, Y. 11961.

3. Nous devons ces renseignements à l'obligeance de M. le comte de Ribes. François-Alexandre Matar était mort à 40 ans, le 5 janvier 1783 (Archives de la Seine, Reconstitution de l'État-Civil : copie annexée à un acte de notoriété reçu le 1er mars 1836 par Me Ferrière, notaire). La vente de 1833 fut faite par sa fille, Marie-Josephe-Émilie, veuve de Louis-Joseph-Simon Bevierre. Les époux Bevierre n'avaient eu quittance définitive de Heguin fils que le 27 octobre 1822. Notons que ce sont ces mêmes époux Bevierre qui en 1813 rachetèrent une partie du terrain du 44 acquis par Pereire (L. Kahn, *Cimetières*, p. 109, n. 3).

4. Y. 11961, f° 10 v°.

« Vers 1775, selon L. Kahn [1], on apprit que Matard faisait écorcher des chevaux et des bœufs sur le terrain destiné aux inhumations. » Par un mémoire — rédigé en 1778, si nous comprenons bien l'article déjà signalé des *Archives israélites* [2] — l'aubergiste demandait une indemnité de 4.000 francs pour ne disposer de son terrain « que dans six ans à partir de la contestation survenue entre lui et les Juifs, qui cessèrent d'enterrer chez lui [3]. »

C'est pour parer à ces difficultés que Pereire acquit le terrain voisin. Cet enclos était en principe réservé aux seuls Portugais, et les permis d'inhumer de 1780 distinguent bien un cimetière portugais et un cimetière allemand. En réalité il fut également utilisé un certain temps par les Allemands. Le 24 mai 1781, Silveyra, syndic de la communauté de Bayonne, protestait contre cet usage [4]. Les Allemands essayèrent à nouveau de s'entendre avec Matard, qui répondit en menaçant d'exhumer les corps ensevelis dans son jardin, et il fallut l'intervention du lieutenant de police pour l'empêcher de donner suite à cette menace. C'est vers la même époque qu'une autre personnalité du temps, Liefmann Calmer, tentait de faire adopter comme cimetière aux Askenazim le terrain qu'il avait acheté également à la Villette au nom de sa femme [5]. Mais de ce côté non plus les pourparlers n'abou-

---

1. *Cimetières*, p. 98.
2. II, p. 604.
3. Ils y enterraient encore en février 1780 selon une lettre de Pereire à Lenoir (Kahn, *Cimetières*, p. 106) et ces difficultés n'empêchaient pas la famille d'Israël Valabrègue de faire poser une tombe sur sa fosse vers la même époque (Pièce n° 138).
4. *Archives israélites*, II (1841), p. 604. — De même vers la fin de 1809, après la fermeture du cimetière de Montrouge et avant la mise en service de la partie du cimetière du Mont-Louis attribuée à la Communauté de Paris par l'arrêté préfectoral du 15 juin 1809, un certain nombre de Juifs allemands furent inhumés au cimetière de la Villette. L'administration de la synagogue portugaise de la rue Saint-André des Arts essaya même de s'opposer à ces inhumations. Voy. aux archives du Consistoire israélite une lettre du 14 janvier 1810 au préfet de la Seine. Cf. L. Kahn, *Cimetières*, p. 120.
5. Cf. I. Loeb, *Un baron juif français au XVIIIe siècle, Liefmann Calmer*, dans *Annuaire des Archives israélites pour l'an du monde 5646* (1885-1886),

tirent pas et les difficultés n'avaient pas cessé en septembre 1784[1]. Les Portugais durent donc continuer à donner l'hospitalité aux Allemands. Au moins voyons-nous en juin et juillet 1781 porter au cimetière de Pereire les enfants d'un Alsacien, d'un Polonais, d'un Wurtembergeois[2], et l'on peut supposer qu'il en fut ainsi, malgré l'observation de Silveyra, jusqu'au moment où fut prêt le terrain de Montrouge.

III.

Si les procès-verbaux publiés ici ne contiennent que des indications assez brèves sur le lieu de la sépulture, ils fournissent des renseignements plus nombreux sur les formalités qui accompagnent l'inhumation. D'une manière générale le texte de ces

---

p. 25 et L. Kahn. *Cimetières*, p. 100. — Ce terrain était-il contigu à la maison qu'il possédait Chaussée de la Villette et dont le gérant porte plainte le 15 juillet 1779 devant le prevôt du Cens-Commun contre un locataire ? (Arch. Nat., Z^2. 4658, pièce isolée). — Il n'est peut-être pas sans intérêt de noter que sa bru, Marie-Dorothée Metzger, femme de Isaac-Antoine-Louis Calmer, avait aussi acheté le 6 juillet 1779 une maison avec jardin Chaussée de la Villette, qu'elle revendit le 29 mai 1789 (Archives de la Seine, Lettres de ratifications, 9826A et 4056B). Voir aussi pour cette maison Arch. Nat., Z^2. 4659-4660 (14, 21 et 31 octobre 1782). — Au décès de Dorothée Metzger, la veuve Pussin, veuve en premières noces du vendeur de l'immeuble, requiert, pour la conservation des droits qu'elle peut encore avoir, l'apposition des scellés au domicile de la défunte, 24, rue de Bondy au 2e étage. Le mari fait opposition et demande un référé devant le Lieutenant civil, offrant de placer comme gardien Frédéric Metzger, négociant, demeurant dans la même maison. Le Lieutenant civil (10 septembre 1789) renvoie les parties à l'audience et ordonne que le gardien sera tenu de se retirer (Y. 15683).

1. A cette date en effet la dame Calmer adresse au ministre des Affaires Étrangères un mémoire où elle se plaint qu'ayant acheté un terrain du consentement de Goldschmidt et autres Juifs Allemands, ceux-ci refusent de contribuer à cette dépense. Le mémoire fut simplement transmis à Lenoir et celui-ci dans son accusé de réception du 16 septembre (Archives du ministère des affaires étrangères, dossier Calmer) constate que cette affaire intéresse la justice ordinaire et qu'il y renverra la pétitionnaire. — Cf. *Archives israélites*, II (1841), p. 605.

2. Pièces nos 158, 161, 162.

pièces répond aux prescriptions des arrêtés de police qui ont été signalés. Il comprend essentiellement :

1° La déclaration du décès faite, soit en l'hôtel du commissaire, soit à domicile, par les témoins, voisins ou amis, Chrétiens ou Juifs, avec leurs noms et prénoms, leur lieu d'origine et leur domicile à Paris, parfois leur profession et leur degré de parenté avec le mort : cette partie de l'acte est signée [1] par les déclarants, d'ordinaire en français, quelquefois en hébreu, et assez souvent d'une double signature française et hébraïque [2].

2° Le constat du décès et la reconnaissance du cadavre [3], contenant les noms, prénoms, âge, domicile du défunt, attestation de sa religion, et le plus souvent son lieu d'origine, avec cette réserve que ces mentions n'ont pas et ne peuvent pas avoir la rigueur des documents de notre état civil et qu'il faut tenir compte d'une double déformation des noms géographiques du fait de l'accent du témoin et du fait de l'ignorance du commissaire ou de son secrétaire : cette partie est signée des témoins et du commissaire.

3° A partir de 1737, les conclusions du Procureur général du Roi au Châtelet [4], à qui le procès-verbal était soumis et qui spécifie le nom du défunt et le lieu de la sépulture.

4° L'ordonnance du Lieutenant général de police qui autorise l'inhumation [5].

---

[1]. Quelquefois les témoins refusent de signer par respect de la coutume religieuse qui interdit d'écrire le samedi.

[2]. Pour plus de simplicité, ces signatures hébraïques n'ont pas été reproduites : les noms des témoins figurent dans cette publication avec la graphie que leur attribue le commissaire ou son représentant. Il y a lieu cependant de rappeler que ces signatures peuvent comporter certains éléments que n'indique pas le nom interprété en français, par exemple le nom du père ou le lieu d'origine du signataire.

[3]. Le cadavre est généralement étendu à terre conformément à la coutume israélite.

[4]. Cette charge a été occupée au XVIIIe siècle par Moreau père, Claude-Bernard-François Moreau fils (5 avril 1740) et De Flandre de Brunville (3 mai 1780).

[5]. Voir la liste des lieutenants de police de 1720 à 1789 dans F. Funck-Brentano, *Catalogue des manuscrits de la bibliothèque de l'Arsenal*, t. IX, p. 2. — Sur leur rôle et leurs attributions, cf. la préface de A. de Boislisle

Il peut arriver que ces conclusions et ordonnance, préparées soit par les bureaux, soit par le secrétaire du commissaire, ne portent pas la signature des magistrats [1]. Ces formules font d'ailleurs complètement défaut aux trois derniers procès-verbaux publiés [2] : le commissaire ordonne directement l'inhumation [3] ; c'est peut-être l'introduction d'une pratique régularisée par l'édit de novembre 1787 [4], qui ne mentionne plus ce double visa.

Quelques-uns de ces actes comportent en outre certaines indications complémentaires, telles que la déclaration du refus d'inhumer opposé par le curé [5], la profession du défunt et la cause de sa mort. Fréquemment on notera un constat d'indigence fait soit par attestation des témoins, soit par certificat du syndic de la communauté. La proportion des pauvres est considérable : aussi très souvent le procès-verbal est-il rédigé gratuitement. 35 actes sur 160 portent en marge : « Charité », ou « Nihil », ou « Gratis » ; 97 ne portent pas mention d'honoraires touchés, sur lesquels 57 sont accompagnés de déclarations ou de certificats d'indigence et 4 concernent des malades morts à l'hôpital [6] ou des prisonniers [7]. De là vient sans doute

---

à son édition des *Lettres de Marville* (Paris, Société de l'Histoire de Paris, 1896), t. I. — Les lieutenants n'avaient d'autre résidence que leur hôtel particulier ; ce n'est qu'en 1780 qu'un hôtel spécial fût attribué à la Police (*Ibid.*, p. xviii).

1. Voir les pièces n°s 123, 124, 139, etc.
2. Pièces n°s 165, 166 et 170.
3. L'intervention du Lieutenant de police est cependant nécessaire pour l'enterrement de Jacques Cardoso, 18 avril 1785 (pièce n° 170), peut-être parce que le défunt était « détenu d'ordre du Roy ».
4. Isambert, XXVIII, p. 479-480. Cet édit ne vise du reste que les Protestants.
5. Voir par ex. pièces n°s 5, 6, 7. — Cf. l'acte de décès de Catherine Bourgeois, femme de Pierre Liana, Protestante (7 octobre 1733), où il est dit que les témoins « s'estant retirez par devant le Sr. curé de la paroisse de Saint Benoît pour avoir la sépulture ecclésiastique, elle leur a été par luy refusée.... » ; le certificat du refus est annexé au procès-verbal (Y. 10845).
6. Voir de même pour des Protestants décédés à l'Hôtel-Dieu ou à la Charité, C. Read, *op. cit.* dans *Bulletin de la Société du Protestantisme français*, XXXVI, p. 375, et C. Kobler, *Les Actes religieux des Protestants à Paris pendant le XVIIe et le XVIIIe siècles*, p. 21.
7. Pièces n°s 16 et 19. Ce sont les deux seuls exemples de ce cas que

que ces actes manquent aux répertoires des commissaires, ces registres étant établis surtout en vue du contrôle de la Bourse commune¹, caisse centrale à laquelle le commissaire doit verser pour certaines catégories d'opérations une part de ses honoraires². Cependant, en marge de 29 au moins de ces procès-verbaux on trouvera indiqué que le commissaire a ainsi « rapporté » 3 l. à la Bourse commune³.

Ce ne sont d'ailleurs pas là les seuls frais — même en dehors du prix du terrain⁴ — qui incombent aux familles. Peut-être pourrait-on tirer une indication complémentaire de la taxe des frais d'inhumation des Protestants fixée en 1746 par Maurepas à 120 l. au total⁵, et dont les articles semblent

---

nous ayons trouvés. Du moins n'y a-t-il pas de Juifs dans le dossier des décès constatés en prison de 1776 à 1791 (Y. 10551).

1. Sur l'organisation de la Bourse commune, voir le règlement de 1688, dans C. Desmaze, *Le Châtelet de Paris* (Paris, 1870, 2ᵉ éd.), p. 186 sqq., et les arrêts du 18 août 1740 [Bibl. Nat., F. 23673 (76)] et du 21 mars 1745 (Sallé, *Traité des fonctions des commissaires*, II, 556), ainsi que les mémoires et notes conservés dans les papiers de Delamare (Bibl. Nat., Dép. des mss. Fr. 21582). Voir aussi le curieux procès intenté par quelques commissaires à l'occasion de la gestion de leur confrère Joron, receveur de la Bourse pour 1787 (Y. 16092 bis).

2. Sur les droits perçus par les commissaires, cf. la préface de A. de Boislisle aux *Lettres de M. de Marville* (Paris, Société de l'Histoire de Paris, 1896), I, p. xv.

3. Le plus grand nombre de ces rapports ont été faits par le commissaire Formel en une fois au mois d'avril 1781, même pour les actes remontant à 1766 et 1767.

4. Selon L. Kahn, *Cimetières*, p. 98, il était payé de ce chef, avant 1780, 50 fr. pour le corps d'une grande personne, et 20 ou 30 pour celui d'un enfant. On a vu plus haut un versement de 48 l. en 1773 (Y. 11961, fᵒ 10 vᵒ), et on trouvera plus loin un autre de 15 francs pour le corps d'un enfant en 1781 (pièce nᵒ 162). — Tous ceux qui contribuèrent à l'achat du cimetière établi en 1780 par Pereire (voir ci-dessus p. 16) acquirent ainsi le droit de sépulture gratuit ; pour les autres, selon le projet de Pereire, les riches devaient payer 100 écus et les pauvres devaient être enterrés gratuitement (cf. L. Kahn, *Cimetières*, p. 100, 102 et 107).

5. Nous donnons ici ce tarif d'après une copie transmise par Lenoir au procureur Joly de Fleury en juillet 1781 (Bibl. Nat., Dép. des mss. Joly de Fleury, 525, fᵒ 182) :

Inhumations des Protestans à Paris

Les frais de ces inhumations pour les personnes qui sont en état de paier

pour la plupart pouvoir s'appliquer aux inhumations juives. Certains des documents publiés plus loin fourniront du reste quelques chiffres précis : les frais d'inhumation de Montaut [1] s'élevèrent à 207 l. ; ceux de Moyse Dalpuget [2] à 600 l. Le total des frais faits à l'occasion de la mort de Jacob Lévy, y compris l'apposition et la levée des scellés, se monte à 1018 l. 17 s., et le mémoire du commissaire Maillot commence ainsi [3] :

« Premièrement pour l'apposition dud. scellé, cy . . . . . . 30 l.
Plus pour le procès verbal, transports chez Mr. le Procureur du Roy et chez M. le Lieutenant général de police pour avoir leur conclusion et ordonnance afin de faire enterrer led. S. Lévy dans le cimetière des Juifs à la Villette, et deux expéditions dud. procès-verbal, cy. . . . . 50 »
Plus payé au secrétaire de Mr. le Procureur du Roy pour ses

ont été réglés en 1746 par Mr de Maurepas à . . . . . . 120 l.
Mais les trois quarts au moins se font gratuitement.
Il est paié pour le procès verbal qui constate le décès . . . 12 l.
Pour deux referés chez les magistrats, l'un pour les conclusions, et l'autre pour obtenir l'ordonnance qui permet l'inhumation, 6 l. chacun. . . . . 12 l.
Pour les conclusions. 20 l.
Pour le second transport avec le commissaire fait la nuit à la maison mortuaire et au cimetière et pour l'acte d'inhumation sur les deux registres . . . . 24 l.
Pour le cercueil, une calèche dans laquelle est le cadavre, un carosse qui suit, le chantre de la chapelle, le concierge, le clerc du commissaire, le fossoyeur et ses aydes qui se transportent à la maison mortuaire et au cimetière . . . . 52 l.
                                                           ———
                                                           120 l.

Cette copie accompagne une lettre de Lenoir à Joly de Fleury (25 juillet 1781) où le Lieutenant de police proteste contre les démarches de M. Baer, aumônier du roi de Suède et desservant de la chapelle de l'ambassade, pour faire appliquer à Paris l'arrêt du 29 mai 1781 (cf. p. 29, et n. 1) et montre que la plus forte partie de ces frais est « employée à des objets étrangers aux vaccations du commissaire... » — Cf. un arrêt du Parlement de Rouen du 14 juillet 1769 (Rouen, imp. de Duminil, 1769 ; in-4º) confirmant un arrêt du 2 mai 1765 qui avait taxé les frais des constats de décès des Protestants (Bibl. Nat., Joly de Fleury, 525, dossier 6766).

1. Pièce nº 74.
2. Pièce nº 171.
3. Y 14466, annexe au scellé de Lévy (pièce 60).

honoraires à cause de ses conclusions pour l'enterrement dud.
S. Lévy à la Villette. . . . . 20 l.
. . . .

Et en effet on trouve en marge de certains procès-verbaux le reçu délivré par le secrétaire du Procureur du Roi [1].

Un arrêt du Parlement en date du 29 mai 1781, relatif aux personnes à qui la sépulture ecclésiastique était refusée, décidait qu'à la requête des parents un commissaire de police ou un huissier assisterait à l'inhumation et fixait même les honoraires de cet officier à 6 l., y compris le coût du procès-verbal [2] ; l'édit de novembre 1787 [3] rendait la présence du commissaire obligatoire, et c'est ainsi que quelques-uns des documents que nous publions sont — comme il a été dit — complétés par des procès-verbaux spéciaux [4] mentionnant la mise en bière au domicile du défunt [5], le transport du corps [6], l'heure, le lieu et les témoins de la sépulture.

Les conclusions du Procureur et l'ordonnance du Lieutenant de police précisent d'ailleurs les conditions de l'inhumation. L'enterrement doit être fait — suivant la formule commune aux Protestants et aux Juifs — « sans bruit, scandale ni appareil » ; ce qui frappe le plus, c'est qu'il est fait de nuit. Et si on ne connaissait par ailleurs l'indifférence des hommes du XVIIIe siècle pour ce que nous appelons le pittoresque, on s'étonnerait de ce qu'aucun artiste, aucun voyageur, semble-

---

[1]. Cf. pièces nos 43, 44, 45, 48, 52, 68. — L'ordonnance du Lieutenant était rendue gratuitement, et Joly de Fleury fit prendre au Parlement un arrêt (29 mai 1781) enjoignant à tous officiers de police de rendre ces ordonnances gratuitement. (Cf. Bibl. Nat. Dép. des mss. Joly de Fleury, 525, fo 189, et Isambert, *Recueil général des anciennes lois*, XXVII, p. 32. Mais il ne semble pas que cet arrêt ait été appliqué à Paris : voy. ci-dessus p. 28, n.).

[2]. Voir la note précédente.

[3]. Isambert, XXVIII, p. 40.

[4]. Cf. pièces nos 5, 6, 7, 8. etc.

[5]. Voir ci-dessus p. 25, n. 3.

[6]. Ce transport se faisait en voiture. Voir les pièces nos 2 et 11 (« le cadavre... que nous avons fait *conduire*... ») Parmi les frais d'établissement du cimetière de 1780, Pereire prévoit « un corbillard ou voiture à transporter les morts » (L. Kahn, *Cimetières*, p. 107). Cf. ci-dessus p. 28, n.

t-il, n'ait songé à peindre ou à décrire un spectacle aussi curieux — et aussi émouvant [1].

Ces restrictions durent au reste s'atténuer vers la fin du règne de Louis XVI. Très souvent les rédacteurs des actes mortuaires emploient une formule atténuée et disent simplement que l'inhumation se fera « à la manière accoutumée ». L'en-

---

1. Ainsi Mildmay qui décrit si minutieusement l'organisation de la police à Paris (*The Police of France, or an account of the laws and regulations established in that kingdom for the preservation of peace and preventing of robberies, to which is added a particular description of the police and government of the city of Paris*. London, printed by E. Owen and T. Harrisson, 1763 ; in-4º, 138 p. [Bibl. Nat., 4º F. 939 (1)]) et fournit des renseignements détaillés sur le pavage et l'éclairage des rues, semble se désintéresser de la situation non seulement des Juifs, mais de ses compatriotes. — Ni Walpole (*Lettres de Horace Walpole écrites à ses amis pendant ses voyages en France, 1739-1775, traduites et précédées d'une introduction par le Cte de Baillon*. Paris, 1875 ; 2e éd.), ni T. Smollett (*Travels through France and Italy*. London, 1766, 2e éd. [Bibl. Nat., 8º L²⁹. 58]), ni Heinrich Storch (*Skizzen, Szenen and Bemerkungen auf einer Reise durch Frankreich*. Heidelberg, 1787 ; [Bibl. Carnavalet, 12448]) ne semblent s'être préoccupés de cette question. H. Sander, qui fournit cependant quelques détails sur les Juifs (*Beschreibung seiner Reisen durch Frankreich, die Niederlande, Holland, Deutschland und Italien*. Leipzig, 1783 ; in-8º, I, p. 212), fait visite a l'aumônier de l'ambassade de Suède et va même l'entendre prêcher (*ibid.*, pp. 44 et 65 ; Nemeitz, qui de son côté renseigne ses lecteurs sur les trois assemblées des Protestants étrangers (*Séjour de Paris, c'est-à-dire Instructions fidèles pour les voiageurs de condition*. Leide, 1727 ; in-8º) ne font pas mention des formalités ou cérémonies funéraires. Ph. Thicknesse, dans ses *Usefull Hints to those who make the tour of France* (London, 1768 ; Bibl. Nat., 8º L²⁹. 3), mentionne seulement l'inhumation de Protestants enterrés sans cercueil dans la forêt de Saint-Germain (p. 145), et dans ses *Observations on the customs and manners of the French nation* (Dublin, 1767 ; bibliothèque de M. P. Lacombe), se contente de noter (Lettre XVII, p. 88, 10 septembre 1766) : « It is much to be wondered at, that so politic a nation should not remove every objection and give every encouragement to strangers to settle among them. I suppose their refusing christian burial to all such who do not die in the faith of the Church of Rome, has deterr'd and does continually deter thousands from *living* for fear of *dying* here... The Germans have a particular spot of Ground at Paris for burying their dead under ; and so might the English, if any English ambassador should ever think it worth while to make such a request ; and it is, in some measure necessary, to prevent the expence of sending the dead bodies... over to England for inter-

terrement de Jacob Rodrigues Pereire a eu lieu à 4 heures 1/2 un après-midi de septembre [1], — peut-être, il est vrai, à cause de la situation du défunt [2] ; et l'article 30 de l'édit de novembre 1787 [3], concernant ceux qui ne font pas profession de religion catholique, autorise les parents et amis à « accompagner le convoi, sans qu'il leur soit permis de chanter ni de réciter des prières à haute voix », mais sans qu'il soit prescrit que la cérémonie doive se faire de nuit [4]. Ces défenses ne devaient du reste apporter que peu de gêne aux enterrements juifs, pour lesquels le rite prescrit seulement la récitation de prières dites au cimetière par n'importe qui en présence d'un nombre quelconque d'assistants ; et peut être à voir le procès-verbal de l'inhumation de Golschemik [5], faite, il est vrai, dans des conditions un peu exceptionnelles [6], — et à examiner de près les ratures qui surchargent le permis d'inhumer d'Hélène Benjamin Salomon [7],

---

ment... ». — C'est sans doute que les hommes du XVIIIe siècle n'attachaient pas le même caractère que nous à ces enterrements nocturnes. En 1764, Sartine et Moreau (procureur du roi au Châtelet), donnant leur avis sur la création de cimetières hors Paris, ajoutent que les cérémonies se feront comme par le passé ; mais les corps resteront tout le jour dans une cave spécialement préparée dans chaque paroisse ; « puis la nuit venue, un charriot... attelé de deux chevaux conduit par un ou plusieurs fossoyeurs... accompagné d'un ecclésiastique choisi à cet effet et d'un luminaire suffisant ira dans les paroisses de l'arrondissement... enlever les corps et les transporter au cimetière désigné. (Y. 3500 : avis du 30 mai 1764). — Tous les matins à 4 heures, un charriot « roulant dans le silence de la nuit » emportait à Clamart les morts décédés à l'Hôtel-Dieu. Cf. Mercier, *Tableau de Paris*, t. III, (Amsterdam, 1782), 232.

1. Pièce n° 152.
2. Le commissaire n'assiste pas à l'enterrement ; c'est le syndic juif qui certifie l'inhumation.
3. Isambert, XXVIII, p. 480.
4. Dans sa protestation contre cet édit, l'Assemblée du clergé demande même qu'on fasse revivre les « anciennes défenses à l'égard du temps et de la forme des enterremens... » Voir *Remontrances du Clergé de France assemblé en 1788 au Roi sur l'édit du mois de novembre 1787*, p. 26.
5. Pièce 2.
6. C'est la seule inhumation connue faite à Clignancourt ; il est aussi exceptionnel que la mise en bière ait lieu sur le terrain d'inhumation.
7. Pièce n° 12. — Le Procureur du Roi y supprime de sa main la formule « sans aucune cérémonie ny culte de religion » et se contente de la formule habituelle « sans bruit, scandale, ni appareil. »

conclura-t-on que ces prières pouvaient être, le cas échéant, tolérées [1].

IV.

Une publication d'état-civil comme celle qui fait l'objet de ce travail ne comporte guère de commentaires ni même d'annotations. Il ne serait cependant pas difficile d'illustrer ces textes d'anecdotes nombreuses. Les renseignements ne manquent pas sur les Juifs parisiens du xviiie siècle. On connaît par exemple les précieux dossiers des Archives de la Bastille, utilisés par Paul d'Estrées [2] et Léon Kahn [3], et dont M. Funck-Brentano a dressé la table alphabétique [4]. On trouverait aussi de curieuses indications sur la situation commerciale des Juifs dans la série des registres de marchands aujourd'hui déposés aux Archives de la Seine [5]. Enfin les procès-verbaux relatifs aux affaires les plus variées, plaintes, enquêtes, informations,

---

1. De même aux inhumations protestantes, Baer, aumônier de l'ambassade de Suède, pasteur de 1742 à 1784, finit par dire les prières en français et même prononcer une allocution (C. Kobler, *Les Actes religieux des Protestants à Paris pendant les XVIIe et XVIIIe siècles*, p. 23).
2. *Les Juifs à Paris sous le règne de Louis XV (1721-1760)*, dans *Revue mensuelle du monde latin*, XXV (1891), p. 44-63 et 137-174. Cf. du même auteur, *Un policier homme de lettres : l'inspecteur Meunier*, dans *Revue rétrospective*, XVI (1892), p. 257-265.
3. *Histoire de la communauté israélite de Paris : les Juifs de Paris sous Louis XV (1721-1760)* (Paris, 1892 ; in-18 ; extrait des *Archives israélites*) ; *Histoire de la communauté israélite de Paris : les Juifs de Paris au XVIIIe siècle* (Paris, 1894 ; in-18) ; et *les Juifs de Paris de 1755 à 1759*, dans *Revue des études juives*, XLIX, p. 121-145.
4. *Catalogue des manuscrits de la Bibliothèque de l'Arsenal. Tome IX. Table générale des Archives de la Bastille* (Paris, 1894 ; in-8°).
5. Parmi ces registres, on peut signaler ceux de Cahen, marchand forain, 1772 [3695] ; Cerf Levi, bijoutier, 1776-1777 [3320] ; Dalpuget, enclos du Temple, 1763-1767 [5575] (peut être à identifier avec l'un des suivants) ; Isaac Dalpuget, mercier, 1767-1768 [5942] ; Jacob Dalpuget, marchand de soieries, 1763-1767 [5718] ; Samuel Dalpuget, commissionnaire en marchandises, 1766-1773 [1490] ; Emanuel jeune (Juif ?), marchand forain, 1769-1774 [5020] ; Heymann (registre hébreu) [4376] ; Lange de Paul, marchand de dentelles, 1769-1784 [3240 et 3284] ; Léon de Paul, marchand de dentelles, 1775-1777 [3204] ; Lion d'Hambourg

se rencontrent fréquemment dans les papiers de certains commissaires du Châtelet. Ces pièces feront l'objet d'un travail spécial. Il y a cependant une série de ces documents qui, par leur nature, se rapprochent des actes de décès et dont il a semblé qu'il y avait intérêt à donner dès maintenant une analyse : ce sont les procès-verbaux d'apposition et de levée des scellés.

« Le scellé, selon la définition d'un commissaire du XVIIIe siècle [1], est l'apposition du sceau de la justice sur des meubles et effets en cas de décès, absence ou autre cas, afin d'empêcher qu'ils ne soient soustraits et divertis au préjudice des héritiers ou des créanciers. Il n'y a que le juge, ajoute-t-il, qui ait le droit d'apposer les scellés, et c'est en conséquence et comme faisant fonction de juge que les commissaires au Châtelet ont de toute ancienneté... le droit de sceller privativement à tous les officiers de cette juridiction. » Le scellé est donc à la fois moins complet et plus complet que l'acte de décès. Il n'a pas le caractère d'un acte d'état civil, mais en fait le commissaire y constate la présence du cadavre et y mentionne l'heure et le lieu du décès. D'autre part les renseignements y sont plus abondants sur la famille et la situation du défunt. On y voit figurer les parents qui revendiquent l'héritage, les personnes qui ont assisté le mourant et qui doivent prêter serment de n'avoir rien détourné, les créanciers qui font opposition à la levée des scellés jusqu'à recouvrement de leur dû ; et une publication comme celle de M. Guiffrey [2] a suffisamment montré quelle source d'information constituaient ces documents tant sur la fortune et la condition sociale du mort que sur la liquidation de la succession.

(registre hébreu), 1720 [1660] ; May, marchand de grains, 1768 [3245] ; Moses, passementier, 1788-1789 [1803] ; Salomon, revendeur, 1785 [4195] ; Salomon, orfèvre, 1783 [6157] ; Wolff-May, orfèvre, 1784-1785 [3190]. Il en existe en outre un certain nombre pour la période révolutionnaire. On en trouverait de même dans les papiers de la Bastille, par exemple, celui de Samuel Levi, 1724-1726 [Bibl. de l'Arsenal, ms. 10863].

1. Sallé, *Traité des fonctions, droits et privilèges des commissaires*, I, p. 281.

2. *Scellés et inventaires d'artistes* (Nouvelles Archives de l'Art français, X-XII).

C'est ainsi qu'en parcourant ces analyses on remarquera sans doute les curieux litiges auxquels ont donné lieu plusieurs de ces scellés. Au nombre des oppositions apparaît celle du Procureur du Roi en la Chambre du Domaine, réclamant la succession en raison du droit d'aubaine ou de deshérence. Quelques mots d'explication sont peut-être ici nécessaires.

On sait qu'en vertu des règles de l'ancien droit les étrangers établis en France étaient frappés d'un certain nombre d'incapacités dont la plus grave était celle qui les empêchait de transmettre ou d'acquérir à cause de mort. En principe, à défaut d'héritiers légitimes et régnicoles, les biens meubles et immeubles laissés par un aubain dans le Royaume revenaient au Roi [1]; mais tant par accords diplomatiques [2] que par actes royaux [3] ou lettres de naturalité [4] individuelles, des atténua-

---

1. Sur le droit d'aubaine et ses exemptions, voir E. Glasson, *Histoire du droit et des institutions de la France*, t. VIII, p. 281 sqq.

2. Cf. dans Locré, *La Législation civile, commerciale et criminelle de la France*, la liste, présentée par Roederer au Conseil d'Etat, des puissances qui avaient obtenu la dispense du droit d'aubaine pour leurs nationaux.

3. Voyez en ce qui concerne les Juifs des lettres de 1550 (Isambert, *Recueil général des anciennes lois françaises*, XIII, p. 173), de 1656, de 1723, de 1776 et les autres actes réunis dans *Privilèges dont les Juifs Portugais iouissent en France depuis 1550* (Paris, impr. de Stoupe, 1777; in-12 [B. Nat. F. 26239]).

4. Ainsi sont naturalisés : Moïse Dalpuget en mai 1759 *(Extrait des registres du Conseil d'Etat du 23 mai 1775* [Paris; impr. de Gueffier, in-4°], p. 1. [Bib. Nat., ms. Joly de Fleury, 472, f° 9]); Liefmann Calmer en 1769 (Léon Kahn, *Les Juifs de Paris pendant la Révolution*, p. 267); Israël de Valabrègue, en septembre 1770 (Arch. Nat. O¹. 234, f° 246); Josué Gabriel de Pichaud, natif d'Avignon, en mars 1772 (*ibid.*, O¹. 235, f° 20) ; Cerf Berr en mars 1775 ([Levylier] *Notes et documents concernant la famille Cerfberr*, I, p. 49) ; Lion, Gerson et Eliezer Homberg et Joseph Lallemant, par les *Lettres-patentes du Roi qui accordent aux sieurs Homberg frères et Lallemant, négocians du Havre-de-Grace, les droits de regnicoles et naturels françois, du mois de septembre 1775* (Paris, impr. de Stoupe, 1776 ; in-4° [Bib. Nat. Ms. Joly de Fleury, 472, f° 15]); Jacob de Perpignan et sa famille par les *Lettres patentes du Roi qui accordent aux sieurs Jacob de Perpignan, Juif, négociant de Bordeaux, à sa femme, ses enfans et postérité les droits de régnicoles et naturels françois, données à Versailles au mois de mars 1776, enregistrées au Parlement de Bordeaux le 2 mai de la même année* (Paris, P. G. Simon, 1776 ; in-4° [*ibid.*, 472, f° 11]); Moïse Castro Solar, Juif de Bayonne, en avril 1776 (Arch. Nat. O¹. 236) ; Ruben et Israël Moïse, de Lyon, en 1786 (Bib. Nat.

tions multiples avaient été apportées à ce principe, et, en fait, de nombreuses catégories de personnes se trouvaient au XVIIIe siècle exemptées de ce droit singulier, — « insensé », disait déjà Montesquieu en 1748 [1]. L'histoire de l'aubaine est l'histoire de sa lente disparition. Il est d'autant plus curieux de constater un mouvement opposé dirigé contre des Juifs français établis à Paris.

La doctrine est nettement présentée dans les *Mémoires sur les matières domaniales* [2], œuvre posthume de Lefèvre de La Planche, où l'auteur, avocat du Roi en la Chambre du Domaine de 1693 à 1732, semble satisfaire du même coup à son devoir professionnel et à son animosité contre les Juifs. Pour lui la matière repose sur la déclaration du 23 avril 1615 [3] non révoquée : les Juifs sont bannis de France, ils ne peuvent y rentrer que sous peine de confiscation ; le *modus vivendi* adopté par exemple à Metz n'éteint pas le droit d'aubaine. D'ailleurs historiquement les Juifs sont « propriété » du Roi, et de l'édit de 1615 on peut déduire qu'ils sont exclus des actes du droit des gens. Ainsi ce juriste semble ne tenir compte ni des lettres patentes de 1550 [4],

---

Ms. Joly de Fleury, 2494, f° 155). Certaines de ces lettres ne sont pas strictement des lettres de naturalité, mais elles en ont tous les effets (*ibid.*, 2494, f° 154). Ces lettres spécifient que le bénéficiaire pourra « avoir, tenir et posséder tous les biens meubles et immeubles qu'il pourra... acquérir ou qui lui seront donnés, légués ou délaissés de quelque manière que ce puisse être... et qu'après son décès ses enfans... héritiers ou autres en faveur desquels il aura disposé desd. biens puissent lui succéder pourvu qu'ils soient... regnicoles... » (collation des lettres d'Israël de Valabrègue, *ibid.*, 472, f° 8). On peut aussi considérer comme naturalisation les *Lettres patentes en faveur des Juifs ou Nouveaux Chrétiens Avignonois établis à Bordeaux, données à Versailles au mois de mai 1759* (Bordeaux, J. B. Lacornée ; in-4° [Bib. Nat. F. 23626 (644)]), rendues à la requête des sieurs Jacob et Emmanuel Dalpuget, Vᵉ Natan Astruc, Lion et Vidal Lange, Salon Dalpuget, Lion Petit, David Petit et leurs enfants, frères, etc., composant ensemble six familles.

1. *Esprit des lois*, l. XXI, ch. 17.
2. *Mémoires sur les matières domaniales ou Traité du domaine* (Paris, Desaint et Saillant, 1765 ; 3 vol. in-4°), t. II, pp. 102-109.
3. A.-E. Halphen, *Recueil des lois, décrets, ordonnances concernant les Israélites*, p. XXXII.
4. Isambert, *Recueil général des anciennes lois françaises*, XIII, p. 173.

pourtant enregistrées au Parlement de Paris, qui naturalisent les « Nouveaux Chrétiens » de Bordeaux et de Bayonne, ni des confirmations de 1574 et de 1656 [1], ni surtout des lettres de juin 1723 [2], qui spécifient en termes exprès que les Juifs des généralités de Bordeaux et d'Auch « connus et établis... sous le titre de Portugais, autrement Nouveaux Chrétiens » jouiront de tous les privilèges antérieurement accordés et notamment de celui de « disposer de leurs biens entre vifs et à cause de mort [3]. » Au fond la pensée directrice de Lefèvre est que si les peuples européens « quoique sous la loi du christianisme sont... sujets au droit d'aubaine, il faut en conclure que les ennemis du nom chrétien, comme les Turcs et les Juifs, doivent à plus forte raison être assujettis à la même règle [4]. »

Mais cette thèse paraissait déjà surannée à certains contemporains de Lefèvre, et l'éditeur même de son ouvrage, l'avocat Lorry [5], s'élève dans une longue note contre cette « déclamation » [6]. Au reste une jurisprudence plus libérale tendait à

---

1. *Recueil de lettres patentes et autres pièces en faveur des Juifs Portugais contenant leurs privilèges en France* (Paris, Moreau, 1765; in-4°) [B. N. Fp. 1103], p. 9 et 13.
2. *Ibid.*, p. 16.
3. Il considère sans doute ces actes comme se référant non aux Juifs, mais aux Portugais. Bosquet, *Dictionnaire raisonné des domaines et droits domaniaux* (2e éd.; Rennes, 1782-1784; 4 vol. in-4°), n'a pas d'article *Juifs* et sous le mot *Portugais* (t. III, p. 479) il cite à la fois l'édit de 1550 et les lettres du 8 novembre 1778 relatives à l'abolition réciproque de l'aubaine consentie pour leurs sujets par le roi de France et la reine de Portugal. La 1re édition (Rouen, 1762; 3 vol. in-4°) notait (t. III, p. 146, v° Portugais) que les privilèges de 1550 « n'aïant point été renouvellés, les Portugais ne peuvent actuellement les invoquer ».
4. Lefevre de La Planche, *loc. cit.*, t. II, p. 102.
5. Sur Lorry, voir *Gallerie française ou Portraits des hommes et des femmes célèbres qui ont paru en France, gravés en taille douce par les meilleurs artistes sous la conduite de M. Restout, avec un abrégé de leur vie* (Paris, 1771; 8 livraisons in-f°.) [Bib. Nat. Fol. Ln¹. 14], n° v.
6. T. II, p. 108. Cette note est trop caractéristique et elle donne trop nettement l'opinion d'un libéral ou d'un demi-libéral du milieu du XVIIIe siècle pour que nous ne la reproduisions pas ici en partie : « Cette espece de déclamation contre les Juifs, qui, en effet, dans les écrits des auteurs les moins disposés à l'enthousiasme, ne sont point nommés sans quelque note d'indignation, est peut-être une des manieres dont s'exécute la proscrip-

s'introduire, au moins au Parlement de Bordeaux. En 1729, la donation entre vifs faite à une Juive Portugaise par un Chrétien, en 1738, le testament d'un avocat en faveur d'un Juif avaient posé la question de savoir si les Juifs pouvaient succéder aux biens des Chrétiens, et la question avait été résolue

---

tion prononcée contre cette nation ; et à ce titre, nous ne pouvons que la respecter ; mais il est difficile de faire entrer ces vûes dans les principes de l'ordre public. Si les Juifs sont coupables des horreurs dont on les accuse, il faut les juger, les condamner, les punir personnellement. Si on juge que ce sont leurs principes qui forment en eux la racine de ces désordres, racine qui ne peut être arrachée, il faut les bannir réellement, et n'écouter aucun intérêt qui puisse solliciter de leur rouvrir les portes. Mais, au surplus, si on les tolere, ou bien il faut faire pour eux un Code particulier, ou bien il faut les placer dans quelques-unes des classes reconnues, soit comme étrangers, soit comme citoyens. Nous ne sommes plus dans ces tems, où les hommes étoient à leur seigneur, comme une portion de son patrimoine. Dans ce tems, le Roi pouvoit dire que les Juifs étoient à lui, à titre de servitude. Nous ne connoissons plus que des servitudes réelles, qui leur sont assez étrangeres, parce qu'ils n'ont jamais de possessions, ni même d'habitations bien déterminées. En tout cas, ils seront, à cet égard, dans la loi commune. S'ils sont nés en pays étrangers ils ne sont pas, sans doute, d'une condition plus favorable que les autres : dans ce cas même, comment faire pour leur interdire ce qui est du droit des gens ? et n'est-ce pas une chose qui implique contradiction, que de leur permettre d'exister en France et de pas reconnoître la protection du droit des gens sur eux ? En tout cas, ce seroit une distinction pernicieuse au commerce et au repos de l'Etat. S'ils sont nés dans le Royaume, nous n'avons pas différens ordres de citoyens, et une espèce d'hiérarchie dans le droit de cité, comme les Romains. La même loi régle d'une manière uniforme l'état de ceux qui sont nés dans le Royaume. Qu'ils soient, par exemple, exclus des droits de la noblesse ; qu'ils soient, sur-tout, exclus de toute charge et de toute participation à l'administration publique, c'est une exclusion à laquelle doivent se soumettre même ceux qu'une différence de culte sépare de nous... Que dans les privilèges accordés aux nations avec lesquelles nous avons des alliances, on excepte les Juifs de l'application de ces privilèges, encore semble-t-il que ce soit un conseil à donner au législateur plutôt qu'une instruction du ministère du juge : et l'intérêt de ce conseil est-il important ? Nous ne pouvons mettre au rang des devoirs politiques du Prince le desir d'exécuter, par son autorité, les mystérieuses proscriptions prononcées contre ce peuple, jusques aux tems que Dieu s'est réservés à lui-même. Que les Princes prennent garde d'être injustes, c'est-là leur devoir : Dieu est assez puissant pour accomplir par lui-même ses oracles, sans que les hommes lui offrent un secours indiscret... Cette observation peut donner des vûes sur d'autres questions du

affirmativement [1]. Mais de manière plus précise, la question même de la successibilité des Juifs s'était posée au décès de Bayonnais ou de Bordelais morts aux Colonies. Au décès d'Abraham Gradis survenu en 1738 à la Martinique [2], au décès de Del Campo survenu en 1757 à Saint Domingue [3], l'Administration, s'appuyant sur l'art. 1 du Code Noir, qui excluait les Juifs des Colonies, avait revendiqué l'héritage. Mais ces affaires avaient finalement été tranchées à l'avantage des héritiers naturels, et à propos de l'une des causes, le Procureur général du Parlement de Bordeaux déclarait ne pas admettre que « les Juifs qui ont un domicile fixe en France puissent être considérés comme aubains [4]. »

« Le Domaine n'a jamais réclamé la succession d'aucun d'eux : ils ont par conséquent joui à cet égard des droits qui sont communs à tous les citoyens. » C'est ainsi que vers septembre 1781 s'exprime, à propos des Juifs, M. de Neville, maître de requêtes, chargé de rapporter au Conseil de chancellerie une certaine affaire Peixotto [5]. Il ne semble pas que ce magistrat fût parfaitement renseigné. Cette année même, lors du décès de Salomon Perpignan, survenu à Paris le 22 février, le Procureur du Roi en la Chambre du Domaine avait mis opposition à la levée des scellés, et s'il n'avait pas persévéré, c'est que la famille avait excipé de lettres de naturalité en

---

droit public de la France, qu'il n'est pas de notre plan de traiter ici. Mais, par rapport aux Juifs, nous ne pouvons nous empêcher de regarder les variations sans nombre des loix, à cet égard, dans les différentes époques, comme un jeu de finance trop juste, par rapport à eux, puisque de leur côté ils se permettent toute infidélité et toute infraction des loix dans le commerce. Mais ce n'est que cela, et la preuve en est dans le fait, en ce que si une indignation légitime, excitée par des sentiments, qui, sans doute, viennent d'en-haut, a suggéré ces loix, les tems suivans, c'est-à-dire la Justice, et Dieu lui-même satisfait des sentimens dont elles faisoient le témoignage en a énervé l'exécution. »

1. Th. Malvezin, *Histoire des Juifs à Bordeaux*, pp. 228-229.
2. A. Cahen, *Les Juifs dans les colonies françaises au XVIIIe siècle*, dans *Revue des études juives*, IV, 133.
3. Th. Malvezin, *loc. cit.*, p. 228. Voir dans cet ouvrage et dans les articles de A. Cahen d'autres affaires analogues.
4. *Ibid.* : lettre du Ministre de la Marine, 28 mars 1758.
5. Bibl. Nat. Ms. Joly de Fleury, 525, f° 130.

règle [1]. Déjà deux ans auparavant après la mort d'Israël Bernard de Valabrègue (15 novembre 1779), il avait réclamé la succession [2]. Il allait de même se faire envoyer en possession de l'héritage de la dame Peixotto par sentence de la Chambre du Domaine du 3 mai 1783 [3], et par une sentence semblable du 23 décembre de la même année, la succession d'Abraham Vidal était dévolue au Roi [4]. Mais le Parlement, saisi de ces affaires, rejetait ces prétentions et par trois arrêts successifs, le 3 février 1780 [5], le 20 août 1783 [6] et le 18 février 1784 [7], remettait en possession les familles de Valabrègue, de la dame Peixotto et d'Abraham Vidal.

Il semble donc que le Parlement de Paris se range à la jurisprudence libérale de la Cour de Bordeaux. Mais les tenants du droit d'aubaine ne manquent pas de tirer parti des faits de la cause pour interpréter ces arrêts : Peixotto est baptisé et naturalisé en Espagne [8] ; Valabrègue, marchand privilégié, a de par son brevet privilège de transmettre sa succession [9]. Et

---

1. Pièce n° 156.
2. Pièce n° 138. — Sur Valabrègue, cf. P. Hildenfinger, *La Bibliothèque d'Israël Bernard de Valabrègue* (Paris, 1911, in-8°, extr. du *Bulletin du bibliophile*).
3. Arch. Nat., Z¹ f. 842.
4. Arch. Nat. Z¹ f. 842. — Sur Vidal, cf. M. Liber, *Un rabbin à Paris et à Versailles en 1778*, dans *Bulletin de la Société d'histoire de Paris*, XXXVIII, p. 240.
5. Pièce n° 138.
6. *Mémoire pour les héritiers d'Abraham Vidal, Juif Portugais, négociant à Paris, contre M. le Procureur général* (Paris, P. G. Simon et H. Nyon, 1784 ; in-4°) [Bib. Nat. 4° Ld¹⁸⁴. 22], p. 26.
7. Arrêt imprimé, sans titre (Paris, P. G. Simon, 1784 ; in-4° [Bib. Nat. F. 23676 (502)].
8. Mémoire de Guichard, substitut du Procureur du Roi en la Chambre du Domaine remis à Séguier (Bibl. Nat. Ms. Joly de Fleury, 472, f° 51). — Le nom de Peixotto n'était pas inconnu aux Parisiens de l'époque. Ses démêlés avec sa femme et sa tentative de divorce avaient défrayé la chronique. Voir par exemple Pidansat de Mairobert, *L'Espion anglois*, t. IX (Londres, J. Adamson, 1784), p. 192. M. M. Liber a analysé cette affaire, *Un rabbin à Paris et à Versailles en 1778*, dans *Bulletin de la Société de l'histoire de Paris*, XXXVIII, p. 244-247. — Cf. pour les pièces de ce procès A. Corda, *Bibliothèque Nationale, Département des imprimés. Catalogue des factums*, t. IV, pp. 385-386.
9. Pièce n° 138.

dans l'affaire Vidal [1], le représentant du Fisc [2] continue à soutenir que les Juifs sont étrangers en France ; ce n'est qu'exceptionnellement dans le ressort de Bordeaux qu'ils peuvent être considérés comme régnicoles ; c'est la seule Cour en effet qui ait enregistré les lettres données de règne en règne en confirmation de celles de 1550 ; les patentes de 1556 notamment ont restreint ces privilèges à ce seul ressort, et en tout état de cause, Vidal ne s'étant pas, comme il y était tenu par les lettres de 1776, fait immatriculer devant le juge du lieu, ne pouvait invoquer les privilèges accordés à sa nation [3].

Ce n'est point ici le lieu de discuter ce problème, où la question d'état et la question de religion se compliquent l'une l'autre. Le lecteur curieux de ce point de droit pourra se reporter au mémoire de Guichard, substitut du Procureur du Roi en la Chambre du Domaine [4], et aux réponses rédigées pour les héritiers Vidal par l'avocat Martineau et le procureur Jaladon [5].

Mais il y a une considération qui aujourd'hui nous semble dominer le débat : c'est l'étrangeté de cette situation qui faisait d'un même homme un Français ou un aubain suivant qu'il avait son domicile sur un point ou un autre du même Royaume. Aussi le litige dépassait-il de beaucoup la succession

---

[1]. Cette affaire est sommairement analysée par L. Cardozo de Bethencourt, *Le Trésor des Juifs Sephardim*, dans *Revue des études juives*, XX, p. 294.

[2]. Voir le mémoire ms. de Guichard (Bibl. Nat. Dép. des Mss. Joly de Fleury, 472, f° 46 sqq.) et *Mémoire pour les héritiers d'Abraham Vidal*, p. 14-15.

[3]. En réalité, sans parents, venu à Paris trop jeune pour « sentir l'intérêt qu'il avoit à remplir les formalités à constater son état », il avait attendu 45 ans pour se faire enregistrer ; sur le refus du syndic Silveyra, chargé de ce soin, il s'était pourvu devant le Lieutenant de police, qui, après en avoir référé au ministre Amelot, avait écrit à Silveyra et lui avait fait obtenir le certificat. Voir à ce sujet une note du procureur Jaladon, Bib. Nat. Ms. Joly de Fleury, 472, f° 82. Le certificat est reproduit à la fin du *Mémoire pour les héritiers d'Abraham Vidal*, p. 30.

[4]. Mémoire ms. adressé à l'avocat général Séguier (Bib. Nat. Ms. Joly de Fleury, 472, f°s 46 sqq.).

[5]. Conclusions mss. *ibid.*, 472, f° 67 et *Mémoire pour les héritiers d'Abraham Vidal*.

Vidal ou Valabrègue. Il intéresse, disait l'avocat Martineau [1], « toute la nation juive portugaise, une multitude de familles, utiles au commerce, utiles à l'État et qui s'alarment justement des nuages que l'on essaie de répandre sur leur existence ». Il intéressait même les Juifs allemands ou avignonais, dont l'avocat pour la facilité de sa thèse sacrifiait les intérêts de propos délibéré [2]. Il posait la question du statut des Juifs à Paris, et l'on comprend que Silveyra ait songé à tirer parti de ces arrêts successifs — tous favorables aux Juifs, malgré les atténuations que les partisans du droit strict essaient d'y apporter — pour tenter de faire régulariser la situation de ses coreligionnaires, en sollicitant la reconnaissance de leurs « privilèges » par le Parlement de Paris.

Déjà en 1776, au moment de la confirmation par Louis XVI des lettres de Henri II, les Portugais avaient demandé que ces patentes nouvelles fussent adressées non seulement à la Cour de Bordeaux, mais à celle de Paris, dans le ressort de laquelle « quelques-uns des plus considérables » des Juifs Bordelais s'étaient établis depuis peu. Mais leurs démarches auprès du ministre Bertin étaient demeurées sans résultat [3]. Ils renouvellent leur effort en 1783 [4], en 1784, en 1785, intéressant même Vergennes à leur cause [5]. Mais à tous ces essais le Procu-

---

1. *Mémoire pour les héritiers d'Abraham Vidal*, p. 2.
2. *Ibid.*, p. 23-24. Pour établir que les privilèges des Portugais ne sont pas restreints aux généralités d'Auch, Bordeaux et Bayonne, il établit que les arrêts rendus depuis 1723 par le Conseil ou par divers Parlements s'appliquent seulement à des Avignonais ou à des Allemands. — De même en insistant pour l'enregistrement des lettres de 1776 au Parlement de Paris, Jaladon sacrifie « le reste des Juifs » (1783) (Bibl. Nat. Ms. Joly de Fleury, 472, fos 29-30).
3. Cf. sur cette tentative les lettres de Bertin des 5 août et 13 septembre 1776 à Joly de Fleury et les réponses du Procureur général des 9 et 15 septembre (Bib. Nat., Ms. Joly de Fleury, 472, fos 12, 19, 87). Voir aussi pour les efforts parallèles des Portugais (1776) en vue de faire étendre leurs privilèges aux colonies, A. Cahen, *Les Juifs dans les colonies françaises au XVIIIe siècle*, dans *Revue des études juives*, V, p. 180.
4. Bib. Nat. Ms. Joly de Fleury, 472, fo 32 : lettre de Jaladon, procureur au Parlement, chargé des intérêts de Silveyra, au secrétaire de Joly de Fleury.
5. *Ibid.*, fos 85-86 : lettres de Vergennes à Joly de Fleury (21 mars 1784 et 30 mars 1785).

reur général oppose la résistance la plus inébranlable. Pour lui il n'abandonne rien de la doctrine de Lefèvre de La Planche [1], qui travaillait sous les yeux du chancelier d'Aguesseau et du premier Joly de Fleury [2] ; il maintient « qu'il y aurait de l'inconvénient d'accorder aux Juifs Portugais, qui ont pu des généralités d'Ausch et de Bordeaux s'étendre et passer dans quelques autres villes considérables du Royaume, une confirmation qui s'étendît au ressort du Parlement de Paris, où on tient pour maxime qu'il ne faut rien changer à l'état de cette nation en général » [3] ; et à ses yeux les arrêts mêmes des 20 avril 1783 et 8 février 1784 « n'ont point jugé leur existence légale dans le ressort du Parlement et que le Parlement ne se prêtera jamais à leur accorder... » [4]. C'est l'opinion du conseiller d'Ammecourt, du premier président d'Aligre [5]. Et jusqu'au bout l'Administration du Domaine affirmera ses droits. En 1787, elle interviendra dans la succession de Samuel Hirsch [6], et en novembre 1789 encore, à la sœur du graveur Heckscher, qui revendique — et finit par recouvrer — son héritage [7], l'avocat Doulcet répondra que « les Juifs sont incapables d'aucuns effets civils en France » [8].

De tels exemples [9] précisent non seulement l'état juridique,

---

1. *Ibid.*, f°. 88 v° : lettre de Joly de Fleury à Bertin (9 septembre 1776).
2. La charge de Procureur général au Parlement a été successivement occupée par trois magistrats de ce nom : François (1717-1746), son fils Guillaume-François-Louis (1746-1775) et un neveu de celui-ci (1775-1789). (A. Molinier, *Inventaire sommaire de la collection Joly de Fleury*, p. VII-VIII).
3. Bib. Nat. Ms. Joly de Fleury 472, f° 105. Cette lettre est suivie dans le dossier de notes et extraits qui semblent avoir été utilisés en mars 1790 (voir le f° 107).
4. *Ibid.*, f° 37.
5. *Ibid.*, f° 37.
6. Pièce n° 172.
7. Pièce n° 174.
8. A. N., Z¹ f. 846.
9. Le Procureur général au Bureau du Domaine de Lyon suit l'exemple venu de Paris. Il se fait de même envoyer en possession de l'héritage d'Abraham de Perpignan, décédé à Lyon. Myriam de Perpignan, femme de David Nacquet, marchand mercier à Bordeaux, et sœur du défunt, porte appel au Parlement de Paris. Son mari était en effet naturalisé en

mais la situation morale des Israélites à cette époque. Ils expliquent — et c'est pourquoi on a cru devoir y insister — leur condition exceptionnelle, et ils font en même temps sentir comment se forme la conception du Juif citoyen, comment certains esprits éclairés en arrivent à accepter les conclusions du défenseur des héritiers de Vidal : « En vain objecterait-on qu'il était Juif pour en conclure, qu'il n'était point François. En France comme ailleurs ce n'est point la religion, mais l'origine, la naissance qui font que l'on est François ou de toute autre nation ; athée ou déiste, juive ou catholique, protestant ou mahométan peu importe : si l'on est [né] en France de père et mère françois, si l'on n'est point expatrié, on est naturel François et l'on jouit de tous les droits du citoyen... » [1].

V.

Au total, les actes publiés ici sont au nombre de 176. Ils portent, tant procès-verbaux que scellés, sur 171 décès, et se distribuent ainsi en un tableau, qu'on nous permettra d'autant plus de donner que ni l'*Estat général des baptesmes, des mariages et de mortuaires de la ville et fauxbourgs de Paris*, ni les *Petites affiches* ni le *Journal de Paris* [2], qui à partir de 1745 mentionnent les enterrements à la fin de chaque numéro, ne fournissent de renseignement analogue sur les Juifs.

---

vertu des lettres de mars 1776 accordées à Jacob de Perpignan et à sa famille, enregistrées à Bordeaux le 2 mars 1777 et à la Chambre du Domaine de Paris le 11 décembre 1779. La Grand Chambre du Parlement de Paris reçoit l'appel et par arrêt du 23 mars 1784 ordonne par provision la levée des scellés et la vente des meubles et effets de la succession pour tous les deniers en provenant être remis aux mains du receveur des consignations de la Cour jusqu'après jugement définitif. (B. N. Ms. Joly de Fleury, 472, f° 76).

1. B. N., Ms. Joly de Fleury, 472, f° 69 v° : conclusion ms. du procureur Jaladon (16 janvier 1784). — Voyez de même le *Mémoire pour les héritiers d'Abraham Vidal*, p. 16 : « Considérés comme Juifs, ils sont une portion de ce grand peuple qui subsiste... malgré sa dispersion. Considérés comme nés ou établis en France, ils sont sujets du Roi... ; ils sont nos concitoyens... ».

2. Voir sur ces publications M. Barroux, *Sources de l'ancien état civil parisien*, pp. 39 et 94.

ANNÉES	DÉCÈS constatés par procès-verbaux				DÉCÈS const. par scellés		TOTAL
	Enfants j. 3 ans	3 à 18 ans	Hommes	Femmes	Hommes	Femmes	
1717					1		1
1720			1		1	1	3
1730	1						1
1735			1				1
1736			1				1
1737					1		1
1738	1						1
1739	3		1				4
1741			1				1
1742	1						1
1743			1				1
1745	1						1
1746			2				2
1749	1			1			2
1750	1						1
1752			1	1			2
1753	1						1
1754			2				2
1756			1				1
1757			1				1
1761			3				3
1762	2		2				4
1765	2		1	1			4
1766	2		1				3
1767	1		1	1			3
1768	1	1		1			3
1769	1	1					2
1770	3		3				6
1771	3	2	3	1			9
1772	3		1				4
1773	4			1			5
1774	7	1					8
1775	8	4		2			14
1776	1	1	2				4
1777	3	1	4	2			10
1778	5		1	4			10
1779	6		7	1			14
1780	8	1	6	1			16
1781	6	1			1		8
1782	1	1					2
1783					2		2
1784					1		1
1785			1				1
1787					2		2
1788			1		1		2
1789					2		2
TOTAUX	77	14	50	17	12	1	171

Si l'on tient compte du lieu d'origine des défunts indiqué aux procès-verbaux, on trouve les éléments d'une autre statistique. On constate ainsi que sur 171 décédés, 5 sont des Alsaciens, 15 des Messins ou Lorrains et 29 des Méridionaux de Bordeaux [1], Bayonne ou Avignon. Quant aux étrangers, ils se répartissent ainsi : 14 Allemands, 2 Autrichiens ou Bohémiens, 12 Hollandais, 2 Anglais, 1 Danois, 7 Italiens, 1 Polonais et 1 Syrien. A ces chiffres il y aurait lieu d'ajouter celui des enfants, mais il serait délicat d'indiquer sans des recherches assez hypothétiques si tel enfant est né à l'étranger ou en France. Du moins peut-on affirmer que 35 de ces enfants étaient Parisiens [2].

Dans une lettre du 27 novembre 1783 adressée au secrétaire de Joly de Fleury, Jaladon, procureur au Parlement, chargé des affaires des Portugais, déclare qu'il y avait de quatre à cinq mille Juifs à Paris [3] ; il faut donc sans doute lire de quatre à cinq cents : Coquebert de Montbret n'en comptait que 2.700 en 1808 [4]. Les états dressés par les inspecteurs de police [5] comportent 25 noms en 1721, 109 en juin 1755 et 92 en juillet 1759. Au dire de l'avocat Godard, ils étaient environ 500 au début de la Révolution [6]. Quel qu'ait été le chiffre exact de

---

1. Un des Bordelais est un Alsacien ou un Allemand établi à Bordeaux. — Sur l'opposition des Portugais et des « Tudesques » à Bordeaux, voy., par exemple, G. Cirot, *op. cit.*, dans *Bulletin hispanique*, t. IX, p. 57.

2. En 1809, la communauté de Paris comptait 2733 Israélites, dont 1324 étaient nés à Paris même. (L. Kahn, *Histoire de la communauté israélite de Paris, 5e partie. Les Juifs à Paris depuis le VIe siècle.* [Paris, 1889], p. 100.) — L'état des rues habitées par les décédés est fourni par la table qui accompagne ce travail.

3. Bib. Nat., Ms. Joly de Fleury, 472, f° 31. Au dire de Silveyra, il y avait 25 Portugais « en famille ou autrement » (*Ibid.*, f° 42 v°). La nation portugaise formait peut être le cinquième de la population israélite (L. Kahn, *Cimetières*, p. 104).

4. *Notice sur l'état des Israélites en France en réponse à des questions posées par un savant étranger* (Paris, 1821 ; in-8°), p. 3.

5. L. Kahn, *Les Juifs de Paris au XVIIIe siècle*, p. 6 (c'est un état des Juifs trouvés « sans passeports » : y en avait-il d'autres, en règle ?) et *Les Juifs de Paris sous Louis XV*, p. 27.

6. L. Kahn, *Les Juifs de Paris pendant la Révolution*, p. 163.

cette population juive ¹ — et bien qu'il faille tenir compte de ceux qui n'étaient à Paris que de passage, — il n'est que trop certain que notre liste est incomplète. Les papiers du commissaire Simonneau, chargé, on l'a vu, des inhumations israélites à partir de 1782, ne nous fournissent que 3 procès-verbaux ², et à ce relevé manquent les actes mortuaires d'un Fonseca ³, d'un Calmer ⁴ ou d'un Mardochée Venture ⁵. Sans doute eut-il été possible de l'enrichir sans la difficulté matérielle et morale d'une recherche qui, pour être définitive, devrait épuiser plus de 5.000 liasses ⁶. Tels quels ces documents constituent une source qu'on ne saurait négliger. Tandis que de l'Etat civil parisien il ne reste qu'une reconstitution souvent imparfaite ⁷, le régime d'exception auquel étaient soumis les Juifs ⁸ a sauvé des textes d'une authenticité sinon légale, du moins historique bien supérieure ⁹. Et cet intérêt apparaît plus vif encore,

---

1. I. Loeb (*Biographie d'Albert Cohn*, p. 27) en tablant sur une douzaine ou une quinzaine de décès annuels vers 1780 arrivait au chiffre de 700 à 800 personnes.
2. On a vu ci-dessus p. 14 n. 2 que les archives de ce commissaire étaient loin d'être dans un ordre parfait.
3. Daniel de Fonseca, médecin, né en Portugal, lié avec Voltaire, mort à Paris, selon Carmoly, *Histoire des médecins juifs*, I, 199.
4. Voir pièce n° 169 et ci-dessus, p. 23 et 34.
5. Rabbin de la nation juive espagnole et portugaise, secrétaire-interprète à la Bibliothèque du Roi (cf. *Prières faites pour l'heureuse délivrance de la Reine, récitées en hébreu depuis le 15 février 1785* [Paris, 1785 ; in-4°. Bibl. Nat. 4° Lb39. 6288], p. 1), mort le 12 mars 1789 (cf. H. Maïstre, *Valentin Haüy et ses fonctions d'interprète* [Paris, 1901 ; in-8°], p. 11).
6. Les archives des commissaires sont comprises entre les nos 10719 et 16022 quater de la série Y.
7. Sur l'incendie et la reconstitution de l'Etat civil parisien, cf. M. Du Camp, *Paris, ses organes, ses fonctions et sa vie* (Paris, 1898 ; 8e éd.), t. VI, p. 66 et M. Barroux. *Les Sources de l'ancien état civil parisien*, p. 1, 26-31, 87-89, etc.
8. La situation des Protestants se trouve donc la même à ce point de vue.
9. L'acte authentique, d'après la définition du Code Civil, art. 1317, est l'acte reçu par un officier public ayant le droit d'instrumenter dans le lieu où l'acte a été rédigé et avec les solennités requises ; il fait foi jusqu'à inscription de faux, c'est-à-dire que pour le contester il y a lieu d'instituer une procédure spéciale, l'inscription en faux (art. 1319). Mais à la suite de

quand on se souvient de la définition juridique de Denisart :
« Un Juif n'a proprement point de domicile ; il n'a point
d'état dans le Royaume [1]. »

Il me sera permis, en terminant ces quelques notes d'introduction, de dire — quelque incomplet que soit ce travail — ce qu'il doit à ceux dont il n'a pas dépendu qu'il ne fût moins imparfait. Je me sens particulièrement obligé envers MM[es] Aubron, Decloux et Vingtain qui m'ont libéralement ouvert leurs archives notariales, M. le comte de Ribes qui m'a fourni d'utiles renseignements, MM. Stein et Mirot qui m'ont confraternellement facilité les recherches aux Archives Nationales, M. M. Schwab qui m'a fait bénéficier de sa grande expérience des choses juives. Je dois également de vifs remerciements à M. M. Fagniez, Lacombe et Vidier, qui ont bien voulu se faire les parrains de cette publication devant la Société de l'Histoire de Paris. Mais ma gratitude va surtout à M. Vuaflart, qui, en appelant il y a cinq ans mon attention sur l'intérêt de ces actes mortuaires, et à M. Lucien Lazard, qui, en me prêtant un appui précieux dans une tâche souvent décourageante, m'ont permis de reconstituer ce morceau d'état-civil et d'élever ce modeste monument à d'obscurs habitants du vieux Paris.

---

l'incendie de 1871 et de la Reconstitution qui en est résultée. cette force probante n'est plus reconnue qu'à une catégorie de pièces de l'Etat civil parisien, et l'art. 3 de la loi du 12 février 1872 ne donne aux actes « rétablis » qu'une force probante moindre. D'ailleurs la question au point du vue légal ne se pose pas pour les procès-verbaux publiés ici. La Reconstitution n'a fait que remettre sur pied les actes que la loi du 20 septembre 1792 avait sécularisés ; elle ne pouvait donner valeur d'acte d'Etat civil à des titres qui n'avaient pas ce caractère avant la Révolution.

3. J. B. Denisart. *Collection de décisions nouvelles* (Paris, 1775), t. III, p. 423.

ERRATUM.

P. 59. Hagnenau, *lisez :* Haguenau.

P. 142. Habni, *lisez :* Habui.

P. 259 et 260. Marix, *lisez :* Mark.

DOCUMENTS.

1.

14 avril 1717. — *Scellé de Louis Kaiser.*

Y 14001.

Scellé après décès de Louis Kaiser, Juif de La Haye, décédé dans la nuit du 13 au 14.
Commissaire : Hubert.
Requérante : femme Michel Guedet, aubergiste, rue Vieille du Temple, paroisse Saint Jean en Grève.
Kaiser était mort chez Jacob Wormes, au Chariot d'or, rue Darnetal, au moment où il faisait visite à ce dernier. Le commissaire se rend d'abord chez Wormes pour constater le décès, et après qu'il lui est « apparu du corps mort gissant sur un lit garny de rideaux verts », il se transporte « pour la conservation des droits du Roy », et à la requête du Procureur du Roy, au domicile du défunt et pose les scellés en présence du Mayer Coblentz, Juif. L'inventaire est fait très rapidement : « Dans lad. armoire s'est trouvée pour toute chose de la viande crue infectée ; et dans la chambre quelques papiers écrits en hébreux qui paroissent estre des mémoires de dépenses, le tout de nulle valleur, et trois livres aussy en hébreux, quatre cravattes de mousselines, deux serviettes ouvrées, deux plats, deux assiettes, deux cuillers, deux fourchettes, deux goblets et une sallière, le tout d'étain, qui est tout ce qui s'est trouvé dans lad. chambre appartenir aud. deffunt... »
Suivant une note du répertoire du commissaire (Y 14042 B), ce scellé n'a pas été levé.

2.

5 décembre 1720. — *Procès-verbal d'inhumation d'Aaron Goldschmidt.*

Y 14517.

L'an mil sept cens vingt, le cinquième jour du mois de décembre, dix heures du matin, en nostre hostel et pardevant nous, Louis Pierre Blanchard, conseiller du Roy, commissaire au Châtelet de Paris, est comparu sieur Ruben d'Altrof, Juif de Metz, de présent à Paris, logé rue des Arcis, au Roy Artus.

Lequel nous a dit qu'en vertu de l'ordonnance de Monsieur le Lieutenant criminel en datte du jour d'hier estant au bas d'une requête à luy présentée dont il nous a mis cz mains la coppie, signé Brussel, à luy à l'instant rendue, il a fait enlever le cadavre du nommé Aaron Golchemik, aussy Juif, quy a esté assassiné par Joseph Lamy et ses complices, que pour esviter le scandal quy pouroit arriver au sujet de l'enlèvement dud. cadavre et pour pourvoir à la seurcté de l'enterrement d'icelluy, il nous requiert que nous ayons à nous transporter heure présente avec luy au village de Clignancourt, près Paris, pour par un procèz verbal constater l'endroit où led. cadavre sera enterré. Et a signé :
RUBEN D'ALTROF. [1].

Sur quoy nous, conseiller du Roy, commissaire susd., avons donné acte aud. sieur Ruben d'Altrof de sa comparution, dire et réquisition pour luy servir et valloir ce que de raison, et, en conséquence, sommes transportéz avec luy au village dit Clignancourt près Paris, dépendant de la prevosté de Monmarte (*sic*), et estans entréz dans une maison scize à l'entrée dud. village, dont est propriétaire le sieur Michel Frère, maitre boucher à Paris, après que le cadavre dud. Aaron Golschemik y est arrivé dans un carrosse et, après déclaration faite par led. sieur Altrof au procureur fiscal de lad. prevosté de Monmarte et approbation d'iceluy, ainsy qu'il nous est apparu au bas du procèz verbal qu'il en a dressé, signé Le Moine (*sic*) avons fait foüiller la terre au costé senestre du jardin de lad. maison et la fosse ayant esté faite, y avons fait mettre le cadavre dud. Aaron Golschemik, mis auparavant dans un cercuil de bois de sapin, et après que toutes les cérémonies quy se pratiquent entre les Juifs ont estéz faites [2], avons fait couvrir de terre led. cadavre et combler la fosse. Ensuite de quoy nous sommes retiréz avec led. Sieur Ruben Altrof, quy a signé :
BLANCHARD, RUBEN D'ALTROF [3].

3.

Novembre-décembre 1720. — *Scellé de Joseph Lamy.*
Y 14517.

Scellé après arrestation et exécution de Joseph Lamy.
Commissaire : L.-P. Blanchard.

---

1. Avec une seconde signature de D'Altrof en hébreu.
2. Sur les particularités de cette inhumation, voir ci-dessus p. 17-18.
3. Avec une seconde signature de D'Altrof en hébreu.

Ce scellé fait partie d'un dossier relatif à la pénible affaire qui eut cette exécution pour sanction. Le 28 novembre dans l'après-midi, Lamy avait assassiné à l'auberge du Soleil d'Or, rue Poupée, un Juif Hollandais du nom d'Aaron Goldschmidt (cf. pièce n° 2). On ne découvrit le cadavre que le 4 suivant : il portait encore sur lui une perle de peu de valeur et un petit reliquaire d'or émaillé gari de diamants. Quelques instants après ce premier crime, Lamy se présentait, avec un complice nommé Nicolas Duménil, au domicile de sa victime, chez Husson, maître tailleur, rue Geoffroy Langevin ; reçus par la femme de Goldschmidt, Marie Anne Alcan, d'Amsterdam, âgée de 26 ans, ils l'avaient assaillie à coups de marteau. Arrêté chez un vitrier, grand cul de sac de la rue Beaubourg, Lamy avait déclaré être âgé de quarante ans, natif d'Amsterdam, et établi depuis dix-huit mois à Paris, où il faisait commerce de toutes sortes de marchandises, notamment de thé. Il disait ne pas connaître les époux Goldschmidt. Juif de naissance, il faisait profession de religion catholique, mais n'avait pas encore reçu le baptême. Il devait être présenté le lendemain de son arrestation à « Monsieur le Cardinal » par l'abbé de Vallois, demeurant rue Lévêque : il portait en effet sur lui un billet par lequel cet abbé s'engageait à lui payer 137 l. — Condamné par sentence du Châtelet du 4 décembre [1] à être rompu vif, il fut exécuté avant le 26. Duménil, qui n'avait pas été retrouvé, fut condamné à être rompu en effigie par jugement du 28 février 1721 [2]. — Quant à la malheureuse, qui confrontée avec son assassin l'avait reconnu [3], elle mourut quelques jours après. (Voir pièce n° 4).

Parmi les témoins de l'enquête figurent : la petite fille des victimes, nommée Marguerite ; Elise Levy, femme d'Oulry Alcan, belle-sœur de Marie Anne, 23 ans, habitant chez la veuve Bertin, rue Quincampoix ; Catherine Goutcheau, femme de Mayer ou Moyse Franc, Juif de Metz ; Isaac Bernard, d'Amsterdam, 54 ans, habitant chez Rousseau, rue du Poirier ; Paris ou Baric Levy, de

---

1. Cf. *Sentence de mort. Extrait des registres du Greffe criminel du Chastelet de Paris* (S. l. n. d. ; in-4° plano) [Bibl. Nat., F. 21087 (119)].
2. Arrêté avec sa femme en 1732, il nia avoir pris part à cet assassinat. L'enquête fut recommencée sans aboutir. C'est cette information qui donne la date des jugements (Arch. Nat., Y. 14527, 18 avril 1732). Les papiers et registres de la Chambre criminelle du Châtelet manquent pour 1720.
3. « Grace à Dieu, s'était-elle écriée, le voila le chien de bourreau quy m'a donné les coups de marteau... »

Metz, 26 ans, demeurant même maison que les époux Goldschmit ; Salomon Veyl, de Francfort, 39 ans, demeurant rue Pierre-au-Lard, chez Dubuc, à l'enseigne du Ciseau d'or, où il a pour voisin Jacob, Juif de Hambourg ; Elie Prac ou Prag, de Metz, 45 ans, rue de la Poterie, à la Tour d'Argent ; Charles Philippe Caïn, « bourgeois de Paris », 34 ans, rue Saint-Sauveur.

4.

12 décembre 1720. — *Scellé de Marie Anne Goldschmidt..*
Y 14517.

Scellé après le décès de Marie Anne Alcan, femme d'Aaron Golschmidt, demeurant avec son mari chez Husson, maître tailleur, au Ciseau d'or, rue Geoffroy Langevin, à la requête dud. logeur, créancier d'une somme de 155 l. 18 s. pour loyer et fournitures diverses (cf. pièces nos 2 et 3).

Commissaire : L.-P. Blanchard.

Parmi les créanciers de la succession figurent : René Gagné, chirurgien (300 l. pour soins) ; Rolland Paul Arnaud et Dominique de Lissal, chirurgiens (195 l. chacun, pour treize consultations, opération et assistance aux pansements) ; Louis Alexandre Du Bois, chirurgien ; Bastonneau, apothicaire ; Salomon Bernard, Juif de Metz (10 l. pour 2 bouteilles d'eau de vie fournies à la malade).

5.

20 décembre 1730. — *Acte de décès de Rachel Schwab.*
Y 14526.

L'an mil sept cent trente, le mercredy vingtième jour de décembre, huit heures du matin, en l'hostel de nous, Louis Pierre Blanchard, conseiller du Roy, commissaire au Châtelet de Paris, est comparu le Sr Ruben Chouabbe, Juif, natif de Metz, demeurant en cette ville de Paris, rue St Martin, paroisse St Laurent.

Lequel nous a dit et déclaré que cette nuit environ les trois heures du matin, Rachelle Chouabbe, aussy Juif, sa fille [1], âgé de dix huit mois, est décedé, que luy comparant s'est présenté au Sr curé de l'église paroissialle de St Laurent, lequel a refusé d'en-

---

1. Le rédacteur avait d'abord écrit « son fils ». De là les formes masculines de tout le procès-verbal.

terer led. Rachelle Chouabbe, attendu qu'il estoit de la religion juif, et comme il est nécessaire de pourvoir à l'inhumation du cadavre dud. Rachelle Chouabbe, il se retire par devant nous pour estre ordonné ce qu'il appartiendra. Et a signé :

BLANCHARD, RUBEN SCHWAB [1].

Sur quoy, nous, conseiller du Roy, commissaire susd., avons aud. Sr Ruben Chouabbe donné acte de sa comparution ou dire et réquisition, et, en conséquence, sommes à l'instant transportéz en l'hostel et pardevant Monsieur le Lieutenant général de police, et ayant référé de ce que dessus, mondit sieur le Lieutenant général de police a ordonné qu'attendu le refus dud. Sr curé de l'église St Laurent d'enterer le cadavre de lad. Rachelle Chouabbe, veü la religion juifve dans laquelle elle est née et élevée, que led. cadavre sera enteré au lieu ordinaire à cette religion, et y sera porté à heure de nuit, sans bruit et sans scandal, en observant les précautions ordinaires. Et a mondit Sr le Lieutenant général de police signé :

HERAULT.

6.

30 mai 1735. — *Acte de décès et procès-verbal d'inhumation de Jacob Worms.*

Y 14530.

L'an mil sept cent trente cinq, le lundy trentième jour de may, à huit heures du matin, pardevant nous, Louis Pierre Blanchard, conseiller du Roy, commissaire au Châtelet de Paris, en notre hôtel, est comparue De Sara Levie, épouse du S. Jacob Vorms, Juif, négotiant à Metz.

Laquelle nous a dit que led. Jacob Vorms, Juif de Metz, son mary, est décédé ce jourd'huy matin entre trois et quatre heures dans une maison, rüe du Haut Moulin, portant le nom de l'hôtel de la Magdelaine, chez le Sr Vougny, et comme elle a interêt de constater ledit décès, attendu que l'on luy refuse la sépulture ecclésiastique parce qu'il étoit Juif de nation et vivoit selon leur loy, elle nous a requis de nous transporter présentement avec elle pour constater led. décès en lad. maison susdésignée. Et a signé :

SARAH LEVY [2].

---

1. Avec une seconde signature de Schwab en hébreu.
2. Avec une seconde signature en hébreu de la même main.

Sur quoy nous, conseiller du Roy, commissaire susdit, avons donné acte à lad. D^e Sara Levie, V^e dud. S. Wormes, de sa comparution, dire et réquisition, et y faisant droit sommes à l'instant transporté avec elle susd. rüe du Haut Moulin en lad. maison et hôtel susdésignée, ou estant arrivé et monté au premier estage d'icelle et entré en [une] chambre ayant vue sur la court, où il nous est apparu du cadavre dud. Jacob Vormes, estendu sur une paillasse, le tout à nous exhibé par lad. D^e Sara Levie, laquelle nous a requis en outre de refferer de ce que dessus à Monsieur le Lieutenant général de police pour en estre par luy ordonné ce qu'il appartient. Et a signé :

Sarah Levy [1].

Et à l'instant nous, conseiller du Roy, commissaire susdit, faisant droit et adhérant au réquisitoire de ladite Sara Levie, nous nous sommes transporté en l'hôtel de mondit sieur le Lieutenant général de police, auquel ayant fait raport du contenu en notre présent procès verbal, mondit sieur le Lieutenant général de police a ordonné que le corps dudit Jacob Vormes seroit en notre présence enlevé sans scandal, avec les mesures ordinaires, et ensuite inhumé. Et a mondit sieur le Lieutenant général de police signé :

Herault.

Et ledit jour, onze heures du soir, nous, commissaire susdit, en exécution de l'ordonnance de mondit sieur le Lieutenant général de police, sommes transporté rüe du Haut Moulin, à l'hôtel de la Magdelaine, où estant arrivé et monté au premier étage d'iceluy et entré en une chambre ayant vüe sur lad. court, ou y avons trouvé ladite Sara Levie, en présence de laquelle avons fait transporter le corps dud. Jacob Vormes dans le jardin du nommé (sic) à la Villette où il a été enterré en la manière ordinaire et accoutumée.

Blanchard.

7.

22 janvier 1736. — *Acte de décès et procès-verbal d'inhumation de Moyse Schwabe.*

Y 14530.

L'an mil sept cent trente six, le dimanche vingt deuxième jour de janvier, huit heures du matin, pardevant nous, Louis Pierre

---

1. Avec une seconde signature en hébreu de la même main.

Blanchard, conseiller du Roy, commissaire au Châtelet de Paris, en notre hôtel, est comparu Rubin Schuvabe, Juif de Metz, de présent à Paris, logé rüe Beaubourg.

Lequel nous a dit que Moyse Schuvabe, Juif de Metz aussy, son frère, est décédé le jour d'hier sur les onze heures et demy, rüe de Venise, à l'hôtel de France, chez le Sr Parmentier en une chambre au 1er étage, ayant vüe sur la rüe, et attendu qu'il a intérêt de constater led. décès et que l'on luy refuse la sépulture ecclésiastique, parce qu'il persistoit dans leur ancienne méthode de vivre, il nous a requis de nous transporter présentement avec luy pour constater led. décès en lad. maison. Et a signé :

Ruben Schwabe [1].

Sur quoy nous, conseiller du Roy, commissaire susd., avons donné acte aud. Rubin Schuvabe de sa comparution, dire et réquisition, et y faisant droit sommes à l'instant transporté rüe de Venise, à l'hôtel de France, occupé par le Sr Parmentier, où estant arrivé et monté au premier estage d'iceluy et entré en une chambre ayant vüe sur lad. rüe, nous est apparu du cadavre dud. Moyse Schuvabe étendu sur une paillasse, le tout à nous exhibé par led. Rubin Schuvabe, lequel nous a requis eu outre de refférer de ce que dessus à Monsieur le Lieutenant général de police pour en estre par luy ordonné ce qu'il appartient au sujet de ladite inhumation. Et a signé :

Ruben Schwabe [2].

Et à l'instant nous, conseiller du Roy, commissaire susdit, faisant droit et adhérant au réquisitoire dud. Rubin Schuvabe, nous nous sommes à l'instant transporté en l'hôtel de mondit sieur le Lieutenant général de police, auquel ayant fait rapport du contenu en notre présent procès verbal, mondit sieur le Lieutenant général de police a ordonné que le corps dud. Moyse Schuvabe seroit en notre présence enlevé sans scandal, avec les mesures ordinaires, et ensuite inhumé. Et a mondit sieur le Lieutenant général de police signé :

Herault.

Et lesd. jour et an que dessus nous, conseiller du Roy, commissaire susd., six heures de relevée, sommes transporté susd. rüe de

---

1-2. Avec une seconde signature de Schwabe en hébreu.

Venise aud. hôtel de France occupé par le Sʳ Parmentier, où estant arrivé et monté en une chambre au premier estage d'icelle ayant vüe sur lad. rüe, où il nous est apparu du cadavre dud. Moyse Schuvabe, que nous avons fait enlever et enterrer en notre présence et dud. Rubin Schuvabe, Lyon et autres Juifs dans le jardin du Sʳ Camot, hôtelier à la Villette, à l'Étoile, et ce en la manière ordinaire et accoustumée. Et ont... (*sic*)

BLANCHARD.

8.

17 novembre 1737. — *Scellé, acte de décès et procès-verbal d'inhumation de Ruben Schouabe.*

Y 14531.

L'an mil sept cent trente sept, le dimanche dix sept novembre, huit heures du matin, en notre hôtel et par devant nous, Louis Pierre Blanchard, conseiller du Roy, commissaire au Châtelet de Paris, sont comparus Samuel Cahain, Juif de Mets, et Ruben Daltroff, Juif de Mets, demeurants à Paris, rue Saint Martin.

Lesquels nous ont dit que, sur l'avis à eux donné par la nommée Carra, tenant chambres garnies, rue Saint Martin, chez le Sʳ Chalée, perruquier, que le nommé Ruben Schouabe, Juif de Metz, étoit tombé le jour d'hier dangereusement malade d'une oppression de poitrine ; que s'y étant transportés sur les minuit, ils auroient effectivement trouvé ledit Schouabe dans son lit, très malade, lequel leur auroit dit qu'il ne pouroit pas revenir de laditte maladie et qu'il les prioient (*sic*) très instament de vouloir bien avoir soin du peu d'effets qui luy restoit, affin de pourvoir aux frais de son inhumation ; que pour cet effet, en la présence de lad. Carra et d'une autre particulière qui s'est trouvée présente, ils auroient pris plusieurs petites nippes qui étoient épars dans lad. chambre, entr'autre la culotte dud. Schouabe, dans laquelle led. Ruben Schouabe en auroit tiré la clef d'une armoire pour le tout y enfermer, et laquelle clef il auroit remis sur le champ èz mains dud. Samuel Cahin, à la charge par luy d'y prendre ce qu'il conviendra pour son inhumation, en cas qu'il vint à décéder, et luy a dit en hébreu qu'il ne croyoit pas avoir assez d'argent dans lad. armoire pour faire son dit enterrement ; que led. Ruben Schouabe étant tombé dans le même moment à l'agonie et menaçant d'une mort prochaine, ledit Samuel Cahin, attendu sa qualité de sacerdoty [1], s'est retiré avec

---

1. Les descendants ou pseudo-descendants de la famille sacerdotale fondée par Aaron, frère de Moïse, (en hébreu, *cohanim*) ont dans la

la clef de lad. armoire, dont il est en possession ; et comme led. Schouabe est décédé sur les une heure après minuit, il nous requiert de présentement nous transporter avec led. Sr Daltrof dans la chambre où est le corps dud. Schouabe à l'effet par nous d'apposer nos scelléz et cachets sur lad. armoire, de laquelle il nous a remis la clef, et de prendre dans icelle néantmoins la somme qu'il conviendra pour faire les frais de lad. inhumation, ainsy que l'a ordonné led. Sr Schouabe avant son décez, et que le tout soit laissé, ainsy que ce que nous retirerons de lad. armoire, en la garde et possession dud. Sr Rubin Daltrof. Et ont signé :

RUBEN DALTROF[1], SAMUL CAHEN.

Sur quoy nous, conseiller du Roy, commissaire susdit, avons donné acte auxd. sieurs Cahin et Daltroffe de leurs comparutions, dires et réquisitions, et en conséquence sommes transportéz susditte rue Saint Martin en une maison occupée par bas par le Sr Chalée, perruquier, et étant monté au troisième étage et entré en une chambre ayant vue sur la rue, y avons trouvé et est comparue par devant nous Louise Hamelle, veuve de Pierre Carra, tenant chambres garnies dans la maison où nous sommes, à laquelle avons fait entendre le sujet de notre transport, nous a dit qu'elle n'empêche l'apposition de nos scelléz, même requiert à la conservation de ses droits. Et a signé :

BLANCHARD, LOUISE HAMEL DUAMEL *(sic)*.

Et après qu'il nous est apparu du cadavre dud. Ruben Schouabe gissant sur une paillasse, étant dans le milieu de lad. chambre, et après serment fait par lad. femme Cara et par Marguerite Pehu, fille majeure, étant dans lad. chambre, ne n'avoir rien détourné, veu ny fait détourner aucuns effets de la succession dud. Schouabe, soit avant ny depuis son décez, directement ny indirectement, avons avec la clef qui a été remise en nos mains par led. Sr Cahin fait ouverture d'une armoire à quatre guichets fermées *(sic)* et en avons tiré la culotte dud. deffunt à la réquisition dud. Sr Daltrof, où nous avons trouvé dans les poches trois louis de vingt quatres livres pièces *(sic)*, trois demy louis de douze livres chacun, sept

---

célébration du culte certains privilèges ou certaines préséances. Le Lévitique, XXI, 1 sqq., leur interdit de rester sous le même toit qu'un mort.

1. Dans cette pièce la signature de Daltrof est chaque fois accompagnée de sa seconde signature en hébreu.

écus de six livres et un de trois livres, faisant le tout ensemble la somme de cent cinquante trois livres, avons aussy tiré de lad. armoire trois timballes, un étuy et une tabatière d'argent, le tout poinçon de Paris, pesant ensemble un marc trois onces deux gros, après quoy avons remis dans lad. armoire plusieurs habits et effets à l'usage dud. deffunt étant dans lad. chambre, et ayant refermé les quatre battans de lad. armoire avec leur clef restée en nos mains, avons sur les serrure, ouverture et fermeture d'iceux mis et apposé nosd. scellé (*sic*) dud. sceau et cachet de nos armes sur les bouts de trois bandes de papier ; item avons apposé nos scelléz dud. sceau et cachet de nos armes sur les bouts de quatre bandes de papier posées sur les quatre tiroirs, serrure, ouverture et fermeture d'une commode de bois de noyer, après avoir refermée (*sic*) lesd. tiroirs avec leur clef restée en nos mains.

Ce fait et ne s'étant plus rien trouvé à sceller ny à décrire dans lad. chambre, tous nos scelléz sains et entiers sont restéz en la garde et possession de lad. Ve Carra, laquelle s'en est volontairement chargée et promis les représenter touttes fois et quantes elle en sera requise comme dépositaire de biens de justice, et à l'égard de lad. somme de cent cinquante trois livres cy dessus décrite, desd. trois timballes, étuy et tabatière d'argent cassée, ainsy que de deux boutons de manche d'or à grains qui se sont trouvéz à une chemise salle, ont été laisséz en la garde et possession dud. Sr Ruben Daltrof, qui s'en est aussy chargé comme dépositaire de biens de justice, le tout pour parvenir aux frais qu'il convient faire pour l'inhumation dud. deffunt, à la charge de compter du tout quant et à qui il appartiendra. Et pour être statué sur lad. inhumation dudit Ruben Schouabe avons ordonné qu'il en seroit communiqué à Monsieur le Procureur du Roy pour être par Monsieur le Lieutenant général de police [ordonné] ce qu'il appartiendra. Rayé (*sic*) mots comme nuls au présent procez verbal.

    Margueritt (*sic*) Pehue, Louise Hamel, Ruben Daltrof, Blanchard.

Veu le présent procès verbal, je requiers pour le Roy le cadavre dud. Ruben Schouabe estre inhumé dans le chantier de la Villette, nuitament, sans bruit, scandale ny apareil, et estre enjoint aux officiers du guet et de police de prester main forte si besoin est. Fait ce 17 9bre 1737.

    Moreau.

Veu le procès verbal de l'autre part et les conclusions cy dessus du Procureur du Roy, nous ordonnons que le cadavre dudit Ruben Schouabe sera inhumé de nuit et sans scandal dans le chantier de la Villette. Fait ce 17ᵉ 9ᵇʳᵉ 1737.

HERAULT.

Et lesd. jour et an que dessus, sept heures du soir, nous, conseiller du Roy, commissaire susdit, sommes transportéz au village de la Villette, au chantier du Sʳ Camot, à l'enseigne de l'Étoille, où étant et en présence des Sʳˢ Ruben Daltrof et Moyse Spire Levy, Juifs de Metz, le cadavre dud. Ruben Schouabe a été inhumé en la manière accoustumée. Et ont signé avec led. Sʳ Camot :

CAMO, RUBEN DALTROF, MOYSE SPIR LEVI, BLANCHARD.

*[La suite de l'acte comprend les différentes oppositions à la levée des scellés. La Vᵉ Carra demande 60 l. pour 5 mois de loyer dûs par Schouabe et 39 l. 3 s. pour débours durant sa maladie. Le substitut du Procureur du Roi comparait « pour l'absence » d'Anne Levy, femme du défunt, Judiq Levy, son fils, et autres, héritiers présomptifs ; ceux ci sont ensuite représentés par un fondé de procuration, Louis Lévy, négociant à Paris, rue Grenier Saint-Lazare. Elie Schouabe Raby, de Hagnenau, de présent à Paris, rue Saint-Martin, à la Cloche, réclame le paiement de 20287 l. 10 s. adjugés par arrêt des commmissaires du Conseil, députés pour juger les contestations concernant les vivres, fourrages et étapes. Les honoraires de Sauveur de Hauga, chirurgien, sont de 33 l. 10 s. Olry Spir Levy, banquier à Metz, fait opposition comme tiers porteur de 3 billets montant à 3000 l. signés par Gaud à Schouabe et contestés par le débiteur. La vente des hardes devant être insuffisante pour couvrir les frais de scellé et autres, un billet de 475 l. signé au défunt par un sieur Nivert sera mis en recouvrement.

L'inventaire est dressé par Jacques Gillet, notaire.]

9.

7 juin 1738. — *Acte de décès et procès-verbal d'inhumation de Rachel Tobar.*

Y 14535, dossier spécial, nº 24.

L'an mil sept cent trente huit, le vendredy sept juin, neuf heures du matin, par devant nous, Louis Pierre Blanchard, conseiller du Roy, commissaire au Châtelet de Paris, en notre hôtel, est comparu Ribca de Léon, femme de Isac Tobar, marchand juif d'Hollande, demeurante à présent à Paris, rue Saint Denis, vis à vis la rue Thevenot.

Laquelle nous a dit et déclaré que le jour d'hier sur les huit heures du soir Rachel Tobar, sa fille, âgée de dix mois, est décédée. Pourquoy elle vient nous en faire la présente déclaration et être par nous pourvu à son inhumation en la manière accoustumée. Et a déclarée ne sçavoir écrire ny signer, de ce interpellée suivant l'ordonnance.

Sur quoy, nous, conseiller du Roy, commissaire susdit, nous avons donné acte à lad. femme Tobar de sa comparution, dire, déclaration et réquisition. En conséquence, nous avons ordonné que le présent procèz verbal seroit communiqué à Monsieur le Procureur du Roy du Châtelet (sic) pour avoir ses conclusions sur laditte inhumation et être par Monsieur le Lieutenant général de police ordonné ce que de raison. Dont et de quoy nous avons dressé le présent procèz verbal.

Blanchard.

Veu le procès verbal, je n'empesche pour le Roy le cadavre de laditte Rachel Tobar estre inhumé nuitament, sans bruit ny scandal, en la manière accoutumée, dans le lieu à ce destiné et enjoint aux officiers du guet et de police de prester main forte si besoin est. Fait ce 7 juin 1738.

Moreau.

Vu le procès verbal du commissaire Blanchard de l'autre part, ensemble les conclusions cy dessus du Procureur du Roy, nous ordonnons que le corps de lad. Rachel Tobar sera inhumé de nuit, sans bruit ny scandale, en la manière accoutumée, dans le lieu à ce destiné. Fait ce 7 juin 1738. Rayés cinq mots nuls [1].

Herault.

Et lesd. jour et an que dessus, dix heures du soir, nous, conseiller du Roy, commissaire susdit, pour l'exécution de l'ordonnance de Monsieur le Lieutenant général de police cy dessus, nous nous sommes transportéz au village de la Villette, en la maison du Sr Camot, à l'Étoille, où, en présence du Sr Emanuel de Léon et du Sr Ruben Daltrof, Juifs de Bordeaux [2], le cadavre de lad. Rachel

---

1. Il avait été précédemment écrit : Ribca de Léon femme de Isac.
2. Le second témoin est en réalité de Metz.

Tobar a été inhumé en la manière accoustumée. Et ont signé avec le Sr Camot :

    BLANCHARD, RUBEN DALTROF, CAMO, EMANUEL DE LEON.

(*En marge :*) Charité.

10.

22 mai 1739. — *Acte de décès et procès-verbal d'inhumation d'Esther Bernard.*

Y 14535, dossier spécial, n° 52.

    L'an mil sept cent trente neuf, le vendredy vingt deux may, huit heures du matin, par devant nous, Louis Pierre Blanchard, conseiller du Roy, commissaire au Châtelet de Paris, en notre hôtel est comparu Bernard Hollandois, Juif d'Amsterdam, colporteur de marchandises, demeurant à Paris, rue Maubuée, chez le nommé Maubuisson, fruitier.

    Lequel nous a dit que Esther Bernard, sa fille, âgée de trois mois, est décédée le jour d'hier sur les huit heures du soir, dans les sentiments de la religion judaïque. Pourquoy il nous requiert de pourvoir à son inhumation au lieu à ce destiné et à cet effet de nous transporter avec luy en sa demeure à l'effet de constater l'état du cadavre de lad. Esther Bernard, sa fille. Et a signé :

    BERNARD DE HOLLANDOIS.

    Sur quoy nous, conseiller du Roy, commissaire susdit, nous avons donné acte aud. Bernard Hollandois de sa comparution, dire et réquisition. En conséquence nous nous sommes à l'instant transporté avec luy susd. rüe Maubuée, en une maison occupée par bas par un menuisier, et étant monté au deuxième étage et entré dans une chambre ayant vue sur lad. rüe, nous est apparu d'un cadavre féminin, gissant sur un lit, qui nous a paru âgé d'environ deux mois et demy. Pourquoy étant nécessaire de pourvoir à son inhumation, que led. Bernard et Caton Cerf, sa femme, étant dans lad. chambre, nous ont déclaréz que led. cadavre est celuy de lad. Esther Bernard, leur fille, nous avons ordonné que le présent procèz verbal seroit communiqué à Monsieur le Procureur du Roy pour avoir ses conclusions, pour sur icelles être ordonné par Monsieur le Lieutenant général de police ce qu'il appartiendra sur lad. inhumation. Et ont signé :

    JUDIT HARTOGH, BERNARD DE HOLLANDOIS, BLANCHARD.

Veu le procès verbal, je n'empesche pour le Roy le cadavre de lad. Esther Bernard estre inhumé sans bruit, scandale ny apareil, dans le lieu à ce destiné, à la Villette, et enjoint aux officiers du guet et de police de prester main forte, si besoin est. Fait ce 22 may 1739.

MOREAU.

Veu le procèz verbal et les conclusions du Procureur du Roy, nous ordonnons que le corps d'Esther Bernard sera inhumé sans bruit, scandal ny appareil, dans le lieu à ce destiné à la Villette, et enjoignons aux officiers du guet et de police de prester main forte si besoin est. Fait ce 22 mai 1739.

HERAULT.

Et lesdits jour et an, dix heures du soir, pour l'exécution de l'ordonnance ci dessus, nous, conseiller du Roy commissaire susdit, nous sommes transporté susditte rue Maubuée, en la maison et chambre ci devant désignée, où nous avons fait mettre le cadavre de lad. Esther Bernard dans une bière et l'avons fait transporter au chantier du Sr Camot scis audit lieu de la Villette, où ledit cadavre a été inhumé en la manière accoutumée.

BLANCHARD, CAMO [1].

(*En marge* :) Charité.

II.

16 aout 1739. — *Acte de décès et procès-verbal d'inhumation de Cerf Vestphalie.*

Y 14535, dossier spécial, n° 55.

L'an mil sept cent trente neuf, le dimanche seize aoust, huit heures du soir, par devant nous, Louis Pierre Blanchard, conseiller du Roy, commissaire au Châtelet de Paris, ancien préposé pour la police au quartier Saint Martin, en notre hôtel sont comparus Orry Cahin et Ruben Daltroff, Juifs de Metz, demeurants à Paris, sçavoir led. Orry Cahin, rue Geoffroy Langevin et led. Ruben Daltroff, rue Saint Martin.

Lesquels nous ont dit qu'il y a environ une demie heure Cerf de Vestphalie, Juif d'Allemagne, âgé d'environ trente huit ans, est

---

1. Une note indique: « A faire signer au Sr Camot ».

décédé de maladie qu'il avoit depuis quatre ou cinq jours, dans les sentiments de la religion judaïque, et ce dans une petite chambre garnie où il demeurait rue de la Corroyrie, dépendante de notre quartier, et comme il est nécessaire de pourvoir à son inhumation dans le lieu à ce destiné, ils sont venus par devant nous pour nous faire la présente déclaration et requérir notre transport en lad. chambre pour constater l'état dud. Cerf de Vesphalie et être par nous sur le tout pourvu. Et ont signé :

RUBEN DALTROF, ORRY CAHIN (*hebr.*).

Sur quoy nous, conseiller du Roy, commissaire susdit, nous avons donné acte auxd. comparants de leurs comparutions, dires, réquisitions et déclarations. En conséquence nous nous sommes à l'instant transportéz avec eux susditte rue de la Corroyrie, en une maison occupée par bas par le nommé Damoy, fruitier, et étant monté au premier étage et entré dans une chambre ayant vüe sur la rüe, nous est apparu d'un cadavre masculin, gissant sur la paillasse d'un lit, paroissant âgé d'environ trente cinq à quarente ans, que lesd. Cahin et Daltroff nous ont déclaré être le corps dud. Cerf Vespthalie (*sic*). Pourquoy avons ordonné que le présent procèz verbal seroit communiqué à Monsieur le Procureur du Roy pour donner ses conclusions et sur icelles être ordonné par Monsieur le Lieutenant général de police ce qu'il appartiendra sur lad. inhumation. Dont et de quoy avons fait et dressé le présent procez verbal. Et ont signé :

BLANCHARD, RUBEN D'ALTROF, ORRY CAHIN (*hebr.*).

Veu le procès verbal, je n'empesche pour le Roy le cadavre dud. Cerf Vesptalie estre inhumé nuitament, sans bruit, scandal ny apareil, dans l'endroit à ce destiné, et être enjoint aux officiers du guet et de police de prester main forte si besoin est. Fait ce 17 aoust 1739.

MOREAU.

Veu le procèz verbal et les conclusions du Procureur du Roy, nous ordonnons que le corps dudit Cerf Vespthalie sera inhumé de nuit, sans bruit, scandal ny appareil, dans le lieu à ce destiné, et enjoignons aux officiers du guet et de police de prester main forte si besoin est. Fait ce 17 aoust 1739.

HERAULT.

Et lesd. jour et an que dessus, unze heures du soir, nous, conseiller du Roy, commissaire susd., suivant et pour l'exécution de l'ordonnance de Monsieur le Lieutenant général de police cy dessus, nous nous sommes transportéz susd. rue de la Corroyrie en la maison susdésignée, de laquelle avons fait enlever le cadavre dudit Cerf de Vestphalie, que nous avons fait conduire au village de la Villette, en la maison où pend pour enseigne l'Étoille, occupée par le Sr Camot, où étant led. cadavre a été inhumé en la manière ordinaire et accoustumée, en présence desd. Ruben Daltroff et d'Elie Cahin, Juifs de Metz. Et ont signé avec led. Sr Camot :

BLANCHARD, CAMO, ELIE CAHN [1], RUBEN DALTROF.

(*En marge :*) Charité.

12.

22 septembre 1739. — *Acte de décès d'Hélène Benjamin Salomon.*
Y 15246.

L'an mil sept cens trente neuf, le mardy vingt deux septembre, neuf heures du matin, en l'hôtel de nous, Pierre Regnard, conseiller du Roy, commissaire au Châtelet de Paris, est comparu Sr Benjamin Salomon, Juif d'Hollande, de présent à Paris, travaillant à la manufacture de tabac scize rue du Boulloy, logé rue de la Jussienne, chez la dame veuve Guérard, où il est en chambre garnie.

Lequel nous a dit que Heleine Benjamin Salomon, sa fille, âgée d'environ trois ans, est décédée le jour d'hier de la petite verrole, née (françoise) [2] à Paris et de la mesme religion, et que comme il s'agist présentement de la faire inhumer et qu'il souhaitte faire faire cette inhumation au lieu de la Villette, dans la maison d'un cabaretier qui a pour enseigne l'Étoille, qu'il ne le peut faire sans authorité de justice, luy comparant a recour *(sic)* à nous pour que nous puissions nous transporter heure présente chez lad. veuve Guérard, où estant transporté *(sic)* et montés au second étage et entrés dans une chambre ayant vüe sur lad. rüe, y avons trouvé un jeune cadavre étendu sur le plancher et enveloppé dans des linges, nous avons remarqué que c'étoit une fille âgée d'environ trois ans et morte de la petite verrole, et attendu qu'elle est de la religion dud. comparant, il demande qu'il luy soit accordé de faire faire lad. inhumation au lieu susdésigné. Et a signé :

BENJAMIN SALOMON (*hebr.*), REGNARD.

---

1. Avec une deuxième signature en hébreu.
2. Ce mot a été barré.

Sur quoy nous, conseiller du Roy, commissaire susd., avons donné acte aud. Benjamin Salomon de sa comparution, dire et réquisition, et pour être fait droit nous requière qu'il en soit par nous fait rapport à M⁰ le Lieutenant général de police en son hôtel, dont et de ce que dessus avons fait et dressé le présent procès verbal et avons signé :

Regnard.

Ed led. jour, nous étant transporté en l'hôtel de M⁰ le Lieutenant général de police, auquel ayant fait rapport de ce que dessus, il a ordonné que le présent procès verbal sera communiquée *(sic)* au Procureur du Roy pour être ensuite ordonné ce qu'il appartiendra, et a mond. s⁰ le Lieutenant général de police signé [1] :

Et led. jour et an que dessus, sommes transportés en l'hôtel de M⁰ le Procureur du Roy, lequel, ayant pris communication dud. procès verbal, a dit qu'il n'empêche pour le Roy que le cadavre de lad. Heleine Benjamin Salomon soit inhumé *nuittament, sans bruit, scandale ni appareil* [2] dans la maison dud. cabaretier, où pend pour enseigne l'Étoille, aud. lieu de la Villette, (sans aucune cérémonie ny culte de religion et sans aucun scandal), et enjoint aux officiers de police et du guet de prêter main forte (en cas de scandale) *si besoin est*. Et a mondit sieur le Procureur du Roy signé :

Moreau.

Vingt et un mot rayés nuls.

M.

Soit fait ainsy qu'il est requis. Lesd. jour et an que dessus [3].
(En marge :) Rapporté 18 l.

13.

8 novembre 1739. — *Acte de décès et procès-verbal d'inhumation d'Esther Towar.*

Y 14536, dossier spécial, n⁰ 60.

L'an mil sept cent trente neuf, le dimanche huit novembre, deux heures de relevée, par devant nous, Louis Pierre Blanchard, con-

---

1. La signature fait défaut.
2. Les mots en italique sont ajoutés de la main du Procureur du Roy en remplacement des mots entre parenthèses qu'il a barrés.
3. La signature manque.

seiller du Roy, commissaire au Châtelet de Paris, en notre hôtel sont comparus Emanuel Léon et Salomon Bernard, Juifs demeurants à Paris, sçavoir led. Léon, rüe Mazarine, et led. Bernard, rüe Neuve Saint Merry.

Lesquels nous ont dit et déclaréz que Esther Towar, fille âgée de six mois, fille d'Isac Towar et de Ricca Towar, ses père et mère, Juifs d'Hollande, est décédée le jour d'hier de maladie, et comme il est nécessaire de pourvoir à son inhumation dans le lieu à ce destiné, ils nous requièrent de présentement nous transporter avec eux rüe Mazarine en la demeure dud. Léon, ou lad. Esther Towar est décédée, à l'effet d'être par nous pourveu à son inhumation, nous déclarant en outre que le père de lad. deffunte est absent et que la mère est dans la dernière misère, qu'ils ont donné avis de cette mort aux commissaires dud. quartier qui jusqu'à présent ne s'y sont point transportéz. Et ont signé :

EMANUEL DE LÉON, SALOMON BERNARD.

Sur quoy nous, conseiller du Roy, commissaire susdit, nous avons donné acte auxd. comparants de leurs comparutions, dires, réquisitions. En conséquence et attendu le fait dont il s'agit, nous nous sommes à l'instant transporté rüe Mazarine, en une maison à porte quarrée occupée par bas, et étant monté au premier étage et entré dans une chambre ayant vue sur lad. rue, nous est apparu d'un cadavre féminin paroissant âgé d'environ six mois, que lesd. Léon et Salomon nous ont dit être le corps de lad. Esther Touwar. Pourquoy avons ordonné que le présent procèz verbal seroit communiqué à Monsieur le Procureur du Roy pour donner ses conclusions et être sur icelles ordonné par Monsieur le Lieutenant général de police ce qu'il appartiendra sur lad. inhumation. Dont et de quoy avons fait et dressé le présent procèz verbal. Et ont signé :

SALOMON BERNARD, EMANUEL DE LÉON, BLANCHARD.

Veu le procèz verbal, je m'empesche pour le Roy le cadavre de lad. Esther Thowar estre inhumé nuitament, sans bruit, scandal ny appareil, dans la maison et chantier du Sr Camot à la Villette, et être enjoint aux officiers du guet et de police de prester main forte si besoin est. Fait ce huit novembre 1739.

MOREAU.

Veu le procèz verbal et les conclusions du Procureur du Roy, nous ordonnons que le corps de lad. Esther Thowar sera inhumé de nuit, sans bruit, scandal ny appareil, dans le chantier du Sr Camo à ce destiné, scis à la Villette, et enjoignons aux officiers du guet et de police de prester main forte si besoin est. Fait ce 8 novembre 1739.

HERAULT.

Et lesdits jour et an que dessus, unze heures du soir, pour l'exécution de l'ordonnance ci dessus, nous, conseiller du Roy, commissaire susdit, nous sommes transporté susditte rue Mazarine en lad. maison et chambre ci devant désignée, où estant avons fait mettre le cadavre de lad. Esther Thowar dans une bière et l'avons fait transporter en la maison et chantier dud. Sr Camot, à la Villette, où ledit cadavre a esté inhumé en la manière accoutumée.

(Signé :) BLANCHARD, CAMO [1].

(En marge :) Charité.

14.

9 mai 1741. — *Acte de décès et procès-verbal d'inhumation de Jacques Latour.*

Y 14536, dossier spécial, n° 165.

L'an mil sept cent quarente un, le mardy neuf may dix heures du matin, pardevant nous, Louis Pierre Blanchard, conseiller du Roy, commissaire au Chastelet de Paris, en notre hôtel sont comparus Salomon Bernard, Juif de Metz, demeurant à Paris, rue Neuve Saint Merry, et Isac Fernand, Juif Portugais, demeurant à Paris, rue du Poivin.

Lesquels nous ont dit et déclaréz que la nuit du dimanche au lundy dernier, Jacques Latour, Juif de Portugal, demeurant à Paris, rüe du Cœur Volant, en une chambre garnie, âgé de quarente ans, est décédé dans la religion judaïque, dans la dernière des misères, que comme depuis ledit tems il n'a point été pourveu à son inhumation, que le cadavre sent une très mauvaise odeur ce qui pouroit occasionner la contagion dans lad. maison, ils sont venus par devant nous pour nous faire la présente déclaration, dont ils nous requièrent acte et être sur le tout par nous pourvu. Et ont signé :

SALOMON BERNARD, YSHAC FERNANDEZ.

Sur quoy nous, conseiller du Roy, commissaire susdit, nous avons donné acte auxd. comparants de leurs comparutions, dires,

---

1. Une note indique : « A faire signer au Sr Camot ».

réquisitions, et en conséquence et attendu le fait dont il s'agit, nous nous sommes à l'instant transporté avec lesd. Bernard et Fernand susd. rüe du Cœur Volant, en une maison tenüe garnie, et étant monté au premier étage et entré dans une petite chambre ayant vüe sur la rüe, nous est apparu d'un cadavre masculin gissant sur la paillasse d'un lit, que lesd. susnomméz nous ont déclaréz être le corps dud. Jacques Latour, paroissant âgé d'environ quarante ans, et pour être statué sur l'inhumation dud. Latour, avons ordonné que le présent procèz verbal seroit communiqué à Monsieur le Procureur du Roy, pour sur ses conclusions être ordonné par Monsieur le Lieutenant général de police ce qu'il appartiendra. Dont et de quoy avons fait et dressé le présent procèz verbal et avons signé :

BLANCHARD.

Veu le procès verbal, je n'empesche pour le Roy le cadavre dud. Jacques Latour estre inhumé nuitament, sans bruit, scandale ny apareil, dans le jardin du nommé Camot, au village de la Villette, et être enjoint aux officiers du guet et de police de prester main forte si besoin est. Fait ce 9 may 1741.

MOREAU.

Veu le procèz verbal et les conclusions du Procureur du Roy, nous ordonnons que le corps dud. Jacques Latour sera inhumé dans le cimetière des étrangers scis Porte Saint Martin *(sic)*, de nuit, sans bruit ny scandal et enjoignons aux officiers du guet et de police de prester main forte si besoin est. Fait ce neuf may 1741.

FEYDEAU.

Et lesd. jour et an que dessus, dix heures du soir, nous, conseiller du Roy, commissaire susdit, pour l'exécution de l'ordonnance de Monsieur le Lieutenant général de police, nous nous sommes transportéz susd. rue du Cœur Volant en la maison susdésignée, où étant, avons fait conduire le corps dud. Jacques Latour dans une bierre au village de la Villette, dans le jardin du Sr Camot, où en présence desd. Bernard et Fernand, led. Jacques Latour a été inhumé en la manière accoustumée. Et ont signé avec led. Sr Camot.

SALOMON BERNARD, YSHAC FERNANDEZ, BLANCHARD, CAMO [1].

(En marge :) Charité.

---

1. La minute porte au dos : « A faire signer par le Sr Camot ».

15.

17 avril 1742. — *Acte de décès et procès-verbal d'inhumation de Lion Benjamin.*

Y 14536, dossier spécial, n° 156.

L'an mil sept cent quarante deux, le mardy dix sept avril, huit heures du soir, par devant nous, Louis Pierre Blanchard, conseiller du Roy, commissaire au Châtelet de Paris, en notre hôtel est comparu Benjamin Prisac, Juif d'Hollande, demeurant à Paris, rue Saint Martin.

Lequel nous a dit que la nuit dernière Lion Benjamin, son fils, âgé de treize mois, est décédé de maladie, et comme il est nécessaire de pourvoir à son inhumation, il est venu nous faire la présente déclaration dont il requiert acte. Et a signé en hébreu :

Benjamin Prisac *(hebr.)*.

Sur quoy nous, conseiller du Roy, commissaire susdit, avons donné acte aud. Benjamin Prisac de ses comparution, dire et réquisition. En conséquence sommes à l'instant avec luy transportéz susd. rue Saint Martin, en une maison occupée par le sieur Delbeuf, maitre chirurgien, et étant monté au premier étage et entré dans une chambre ayant vue sur lad. rue, nous est apparu d'un cadavre masculin, que led. Prisac nous a dit être le corps de son fils. Pourquoy et pour être fait droit et ordonné sur lad. inhumation ce qu'il appartiendra, avons ordonné que le présent procèz verbal sera communiqué à Monsieur le Procureur du Roy, pour être ensuite ordonné par Monsieur le Lieutenant général de police ce que de raison.

Blanchard.

Veu le procès verbal, je n'empesche pour le Roi le cadavre dudit Lion Benjamin être inhumé nuitament, sans bruit, scandal ni appareil, dans la maison et chantier du Sr Camot à la Villette, et estre enjoint aux officiers du guet et de police de prester main forte si besoin est. Fait ce dix huit avril 1742.

Moreau.

Veu le procès verbal et les conclusions du Procureur du Roy, nous ordonnons que le corps dudit Lion Benjamin sera inhumé de nuit, sans bruit, scandal ni appareil dans le chantier du Sr Camot à ce destiné, scis à la Villette, et enjoignons aux officiers du guet et de police de prêter main forte si besoin est. Fait ce 18 avril 1742.

FEYDEAU.

Et lesd. jour et an que dessus, nous nous sommes transportéz au village de la Villette, en la maison dud. Camot, où nous avons fait transporter le corps dud. Lion Benjamin, et en présence dud. Benjamin Prisac et de Bernard Salomon, Juif de Metz, le corps dud. Lion Benjamin a été inhumé en la manière accoustumée. Et ont signé avec le Sr Camot :

CAMO, SALOMON BERNARD, BENJAMIN PRISAC *(hebr.)*

(En marge :) Juif. Charité.

16.

20 juin 1743. — *Actes de décès et procès-verbal d'inhumation de Salomon Bernard Levy.*

Y 15339.

L'an mil sept cent quarante trois, le jeudy vingt juin, une heure de relevée, nous, Thomas Joseph Jean Regnaudet, conseiller du Roy, commissaire au Châtelet de Paris, sommes transporté ès prisons du Petit Châtelet, où étant dans l'intérieur desd. prisons monté avec le Sr François Calixte Dangers, consierge desd. prisons, dans une chambre ayant vue sur la cour desd. prisons, nous y avons trouvé le Sr Rubens Daltrof, Juif de nation, négociant à Paris, demeurant rue Quinquempois, au Lys d'or.

Lequel nous a dit que Salomon Bernard Levy, aussy Juif de nation, natif de de *(sic)* Metz, âgé de cinquante cinq ans ou environ, est décédé ce jourd'huy entre unze heures et midy dans la chambre où nous sommes, dans les sentimens de la religion judaïque et dans une extrême pauvreté, et comme il est nécessaire de pourvoir à son inhumation, il a requis notre transport à cet effet et a esleu domicile en sa demeure susditte. Et a signé avec nous et led. Sr Dangers *(sic)* mots rayés nuls.

DANGERS, RUBEN D'ALTROF.

Sur quoy, nous, conseiller, commissaire susd., avons donné acte aud. Sr Rubens Daltrof et aud. Sr Danger de leur comparution, dire et réquisition, et en conséquence nous étant apparu d'un cadavre masculin, gissant sur la paille et étendu sur lad. paille dans lad. chambre où nous sommes, que led. Sr Rubens Daltrof et led.

Sʳ Dangers nous ont déclaré estre le corps dud. Salomon Bernard Levy, décédé ce jourd'huy d'une maladie suitte de descente, avons dit que pour estre statué sur l'inhumation dud. Salomon Bernard Levy dans le lieu à ce destiné, le présent procès verbal seroit communiqué à Monsieur le Procureur du Roy pour donner ses conclusions et sur le tout estre par Monsieur le Lieutenant général de police ordonné ce que de raison. Et ont lesd. Sʳ Rubens Daltrof et led. Sʳ Dangers signé avec nous. *(sic)* mots rayés comme nuls.

DANGERS, RUBEN D'ALTROF, REGNAUDET.

Veu le procès verbal, je n'empêche pour le Roy le cadavre dud. Bernard Salomon Levy être inhumé nuitamment, sans bruit, scandale ny apareil, dans un jardin au village de la Chapelle, et être enjoint aux officiers du guet et de police de prêter main forte si besoin est et en sont requis. Fait ce 21 juin 1743.

MOREAU.

Soit fait ainsy qu'il est requis. Ce 21 juin 1743.

FEYDEAU.

Et ledit jour et an que dessus, unze heures du soir, nous, conseiller du Roy, commissaire susd., sommes transporté pour l'exécution de l'ordonnance de Mʳ le Lieutenant général de police cy devant dattée, dans les susd. prisons au Petit Châtelet, et en présence dud. Sʳ Rubin Daltroff, et de Raphaël Ory, Juif de Metz, demeurant rue Saint Martin chez le Sʳ Regnier, maître grenetier, le cadavre dud. Salomon Bernard Levy a esté transporté dans le jardin du Sʳ Cameau, à l'enseigne de l'Étoile, au village de la Villette près la Chapelle, où il a esté inhumé en la manière accoutumée. Et ont signé avec nous :

RAPEHEL ORRY, RUBEN DALTROF.

(En marge) : Charité.

17.

16 novembre 1745. — *Acte de décès et procès-verbal d'inhumation de l'enfant nouveau-né de Joseph Valabrèque.*

Y 14536, dossier spécial, n° 126.

L'an mil sept cent quarante cinq, le mardi seize novembre, dix heures du matin, en l'hôtel de nous, Louis Pierre Blanchard, conseiller du Roy, commissaire au Châtelet de Paris, est comparu

Joseph Valabrèque, Juif, négotiant de Bourdeaux, de présent en cette ville de Paris, demeurant rue et près Saint-André des Arcs, dans la maison du Sr Rosier, épicier, au premier étage sur le devant.

Lequel nous a dit que Nertegarde, sa femme, est accouchée ce jourd'huy quatre heures du matin d'un enfant mâle et qui est venu mort. Pourquoy il nous en vient faire la présente déclaration pour être par nous pourvu à l'inhumation dudit enfant en la manière accoutumée. Et a signé en lettres hébraïques, ne sçachant le faire autrement :

JOSEPH (hebr).

Sur quoy nous, conseiller du Roy, commissaire susdit, avons audit Valabrèque donné acte de ses comparution, déclaration et réquisition ci-dessus. En conséquence, nous sommes transporté en sa demeure susditte et dans led. apartement nous a été représenté le cadavre d'un enfant nouvellement né, que ledit Valabrèque nous a dit être son fils et dont lad. femme est accouchée ce jourd'huy matin, lequel enfant est resté dans ledit appartement en la garde dudit Valabrèque, son père, jusques à ce qu'il ait esté ordonné sur l'inhumation dont il s'agit par Monsieur le Lieutenant général de Police sur les conclusions de Monsieur le Procureur du Roy, après que le présent procès verbal luy aura été communiqué. Et a ledit Valabrèque signé comme dessus :

BLANCHARD, JOSEPH (hebr).

Vu le procès verbal, je n'empesche pour le Roy le cadavre du fils dudit Joseph Valabrèque estre inhumé nuitamment, sans bruit, ni scandal, en la manière accoutumée, dans le lieu à ce destiné, et enjoint aux officiers du guet et de police de prester main forte si besoin est. Fait ce 16 novembre 1745.

MOREAU.

Vu le procès verbal du commissaire Blanchard ci dessus, ensemble les conclusions du Procureur du Roy, nous ordonnons que le corps du fils dudit Joseph Valabrèque sera inhumé de nuit, sans bruit ni scandal, en la manière accoutumée, dans le lieu à ce destiné. Fait ce 17 novembre 1745.

FEYDEAU.

Et lesdits jour et an que dessus, nous, conseiller du Roy, commissaire susdit, pour l'exécution de l'ordonnance de Monsieur le Lieutenant général de police ci dessus, nous sommes transporté en la maison du Sʳ Camot, à la Villette, où en présence dudit Valabrèque père et du Sʳ Isaac Fernandes Henriqs, Juif, négotiant d'Espagne et Portugal, demeurant rue Mazarine, le corps de l'enfant nouveau né en question a été inhumé dans le jardin dudit Camot, en la manière accoutumée. Et ont signé :

Joseph (hebr.), Yshac Fernandez Henriques, Blanchard, Camo.

(*En marge*) : Charité.

18.

10 mai 1746. — *Acte de décès et procès-verbal d'inhumation de Salomon Benjamin*

Y 14541, dossier spécial.

L'an mil sept cent quarante six, le mardi dix may, cinq heures du soir, nous, Louis Pierre Blanchard, conseiller du Roy, commissaire au Châtelet de Paris, ayant été requis, sommes transporté ruë Beaubourg vis à vis le cû de sacq de l'Anglois, en une maison apartenante à maitre Gillet, notaire, où estant et monté dans une pièce ayant vuë sur la ruë au premier étage, sont comparus devant nous Benjamin Jonas, Juif employé à la manufacture du tabac à Paris, y demeurant ruë et à l'hôtel de Montmorency, en chambres garnies, père du deffunct cy après nommé, Rosette Salomon, native de Vælback [1], veuve dudit deffunct, Abraham Isaac, Juif de Louterbourg [2] en Alsace, demeurant susdite rue et à l'hôtel de Montmorency, et Cerf Israel, Juif négotiant de Metz, négotiant (*sic*), demeurant ruë Quincampoix, au Lys d'or.

Lesquels nous ont dit que Salomon Benjamin, Juif, aussi ouvrier à la manufacture du tabac à Paris, âgé de vingt six ans, natif d'Amsterdam, fils dudit Benjamin Jonas et époux de lad. Rosette Salomon, est décédé ce jourd'huy d'un abcès qui s'estoit formé dans sa gorge et dont il estoit malade depuis trois semaines ou environ, et comme il s'agit de pourvoir à son inhumation, ils ont requis notre transport pour être, par nous, sur ce, fait ce qu'il apartiendra, nous requérant acte. Et ont signé et aprouvé la rature de (*sic*) mots comme nuls :

Abraham Isaac, Juif de Lauterbourg ;
    Rosette Salomon (*hebr.*) ; Cerf Israel (*hebr.*) [3].

---

1. Walbeck, canton de Geldern, distr. de Düsseldorf, Province rhénane, Prusse.
2. Aujourd'hui Lauterbourg, cercle de Wissembourg.
3. Les éléments de ces signatures hébraïques peuvent se lire : Rosele

Sur quoy nous, conseiller du Roy, commissaire susdit, avons aux susnommés donné acte de leurs dires et réquisitions ci dessus et en conséquence, après qu'il nous est apparu d'un cadavre masculin, gissant dans un lit, qui nous a paru âgé de vingt six ans ou environ, ayant le tour de la bouche ensanglanté, ce que les susnommés nous ont affirmé provenir de l'abcès, quand il avoit abouti, ayant rendu quantité de sang par la bouche, nous avons ordonné que le présent procès verbal sera communiqué à Monsieur le Procureur du Roy aud. Châtelet pour sur ses conclusions être par Monsieur le Lieutenant général de police ordonné ce qu'il apartiendra. Et est ledit cadavre resté en la garde des susnommés qui ont signé :

ABRAHAM ISAAC, Juif de Lauterbourg;
ROSETTE SALOMON (hebr); CERF ISRAEL (hebr.); BLANCHARD.

Vu le procès verbal, je n'empesche pour le Roy le cadavre dudit Salomon Benjamin estre inhumé nuitament, sans bruit, scandal, ni apareil, dans l'endroit à ce destiné, et estre enjoint aux officiers du guet et de police de prester main fort (*sic*) si besoin est et s'ils en sont requis. Fait ce 10 may 1746.

MOREAU.

Vu le procès verbal et les conclusions du Procureur du Roy, nous ordonnons que le corps dud. Salomon sera inhumé de nuit, sans bruit, scandal ni apareil dans le lieu à ce destiné, et enjoignons aux officiers du guet et de police de prester main forte si besoin est et s'ils en sont requis. Fait ce 10 may 1746.

FEYDEAU.

Et le mercredi unze may, trois heures du matin, aud. an, nous, conseiller du Roy, commissaire susdit, transporté en lad. maison ci devant designée et dans led. apartement au premier étage sur le devant, en exécution de l'ordonnance de Monsieur le Lieutenant général de police ci-dessus en datte du jour d'hier, avons fait transporter à la réquisition que dessus au jardin du Sr Camot, hostellier, scis à la Villette, led. cadavre, où en notre présence et de celle dudit Benjamin, père dud. deffunct, et en celle desd. Abraham Isaac et Cerf Israel, ledit cadavre a été inhumé en la

---

femme de Benjamin Preisig, et Nephtali (équivalent de Cerf en hébreu) ben Iezechiel.

manière accoutumée. Et ont signé avec le Sr Camot présent et aprouvé la rature de (*sic*) mots comme nuls :

BLANCHARD ; ABRAHAM ISAAC, Juif de Lauterbourg ;
CAMO ; ROSETTE SALOMON (*hebr.*) ; CERF ISRAEL (*hebr.*).

19.

1er octobre 1746. — *Acte de décès et procès-verbal d'inhumation de Mahyer Lion*

. Y 15342.

L'an mil sept cent quarante six, le samedy premier octobre, six heures du matin, nous, Thomas Joseph Jean Regnaudet, conseiller du Roy, commissaire au Châtelet de Paris, requis, sommes transporté dans les prisons du Petit Châtelet, et étant dans l'intérieur desd. prisons monté avec le Sr François Calixte Dangers, concierge desdits prisons, dans une petite chambre ayant vue sur la cour d'icelles prisons, occupée par Mahyer Lion, Juif, nous y avons trouvé le Sr Ruben D'Altrof, aussy Juif, négotiant à Paris, demeurant rue Maubuée.

Lequel nous a dit que ledit Mahyer Lion, Juif de nation, natif de Trèves, demeurant ordinairement en la ville de Metz, âgé de soixante trois ans, et détenu prisonnier pour dettes dans lesd. prisons depuis l'année mil sept cent trente six, est décédé le jour d'hier sur les six heures du soir, dans la chambre où nous sommes, dans les sentiments de la religion hébraïque et dans une extrême pauvreté ; et comme il est nécessaire de pourvoir à son inhumation, il a requis notre transport à cet effet, et a eslû domicile en sa demeure susdite, et a signé avec nous et ledit Sr Dangers :

RUBEN D'ALTROF, DANGERS.

Sur quoy nous, commissaire susd., avons donné acte audit Sr Ruben D'Altrof de ses comparution, dire, réquisition, et, en conséquence, nous estant apparu d'un cadavre masculin étendu de son long sur de la paille dans lad. chambre où nous sommes, que ledit Sr Ruben D'Altrof et ledit Sr Dangers nous ont déclaré estre le corps mort dudit Mahyer Lion, décédé ledit jour d'hier, d'une rétention d'urine avec inflammation dans le bas ventre, avons ordonné que pour estre statué sur son inhumation dans le lieu à ce destiné le présent procès verbal seroit communiqué à Monsieur le Procureur du Roy pour donner ses conclusions et estre sur le tout par Monsieur le Lieutenant général de police ordonné ce que de raison. Et ont lesd. Srs Dangers et Ruben D'Altrof signés avec nous :

RUBEN D'ALTROF, DANGERS, REGNAUDET.

Vu le procès verbal, je n'empêche pour le Roy le cadavre dudit Mahyer Lion estre inhumé nuitament, sans bruit, scandal ny appareil, dans le jardin du nommé Cameau, à la Villette, à l'enseigne de l'Étoille, et estre enjoint aux officiers du guet et de police de prêter main forte si besoin est. Fait ce 1er octobre 1746.

Soit fait ainsy qu'il est requis. Ce 1er octobre 1746 [1].

Et ledit jour et an que dessus, unze heures du soir, nous, commissaire susd., sommes transporté pour l'exécution de l'ordonnance de Monsieur le Lieutenant général de police cy devant dattée dans les susd. prisons du Petit Châtelet et en présense des Srs Bernard de Mayence, demeurant du (sic) Temple, et de Jacob Gition, demeurant rüe Neuve St Mery, tous deux Juif (sic) de nation, le cadavre dudit Mahyer Lion a esté inhumé dans le jardin dud. Sr Cameau, au village de la Villette, à l'enseigne à l'Étoille. Et ont lesd. Srs Bernard de Mayence et Jacob Gition signés avec nous :

BERNARD DE MAYENCE, JACOB GITION (hebr.), REGNAUDET.

(En marge) : Charité. Mayer Lion. 1er octobre.

20.

7 avril 1749. — *Acte de décès d'Isaac Valabrèque.*

Y 12411.

L'an mil sept cens quarante neuf, le lundy septième jour d'avril, huit heures du matin, nous, André Defacq, conseiller du Roy, commissaire au Châtelet, ayant été requis, nous nous sommes transporté rue Saint André des Arcs en une maison à petite porte carrée, dont le sieur Tignon, marchand épicier, est principal locataire, et estant monté à un appartement au premier étage de laditte maison sur le devant, composé de deux chambres, avons été introduit dans la chambre ayant vue sur la rue, où avons trouvé Joseph Valabrèque et Nertegarde, sa femme, l'un et l'autre Juif (sic) de nation, et marchand négociant demeurant audit appartement.

---

1. Les signatures du Procureur du Roi et du Lieutenant de Police manquent.

Lesquels nous ont dit que Isaac Valabrèque, leur fils, âgé de quatorze mois seulement, est décédé hier au soir sur les neuf heures, après avoir été malade depuis quelques jours et avoir été attaqué de convultions, et comme il souhaite le faire inhumer dans l'endroit où ils ont coutume de faire inhumer ordinairement ceux de la relligion chez le nommé *(sic)*, au lieu de la Villette, ils ont requis notre transport à l'effet de nous faire la présente déclaration et qu'il soit pourvu à laditte inhumation. Et a ledit Valabrèque signé et sa femme déclaré ne sçavoir écrire ny signer, de ce faire interpellée suivant l'ordonnance. Quatre mots rayés nuls de l'autre part.

JOSEPH *(hebr.)*.

Sur quoy nous, conseiller du Roy, commissaire susdit, avons donné acte aud. Valabrèque et sa femme de leurs comparutions, dires et requisitions et de la représentation qui nous a été faitte du corps mort dud. Isaac Valabrèque, et pour estre fait droit sur le présent procès verbal avons ordonné qu'il sera communiqué à Monsieur le Procureur du Roy ; et néantmoins le corps mort dud. Isaac Valabrèque est demeuré en la garde et possession de son père, avec défense de le faire inhumer jusque à ce qu'il en ait autrement été ordonné par justice. Et a led. Valabrèque signé :

JOSEPH *(hebr.)*, DEFACQ.

Veu le procès verbal, je n'empesche pour le Roy le cadavre dud. Isaac Valabrèque estre inhumé nuitament, sans bruit, scandale ny apareil dans le jardin du nommé *(sic)*, demeurant à la Villette, et estre enjoint aux officiers du guet et de police de prester main forte si besoin est et en sont requis. Fait ce 7 avril 1749.

MOREAU.

Soit fait ainsy qu'il est requis. Ce sept avril 1749.

BERRYER.

(En marge :) Charité.
(Au dos, avec la cote :) Rapporté 3 l. en octobre 1750.

21.

29 juin 1749. — *Acte de décès d'Anne Dalpujet, femme de Josué Petit.*
Y 12411.

L'an mil sept cens quarante neuf, le dimanche vingt neuvième jour de juin, entre onze heures et minuit, en l'hôtel de nous,

André Defacq, conseiller du Roy, commissaire au Châtelet de Paris, sont comparus Israel Ravel, Juif de nation, marchand de soirie, demeurant ordinairement à Avignon, estant de présent à Paris, logé rue Hautefeuille, paroisse Saint André des Arcs, à l'hôtel de Beaujeu, Israel Bernard de Valabrègue, aussy Juif de nation, secrétaire interpretté du Roy, demeurant rue de Tourraine, au coin de la rue des Fossés Monsieur le Prince, paroisse Saint Sulpice, et Abraham Vidal, aussy Juif de nation et négociant, demeurant à Paris rue et paroisse Saint André des Arts, chez le Sr Rozier épicier.

Lesquels nous ont dit que damoiselle Anne Dalpujet, femme du sieur Josué Petit, aussy négociant, l'un et l'autre Juifs de nation, demeurans ordinairement à Bordeaux et de présent logés en cette ville de Paris, demeurant même rue et paroisse Saint André des Arcs, chez le Sr Boullanger, épicier, est décédée il y a environ une heure en sa demeure susdite, après quinze jours de maladie, et comme elle ne peut estre inhumée en terre ecclésiastique, eux comparants comme leurs plus proches parens et au nom dudit Josué Petit, son mary, et de Jacob Dalpujet, son père, aussy Juif de nation et demeurant même maison que led. Petit, lesquels suivant les principes de leur relligion ne peuvent sortir la maison *(sic)*, sont venus nous faire la présente déclaration à l'effet qu'il leur soit permis de la faire inhumer en l'endroit ordinaire au lieu de la Villette, chez Jean Baptiste Camot, en la manière accoutumée. Et ont signé :

(sic) mots rayés nuls au présent procès verbal.

ISRAEL RAVEL, ISRAEL BERNARD DE VALABREGUE, ABRAHAM VIDAL.

Sur quoy nous, conseiller du Roy, commissaire susd., avons donné acte au dessus dit *(sic)* de leurs comparutions, dires et réquisitions, et nous estant transporté le lundy trente dudit mois, neuf heures du matin, en la maison du sieur Boullanger, épicier, rue et paroisse Saint André des Arcs, et estant monté à un appartement au premier étage de laditte maison et ayant été introduit dans une chambre ayant vue sur la cour, nous y est apparu du corps mort d'une femme, qui nous a été dit estre celuy de ladite Anne Dalpujet, lequel avons laissé en la garde dud. Ravel avec défense de l'inhumer ou faire inhumer jusqu'à ce qu'il en ait été autrement par justice ordonné, lequel Ravel s'en est chargé aux fins que dessus. Fait lesdits jour et an.

DEFACQ.

Veu le procès verbal, je n'empesche pour le Roy le cadavre de lad. Anne Dalpuget estre inhumé nuitament, sans bruit, scandale ny apareil, dans le jardin de Jean Baptiste Camot, à la Villette, et estre enjoint aux officiers du guet et de police de prester main forte si besoin est et en sont requis. Fait ce 30 juin 1749.

MOREAU.

Soit fait ainsy qu'il est requis. Ce trente juin 1749.

BERRYER [1].

(Au dos avec la cote :) Rapporté 3 l. en février 1751.

22.

14 août 1750. — *Acte de décès de Para, fille d'Israël Bernard de Valabrègue.*

Y 12414.

L'an mil sept cent cinquante, le vendredy quatorzième jour d'aoust, deux heures de relevée, en l'hôtel de nous, André Defacq, conseiller du Roy, commissaire au Châtelet, est comparu Israël Bernard de Valabrègue, Juif de nation et de relligion, secrétaire interprète du Roy pour les langues orientales, demeurant rue Mignon, paroisse Saint Cosmes.

Lequel nous a dit que Esther d'Alpuget, sa [2] femme, est accouchée le dix-huit juillet dernier d'une fille qui a été nommée Para, laquelle petite fille est décédée le jour d'huy à une heure après midy, et comme elle ne peut estre inhumée suivant le rit de la relligion chrestienne, a été conseillé de se retirer par devers nous afin qu'elle puisse estre inhumée dans le jardin de Jean Baptiste Camot, hôtellier à la Villette. Et a signé :

I. BERNARD DEVALABREGUE.

Sur quoy nous, conseiller du Roy, commissaire susdit, avons donné acte aud. sieur De Valabrègue de ses comparutions, dires et réquisitions, et il s'est chargé du corps mort de lad. Para sa fille jusqu'à ce qu'il ait été autrement statué par Monsieur le Lieutenant général de police sur son inhumation, en conséquence des conclusions de Monsieur le Procureur du Roy, sur la communication qui luy sera donnée du présent procès verbal. Et a signé :

J. BERNARD DEVALABRÈGUE, DEFACQ.

---

1. La pièce porte en outre la signature de Defacq.
2. La fin de cet alinéa depuis ce mot et l'alinéa suivant semblent de la main de Valabrègue.

Veu le procès verbal, je n'empesche pour le Roy le cadavre de lad. Para de Valabrègue estre inhumé nuitament, sans bruit, scandale ny apareil, dans le jardin du nommé Camot, hôtellier à la Villette, et estre enjoint aux officiers du guet et de police de prester main forte si besoin est et en sont requis. Fait ce 14 aoust 1750.

Moreau.

Soit fait ainsy qu'il est requis. Ce quatorze aoust 1750.

Berryer [1].

(En marge :) Gratis.

23.

8 mai 1752. — *Acte de décès d'Abigaïl, femme d'Emmanuel de Lion.* Y 12419.

L'an mil sept cent cinquante deux, le lundy huitième jour de may, sept heures du matin, en l'hôtel de nous, André Defacq, conseiller du Roy, commissaire au Châtelet de Paris, ancien du quartier Saint Martin, sont comparus Joanan Hain dit Vidal, Juif de nation, demeurant ordinairement à Avignon, étant de présent à Paris, logé chés le nommé Poupardin, maître cordonnier, rue Saint André des Arts, et Israel Bernard de Valabrègue, aussy Juif de nation, d'Avignon, et interprète du Roy pour les langues orientalles, demeurant rue Mignon vis a vis le Collège de Gramont, et Abraham Vidal, aussy Juif de Bordeaux, demeurant à Paris, rue Saint André des Arts, chés le Sr Rosier, épicier.

Lesquels nous ont dit que la nommée Abigail, femme de Emmanuel de Lion, aussy Juif de nation, Portugais, demeurant rue Mazarine, vis à vis le collège des Quatre Nations, chés un potier de terre, âgé *(sic)* de soixante cinq ans ou environ, est décédée en sa maison susd., ce jour d'huy matin sur les trois heures et un quart, et comme elle ne peut estre inhumée dans les cimetières ordinaires, ils sont venus nous faire la présente déclaration à l'effet qu'elle puisse estre inhumé *(sic)* dans le jardin du sieur Camot, à la Villette. Et ont signés :

J. Bernard de Valabregue, Johanan Hayn dit Vidal [2],
Abraham Vidal.

---

1. La pièce porte en outre encore ici la signature de Defacq.
2. La signature de Vidal est ici et plus bas accompagnée d'une seconde signature en hébreu.

Sur quoy nous, conseiller du Roy, commissaire susdit, avons donné acte aux dessusd. de leurs comparutions, dires et réquisitions, et pour y estre fait droit, le présent procès verbal sera communiqué à Monsieur le Procureur du Roy pour, sur ses conclusions, estre ordonné par Monsieur le Lieutenant général de police ce qu'il appartiendra. Et jusqu'à ce le corps mort de lad. Abicaille est demeuré en leur garde et possession. Et ont signés :

  J. BERNARD DE VALABREGUE, JOHANAN HAYN dit VIDAL,
  ABRAHAM VIDAL, DEFACQ.

Veu le procès verbal, je n'empesche pour le Roy, le cadavre de laditte Abigail, femme d'Emmanuel de Leon, estre inhumé nuitament, sans bruit, scandal ny apareil, dans le jardin du nommé Camot, au village de la Villette, et estre enjoint aux officiers du guet et de police de prester main forte si besoin est et en sont requis. Fait ce 8 may 1752.

              MOREAU.

Soit fait ainsy qu'il est requis. Ce huit may 1752.

              BERRYER [1].

(Au dos avec la cote :) Rapporté 3 l. en septembre 1752.

24.

1er octobre 1752. — *Acte de décès d'Abraham Oppenant.*

Y 12420.

L'an mil sept cent cinquante deux, le dimanche premier octobre, huit heures du matin, nous, André Defacq, conseiller du Roy, commissaire au Châtelet de Paris, ayant été requis, nous sommes transportés rue Maubuée, paroisse Saint Nicolas des Champs, en une maison à petite porte ronde occupée par Jean François Couteux, maître fondeur à Paris, et donnant à loger en lad. maison, et étant monté en une chambre au premier étage de lad. maison occupée par Abraham Oppenant [2], Juif de nation, originaire de Mets, y avons trouvé ledit Sr Couteux et Hayem Worms, Juif aussy de nation, originaire de Saarlouis, lequel nous a dit que ledit Abraham Oppenant est mort ce jour d'huy, il y a environ une heure, dans le lit étant dans la chambre où nous sommes, et dont le corps est gissant sur la paillasse dudit lit, et comme il convient de le faire

---

1. La pièce porte en outre au bas la signature de Defacq.
2. Le rédacteur avait d'abord écrit Oppenhem.

inhumer au cimetierre ordinaire des Juifs, chés le nommé Camot à la Villette, ils ont requis notre transport pour nous faire la présente déclaration et requièrent en conséquence qu'il soit permis de faire inhumer ledit Oppenant audit cimetière. Et ont signés :

COUTEUX, HAYEM WORMS [1].

Sur quoy nous, conseiller du Roy, commissaire susd., avons donné acte aux dessus dits de leurs comparutions, dires et réquisitions, et pour y estre fait droit, avons ordonné que le présent procès verbal sera communiqué à Monsieur le Procureur du Roy pour sur ses conclusions estre ordonné par Monsieur le Lieutenant général de police ce qu'il appartiendra, et jusqu'à ce le corps mort dudit Oppenant est demeuré dans laditte chambre en la garde dudit Le Couteux. Fait lesdits jour et an.

DEFACQ.

Veu le procès verbal, je n'empesche pour le Roy le cadavre dud. Abraham Oppenan estre inhumé nuitament sans bruit, scandal ny apareil, dans le jardin du nommé Camot, à la Villette, et estre enjoint aux officiers du guet et de police de prester main forte si besoin est et en sont requis. Fait ce 1er octobre 1752.

MOREAU.

Soit fait ainsy qu'il est requis. Ce premier octobre 1752.

BERRYER [2].

(En marge :) Charité.

25.

8 août 1753. — *Acte de décès de Pora, fille d'Israël Bernard de Valabrègue.*

Y 12423.

L'an mil sept cent cinquante trois, le mercredy huitième jour d'aoust, cinq heures de relevée, en l'hôtel de nous, André Defacq, conseiller du Roy, commissaire au Châtelet, sont comparu Lange de Paul, Juif de religion, natif de Bordeaux, demeurant à Paris, rue de Touraine, paroisse Saint Sulpice, et David Léon, aussy Juif de religion, originaire de Bordeaux, demeurant rue de l'Irondelle, à l'hôtel de Reims, paroisse Saint André des Arcs.

---

1. Signature accompagnée d'une seconde signature en hébreu.
2. La pièce porte en outre une nouvelle signature de Defacq.

Lesquels nous ont dit et déclaré que Pora Valabrègue, fille de Bernard de Valabrègue, aussy Juif de religion, interpretre du Roy pour les langues orientalles, demeurant à présent rue Mazarine, vis à vis la rue Guénégaud, âgée seullement de sept mois, est décédée ce jour d'huy il y a une heure rue Mignon, chés Marie Kerlot, sa nourrice; pourquoy ils nous requièrent de nous transporter susd. rue Mignon, chez lad. Kerlot, à l'effet qu'icelle Pora Valabrègue soit inhumée dans le jardin du Sr Camot, à la Villette. Et ont signé :

DAVID LEON, LANGE DE PAULE.

Sur quoy nous, conseiller du Roy, commissaire susd., avons donné acte ausd. de Paul et Léon de leurs comparutions, dires et réquisitions. Et, en conséquence, nous nous sommes à l'instant transportés avec eux susd. rue Mignon en une maison à grande porte cochère ronde, occupée par bas par le Sr de Saint Amand, mousquetaire, et étant monté au troisième étage de lad. maison, avons été introduit dans une chambre ayant vue sur la cour de lad. maison et occupée par lad. Kerlot, femme Dinant Dumoustoir, bourgeois, y avons trouvé icelle femme Dumoustoir, laquelle nous a fait apparoir du corps mort de lad. Pora Valabrègue, étendu sur la paillasse de son berceau étant en lad. chambre. Et pour estre fait droit sur le présent procès verbal, avons ordonné qu'il sera communiqué à Monsieur le Procureur du Roy pour, sur ses conclusions, estre ordonné par Monsieur le Lieutenant général de police ce qu'il appartiendra, et jusqu'à ce avons laissé led. corps mort de lad. Valabrègue en la garde de lad. femme Dumoustoir. Et ont signés :

MARI KERLAU, DAVID LEON, LANGE DE PAULE, DEFACQ.

Veu le procès verbal, je n'empesche pour le Roy le cadavre de lad. Pora Valabrègue estre inhumé nuitament, sans bruit, scandal ny apareil, dans le jardin du nommé Camot, à la Villette, et estre enjoint aux officiers du guet et de police de prester main forte si besoin est et en sont requis. Fait ce 8 aoust 1753.

MOREAU.

Soit fait ainsy qu'il est requis. Ce huit aoust 1753.

BERRYER [1].

(En marge) : Nihil.

---

1. La signature de Defacq est en outre apposée au bas de l'acte.

26.

29 janvier 1754. — *Acte de décès de Moyse Fonsèque.*
Y 12425.

L'an mil sept cent cinquante quatre, le mardy vingt neuf⁰ jour de janvier, quatre heures de relevée, nous, André Defacq, conseiller du Roy, commissaire au Châtelet de Paris, ancien du quartier Saint Martin, ayant été requis, nous nous sommes transportés rue Gist le Cœur, paroisse Saint André des Arts, en une maison à petite porte carrée, tenue en chambre garnye par la dame veuve Dorangue, et étant monté au premier étage de lad. maison, avons été introduit dans une chambre ayant vue sur lad. rue Gist le Cœur, et y étans avons trouvé S⁰ David Léon, négociant Juif, demeurant en lad. maison.

Lequel nous a dit que Moyse Fonsèque, son beau frère, Juif natif de Bordeaux, âgé de quarante six ans, est décédé cette nuit dernière trois heures du matin en la chambre où nous sommes; pourquoy il a requis notre transport à l'effet de nous faire la présente déclaration et que led. Moyse Fonsèque puisse estre inhumé dans le jardin du S⁰ Camo, à la Villette. Et a signé :

DAVID LEON.

Sur quoy nous, conseiller du Roy, commissaire susd., avons donné acte aud. Léon desd. comparutions, dire et réquisitions et de la représentation qu'il nous a faitte du corps mort dudit Moyse Fonsèque, étendu sur la paillasse du lit étant en lad. chambre. Et pour estre fait droit sur le présent procès verbal, avons ordonné qu'il soit communiqué à Monsieur le Procureur du Roy pour, sur ses conclusions, estre par Monsieur le Lieutenant général de police ordonné ce qu'il appartiendra ; et jusqu'à ce led. corps mort dud. Moyse Fonsèque est demeuré en la garde dud. Léon qui s'en est chargé aux fins que dessus. Et a signé :

DAVID LEON, DEFACQ.

Vu le procès verbal, je n'empesche pour le Roy le cadavre dud. Moyse Fonsèque estre inhumé nuitament, sans bruit, scandal ny apareil, dans le jardin du nommé Camo, à la Villette, et estre enjoint aux officiers du guet et de police de prester main forte si besoin est et en sont requis. Fait ce 29 janvier 1754.

MOREAU.

Soit fait ainsy qu'il est requis. Ce 29 janvier 1754.

BERRYER [1].

(En marge :) Nihil.

27.

13 mai 1754. — *Acte de décès de Michel Franck.*

Y 12425.

L'an mil sept cent cinquante quatre, le lundy treizième jour de may, huit heures du matin, en l'hôtel de nous, André Defacq, conseiller du Roy, commissaire au Châtelet de Paris, ancien du quartier Saint Martin, sont comparus Mayere Franck, Juif orriginaire de Mets, fils de deffunt Michel Franck, aussy Juif de Mets, chez le nommé Clément, perruquier, et Joseph Worms, aussy Juif de Mets, et Isai Souabe, aussy Juif de Mayence, demeurant led. Worms chez le sieur Conflans, vinaigrier, rue Beaubourg, et led. Souabe, rue de Meslée, chez le sieur Bernaon, vernisseur du Dauphin.

Lesquels nous ont dit que ledit Michel Franck, père dud. Mayer Franck, est décédé le jour d'hier sur les sept heures, de son âge d'environ quarante trois ans, qu'il étoit venu à Paris dès le vingt un janvier dernier pour y recueillir différentes sommes qui luy sont dues pour fourniture de viande faitte à l'armée de France en Bavière, et comme il est décédé dans les sentiments et exercice de la religion judaïque et qu'ils souhaittoient le faire inhumer dans le jardin du sieur Camo, à la Villette, ils sont venu nous faire la présente déclaration à l'effet de le faire transporter chez led. Camo aud. lieu de la Villette et le faire inhumer dans son jardin. Et ont signé :

MAYER FRANCK *(hebr.)*, JOSEPH WORMS [2], ISAI CHAWABE.

Sur quoy nous, conseiller du Roy, commissaire susd., avons donné acte aux dessusd. de leurs comparutions, dires et réquisitions, et pour y être fait droit, avons ordonné que le présent procès verbal sera communiqué à Monsieur le Procureur du Roy pour

---

1. La signature de De Facq est en outre une fois encore apposée au bas de cet acte qui porte en haut de la 2e page comme cote : 29 janvier 1754. Procès-verbal, conclusions de Mr le Procureur du Roy et ordonnance de Mr le Lieutenant général de Police. Au sujet de Moyse Fonsèque, Juif de Bordeaux, inhumé dans le jardin du sieur Camo, à la Villette.
2. Avec seconde signature hébraïque du même témoin.

être ordonné par Monsieur le Lieutenant général de police sur ses conclusions ce qu'il appartiendra. Et jusqu'à ce le corps mort dudit Michel Franck est demeuré en la garde et possession dud. Mayer Franck, son fils, qui s'en est chargé. Et a signé :

MAYER FRANCK (*hebr.*), DEFACQ.

Vu le procès verbal, je n'empesche pour le Roy le cadavre dud. Michel Franck estre inhumé nuitament, sans bruit, scandal ny apareil dans le jardin du nommé Camo, à la Villette, et être enjoint aux officiers du guet et de police de prester main forte si besoin est et en sont requis. Fait [ce] 13 may 1754.

MOREAU.

Soit fait ainsy qu'il est requis. Ce 13 may 1754.

BERRYER [1].

(*En marge :*) Gratis.

28.

19 mai 1756. — *Acte de décès de Samuel Cohen.*

Y 13947B.

L'an mil sept cent cinquante six, le dix neuf may, heure de midy, en notre hôtel et pardevant nous, André François Leclair, avocat en Parlement, conseiller du Roy, commissaire au Châtelet de Paris, est comparu Sr Jacob Goldschmit, banquier à Paris, y demeurant rue Beaubourg, paroisse St Mery.

Lequel nous a dit que Aaron Samuel Cohen, Juif d'Attenna en Dannemark [2], âgé de cinquante deux ans et qui étoit logé à Paris en chambres garnies, rue Maubué, chés le nommé Crosnier, maître menuisier et logeur en chambre garnie, est décédé ce jourd'hui environ le minuit, et comme il est nécessaire de pourvoir à son inhumation, il nous requiert de présentement nous transporter en lad. maison à l'effet de constater le décès pour estre ensuitte ordonné ce qu'il appartiendra. Et a signé le dire cy dessus, où il y a sept mots rayés comme nuls.

J. GOLDSCHMIT.

---

1. La signature de Defacq est encore apposée à la fin de cet acte qui est accompagné d'un extrait de cette minute daté du 30 juin 1754 constatant qu'il a été ordonné que le corps de Michel Franck sera inhumé dans le jardin de Camo, led. extrait n'ayant sans doute pas été utilisé est resté aux mains du commissaire.
2. Altona, Schleswig-Holstein.

A l'instant nous, commissaire susd., sommes transportés susd. rue Maubuée, en la maison dud. Cronier, où estant monté en une chambre au deuxième étage de lad. maison ayant vüe sur lad. rue Maubué, y avons trouvé sur la paille un corps mort d'un homme âgé d'environ cinquante ans, et avons aussy trouvé dans lad. chambre deux particuliers qui nous ont dit s'appeler l'un Alexandre Lion, Juif de nation, d'Hambourg, demeurant en la maison où nous sommes, et l'autre Cerf Israel, aussy Juif de nation, de la ville de Mets, demeurant à Paris, en chambre garnie, chés le nommé Le Couteux, maître fondeur, au Signe de la croix, susd. rue Maubué, lesquels nous ont certiffié et attesté que le corps cy présent est celuy de Aaron Samuel Cohen, Juif d'Attenna en Dannemark, âgé d'environ cinquante deux ans, décédé le jour (sic) environ le minuit et ce dans la religion judaïque. Laquelle déclaration ils font pour rendre justice à la verité, et ont signé :
        Alexandre Lion, Cerff Israel.

Dont et de tout ce que dessus avons fait et dressé le présent procès verbal pour servir et valoir en tems et lieu ce que de raison.
                Leclair.

Vu le procès verbal, je n'empêche pour le Roy le cadavre dud. Aaron Samuel Cohen estre inhumé nuitament, sans bruit, scandale ny appareil dans le jardin du nommé Camot, aubergiste à la Villette, et estre enjoint aux officiers du guet et de police de prester main forte si besoin est et en sont requis. Fait ce 19 may 1756.
                Moreau.
Soit fait ainsy qu'il est requis. Ce 19 may 1756.
                Berryer.

(*En marge :*) 19 may 1756. Charité. Procès verbal d'état du corps mort du nommé Samuel Cohen, Juif.

29.

30 janvier 1757. — *Acte de décès de Josué Naquet.*
Y 13948.

L'an mil sept cent cinquante sept, le trente janvier, dix heures du matin, en notre hôtel et pardevant nous, André François Leclair, commissaire au Châtelet de Paris, est comparu Raphael de Léon, Juif de nation, Espagnol, de présent à Paris, logé à l'hôtel d'Auvergne, quay des Grands Augustins, chez le Sr Alexandre, officier du guet.

Lequel nous a dit et déclaré que Josué Naquet, aussy Juif de nation, d'Avignon, logé en chambre garnie, rue Poupée, à l'hôtel de Poitiers, âgé d'environ cinquante deux ans, est décédé ce jour d'huy quatre heures du matin en la chambre qu'il occupoit dans led. hôtel, et comme il est nécessaire de pourvoir à son inhumation, il a requis notre transport à l'effet de constater son décès pour le faire inhumer en la manière accoutumée. Et a signé :

RAPHAEL DE LEON.

A l'instant nous, commissaire susd., en conséquence du réquisitoire, sommes transporté aud. hôtel de Poitiers, susd. rue Poupée, où étant monté dans une chambre au premier étage ayant vüe sur la cour, y avons trouvé le corps mort d'un homme paroissant âgé d'environ cinquante à cinquante cinq ans, et avons trouvé dans lad. chambre Benjamin Naquet, fils dud. Naquet, demeurant avec son père dans lad. chambre, Jacob de Paul fils, négociant, aussy Juif de nation, de Bordeaux, demeurant à Paris chez son père, aussy négociant, rue Saint André des Arts, Jean Guillaume Louis Achintre, perruquier, à Paris, principal locataire de la maison où nous sommes et qu'il loue en chambre (*sic*) garnies, lesquels nous ont certiffié et attesté que le corps mort cy présent est celuy dud. Josué Naquet, Juif d'Avignon, âgé d'environ cinquante deux ans, décédé ce jour d'huy environ les quatre heures du matin, en la chambre où nous sommes, de maladie dont il a été attaqué depuis quelques jours, laquelle déclaration ils font pour rendre justice à la vérité et pour servir et valoir en temps et lieu ce que de raison. Et ont signé en la présente déclaration où il y a cinq mots rayés comme nuls :

ACHAINTRE, JACOB DE PAUL FILS, BENJAMIN NAQUET, LECLAIR.

Veu le procès verbal, je n'empesche pour le Roy le cadavre dud. Josué Naquet estre inhumé nuitament, sans bruit, scandal ni apareil, dans le jardin du nommé Camot, aubergiste à la Villette, et être enjoint aux officiers du guet et de police de prester main forte si besoin est et en sont requis. Fait ce 30 janvier 1757.

MOREAU.

Soit fait ainsy qu'il est requis. Ce 30 janvier 1757.

BERRYER.

(*En marge :*) Charité. Procès verbal d'inhumation du corps de Josué Naquet, Juif de nation.

30.

30 janvier-24 mars 1757. — *Scellé de Josué Naquet* [1].
Y 13948.

Scellé de Josué Naquet, décédé hôtel de Poitiers tenu garni par Jean-Louis-Guillaume Achaintre, perruquier, rue Poupée au coin celle Hautefeuille.
Commissaire : Leclair.
Requérant : Benjamin Naquet, seul fils du défunt et seul habile à recueillir sa succession mobilière, agé de 17 à 18 ans, domicilié susdit hôtel [2].

Naquet n'ayant avec lui que ses habits et effets dans un portemanteau, le Lieutenant de police ordonne la levée des scellés sans description, après mainlevée donnée sous seing privé par l'unique opposant, Antoine-Charles Didier, mercier au Pont au Change.

Comparait pour consentir à la levée des scellés Jacob de Paul fils, Juif, de Bordeaux, négociant à Paris, rue Saint André des Arts, chez Lecomte, serrurier, en vertu d'une procuration datée d'Avignon, 15 février, à lui donnée par Pora Ravel, Juive, veuve dudit Josué Naquet, tant comme créancière de la succession à raison de ses reprises matrimoniales, que comme mère et représentant de Régine et Berthe Naquet, ses filles.

31.

21 février 1761. — *Acte de décès de David Léon dit Emanuel.*
Y 13953.

L'an mil sept cent soixante un, le vingt unième jour de février, heure de midy, en notre hôtel et par devant nous, André François Leclair, conseiller du Roy, commissaire au Châtelet de Paris, ont comparu Jacob Depaul fils, Juif, négociant, demeurant à Paris, rue et paroisse Saint André des Arts, vis à vis la rue Mâcon.

Lequel nous a dit que David Léon dit Emanuel, aussy Juif Portugais, âgé de quatre vingt deux ans, brocanteur, est décédé ce jourd'huy sur les trois heures du matin dans une chambre au

---

1. Cf. la pièce précédente.
2. Avant la levée des scellés, il déménage pour s'installer hôtel du Bœuf Couronné, rue de la Huchette.

premier étage dépendante d'une maison ocupée par bas par un potier de terre, scise rue Mazarine fauxbourg St Germain, paroisse Saint Sulpice, et ce dans les sentimens de la religion juive, et, comme il est nécessaire de pourvoir à son inhumation, il est venu nous faire la présente déclaration. Et a signé le présent procès verbal où il y a cinq mots rayés comme nuls :

JACOB DE PAUL FILS.

A l'instant nous, commissaire susdit, sommes transporté susd. rue Mazarine en une chambre au premier étage dépendante d'une maison occupée par bas par le nommé Lafineur, pottier de terre, où estant y avons trouvé un corps mort et plusieurs particuliers, un desquels a dit se nommer Josué Petit, Juif de nation, né et négotiant à Bordeaux, demeurant à Paris, rue des Poitevins, hôtel de La Marche, et un autre a dit s'appeler Jacob Rodrigue Peraire, Juif et agent de la nation et pentionnaire du Roy, demeurant à Paris rue Saint André des Arcs, et un troisième David Peraire, aussy Juif de nation, négotiant à Bordeaux, de présent à Paris, logé susd. rue St André des Arcs, lesquels trois particuliers présents nous ont dit et déclaré que le corps cy présent est celuy de David Léon dit Emanuel, Juif Portugais et négotiant à Paris, âgé de quatre vingt deux ans, décedé ce jourd'huy sur les dix heures du matin en la chambre où nous sommes, dans les sentimens de la religion judaïque. Laquelle déclaration ils font pour servir et valloir en tems et lieu ce que de raison. Et ont signé :

JOSUÉ PETIT, Jb RODRIGUES PEREIRE, D. PEREIRE, LECLAIR.

Vu le procès verbal, je n'empêche pour le Roy le cadavre dud. David Léon dit Emanuel être inhumé nuitament, sans bruit, scandale ni appareil, dans le jardin du nommé Camot, aubergiste à la Villette, et être enjoint aux officiers du guet et de police de prêter main forte si besoin est et en sont requis. Fait ce 21 février 1761.

MOREAU.

Soit fait ainsi qu'il est requis. Fait ce 21 février 1761.

DE SARTINE.

32.

13 mai 1761. — *Acte de décès de Benjamin Ourba dit Lange.*

Y 13953

L'an mil sept cens soixante un, le mercredy treize may, six heures du soir, en nôtre hôtel, pardevant nous, André François Leclair, conseiller du Roy, commissaire enquesteur et examinateur au Châtelet de Paris, est comparu Sr Josué Petit, négociant de la ville de Bordeaux, Juif de nation, demeurant à Paris, rüe des Potdevins, à l'hôtel de La Marche.

Lequel nous a dit que Benjamin Ourba, Juif de nation, et *(sic)* décédé ce jourd'huy sur le midy, dans une petite chambre au quatrième étage dépendant d'une maison scise à Paris, rue des Boucheries, quartier St Germain des Préz, occupée par la nommée Prin, débitante de tabac et de billets de lotterie, et, comme il est nécessaire de pourvoir à son inhumation en la manière accoutumée, il nous requiert de présentement nous transporter en lad. chambre à l'effet de constater son décès aux fins de ce que dessus. Et a signé :

JOSUÉ PETIT.

A l'instant nous, commissaire susd., sommes transportés susd. rüe des Boucheries en lad. maison en question, où étant monté dans une petite chambre au quatrième étage, y avons trouvé sur le plancher un cadavre masculin et avons trouvé dans lad. chambre quatre particuliers, dont l'un a dit s'apeller Samuel Ourba, Juif de nation, demeurant en la chambre où nous sommes, lequel nous a dit que le corps cy présent est celui de Benjamin Ourba surnommé Lange, Juif de nation et rabin de Saphat[1], anciennement Jerico[2] en la Judée, âgé de cinquante ans, venu en France depuis environ deux ans et à Paris depuis environ dix huit mois et demeurant en la chambre où nous sommes depuis environ trois mois, lequel Ourba, son père, est décédé ce jourd'huy en la chambre où nous sommes. Laquelle déclaration il nous fait pour servir ce que de raison ; a déclaré ne sçavoir écrire ny signer en françois, mais a signé en hébreu :

SAMUEL OURBA (*hebr.*).

Les trois autres particuliers ont dit s'appeller Pierre Claude Flamant, sculpteur modeleur à Paris et principal locataire de lad. chambre où nous sommes, Guilin Joseph Wouarier, maître tailleur d'habits à Paris, et Gilbert Maille, aussy maître tailleur à Paris, tous trois demeurants en la maison où nous sommes, lesquel nous ont certifiés et attestés que le corps mort cy présent est celui dud. Benjamin Ourba dit Lange, lequel est venu dans la maison

---

1. Saphed, district de Saint-Jean-d'Acre, province de Beyrout, Syrie.
2. Identification fantaisiste.

où nous sommes depuis environ trois mois, et qu'il est décédé cejourd'huy environ le midy. Laquelle déclaration il font pour rendre justice à la vérité et servir et valoir ce que de raison. Et ont signé : Rayé dix mots dans la présente déclaration comme nuls.

FLAMAND, G. MAILLE, WARNIER, LECLAIR.

Vu le procès verbal, je n'empêche pour le Roy le cadavre de Benjamin Ourba dit Lange être inhumé nuitament, sans bruit, scandale ni apareil dans le jardin du nommé Camot, aubergiste à la Villette, et être enjoint aux officiers du guet et de police de prêter main forte si besoin est et en sont requis. Fait ce 13 may 1761.

MOREAU.

Soit fait ainsi qu'il est requis. Fait ce 13 may 1761.

DE SARTINE.

(En marge :) Charité. Procès verbal d'inhumation de Benjamin Ourba dit Lange, Juif de nation.

33.

5 juin 1761. — *Acte de décès de Jacob Dalpuget le jeune.*

Y 13953.

L'an mil sept cens soixante un, le cinq juin, huit heures du matin, en notre hôtel et pardevant nous, André François Leclair, avocat en Parlement, conseiller du Roy, commissaire au Châtelet de Paris et ancien préposé pour la police au quartier St Martin, est comparu Sr Israël D'Alpuget, Juif de nation, négociant de Bourdeaux, y demeurant ordinairement, étant de présent à Paris, logé rue de la Vieille Bouclerie, en une maison dont est principal locataire le nommé Marye, marchand laictier.

Lequel nous a dit que Jacob D'Alpuget le jeune, âgé d'environ quarante cinq ans, aussy Juif de nation, négociant à Bordeaux, est décédé cejourd'huy sur les six heures du matin, en une maison appellée l'hôtel de La Marche, scis à Paris, rüe des Potdevins, paroisse St André des Arts, où il logeoit, et comme il est nécessaire de pourvoir à son inhumation, il nous requiert de nous transporter aud. hôtel de La Marche à l'effet de constater sa mort aux fins de ce que dessus. Et a signé :

ISRAEL DALPUGET.

A l'instant, nous commissaire susd. et soussigné, sommes transportés susd. rüe des Potdevins, dans led. hôtel de La Marche, où étant monté dans une petite chambre au premier étage ayant vüe sur lad. ruë, y avons trouvés un corps mort et avons aussy trouvé dans lad. chambre deux particuliers, qui nous ont dit s'appeller, l'un, Jacob Dalpuget père, oncle dud. Jacob Dalpuget le jeune, et l'autre Josué Petit, cousin issu de germain dud. Jacob Dalpuget le jeune, lesd. Jacob Dalpuget père et Petit, tous deux Juifs de nation, négocians en la ville de Bordeaux, y demeurant ordinairement et étans de présent à Paris logé (*sic*) en l'hôtel où nous sommes, lesquel nous ont certifié et attesté que le corps mort cy présent est celuy dud. Jacob Dalpuget le jeune, âgé d'environ quarente cinq ans, aussy négociant à Bordeaux, décédé cejourd'huy en la chambre où nous sommes. Laquelle déclaration ils font pour rendre justice à la vérité et servir ce que de raison. Et ont signé :

Jacob Dalpuget père, Josué Petit, Leclair.

Vu le procès verbal je n'empêche pour le Roy le cadavre dud. Jacob Delpuget le jeune être inhumé nuitament, sans bruit, scandale ni apareil, dans le jardin du nommé Camot, aubergiste à la Villette, et être enjoint aux officiers du guet et de police d'y veiller et tenir la main si besoin est et en sont requis. Fait ce 5 juin 1761.

Moreau.

Soit fait ainsi qu'il est requis. Fait ce 5 juin 1761.

De Sartine.

34.

23 janvier 1762. — *Acte de décès de Jacob de Soueval et information relative à sa mort.*

Y 11078.

L'an mil sept cens soixante deux, le samedy vingt trois janvier, quatre heures de relevée, sur l'avis donné à nous, Louis François Formel, conseiller du Roy, commissaire enquesteur examinateur au Châtelet de Paris, par M^r le curé de la paroisse Saint Séverin qu'un particulier à luy inconnu venoit de mourir dans les sentimens de la religion juive, chez la veuve Sirjan, logeuse, demeurant rue Zacharie, dépendante de sa paroisse et de nostre de nostre (*sic*) département, nous nous sommes à l'instant transporté susd rue Zacharie, chez lad. veuve Sirjan, et étant entré dans une chambre au premier étage ayant vue sur la cour d'une maison de laquelle elle dépend, scituée dans lad. rue, et dont le principal locataire est le Sr Flon, bourgeois de Paris, nous y avons trouvé et est comparue pardevant nous Marie Regnault, veuve de François Sirjan, remouleur, elle logeuse, demeurante à Paris en la maison où nous sommes présentement, paroisse Saint Séverin.

 Laquelle nous a dit et déclaré que le vingt huit décembre dernier un particulier qui s'est dénoncé nommer Jacob de Souevat, Juif du Bourg de Saint Esprit près Bagniol [1], est venu loger chez elle, suivant laquelle dénomination il est inscrit sur ses registres qu'elle nous a représenté et que nous luy avons rendu, que depuis ce tems jusqu'à présent qu'il n'a point discontinué de demeurer chez elle, elle luy a toujours entendu dire qu'il vouloit se faire baptiser et n'a point remarqué quels exercices de religion il professoit, mais a observé qu'il a toujours eu une toux considérable dont il se plaignoit et qui luy occasionnoit même de fréquens crachemens de sang, qu'hier, sur les cinq heures du soir, rentrant chez la comparante, il s'est assis près du feu de cette dernière et a poussé plusieurs gémissemens comme provenant d'un asmatique, qu'environ une demie heure après ayant récité ses prières, il est allé se coucher dans la chambre où nous sommes, qu'il avoit coutume d'habiter et où se retirent plusieurs autres particuliers logeant chez la comparante, que ses douleurs ayant continué, elle a esté obligée de le veiller et faire soigner pendant toute la nuit et le matin, que sur les dix heures un particulier, dont elle ignore le nom, la profession et la demeure, mais qu'elle croit estre Juif, est venu dans lad. chambre voir led. Souevat, pour lequel il a fait apporter du vin, et s'est retiré en luy disant de ne pas manger de viande dans la journée parce que c'estoit le jour de sabat [2], qu'il y a plus d'une heure led. Souevat est décédé sans expliquer aucuns sentimens ny volonté. Pourquoy et attendu et que dessus, elle nous fait la présente déclaration et requiert qu'il soit présentement par nous dressé procès verbal du décès dud. Souevat, de constater l'estat de son cadavre et de nous transporter ensuitte ez hôtels de Messieurs les magistrats pour estre par eux requis et ordonné ce qu'il appartiendra à ce sujet, nous déclarant qu'il n'a apporté chez elle et n'y possède que les vêtemens qui le couvroient, consistans en habit de draps, une veste de camelot, le tout gris blanc doublé de laine de pareille couleur, l'habit à boutons de piersete et la veste de poils de chèvre, une culotte de draps noir, une paire de bas de laine de même couleur, une chemise non garnye, à laquelle sont attachés

---

1. Bayonne.
2. Le 23 janvier 1762 n'était ni jour de jeûne ni jour de fête. Peut-être a-t-il été question entre les deux israélites du lendemain dimanche, veille de la Néoménie du mois de Schevat, jour de demi-jeune.

des boutons de plomb, dans les poches desquels vêtemens il ne s'est trouvé qu'un mouchoir de toile à carraux, une cuillière de bois et des morceaux de pain ; plus consistent lesd. vêtemens en un chapeau, une perruque et une paire de souliers auxquels est attachée une paire de boucles de cuivre, le tout très vieux et défectueux. Dont et de quoy elle nous fait la présente déclaration, dont elle nous a requis acte, et a déclaré ne sçavoir écrire ny signer, de ce enquise suivant l'Ordonnance. Rayéz en ces présentes trois mots comme nuls. FORMEL.

Sur quoy nous, commissaire, avons donné acte à ladite veuve Sirjan de sa comparution, dire et déclaration cy dessus, et, en conséquence, pour satisfaire à son réquisitoire, nous avons procédé ainsy qu'il suit :

Premièrement nous avons remarqué étendu sur un lit, sous un draps et sous la couverture, le cadavre d'un particulier paroissant âgé de plus de soixante ans, étendu sur le dos, ayant la teste découverte et nuë, ainsy que le corps, où nous n'avons trouvé aucunes blessures ny signes extérieurs de mort violente, lequel cadavre la d. veuve Sirjan nous a declaré en son âme et conscience estre celuy dud. Souevat, ce qui à nous a esté pareillement attesté par Jean Baptiste Grandchamp, manœuvre à maçon, François Guillot, gagne denier, et Jean Roger, dit Saint Jean, aussy gagne deniers, logeans tous trois chez lad. veuve Sirjan dans lad. maison où nous sommes et couchans dans lad. chambre où est décédé led. Souevat, lesquels Grandchamp, Guillot et Roger nous ont enccore affirmé en leur âme et conscience et après serment par eux fait de dire vérité avoir une parfaite connoissance des faits énoncez en la déclaration de ladite veuve Sirjan, en la garde de laquelle nous avons laissé le cadave dud. Souevat, duquel elle se charge ainsy que de sesd. vêtemens comme de propres et biens de justice jusqu'à ce qu'autrement il en ayt esté ordonné. Et pour faire ordonner l'inhumation du cadavre dud. Souevat, nous nous transporterons ès hotels et pardevant Messieurs les magistrats pour estre par eux requis et statué ce qu'il appartiendra, après qu'il aura esté par nous fait information d'office en un cahier séparé des présentes. Dont et de quoy nous avons dressé le présent procès verbal pour servir et valloir ce que de raison et ont ladite veuve Sirjan, lesd. Grandchamp, Guillot et Roger déclaré ne sçavoir écrire ny signer, de ce enquis suivant l'ordonnance.

Rayéz au présent procès verbal treize mots comme nuls.
FORMEL.

*[Suit le texte de l'information d'office faite led. samedi 23 janvier à cinq heures de relevée : elle comprend outre, les dépositions de la logeuse et des trois témoins déjà cités, celle de Jacob de Paul père, Juif, rue Saint André des Arts, 70 ans, qui déclare connaître depuis dix ans « Soyva », lequel vivait des aumônes de charité de la nation juive et être venu visiter le défunt, et celle de Salomon Hademard, négociant, rue des Noyers, hôtel Saint Malo, paroisse Saint Séverin, 43 ans.

L'acte continue ainsi :]

Vu le procès verbal et l'information, je requiers pour le Roy, avant prendre conclusions, le cadavre dud. Jacob de Soyva, être vu et visité par les médecins et chirurgiens du Châtelet affin de constater la cause de sa mort, pour, leur raport à moi communiqué, requérir ce que de raison. Fait ce 23 janvier 1762.

Moreau.

Soit fait ainsi qu'il est requis. Fait ce 23 janvier 1762.

Lenoir.

*[Le permis d'inhumer du chirurgien du Châtelet, Dupuis, est annexé au procès verbal].

Et depuis, vu le raport des médecins et chirurgiens du Châtelet, je n'empêche pour le Roy le cadavre dud. Jacob de Soyva être inhumé nuitament, sans bruit, scandale ni apareil, dans le jardin du nommé Camot, aubergiste à la Villette, et être enjoint aux officiers du guet et de police d'y veiller et tenir la main si besoin est et en sont requis. Fait ce 23 janvier 1712.

Moreau.

Soit fait ainsi qu'il est requis. Fait ce 23 janvier 1762.

Lenoir.

35.

21 février 1762. — *Acte de décès de Jacob Dacosta.*

Y 13954.

L'an mil sept cens soixante deux, le vingt un février, en notre hôtel et pardevant nous, André François Leclair, avocat au Parlement, conseiller du Roy, commissaire au Châtelet de Paris, est comparu David Dacosta, Juif de nation, fabriquant de chocolat à Bourdeaux, demeurant à Paris, ruë des Grands Augustins, chez le nommé Girou, loueur de carosse, quartier S¹ Germain des Préz.

Lequel nous a dit que Jacob Dacosta, né il y a environ sept semaines, enfant de luy et de Sara Thauvart, sa femme, est décédé cejourd'huy sur les six heures du matin, en la chambre que luy

comparant occupe, et comme luy comparant fait profession de la religion judaïque et qu'il est nécessaire de faire inhumer le cadavre de cet enfant en la manière accoutumée, il est venu nous faire la présente déclaration et nous requiert de nous transporter en sa demeure à l'effet de constater led. décéds. Et a signé la présente comparution où il y a cinq mots rayés comme nuls :
                              DAVID DACOSTA.

A l'instant nous, commissaire susd., sommes transportés susd. ruë des Grands Augustins dans la maison dud. Girou, loueur de carosse, ou étant monté en une chambre au premier étage ayant vuë sur la cour, occupée par led. Dacosta, y avons trouvé le cadavre d'un jeune enfant ; et avons trouvé dans lad. chambre deux particuliers qui nous ont dit s'appeller, le premier Samuel Léon, Juif de nation, négociant de Bourdeaux, demeurant à Paris, rue des Fosséz M. le Prince en la maison où pend pour enseigne le Riche Laboureur, et l'autre Isaac Campos, aussi Juif de nation, natif de Bayonne, demeurant à Paris, ruë des Mauvais Garçons, chez le nommé Perichon, doreur, paroisse St Sulpice, lesquels nous ont certifiés et attestés que le cadavre cy présent est celuy de Jacob Dacosta, né il y a environ sept semaines, fils de David Dacosta et de Sara Thauvart, sa femme, tous deux faisant profession de religion judaïque, décédé cejourd'huy sur les six heures du matin en la chambre où nous sommes. Laquelle déclaration, ils font pour rendre justice à la vérité. Et ont signé :
              SAMUEL LEON, ISAC CAMPOS, LECLAIR.

Vu le procès verbal, je n'empêche pour le Roy le cadavre dud. Jacob Dacosta être inhumé nuitament, sans bruit, scandal ni apareil, dans le jardin du nommé Camot, aubergiste à la Villette, et être enjoint aux officiers du guet et de police de prêter main forte si besoin est et en sont requis. Fait ce 21 février 1762.
                                        MOREAU.
Soit fait ainsi qu'il est requis. Fait ce 21 février 1762.
                                        DE SARTINE.

36.

18 mars 1762. — *Acte de décès de Lyon Ravel.*
Y. 11078.

L'an mil sept cent soixante deux, le jeudy dix huit mars, une heure de relevée, nous, Louis François Formel, commissaire au

Châtelet de Paris, ayant été requis, nous sommes transporté rue des Poitevins, dans une maison dont le Sr Moreau est principal locataire, et estant monté dans un appartement au premier étage, occupé par le Sr Ravel fils, nous y avons trouvé et par devant nous sont comparus Sr Jacob de Paul père, Juif, négociant, demeurant à Paris, rue et paroisse Saint André des Arcs, Sr Jacob de Paul fils, aussy Juif, négociant, demeurant à Paris, rue Poupée paroisse Saint Séverin, et Sr Abraham de Montau, Juif, négotiant, demeurant à Paris rue Saint André des Arcs, paroisse Saint Séverin.

Lesquels nous ont dit et déclaré que le décès du Sr Lyon Ravel père, Juif, négotiant, âgé d'environ soixante dix ans, originaire d'Avignon, est arrivé ce matin sur les onze heures, dans une chambre sur la rue dépendante dud. appartement, et comme il professoit la religion judaïque, ils nous requièrent de constater à l'instant son décès et de faire ensuitte ordonner son inhumation par M. Le Lieutenant général de police sur les conclusions de M. le Procureur du Roy. Et ont signés :

  Jacob de Paul fils, de Montau, Jacob de Paul (*hebr.*)
  Formel.

Sur quoy nous, commisssaire susd., avons donné acte auxd. Srs de Paul père et fils et aud. Sr Demontau de leurs comparutions, dires et réquisitions cy dessus, et en conséquence nous étant approché d'un lit garny de rideaux de siamoise à rayes flambées blanches et jaunes et placé dans lad. chambre sur la rue, nous avons veu exposé sur iceluy le corps d'un particulier, paroissant âgé de plus de soixante dix ans, et que lesd. Srs comparans nous ont affirmé en leur âme et conscience estre celuy dud. Sr Ravel père ; dont nous leur avons donné acte.

Et pour voir ordonner lad. inhumation, nous nous transporterons en l'hôtel de Monsieur le Procureur du Roy pour luy communiquer le présent procès verbal et ensuitte en l'hôtel de Monsieur le Lieutenant général de police pour sur les conclusions de Monsieur le Procureur du Roy ordonner ce qu'il appartiendra.

Dont et de quoy nous avons dressé le présent procès verbal pour servir et valloir ce que de raison. Et ont lesd. Srs comparans signés avec nous commissaire :

  Jacob de Paul fils, De Montau, Jacob de Paul (*hebr.*),
  Formel.

Vu le procès verbal, je n'empêche pour le Roy le cadavre dud. Lyon Ravel être inhumé nuitament, sans bruit, scandale, ni apareil, dans le jardin du nommé Camot, aubergiste à la Villette, et estre enjoint aux officiers du guet et de la police d'y veiller et prêter main forte si besoin est et en sont requis. Fait ce 18 mars 1762.

Moreau.

Soit fait ainsi qu'il est requis. Fait ce 18 mars 1762.

De Sartine.

(En marge :) Police.
Rapporté en juillet 1780. Trois livres.
Délivré expédition le 24 décembre 1818.

37.
8 octobre 1762. — *Acte de décès de Josué de Paul.*
Y 11078.

L'an mil sept cens soixante deux, le vendredy huit octobre, neuf heures du matin, en l'hôtel et pardevant nous, Louis François Formel, conseiller du Roy, commissaire enquesteur examinateur au Châtelet de Paris, sont comparus Sr Jacob de Paul père, négotiant juif, Sr Moyse Perpignan et Sr Israel Delpuget, tous deux aussy Juifs, négotians et demeurans à Paris, sçavoir led Sr de Paul, rüe et paroisse Saint André des Arcs, led. Sr Perpignan, rue Dauphine susd. paroisse et led. Sr Delpuget, rue de la Vieille Bouclerie paroisse Saint Séverin.

Lesquels nous ont dit et déclaré que Josué de Paul, âgé d'environ quinze mois, fils de Lange de Paul, négotiant juif, et de Anna de Perpignan, sa femme, vient de décéder chez le S^r son père, demeurant susd. rue de la Vieille Bouclerie, et comme il est mort dans les sentimens de la religion judaïque, ils nous requirèrent de nous transporter présentement avec eux susd. rue de la Vieille Bouclerie dans la demeure dud. Sr Lange de Paul, à l'effet de constater le décès dud. Josué de Paul et de faire ordonner ensuitte son inhumation conformément aux Déclarations du Roy rendues à ce sujet. Et ont signéz :

Jacob de Paul (*hebr.*), Israel Dalpuget, Moise de Perpignan.

Sur quoy, nous, commissaire susd., avons donné acte auxd. Sieurs comparans de leurs comparutions, dire et réquisitions cy dessus, et en conséquence pour y faire droit nous nous sommes à l'instant avec eux transporté susd. rue de la Vieille Bouclerie, dans une maison dont le bas est occupé par un layetier, et étant monté dans un appartement au deuxième étage en dépendant ayant vue sur lad. rue, nous y avons trouvé led. Sʳ Lange de Paul, demeurant en la maison où nous sommes, et étant entré dans une chambre sur le derrière nous y avons veu exposé le cadavre d'un jeune enfant masculin, paroissant âgé de plus d'un an, couché dans un (sic) manne d'ozier, lequel cadavre ledit Sʳ Lange de Paul et lesd. Sieurs comparans nous ont déclaré et affirmé en leur âme et conscience estre celuy dud. Josué de Paul.

Et pour faire ordonner l'inhumation dud. Josué de Paul, nous nous transporterons en l'hôtel de Monsieur le Procureur du Roy pour avoir ses conclusions, et ensuitte en celuy de M. le Lieutenant général de police pour avoir son ordonnance à cet effet. Dont et de quoy avons rédigé le présent procès verbal pour servir et valloir ce que de raison. Et ont signéz avec nous commissaire :

ISRAEL DALPUGET, JACOB DE PAUL (*hebr.*), MOISE DE PERPIGNAN, LANGE DE PAUL, FORMEL.

Vu le procès verbal, je n'empêche pour le Roy le cadavre dud. Josué de Paul être inhumé nuitament, sans bruit, scandale ni apareil, dans le jardin du nommé Camot, aubergiste à la Villette, et être enjoint aux officiers du guet et de police d'y veiller et prêter main forte si besoin est et en sont requis. Fait ce 8 8ᵇʳᵉ 1762.

MOREAU.

Soit fait ainsy qu'il est requis. A Paris le 8 octobre 1762.

DE SARTINE.

(*En marge :*) Gratis.

38.

29 janvier 1765. — *Acte de décès de David Dacosta.*

Y 11081.

L'an mil sept cent soixante cinq, le mardy vingt neuf janvier, unze heures du matin, en l'hôtel et pardevant nous, Louis François Formel, conseiller du Roy, commissaire enquesteur examinateur au Châtelet de Paris, sont comparus Sʳˢ Jacob de Paul père, Jacob de Paul fils et Abraham Dacosta, tous trois Juifs, négocians demeurans à Paris, led. Sʳ de Paul père, rue Saint André des Arcs, paroisse Saint Séverin, led. Sʳ de Paul fils, rue des Grands Augustins, paroisse Saint André des Arcs, et led. Sʳ Dacosta, rue de la Huchette, susd. paroisse Saint Séverin.

Lesquels nous ont dit et déclaré que David Dacosta, âgé d'environ trente trois ans, ouvrier en chocolat, vient de décedder dans les lieux qu'il occupoit au second étage sur le derrière d'une maison size en cette ville, rue Coquillière, à porte cochère, dont le rez de chaussée est occupé par le Sr Hebert, maître tapissier, et comme il est mort dans les sentiments de la religion judaïque, ils requierrent que nous nous transportions présentement avec eux susd. rue Coquillière dans les lieux cy dessus annoncéz, où demeuroit led. David Dacosta, à l'effet de constater son décès et de faire ordonner ensuitte son inhumation conformément aux Déclarations du Roy rendues à ce sujet. Et ont signé :

    JACOB DE PAUL (*hebr.*), ABRAHAM DACOSTA, JACOB DE PAUL FILS.

Sur quoy nous, commissaire susd., avons donné acte auxd. Sieurs comparans de leurs comparutions, dires et réquisitoire cy dessus, et en conséquence pour faire droit aud. réquisitoire, nous nous sommes transporté avec eux susd. rue Coquillère, en la maison cy devant désignée, et étant monté au second étage d'icelle sur le derrière, où il nous a été indiqué que demeuroit ledit David Dacosta, nous sommes entré en une chambre ayant vue sur la cour de ladite maison, où nous avons vu un cadavre masculin, que lesd. S^{rs} comparans nous ont déclaré et affirmé en leurs âmes et consciences être celuy dud. deffunt David Dacosta, exposé sur une couchette à bas pilliers, garnie d'une paillasse, un matelas, un lit et un traversin de coutil remplis de plume et une courte pointe de damas d'Abbeville fonds bleu à fleurs jaunes et la housse et baldaquin à rideaux jaunes de serge et pentes semblables à la courte pointe.

Et pour faire ordonner l'inhumation dud. David Dacosta, nous nous transporterons en l'hôtel de Monsieur le Procureur du Roy pour avoir ses conclusions et ensuitte en celuy de Monsieur le Lieutenant général de police pour avoir son ordonnance à cet effet.

Dont et de quoy nous avons rédigé le présent procès verbal pour servir et valoir ce que de raison. Et ont signé avec nous commissaire :

    JACOB DE PAUL (*hebr.*), ABRAHAM DACOSTA, JACOB DE PAUL FILS,
    FORMEL.

Vu le procès verbal, je n'empêche pour le Roy le cadavre dud. David Dacosta être inhumé sans bruit, scandale ni apareil, dans le cimetière des Juifs sis à la Villette, et être enjoint aux officiers du guet et de police d'y veiller et prêter main forte si besoin est et en sont requis. Fait ce 29 janvier 1765.

                                     MOREAU.

Soit fait ainsi qu'il est requis. Fait ce 29 janvier 1765.

DE SARTINE.

(*En marge :*) Police.
Rapporté en juillet 1780. Trois livres.

39.

13 avril 1765. — *Acte de décès de Josué Petit.*

Y 11081.

L'an mil sept cent soixante cinq, le samedy treize avril, neuf heures du soir, en l'hôtel et pardevant nous, Louis François Formel, conseiller du Roy, commissaire enquesteur examinateur au Châtelet de Paris sont comparus Srs Jacob de Paul fils, Isaac Petit et Israel Dalpuget, tous trois Juifs, négocians, demeurans à Paris, le premier, rue Pavée, quartier et paroisse Saint André des Arcs, et les deux autres, rue de la Vieille Bouclerie, paroisse Saint Séverin.

Lesquels nous ont dit et déclaré que Josué Petit, âgé de neuf mois ou environ, fils de Joseph Petit, Juif, négociant, et d'Esther Petit, sa femme, demeurans à Paris, rue et paroisse Saint Séverin, au coin de lad. rue de la Vieille Bouclerie, vient de décéder dans une salle au rez de chaussée ayant vue sur une cour et dépendante des lieux qu'occupent ses père et mère en une maison à porte cochère faisant l'encoigneure desd. rues Saint Séverin et de la Vieille Bouclerie, et comme led. Josué Petit est mort dans les sentimens de la religion judaïque, ils requierrent que nous nous transportions présentement avec eux dans lad. salle où est gissant le corps dud. enfant à l'effet de constater son décès et en faire ordonner ensuitte son inhumation conformément aux Déclarations de Sa Majesté rendues à ce sujet. Et ont signé :

JACOB DE PAUL FILS, ISAAC PETIT, ISRAEL DALPUGET.

Sur quoy nous, commissaire susd., avons donné acte auxd. S^{rs} comparans de leurs comparution, dire et réquisitoire cy dessus, et en conséquence pour faire droit audit réquisitoire, nous nous sommes à l'instant transporté avec eux en lad. maison faisant l'encoigneure des rües S. Séverin et de la Vieille Bouclerie, et ayant été introduit en la salle au rez de chaussée cy dessus désignée, nous avons trouvé et vu le cadavre d'un jeune enfant masle, que lesd. S^{rs} comparans nous ont déclaré et affirmé en leurs âmes et consciences être celuy dud. deffunt Josué Petit, exposé sur un petit lit en berceau, garny d'une paillasse remplie de paille d'avoine et un matelas et couvert d'un rideau de siamoise à rayes bleues et blanches.

Et pour faire ordonner l'inhumation dud. Josué Petit nous nous transporterons en l'hôtel de Monsieur le Procureur du Roy pour avoir ses conclusions et ensuitte en celuy de Monsieur le Lieutenant général de police pour obtenir son ordonnance à cet effet.

Dont et de quoy nous avons rédigé le présent procès verbal pour servir et valoir ce que de raison. Et ont signé avec nous commissaire :

Isaac Petit, Israel Dalpuget, Jacob de Paul fils, Formel.

Vu le procès verbal, je n'empêche pour le Roy le cadavre dud. enfant, nommé Josué Petit, être inhumé sans bruit, scandale ni apareil, au cimetière des Juifs, sis à la Villette, et être enjoint aux officiers du guet et de police d'y veiller et prêter main forte si besoin est et en sont requis. Fait ce 13 avril 1765.

Moreau.

Soit fait ainsi qu'il est requis. Fait ce 13 avril 1765.

De Sartine.

(*En marge :*) Police.
Rapporté en juillet 1780. Trois livres.

40.

15 juillet 1765. — *Acte de décès de Keila, femme de Samuel Simon.*
Y 13958.

L'an mil sept cent soixante cinq, le quinze juillet, en notre hôtel et pardevant nous, André François Leclair, conseiller du Roy, commissaire au Châtelet de Paris, est comparu Samuel Simon, Juif de nation, natif de Trêve, de présent à Paris, logé rue des Petits Champs St Martin, chez le nommé Gougeon, orphèvre.

Lequel nous a dit que Kejla, sa femme, âgée d'environ vingt sept à vingt huit ans, aussi Juive, est décédée cejourd'huy entre minuit et une heure, en la chambre où il demeure, et comme elle est étrangère et de la nation Juive et qu'il est nécessaire d'inhumer son corps en la manière accoutumée, il est venu nous faire la présente déclaration de l'effet de constater son décès pour ensuitte faire inhumer son dit corps où il sera ordonné. Et a signé en ébreux, aiant déclaré ne savoir signer en françois, de ce interpellé suivant l'ordonnance :

Samuel Simon (*hebr.*).

A l'instant nous, commissaire susdit et soussigné, sommes transportés susd. rue des Petits Champs S* Martin en la maison dud. Gougeon, où étant monté au premier étage en une chambre aiant vue sur la rüe, y avons trouvé un corps mort et avons trouvé dans laditte chambre deux particuliers : l'un a dit s'appeller Salomon Hademard, aussi Juif de nation, de la ville de Metz, et l'autre a dit s'appeller Cerf Abraham Spire Levy, aussi Juif de nation, de Sarrelouis, lesquels nous ont certiffié et attesté que le corps mort cy présent est celuy de la nommée Keyla, femme dud. Samuel Simon, âgée d'environ vingt sept à vingt huit ans, née dans les États de Trêve et décédée la nuit dernière entre minuit et une heure, et ce dans les sentimens de la religion juive. Laquelle déclaration ils font pour rendre justice à la vérité. Et ont signé :

Salomon Hademar [1], Cerf Abraham Spire Levy, Leclair.

Vu le procès verbal, je n'empêche pour le Roy le cadavre de laditte Kejla, femme de Samuel Simon, être inhumé nuitament, sans bruit, scandal ni appareil, dans le jardin du nommé Camot, aubergiste à la Villette, et être enjoint aux officiers du guet et de police d'y veiller et tenir la main si besoin est et en sont requis. Fait ce quinze juillet 1765.

Moreau.

Soit fait ainsy qu'il est requis. Fait ce 15 juillet 1765.

De Sartine.

(*En marge :*) Charité.

41.

28 aout 1765. — *Acte de décès de Simon Samuel.*

Y 13958.

L'an mil sept cent soixante cinq, le vingt huitième jour d'août, en notre hôtel et pardevant nous, Hugues Philippes Duchesne, conseiller du Roy, commissaire au Châtelet de Paris, comme substituant Me André François Leclair, commissaire aud. Châtelet de Paris, est comparu Samuel Simon, Juif de nation, natif de Trêve, de présent à Paris, logé rue Geoffroy Langevin chez les D[lles] Jucelin [2], logeurs.

Lequel nous a dit que Simon Samuel son fils, âgé d'environ deux mois, qui a eté circonci [3], est décédé ce jourd'huy entre

---

1. Avec une 2e signature en hébreu.
2. Ou Incelin.
3. Ces 4 mots sont en marge avec appel de note, signature en hébreu et paraphe de Duchesne.

huit à neuf heures du matin, dans une maison où demeure le nommé Alexandre, Juif, scise rue Maubuée, paroisse St Merry, et comme luy comparant est étranger et qu'il désire que le corps de son dit fils soit inhumé en la manière accoutumée, il est venu nous faire la présente déclaration à l'effet de constater son décès pour ensuite faire inhumer le corps de son dit fils où il sera ordonné. Et a signé en ébreux, aiant déclaré ne savoir signer en françois, de ce interpellé suivant l'ordonnance.

Samuel Simon (*hebr.*), Duchesne.

A l'instant nous, commissaire susd. et soussigné, sommes transportés susdite rue Maubuée en la maison où demeure le nommé Alexandre, où étant monté dans une chambre au premier étage aiant vue sur la rüe, y avons trouvé le cadavre d'un enfant mal (*sic*), et dans lad. chambre deux particuliers, dont un a dit s'appeler Cerf Abraham Spire Lévy, Juif de nation, de Sarrelouis, de présent à Paris, logé rue Geoffroy Langevin [et l'autre], Daniel David, aussi Juif de nation, natif de Bezonville [1], de présent à Paris, logé en la maison où nous sommes.

Lesquels ont certiffié et attesté que le corps mort cy présent est celuy de Simon Samuel, fils de Samuel Simon, Juif, âgé d'environ (*sic*) deux mois, décédé ce jourd'huy sur les huit à neuf heures du matin, et que ledit Samuel Simon, son père, fait profession de la religion juive. Laquelle déclaration ils font pour rendre justice à la vérité. Et ont signé : Rayé de l'autre part quatre mots nuls.

Cerf Abraham Spir Levy, Danielle David [2], Duchesne.

Vu le présent procès verbal, je n'empêche pour le Roy, attendu que led. Simon Samuel circoncis est mort dans les sentimens de la Religion prétendüe reformée (*sic*) [3], que son cadavre soit inhumé nuitament, sans bruit, scandal ni appareil, dans le jardin du nommé Camot, aubergiste à la Villette, et être enjoint aux officiers du guet et de police d'y veiller et tenir la main, si besoin est et en sont requis. Fait ce vingt huit août mil sept cent soixante cinq.

Moreau.

Soit fait ainsi qui est requis. Fait ce 28 aoust 1765.

De Sartine.

(*En marge :*) Charité.

---

1. Bouzonville, aujourd'hui Busendorf, cercle de Boulay (Lorraine).
2. Avec une seconde signature du même en hébreu.
3. Ces dix derniers mots forment une addition en marge, avec appel de note.

42.

12 janvier 1766. — *Acte de décès de Cerf Enselme.*

Y 15274.

Du dimanche douze janvier mil sept cent soixante six, dix heures du matin.

Nous, Hugues Philippe Duchesne, conseiller du Roy, commissaire au Châtelet de Paris, ayant été requis, nous sommes transporté rue Geoffroy Langevin, dans une maison occupée par le S. Dery, maître doreur, où étant monté au deuxième étage et entré dans une chambre sur le derrière, par devant nous sont comparus Asser Salomon, Juif de Hichbourg en Franconie, et Joseph Lipman, Juif d'Alsace, demeurants tous deux à Paris rue St Jullien des Ménestriers, chez la Vve Dominé, au Cheval rouge.

Lesquels nous ont dit que Cerf Enselme, âgé d'environ trois ans, fils d'Enselme Mathis, Juif de Landau en Alsace, et d'Anne Sampson, sa femme, professant la religion juive, est décédé ce jourdhuy quatre heures du matin, dans la chambre où nous sommes, occupée par led. Enselme Mathis et sa femme, ses père et mère. Pourquoy ils requièrent qu'il soit pourvu à l'inhumation dud. Cerf Enselme en la manière accoutumée. Desquels comparutions, dire et réquisition avons donné acte aux comparants. Et après qu'il nous est apparu d'un corps mort masculin, gissant sur un lit étant dans lad. chambre, lesd. comparans et led. Enselme Mathis à ce présent nous ont déclaré, certifié et attesté que led. corps mort est celuy dud. Cerf Enselme, décédé comme dit est ce matin, lequel corps mort a été par nous laissé en la garde dudit Enselme Mathis, qui a promis de ne le point faire inhumer jusqu'à ce que par Monsieur le Lieutenant général de police il ait été statué sur le présent procès-verbal, que nous avons dressé pour servir et valoir ce que de raison. Et ont signé avec nous, lesd. Enselme Mathis et Joseph Lipman en hébreux, ayant declaré ne sçavoir point écrire en langue françoise :

ENSELME MATHIS (*hebr.*), JOSEPH LIPMAN (*hebr.*), ASSER SOLOMON [1], DUCHESNE.

Vu le présent procès verbal, je n'empêche pour le Roy le cadavre dudit Enselme Mathis être inhumé sans bruit, scandal ni apareil,

---

1. Avec seconde signature hébraïque.

dans le lieu destiné à la sépulture des Juifs, et être enjoint aux officiers du guet et de police de prester main forte si besoin est et en sont requis. Fait ce douze janvier mil sept cent soixante six.

MOREAU.

Soit fait ainsy qu'il est requis. Ce douze janvier 1766.

DE SARTINE.

(*En marge :*) Charité.

43.

28 septembre 1766. — *Acte de décès d'Emmanuel Dalpuget.*
Y 11082.

L'an mil sept cent soixante six, le dimanche vingt huit septembre, onze heures du soir, en l'hôtel et pardevant nous, Louis Formel, conseiller du Roy, commissaire enquesteur examinateur au Châtelet de Paris, sont comparus Sieurs Joseph Petit, Jacob Petit et Mardoché Ravel, tous trois Juifs, négociants, demeurans à Paris, Les deux premiers, rue Saint Martin, paroisse Saint Méry, et le troisième, rue de Montmorency, paroisse St Nicolas des Champs.

Lesquels nous ont dit que Sr Emmanuel Dalpuget, âgé d'environ cinquante ans, aussy Juif, négociant, demeurant à Paris rue de la Verrerie, vis à vis celle du Cloitre Saint Méry, en une maison à porte cochère dont le rez de chaussée sur la rue est occupé par le Sr Therouenne, marchand mercier, vient de décéder il y a environ cinq heures en une salle au rez de chaussée au fond de la première cour de laditte maison ayant vue sur un passage qui conduit au fonds d'icelle et faisant partie des lieux qu'il y occupoit, et comme led. Sr Emmanuel Dalpuget est mort dans les sentimens de la religion judaïque, ils requièrent que nous nous transportions présentement avec eux dans la ditte salle, où est gissant le corps dud. Sr Dapulget, à effet de constater son décès et de faire ensuitte ordonner son inhumation conformément aux Déclarations de Sa Majesté rendues à ce sujet. Et ont signé la présente comparution, où il a été rayé six mots nuls :

JOSEPH PETIT, JACOB PETIT, RAVEL.

Sur quoy nous, commissaire susd., avons donné acte auxd. Srs Petit et Ravel de leurs comparutions, dires et réquisitoire cy desdus, et, en conséquence, pour faire droit aud. réquisitoire, nous nous sommes à l'instant transporté avec eux susd. rue de la Verrerie en lad. maison à porte cochère cy devant désignée, et ayant été introduit en une salle au rez de chaussée au fonds de la première cour de lad. maison ayant vue sur un passage qui conduit au fonds d'icelle et précédée d'une petite antichambre, nous y avons trouvé et veu, enveloppé d'un drap et étendu sur le carreau, un cadavre masculin, qui nous a paru de l'âge d'environ cinquante ans, que lesd. Srs Petit et Ravel nous ont déclaré et affirmé en leurs âmes et consciences estre celui dud. deffunt Sr Emmanuel Dalpuget.

Et pour faire ordonner l'inhumation dud. Sr Emmanuel Dalpuget, nous nous transporterons ès hôtels de Monsieur le Procureur du Roy et de Monsieur le Lieutenant général de police pour obtenir leurs conclusions et ordonnance à cet effet.

Dont et de quoy nous avons rédigé le présent procès verbal pour servir et valloir ce que de raison. Et ont signé avec nous commissaire :

FORMEL, JOSEPH PETIT, JACOB PETIT, RAVEL.

Vu le procès verbal, je n'empêche pour le Roy le cadavre dud. Emmanuel Dalpuget être inhumé sans bruit, scandale ni appareil, dans la maison du nommé Cabot[1], à la Villette, et être enjoint aux officiers du guet et de police d'y veiller et prêter main forte si besoin est et en sont requis. Fait ce 28 septembre 1766.

MOREAU.

Soit fait ainsi qu'il est requis. Ce 28 septembre 1766.

DE SARTINE.

(*En marge :*) Police.
Rapporté en avril 1781. Trois livres.
Habui 10 l. DE JOIGNY.

44.

27 novembre 1766. — *Acte de décès de Sara de Paul.*
Y 11082.

L'an mil sept cent soixante six, le jeudy vingt sept novembre, neuf heures et demie du matin, en l'hôtel et par devant nous, Louis François Formel, conseiller du Roy, commissaire enquesteur examinateur au Châtelet de Paris, est comparu Sr Jacob de Paul père, Juif, négociant, demeurant à Paris, rue et paroisse Saint André des Arcs.

Lequel nous a dit que Sara de Paul, âgée de seize mois et demy

---

1. Mot écrit postérieurement dans un blanc laissé à cette intention.

ou environ, fille de Sr Ange de Paul, aussi Juif, négociant, et de demoiselle Anna de Perpignan, vient de décéder il y a environ une heure en une pièce servant de cuisine ayant vue sur une cour et faisant partie des lieux qu'occupent lesd. père et mère, au premier étage sur le devant d'une maison scize en cette rue de la Harpe, presque vis à vis la rue Poupée, dont le rez de chaussée est occupé par le Sr Merlin, libraire, et comme lad. Sara de Paul est morte dans les sentimens de la religion judaïque, led. Sr de Paul comparant, son ayeul paternel, requiert que nous nous transportions présentement avec luy dans lad. pièce où est gissant le corps de lad. Sarra de Paul, à l'effet de constater son décès et de faire ensuitte ordonner son inhumation conformément aux Déclarations de Sa Majesté rendues à ce sujet. Et a signé en caractères hébraïques :
JACOB DE PAUL. (hebr.).

Sur quoy nous, commissaire susdit, avons donné acte aud. Sr de Paul, comparant, de sa comparution, dire et réquisitoire cy dessus, et, en conséquence, pour faire droit à sond. réquisitoire, nous nous sommes à l'instant transporté avec luy susd. rue de la Harpe en lad. maison cy devant désignée et ayant été introduit en lad. pièce servant de cuisine au premier étage, faisant partie des lieux qu'occupent led. Sr Ange de Paul et sa femme et aussy désignés cy devant, nous y avons trouvé exposé sur un berceau d'enfant un cadavre féminin d'un enfant qui nous a paru de l'âge d'environ seize mois, que led. Sr Jacob de Paul et led. Sr Ange de Paul, demeurant dans lesd. lieux où nous sommes, à ce présent, nous ont déclaré et affirmé en leurs âmes et consciences estre celuy de lad. deffunte Sarra de Paul, fille dud. Sr Ange de Paul et petitte fille dud. Sr Jacob de Paul.

Et pour faire ordonner l'inhumation de lad. Sarra de Paul, nous nous transporterons ès hôtels de Monsieur le Procureur du Roy et de Monsieur le Lieutenant général de police pour obtenir leurs conclusions et ordonnance à cet effet.

Dont et de quoy nous avons rédigé le présent procès verbal pour servir et valloir ce que de raison. Et ont signé avec nous commissaire, à l'égard dud. Sr Jacob de Paul en caractères hébraïques :

JACOB DE PAUL (<i>hebr.</i>), LANGE DE PAUL, FORMEL.

Vu le procès verbal, je n'empêche pour le Roy la cadavre de lad. Sara de Paul être inhumé sans bruit, scandale ni apareil dans le cimetière des Juifs à la Villette, et être enjoint aux officiers du guet et de police d'y veiller et prêter main forte si besoin est et en sont requis. Fait ce 27 novembre 1766.

Moreau.

Soit fait ainsy qu'il est requis. Fait ce 27 novembre 1766.

De Sartine.

(*En marge :*) Police.
Rapporté en avril 1781. Trois livres.
Habui 10 l. De Joigny.

45.

13 mars 1767. — *Acte de décès de Rebecca Coste, femme d'Isaac Estèves*

Y 11083.

L'an mil sept cent soixante sept, le vendredy treize mars, unze heures et demie du soir, nous, Louis François Formel, conseiller du Roy, commissaire enquesteur examinateur au Châtelet de Paris, ayant été requis, nous sommes transporté rue Saint Honoré, du même costé et près l'église Saint Roch, en une maison dont le rez de chaussée est occupé par le Sr Regnault, maitre rotisseur, et ayant été introduit en un appartement au premier étage au dessus de l'entresole ayant vue sur lad. rue Saint Honoré, nous y avons trouvé et par devant nous sont comparus Sieur Jacob de Paul fils, Juif, négociant, demeurant à Paris, rue Poupée, paroisse Saint Séverin, Sr David Raphael, négociant, demeurant à Paris, rue du Boullois, à l'hôtel de Grenoble, paroisse Saint Eustache, et Sr Salomon Sylva, aussy négociant, demeurant à Paris, rue de la Croix des Petits Champs, à l'hôtel de la Couronne, susd. paroisse Saint Eustache, ces deux derniers aussy Juifs.

Lesquels nous ont dit que demoiselle Rebecca Coste, épouse de Sr Isaac Esteves, pareillement Juif, négociant, demeurant dans les lieux où nous sommes, vient d'y décéder ce jourd'huy vers les six heures du soir, âgée d'environ trente neuf ans, dans les sentimens de la religion judaïque, et qu'ils ont requis notre transport à l'effet de constater son décès et de faire ensuitte ordonner son inhumation conformément aux Déclarations de Sa Majesté rendues à ce sujet. Et ont déclaré ne pouvoir ce jourd'huy, heure présente, attendu le soleil couché, écrire ny signer eu égard aux rits et usages de lad. religion judaïque[1] dans les sentimens de

---

[1]. Les pratiquants n'écrivent pas le jour du sabbat, qui commence le vendredi soir au coucher du soleil.

laquelle ils vivent, de ce interpellés suivant l'ordonnance.

Sur quoy nous, commissaire susd., avons donné acte auxd. S^{rs} susnommés de leurs comparutions, dire et réquisitoire cy dessus, et, en conséquence, ayant été introduit en une chambre à coucher faisant partie dud. appartement cy dessus désigné, laquelle a vue sur la rue, nous y avons trouvé, exposé sur un lit à housse et baldaquin de toile de coton bleue et blanche, un cadavre féminin, qui nous a paru de l'âge de près de quarante ans, que lesd. S. de Paul, Raphael et Sylva nous ont déclaré et affirmé en leurs âmes et consciences estre celuy de lad. feue demoiselle Rebecca Coste, épouse dud. S. Esteves.

Et pour faire ordonner l'inhumation de lad. demoiselle Rebecca Coste, épouse dudit. Sr Esteves, nous nous transporterons incessament ès hôtels de M. le Procureur du Roy et de Monsieur le Lieutenant général de police pour obtenir leurs conclusions et ordonnance à cet effet.

Dont et de quoy nous avons rédigé le présent procès verbal pour servir et valloir ce que de raison. Nous, commissaire, avons signé ; à l'égard desd. Srs de Paul, Raphael et Sylva, ils ont déclaré ne pouvoir ce jourd'huy, heure présente, attendu le soleil couché écrire ny signer eu égard aux rits et usages de lad. religion judaïque qu'ils exercent, de ce interpellés suivant l'ordonnance.

FORMEL.

Vu le procès verbal, je n'empêche pour le Roy le cadavre de la demoiselle Rebecca Coste, femme Esteves, être inhumé sans bruit, scandal ni apareil, au cimetière des juifs à la Villette, et être enjoint aux officiers du guet et de police de prester main forte si besoin est et en sont requis. Fait ce 13 mars 1767.

MOREAU.

Soit fait ainsi qu'il est requis. Fait ce 13 mars 1767.

DE SARTINE.

(*En marge*) : Doit.
Rapporté en avril 1781. Trois livres.
Habui 10 l. DE JOIGNY.

46.

11 avril 1767. — *Acte de décès de Raphael Bachi*
Y 11584.

L'an mil sept cent soixante sept, le samedy unze avril, cinq heures du matin, nous, Amable Pierre Touvenot, écuyer, conseiller du Roy, commissaire au Châtelet de Paris, substituant Me Gilles Pierre Chenu, notre confrère, ayant été requis, sommes transportés quay Conti, en la maison dont le Sr Lemaignen est principal locataire, où étant montés en l'appartement du deuxième étage et entrés dans une chambre à coucher ayant vue sur led. quay, y est comparu par devant nous Pierre Michalot, dit Saint Pierre, laquais au service du Sr Bachi, demeurant en l'appartement où nous sommes.

Lequel nous a dit que le Sr Raphael Bachi, peintre en miniature, juif de nation, natif de Turin, âgé de cinquante un ans, demeurant dans led. appartement, vient d'y décéder il y a une demie heure dans les sentimens de sa religion ; et comme il est nécessaire de pourvoir à son inhumation, il a à cet effet requis notre transport pour estre statué ce que de raison. Et a signé :

Michalot.

Et à l'instant comparut par devant nous Sr Pierre Jacques Guesdon, bourgeois de Paris, demeurant rue de la Chanverrerie, lequel nous a dit qu'il a connoissance que led. sieur Raphael Bachi, Juif de nation, peintre en miniature, natif de Turin, âgé de cinquante un ans, est décédé il y a une demi heure dans la chambre à coucher où nous sommes d'une catare à la tête, dont il a été attaqué il y a environ deux mois, dans les sentimens de la religion juive. Pourquoi requièrent qu'il soit pourvu à son inhumation. Et a signé :

Michalot, Guesdon.

Sur quoy nous, conseiller commissaire susd., avons donné acte des comparution, dires, déclarations et réquisitoire cy-dessus, et, en conséquence, pour être statué lad. inhumation nous avons ordonné qu'il en sera par nous référé à Monsieur le Lieutenant général de police pour être par lui, sur les conclusions de Monsieur le Procureur du Roy, ordonné ce qu'il appartiendra, et jusqu'à ce nous avons laissé le cadavre dud. Raphael Bachi en la garde dud. Michalot qui s'en s'est chargé pour en faire la représentation toutes fois et quand il en sera requis. A l'effet de quoi il a élu son domicile en sa demeure susd. Et a signé avec nous. Raié dix mots nuls ci-dessus.

Touvenot, Michalot.

Vu le procès verbal cy dessus, je n'empêche pour le Roy le cadavre dud. Raphael Bachi être inhumé nuitament, sans bruit,

scandale ni appareil, dans le jardin de la maison où pend pour enseigne l'Étoille, occupée par la veuve Cameau à la Villette, et être enjoint aux officiers du guet et de police de prêter main forte si besoin est et en sont requis. Fait ce 11 avril 1767.
MOREAU.

Soit fait ainsi qu'il est consenti. Fait ce 11 avril 1767.
DE SARTINE.

(*En marge*) : Rapporté[1].

47.

11 avril-23 juin 1767. — *Scellé de Raphael Bachi*[2].
Y 11584.

Scellé de Raphael Bachi, peintre en miniature, 51 ans, quai Conti, maison du Sr Avet de Loyzerolle, avocat au Parlement.
Commissaire : Touvenot, remplaçant Chenu.
Déclarant : Pierre Michalot, domestique du défunt.
La présence du cadavre est constatée, le corps étendu sur un lit en niche à housse de camelot rayé vert et gris. Outre Michalot, figurent à l'acte, sa femme, Madeleine Alluine, cuisinière de Bachi ; la veuve Jean Charpentier, garde-malade ; Lange de Paul, Juif, négociant, rue de la Harpe, paroisse Saint Séverin, exécuteur testamentaire du défunt en vertu du testament reçu par J. B. P. Bevière, notaire ; la sœur et le frère du défunt : Abigaïl Juste Bachi, femme de Gratia Dio Bazeri, banquier à Turin, présentement à Paris, hôtel du Saint Esprit, rue de l'Hirondelle, paroisse Saint André des Arts, légataire universelle ; — Samuel Jacob Bachi, de Turin, représenté, vu son absence, par le substitut du Procureur du Roi au Châtelet. L'ambassadeur de Sardaigne qui avait commencé par demander la mise sous scellé, se désiste « attendu qu'il se trouve avoir nommé un exécuteur testamentaire ». Parmi les oppositions, celles de François Dupuis, bourgeois, rue Saint-Honoré, auquel Bachi avait prêté huit louis d'or contre nantissement d'argenterie ; et le comte de Maillé, le prince de Condé, le comte de Tessé, le chevalier d'Arc pour divers portraits confiés ou commandés au défunt.
L'inventaire est dressé par les notaires Jean-Baptiste-Pierre

---

1. Ce procès-verbal a déjà été publié, de même que les parties intéressantes au point de vue artistique du scellé suivant, par J. Guiffrey, *Nouvelles Archives de l'Art français*, 2e série, t. V (1884), p. 396-403.
2. Voir la pièce précédente.

Bevière et Jacques Mathon et l'estimation des portraits et études faite par Jean-Baptiste-Joseph Le Tillier, peintre en miniature. Lange de Paul est chargé de la restitution de ces différents objets d'art.

48.

29 septembre 1767. — *Acte de décès d'Abraham Pereire*
Y 11083.

L'an mil sept cent soixante sept, le mardy vingt neuf septembre, unze heures et demie du matin, nous, François Formel, conseiller du Roy, commissaire enquesteur examinateur au Châtelet de Paris, ayant été requis, nous sommes transporté rue Plâtrière, en une maison à porte cochère attenant une boutique occupée par un marchand limonadier et joignant l'hôtel de la Ferme génralle des postes, et ayant été introduit dans une chambre au premier étage ayant vue sur lad. rue Plâtrière, nous y avons trouvé et par devant nous sont comparus Jacob Pereire, Juif, interprète du Roy, demeurant dans les lieux où nous sommes, paroisse Saint Eustache, Srs Joseph et Josué Petit, frères, Juifs négociants, demeurans ensemble rue Saint Martin, paroisse Saint-Jacques de la Boucherie, et S. Salomon Silva, aussy Juif, négociant, demeurant à Paris, rue de la Croix des Petits Champs susd. paroisse Saint Eustache.

Lesquels nous ont dit qu'Abraham Pereire, âgé de dix huit jours, fils dudit S. Jacob Pereire, et de demoiselle Marie Anne Lopez Dias, aussy Juive, est décedé ce jourd'hui dans les lieux où nous sommes, sous l'empire de la religion judaïque sous lequel il étoit né, et qu'ils ont requis notre transport à l'effet de constater son décéds et de faire ensuitte ordonner son inhumation conformément aux Déclarations de Sa Majesté rendues à ce sujet. Et ont signé :

PEREIRE, JOSUÉ PETIT, JOSEPH PETIT, SALOMON DE SILVA.

Sur quoy nous, commissaire susd., avons donné acte auxd. S^rs susnommés de leurs comparutions, dire et réquisitoire cy dessus, et en conséquence nous étant approché du côté de la cheminée de lad. chambre où nous avons été introduit, comme dit est, nous y avons trouvé, enveloppé dans des langes et étendu sur le carreau, ayant deux lumières, l'une à la teste et l'autre aux pieds, un cadavre masculin, qui nous a paru en très bas âge et que lesd. Srs Pereire, Petit et Sylva nous ont déclaré et affirmé en leurs âmes et consciences être celuy dud. Abraham Pereire fils.

Et pour faire ordonner l'inhumation dud. Abraham Pereire enfant, nous nous transporterons incessamment ès hôtels de Monsieur le Procureur du Roy et de Monsieur le Lieutenant général de police pour obtenir leurs conclusions et ordonnance à cet effet.

Dont et de quoy nous avons rédigé le présent procès verbal pour servir et valoir ce que de raison. Et ont signé avec nous commissaire :

Pereire, Josué Petit, Joseph Petit, Salomon de Silva, Formel.

Vu le procès verbal, je n'empesche pour le Roy le cadavre dud. Abraham Pereire être inhumé sans bruit, scandale ni apareil, dans la maison du nommé... (sic), sise à la Villette, et être enjoint aux officiers du guet et de police d'y veiller et prêter main forte si besoin est et en sont requis. Fait ce 29 septembre 1767.

Moreau.

Soit fait ainsi qu'il est requis. Fait ce 29 septembre 1767.

De Sartine.

(En marge) : P. 1/2 d¡.
Rapporté en avril 1781. Trois livres.

49.

20 février 1768. — *Acte de décès de Maria Anna de Paul.*
Y 11084.

L'an mil sept cent soixante huit, le samedy vingt février, six heures du soir, nous, Louis François Formel, conseiller du Roy, commissaire enquesteur examinateur au Châtelet de Paris, ayant été requis, nous sommes transporté rue de la Harpe, vis à vis la rue Poupée, en une maison dont la boutique est occupée par le Sr Merlin, libraire, et ayant été introduit en une pièce servant de cuisine au premier étage sur le derrière, nous y avons trouvé et par devant nous sont comparus Sr Jacob de Paul père, Sr Lange de Paul fils et Sr Jacob de Paul fils, tous trois Juifs, négociants, demeurans à Paris, savoir le premier, rue et paroisse Saint André des Arcs, le second, susd. rue de la Harpe vis à vis la rue Poupée, maison en laquelle nous sommes, paroisse Saint Séverin, et le troisième susd. rue Poupée et paroisse Saint Séverin.

Lesquels nous ont dit que Maria Anna de Paul, âgée de dix neuf à vingt mois, fille dud. S. Lange de Paul et de dame Anna de Perpignan, sa femme, petite fille dud. S. Jacob de Paul père, et nièce dud. S. Jacob de Paul fils, est décédéée ce jourd'huy entre une et deux heures de l'après midy, dans la pièce où nous sommes, chez sesd. père et mère sous l'empire de la religion judaïque sous lequel elle étoit née, et qu'ils ont requis notre transport à l'effet de constater son décéds et de faire ensuitte ordonner son inhumation conformément aux Déclarations de Sa Majesté rendues à ce sujet. Et ont signé, led. Sr Jacob de Paul père en caractères hébraïques, dans lesquels il a déclaré signer ordinairement et ne savoir signer autrement, de ce enquis suivant l'ordonnance. Rayé au présent réquisitoire cinq mots nuls.

JACOB DE PAUL (*hebr*.), LANGE DE PAUL, JACOB DE PAUL FILS.

Sur quoy nous, conseiller du Roy, commissaire susd., avons donné acte auxd. Srs de Paul de leurs comparutions, dire et réquisitoire cy dessus, et en conséquence nous étant approché d'un petit lit formé par un matelas placé sur deux fauteuils foncés de canne mis en regard dans lad. pièce où nous sommes, nous avons trouvé exposé sur led. matelat le cadavre d'une jeune fille, qui nous a paru en effet de l'âge d'environ vingt mois et que lesd. Srs de Paul nous ont déclaré et affirmé en leurs âmes et consciences être celuy de lad. Maria Anna de Paul.

Et pour faire ordonner l'inhumation de lad. Maria Anna de Paul nous nous transporterons au plustôt ès hôtels de Monsieur le Procureur du Roy et de Monsieur le Lieutenant général de police pour obtenir leurs conclusions et ordonnance à cet effet.

Dont et de quoi nous avons rédigé le présent procès verbal pour servir et valoir ce que de raison. Et ont signé avec nous commissaire, led. Sr Jacob de Paul père en caractères hébraïques, sa signature ordinaire, ayant déclaré ne savoir signer autrement, de ce enquis suivant l'ordonnance :

JACOB DE PAUL (*hebr*.), LANGE DE PAUL, FORMEL, JACOB DE PAUL.

Vu le procès verbal, je n'empêche pour le Roy le cadavre de lad. Marie Anne de Paul être inhumé sans bruit, scandale ni apareil, au cimetière des Juifs à la Villette, et être enjoint aux officiers du guet et de police d'y veiller et prêter main forte si besoin est et en sont requis. Fait ce 20 février 1768.

MOREAU.

Soit fait ainsi qu'il est requis. Fait ce 20 février 1768.

DE SARTINE.

50.

11 juillet 1768. — *Acte de décès de Marie Anne Bernard de Valabrègue*
   Y 11084.

L'an mil sept cent soixante huit, le lundy unze juillet, une heure de relevée, nous; Louis François Formel, conseiller du Roy, commissaire enquesteur examinateur au Châtelet de Paris, ayant été requis, nous sommes transporté rue de Seine, quartier Saint Germain des Préz, en une maison située presque vis à vis celle du Colombier et dont le rez de chaussée est occupé par un pâtissier, et ayant été introduit dans un appartement au premier étage ayant vue sur lad. rue de Seine, nous y avons trouvé et par devant nous sont comparus S. Israel Salon et S. Israel Ravel, tous deux Juifs, négocians, demeurans le premier, rue de la Vieille Boucleric, paroisse Saint Séverin, et le second, susd. rue de Seine, paroisse Saint Sulpice.

Lesquels nous ont dit que demoiselle Marie Anne Bernard de Valabrègue, âgée de dix sept ans, fille de Sieur Israel Bernard de Valabrègue, interprète du Roy, et de demoiselle Esther Salon, son épouse, demeurans dans l'appartement où nous sommes, est décedée ce jourd'huy vers les cinq heures du matin chez sesd. père et mère, avec lesquels elle demeuroit, dans une chambre dépendante dud. appartement, ayant vue sur la cour de lad. maison, après avoir essuyé une maladie de cinq à six jours, dans les sentimens de la religion judaïque, dans lesquels vivent lesd. S. et D[lle] ses père et mère, qu'ils ont requis notre transport à l'effet de constater le décès de lad. D[lle] Marie Anne Bernard de Valabrègue et de faire ensuitte ordonner son inhumation conformément aux Déclarations de Sa Majesté rendues à ce sujet. Et ont signé :

ISRAEL RAVEL, ISRAEL SALOM.

Sur quoy nous, conseiller du Roy, commissaire susd., avons donné acte auxd. Srs Salon et Ravel de leurs comparutions, dire et réquisitoire cy-dessus, et en conséquence étant entré dans lad. chambre ayant vue sur la cour de lad. maison, nous avons trouvé exposé sur de la paille sur le carreau, et enveloppé d'un linceul, un cadavre féminin, qui nous a paru en effet de l'âge d'environ dix sept ans et que lesd. Srs Salon et Ravel nous ont déclaré et affirmé en leurs âmes et consciences être celuy de lad. D[lle] Marie Anne Bernard de Valabrègue.

Et pour faire ordonner l'inhumation de lad. D^lle Marie Anne Bernard de Valabrègue, nous nous transporterons au plus tôt ès hôtels de Monsieur le Procureur du Roy et de Monsieur le Lieutenant général de police pour obtenir leurs conclusions et ordonnance à cet effet.

Dont et de quoy nous avons rédigé le présent procès verbal pour servir et valoir ce que de raison. Et ont signé avec nous commissaire :

FORMEL, ISRAEL SALOM, ISRAEL RAVEL.

Vu le procès verbal, je n'empêche pour le Roy le cadavre de la D^lle Marie Anne Bernard de Vallebrèque être inhumé sans bruit, scandale ni apareil, dans le cimetière des Juifs à la Villette, et être enjoint aux officiers du guet et de police d'y veiller et prêter main forte si besoin est et en sont requis. Fait ce 11 juillet 1768.

MOREAU.

Soit fait ainsi qu'il est requis. Fait ce 11 juillet 1768.

DE SARTINE.

(*En marge*) : Rapporté en avril 1781. Trois livres.

51.

27 décembre 1768. — *Acte de décès d'Anne de Perpignan épouse de Lange de Paul*

Y 11084.

L'an mil sept cent soixante huit, le mardy vingt sept décembre, quatre heures de relevée, en l'hôtel et par devant nous, Louis François Formel, conseiller du Roy, commissaire enquesteur examinateur au Châtelet de Paris, sont comparus S. Jacob de Paul fils, S. Israel Salon et S. Josué Petit, tous trois Juifs, négociants, demeurants à Paris, sçavoir led. S. de Paul rue Poupée, quartier Saint André des Arcs, paroisse Saint Séverin, led. S. Salon, rue de la Vieille Bouclerie, même paroisse, et led. S. Petit rue Saint Martin, paroisse Saint Jacques de la Boucherie.

Lesquels nous ont dit que D^lle Anna de Perpignan, âgée de trente ans ou environ, épouse du Sr Lange de Paul, aussy Juif, négociant, demeurant rue de la Harpe, vis à vis la rue Poupée, est décédée ce jour d'huy vers le midy, à la suitte d'une maladie de couche dans les lieux occupés par led. S^r son mary et elle, au premier étage d'une maison scize susd. rue de la Harpe, vis à vis lad. rue Poupée, dont le sieur Merlin, libraire, occupe le rez de chaussée, qu'elle est décédée dans les sentimens de la religion judaïque qu'elle professoit, et qu'ils requièrent que nous nous transportions présentement avec eux dans lesd. lieux à l'effet de constater le décès de lad. dame de Paul et de faire ensuitte ordonner son inhumation conformément aux Déclarations de Sa Majesté rendues à ce sujet Et ont signé :

JOSUÉ PETIT, ISRAEL SALOM, JACOB de PAUL FILS.

Sur quoy nous, commissaire susd., avons donné acte auxd. Srs de Paul, Salom et Petit de leurs comparutions, dires et réquisitoire cy dessus, et en conséquence pour satisfaire à leurd. réquisitoire nous nous sommes à l'instant transporté avec eux susd. rue de la Harpe en la maison cy devant désignée, et ayant été introduit dans une chambre au premier étage sur la rue, faisant partie des lieux qui nous ont été déclarés être occupés par led. Sr Lange de Paul, uous y avons trouvé une bierre posée sur des chaises ; ayant fait lever les planches du dessus d'icelle, nous y avons vu enveloppé dans un linceul un corps mort féminin, qui nous a paru de l'âge d'environ trente ans, et qui nous a été déclaré estre celuy de lad. D^{lle} Anna de Perpignan, femme dud. S. Lange de Paul, ce que lesd. Srs Jacob de Paul, Salom et Petit nous ont affirmé en leurs âmes et consciences.

Et pour faire ordonner l'inhumation de lad. D^{lle} épouse dud. Sr Lange de Paul nous nous transporterons au plutost ès hôtels de Monsieur le Procureur du Roy et de Monsieur le Lieutenant général de police pour obtenir leurs conclusions et ordonnance à cet effet.

Dont et de quoy nous avons rédigé le présent procès verbal pour servir et valloir ce que de raison. Et ont signé avec nous commissaires, approuvé en ces présentes, le nom De Paul comme bon [1] :

JOSUÉ PETIT, ISRAEL SALOM, FORMEL, JACOB de PAUL.

Vu le procès verbal, je n'empêche pour le Roy le cadavre de lad. Anna de Perpignan femme Lange de Paule être inhumé sans bruit, scandale ni apareil, dans le cimetière des Juifs à la Villette, et être enjoint aux officiers du guet et de police d'y veiller et de prester main forte si besoin est et en sont requis. Fait ce 27 décembre 1768.

MOREAU.

---

1. Le scribe avait primitivement écrit Paule, l'*e* final a été ensuite partout effacé.

Soit fait ainsi qu'il est requis. Fait ce 27 Xbre 1768.

De Sartine.

(*En marge :*) Rapporté en avril 1781. Trois livres.

52.

3 avril 1769. — *Acte de décès de Moyse Bernard de Valabrègue.*
Y. 11085

L'an mil sept cent soixante neuf, le lundy trois avril, une heure de relevée, nous, Louis François Formel, conseiller du Roy, commissaire enquesteur examinateur au Châtelet de Paris, ayant été requis, nous sommes transporté rue de Seine, quartier Saint Germain des Préz, en une maison située presque vis à vis celle du Colombier et dont le rez de chaussée est occupé par un pâtissier, et ayant été introduit dans un appartement au premier étage ayant vue sur lad. rue de Seine, nous y avons trouvé et par devant nous sont comparus Srs Josué Petit et Jacob de Paul fils, tous deux Juifs, négociants demeurant à Paris, le premier rue Saint Martin, paroisse Saint Jacques de la Boucherie, et le second, rue Poupée, quartier et paroisse Saint Séverin.

Lesquels nous ont dit que Sr Moyse Bernard de Valabrègue, âgé de quinze ans ou environ, fils de Sr Israël Bernard de Valabrègue, interprète du Roy, et de demoiselle Esther Salon, son épouse. demeurants dans l'appartement où nous sommes, est décédé ce jourd'huy vers les sept heures du matin, chez sesd. père et mère, avec lesquels il demeuroit, dans une chambre dépendante dudit appartement ayant vue sur la cour de lad. maison, après avoir essuyé une maladie de fièvre putride depuis quatre à cinq jours, dans les sentimens de la religion judaïque dans lesquels il vivoit et vivent lesd. S^r et demoiselle ses père et mère, et qu'ils ont requis notre transport à l'effet de constater le décès dud. Sr Moyse Bernard de Valabrègue et de faire ordonner son inhumation conformément aux Déclarations de Sa Majesté rendues à ce sujet. Et ont signé :

Josué Petit, Jacob de Paul fils.

Sur quoy nous, conseiller du Roy, commissaire susd., avons donné acte auxd. Srs Petit et de Paul de leurs comparutions, dire et réquisitoire cy dessus, et en conséquence étant entré dans lad. chambre ayant vue sur la cour de lad. maison, nous avons trouvé étendu sur le carreau et enveloppé de linceuls un cadavre masculin qui nous a paru en effet de l'âge d'environ quinze ans et que les dits Srs Petit et de Paul nous ont déclaré et et affirmé en leurs âmes et consciences estre celuy dud. Sr Moyse Bernard de Valabrègue.

Et pour faire ordonner l'inhumation dud. Sr Moyse Bernard de Valabrègue, nous nous transporterons au plutost ès hôtels de Monsieur le Procureur du Roy et de Monsieur le Lieutenant général de police pour obtenir leurs conclusions et ordonnance à cet effet.

Dont et de quoy nous avons rédigé le présent procès verbal pour servir et valloir ce que de raison. Et ont signé avec nous commissaire :

Josué Petit, Jacob de Paul fils, Formel.

Vu le procès verbal, je n'empêche pour le Roy le cadavre dud. Moyse Bernard de Valabrègue être inhumé au cimetière des Juifs à la Villette, et être enjoint aux officiers du guet et de police, d'y veiller et prester main forte si besoin est et en sont requis. Fait ce 3 avril 1769.

Moreau.

Soit fait ainsi qu'il est requis. Fait ce 3 avril 1769.

De Sartine.

(*En marge :*) Habui 1/2 duri. de Joigny.
Rapporté en avril 1781. Trois livres.

53.

27 août 1769. — *Acte de décès de Bellie Louis Aaron.*
Y 11085.

L'an mil sept cent soixante neuf, le dimanche vingt sept aoust, six heures du soir, nous, Louis François Formel, commissaire enquesteur examinateur au Châtelet de Paris, ayant été requis, nous sommes transporté rue des Vieilles Étuves, quartier Saint Martin, en une maison tenue garnie par le Sr Roullet de Latour, et ayant été introduit en une salle au rez de chaussée ayant vue sur le derrière, nous y avons trouvé et par devant nous sont comparus Louis Aaron, Juif, négociant de la ville d'Amsterdam en Hollande, arrivé à Paris le dix huit du présent mois et logé depuis son arrivée en la maison où nous sommes, paroisse Saint Nicolas des Champs, Sr Mayer Hadamar, Juif, négociant de la ville de Metz, logé à Paris chez Antoine, débitant de bierre et logeur, rue Beaubourg, paroisse Saint Mery, et Sr Lion Zacharie, aussy Juif, négociant de la ville de Rotterdam en Hollande, logé à Paris, rue Geoffroy Langevin, chez Godin, cordonnier et logeur, susd. paroisse Saint Mery.

Lesquels nous ont dit que Bellie Louis Aaron, âgée de deux ans passés, fille dud. Louis Aaron et de Abigaïl Lion, sa femme, laquelle enfant est arrivé (*sic*) avec luy à Paris led. jour dix huit du présent mois d'aoust, y est décédé dans la salle où nous sommes, hier samedy vers les cinq heures du matin, sous l'empire de la religion judaïque, sous lequel vivent ses père et mère et sous lequel elle est née, et qu'ils ont requis notre transport à l'effet de constater le décès de lad. Bellie Louis Aaron et de faire ordonner son inhumation conformément aux déclarations de Sa Majesté rendues à ce sujet. Et ont signé, à l'égard dud. Aaron en caractères hébraïques.

M. Hadamar [1], Louis Aaron (*hebr.*), Lion Zacharie.

Sur quoy nous, commissaire susd., avons donné acte aux comparants de leurs comparutions, dire et réquisitoire cy dessus, et en conséquence ayant apparu dans lad. salle une bierre en bois de sapin posée sur deux chaises et dont le dessus n'étoit point arrêté, ayant fait lever led. dessus, nous avons trouvé étendu dans lad. bierre et enveloppé de linceuls un corps mort féminin, qui nous a paru en effet de l'âge d'environ deux ans, et que lesd. comparants nous ont déclaré et affirmé en leurs âmes et consciences estre celuy de lad. Bellie Louis Aaron.

Et pour faire ordonner l'inhumation de lad. Bellie Louis Aaron, nous nous transporterons au plutost ès hôtels de Monsieur le Procureur du Roy et de Monsieur le Lieutenant général de police pour obtenir leurs conclusions et ordonnance à cet effet.

Dont et de quoy nous avons rédigé le présent procès verbal pour servir et valoir ce que de raison. Et ont signé, à l'égard dud. Aaron en caractères hebraïques :

M. Hadamar, Louis Aaron (*hebr.*), Lion Zacharie, Formel.

Vu le procès verbal, je n'empêche pour le Roy le cadavre de Bellie Louise (*sic*) Aaron être inhumé à la Villette, au cimetière des Juifs, sans bruit, scandale ni apareil, et être enjoint aux officiers du guet et de police d'y veiller et prêter main forte si besoin est et en sont requis. Fait ce 27 aoust 1769.

Moreau.

---

1. La signature d'Hadamar est — dans cette pièce et dans celles qui suivent — généralement accompagnée d'une seconde signature hébraïque.

Soit fait ainsi qu'il est requis. Fait ce 27 aoust 1769.

De Sartine.

(*En marge*) : Pauvre.

54.

1ᵉʳ janvier 1770. — *Acte de décès de Noé Vidal*

Y 11086.

L'an mil sept cent soixante dix, le lundy premier janvier, huit heures du soir, nous, Louis François Formel, conseiller du Roy, commissaire enquesteur examinateur au Châtelet de Paris, ayant été requis, nous sommes transporté rue des Fossez Saint Germain des Préz, autrement ditte de la Comédie françoise, en une maison neuve, près la rue des Cordeliers, occupée au rez de chaussée par un marchand bonnetier, et ayant été introduit en un appartement au second étage au dessus de l'entresolle ayant vue sur la rue, nous y avons trouvé et par devant nous sont comparus Sʳ Salomon Ravel, Juif négociant, demeurant à Paris, rue Gallande, à l'hôtel de Lesseville, paroisse Saint Séverin, Sʳ Aaron Ravel, aussi Juif, négociant, demeurant à Paris, rue de Seine, quartier Saint Germain des Préz, paroisse Saint Sulpice, à l'hôtel d'Espagne, et Sʳ Jacob de Paul fils, pareillement Juif, négociant, demeurant à Paris, rue Percée, même paroisse Saint Séverin.

Lesquels nous ont dit que Sʳ Noé Vidal, âgé de cinquante huit ans ou environ, aussi Juif, négociant, lequel demeuroit dans l'appartement où nous sommes, y est décédé ce jourd'huy il y a environ une heure et demie, à la suitte d'une longue maladie, en une chambre à coucher dépendante dud. appartement et ayant vue sur le derrière, dans les sentiments de la religion judaïque, sous l'empire de laquelle il vivoit et qu'il exerçoit, et qu'ils ont requis notre transport à l'effet de constater led. décès et de faire ordonner l'inhumation dud. Sʳ Noé Vidal conformément aux Déclarations de Sa Majesté rendues à ce sujet. Et ont signé :

Salomon Ravel, Aaron Ravel, Jacob de Paul fils.

Sur quoy nous, commissaire susd., avons donné acte auxd. Sʳ Ravel et Sʳ De Paul de leurs comparutions, dires et réquisitoire cy dessus et, en conséquence, nous étant fait introduire dans lad. chambre, nous avons trouvé en icelle étendu sur le carreau et enveloppé dans des linges un corps mort masculin, qui nous a parû en effet de l'âge de cinquante huit ans ou environ et que lesd. Sʳˢ comparants nous ont déclaré et affirmé en leurs âmes et conscience estre celui dud. S. Noé Vidal.

Et pour faire ordonner l'inhumation dud. Sʳ Noé Vidal nous nous transporterons au plutost ès hôtels de Monsieur le Procureur du Roy et de Monsieur le Lieutenant général de police pour obtenir leurs conclusions et ordonnance à cet effet.

Dont et de quoy nous avons rédigé le présent procès-verbal pour servir et valoir, ce que de raison. Et ont signé :

SALOMON RAVEL, ARON RAVEL, FORMEL, JACOB DE PAUL FILS.

Vu le procès verbal, je n'empêche pour le Roy le cadavre dud. Noé Vidal être inhumé sans bruit, scandale ni apareil, au cimetière des Juifs scis à la Villette, et être enjoint aux officiers du guet et de police d'y veiller et prêter main forte si besoin est et en sont requis. Fait ce premier janvier 1770. Deux mots rayés nuls.

MOREAU.

Soit fait ainsi qu'il est requis. Fait ce premier janvier 1770.

DE SARTINE.

(*En marge*) : Rapporté en avril 1781. Trois livres.

55.

27 mars 1770. — *Acte de décès de Johanan Vidal de Millihau*
Y 11086.

L'an mil sept cent soixante dix, le mardy vingt sept mars, sept heures et demie du matin, nous, Louis François Formel, conseiller du Roy, commissaire enquesteur examinateur au Châtelet de Paris, ayant été requis, nous sommes transporté rue Saint André des Arts à l'entrée de lad. rue, du coté de la place du Pont Saint Michel, à gauche en y entrant par lad. place, maison dont le rez de chaussée est occupé par un débitant de billets de lotterie, et ayant été introduit en un appartement au second étage ayant vue sur lad. rue Saint André des Arts, nous y avons trouvé et par devant nous sont comparus Sʳ Jacob de Paul père, Sʳ Israel Moyse et Sʳ Abraham de Montaux, tous trois Juifs, négocians, demeurants à Paris, led. Sʳ de Paul, susd. rue Saint André des Arts, paroisse Saint Séverin, et lesd. Sʳˢ Moyse et de Montaux, même rue et paroisse Saint André des Arts.

Lesquels nous ont dit que Sʳ Johanan Vidal de Millihau, âgé de quatre vingts ans passés, aussi Juif, négociant, lequel demeuroit dans l'appartement où nous sommes, y est décedé ce jourd'hui vers les quatre heures du matin, à la suitte d'une maladie de dévoyement occasionnée par une indigestion qui lui est survenue il y a environ trois semaines, en une chambre à coucher dépendante dud. appartement et ayant vue sur la rue, dans les sentimens de la religion judaïque, sous l'empire de laquelle il vivoit et qu'il exerçoit, et qu'ils ont requis notre transport à l'effet de constater led. décèds et de faire ordonner l'inhumation dud. Sr Joanan Vidal de Millihau conformément aux Déclarations de Sa Majesté rendues à ce sujet. Et ont signé, à l'égard dud. Sr de Paul père en caractères hébraïques, sa signature ordinaire, ainsi qu'il nous a déclaré. Rayé cy dessus six mots nuls.

JACOB DE PAUL (*hebr.*), ISRAEL MOYSE, MONTAUX.

Sur quoy nous, commissaire susd., avons donné acte auxd. Srs de Paul, Moyse et de Montaux de leurs comparutions, dire et réquisitoire cy dessus, et en conséquence nous étant fait introduire dans lad. chambre, nous avons trouvé en icelle, étendu sur le carreau et enveloppé dans des linges, un corps mort masculin, qui nous a paru en effet de l'âge de quatre vingt ans ou environ et que lesd. S^{rs} comparants nous ont déclaré et affirmé en leurs âmes et consciences estre celui dud. Sr Johanan Vidal de Millihau.

Et pour faire ordonner l'inhumation dud. Sr Johanan Vidal de Millihau, nous nous transporterons au plutost ès hôtels de Monsieur le Procureur du Roy et de Monsieur le Lieutenant général de police pour obtenir leurs conclusions et ordonnance à cet effet.

Dont et de quoy nous avons rédigé le présent procès verbal pour servir et valoir ce que de raison. Et ont signé, à l'égard dud. S^r De Paul en caractères hébraïques, sa signature ordinaire ainsi qu'il l'a déclaré.

JACOB DE PAUL (*hebr.*), ISRAEL MOYSE, MONTAUX, FORMEL.

Vu le procès verbal je n'empêche pour le Roy le cadavre dud. Johanan Vidal de Millihau être inhumé sans bruit, scandale ni apareil, au cimetière des Juifs à la Villette, et être enjoint aux officiers du guet et de police d'y veiller et prêter main forte si besoin est et en sont requis. Fait ce 27 mars 1770.

MOREAU.

Soit fait ainsi qu'il est requis. Fait ce 27 mars 1770.

DE SARTINE.

(*En marge :*) Rapporté en avril 1781. Trois livres.

56.

15 mai 1770. — *Acte de décès de Marie Simon*
Y 15278.

Du mardy quinze may mil sept cent soixante dix, huit heures du matin.

Nous, Hugues Philippes Duchesne, conseiller du Roy, commissaire au Châtelet de Paris, ayant été requis, nous sommes transporté rue Saint Martin, dans une maison dont la boutique est occupée par le S. Bergerot, maître fayencier, monté au troisième étage d'icelle et entré dans une chambre ayant vue sur lad. rue, y avons trouvé et par devant nous sont comparus Anselme Mathis, négotiant, Juif de Landau en Alsace, demeurant à Paris, rue des Vieilles Étuves Saint Martin, maison de Colin, blanchisseur, et Joseph Lévy, Juif de Cracovie, boucher, demeurant à Paris, rue Geoffroy Langevin, maison de la veuve Boursier, tenant chambres garnies.

Lesquels nous ont dit que Marie Simon, âgée d'environ deux ans et demie, fille de Jacob Simon, Juif de Bruxelles, graveur en pierres, et de Sara Simon sa femme, professant l'un et l'autre la religion juive, est décédée ce jourd'huy environ une heure du matin, de maladie, dans la chambre où nous sommes. Pourquoy ils requièrent que le cadavre de lad. Marie Simon, que led. Jacob Simon et sa femme avoient intention d'élever dans leur religion, soit inhumé dans le lieu destiné à la sépulture des Juifs. Desquels comparution, dire et réquisition avons donné acte aux comparans. Et après qu'il nous est apparu d'un cadavre féminin gissant dans lad. chambre, lesd. comparans et Jacob Simon à ce présent nous ont déclaré, certiffié et attesté que c'est celuy de lad. Marie Simon, lequel cadavre a été par nous laissé en la garde dud. Jacob Simon, son père, qui a promis de ne point le faire inhumer qu'au préalable il n'ait été statué par M. le Lieutenant général de police sur le présent procès verbal que nous avons fait et dressé pour servir et valoir ce que de raison. Et ont signé avec nous, led. Anselme Mathis en hébreu, ayant déclaré ne sçavoir point signer en françois. Rayé en ces présentes quatre mots nuls et approuvé les les mots Jacob surchargés [1].

Joseph Lévy, Anselme Mathis (*hebr.*), Jacob Simon, Duchesne.

---

1. Le rédacteur avait d'abord écrit : Charles, au lieu de Jacob.

Vu le procès verbal, je n'empêche pour le Roy le cadavre de laditte Marie Simon être inhumé dans le lieu destiné à la sépulture des Juifs, et estre enjoint aux officiers du guet et de police de prester main forte si besoin est et en sont requis. Fait ce quinze may 1770.

Moreau.

Soit fait ainsy qu'il est requis. Ce quinze may 1770.

De Sartine.

(*En marge*) : Charité.

57.

30 août 1770. — *Acte de décès de Jacob Coste.*

Y 11086.

L'an mil sept cent soixante dix, le jeudy trente aoust, six heures du soir, nous, Louis François Formel, conseiller du Roy, commissaire enquesteur examinateur au Châtelet de Paris, ayant été requis, nous sommes transporté rue de l'Étoille, quartier Saint Paul, en une maison ayant pour enseigne le Cheval noir, occupée par le Sr Brunier, marchand fripier, qui y tient chambres garnies, et ayant été introduit en une chambre au premier étage ayant vue sur lad. rue de l'Étoille, nous y avons trouvé et par devant nous sont comparus Abraham Coste, Juif, négociant, demeurant ordinairement en la ville de Bordeaux, étant de présent à Paris logé en la maison où nous sommes, paroisse Saint-Paul, Sr Jacob de Paul père et Sr Abraham de Montaux, tous deux aussy Juifs, négocians, demeurants à Paris, rue et paroisse Saint-André des Arcs.

Lesquels nous ont dit que Jacob Coste, âgé de deux ans et demy passéz ou environ, fils dud. Abraham Coste et de Esther Albarez Cardos, sa femme, aussy Juive, est décéddé ce jourd'huy vers une heure de relevée, dans la chambre où nous sommes, à la suitte d'une maladie de fluxion de poitrine, sous l'empire de la religion judaïque que professent sesd. père et mère et sous lequel il est né, et qu'ils ont requis notre transport à l'effet de constater led. décéds et de faire ordonner l'inhumation dud. Jacob Coste conformément aux Déclarations de Sa Majesté rendues à ce sujet. Et ont signé, à l'égard du S. de Paul père, en caractères hébraïques, sa signature ordinaire, ainsy qu'il nous a déclaré :

Abram Coste, Jacob de Paul (*hebr.*), Montaux.

Sur quoy nous, commissaire susd., avons donné acte aud. Coste et auxd. Srs de Paul et de Montaux de leurs comparutions, dire et réquisitoire cy-dessus. Et en conséquence, après qu'il nous est apparu dans lad. chambre du cadavre d'un jeune garçon, qui nous a paru en effet de l'âge de deux ans et demy ou environ, enveloppé d'un drap et exposé sur une table, lesd. comparans nous ont déclaré et affirmé en leurs âmes et consciences led. cadavre etre celuy dud. Jacob Coste.

Et pour faire ordonner l'inhumation dud. Jacob Coste nous nous transporterons au plus tôt ès hôtels de Monsieur le Procureur du Roy et de Monsieur le Lieutenant général de police pour obtenir leurs conclusions et ordonnance à cet effet.

Dont et de quoy nous avons rédigé le présent procès verbal pour servir et valoir ce que de raison. Et ont signé avec nous commissaire, à l'égard dud. S. de Paul en caractères hébraïques, sa signature ordinaire, ainsy qu'il l'a déclaré :

JACOB DE PAUL (hebr.), MONTAUX, ABRAM COSTE, FORMEL.

Vu le procès verbal, je n'empêche pour le Roy le cadavre dud. Jacob Coste être inhumé sans bruit, scandale ni apareil, au cimetière des Juifs à la Villette, et être enjoint aux officiers du guet et de police d'y veiller et prêter main forte si besoin est et en sont requis. Fait ce 30 aoust 1770.

MOREAU.

Soit fait ainsi qu'il est requis. Fait ce 30 aoust 1770.

DE SARTINE.

(*En marge*) : Rapporté en juillet 1781. Trois livres.

58.

3 septembre 1770. — *Acte de décès d'Isaac de Paul.*
Y 11086.

L'an mil sept cent soixante dix, le lundy trois septembre, une heure de relevée, nous, Louis François Formel, conseiller du Roy, commissaire enquesteur examinateur au Châtelet de Paris, ayant été requis, nous sommes transporté rue de la Harpe, vis à vis celle Poupée, en une maison occupée au rez de chaussée par le Sr Merlin, libraire, et ayant été introduit en un appartement au premier étage ayant vue sur la rue, occupé par le Sr Lange de Paul, Juif, négociant, nous y avons trouvé et par devant nous sont comparus : Srs Jacob de Paul fils et Abraham de Montaux, tous deux Juifs, négociants, demeurants en cette ville, le premier, rue Poupée, paroisse Saint Séverin, et l'autre, rue et paroisse Saint-André des Arts.

Lesquels nous ont dit que Isaac de Paul, âgé de deux ans et demy ou environ, neveu dud. Jacob de Paul, comparant, et fils dud. Sr Lange de Paul et de demoiselle Anna Perpignan, est décedé il y a environ quatre heures, par suite d'une maladie de convulsions, sous l'empire de la religion judaïque sous lequel il étoit né et que professent sesd. père et mère, dans une chambre à coucher dépendante de l'appartement où nous sommes et ayant vue sur le derrière, et qu'ils ont requis notre transport à l'effet de constater led. décès et de faire ordonner l'inhumation dud. Isaac de Paul conformément aux Déclarations de Sa Majesté rendues à ce sujet. Et ont signé. Approuvé cy dessus le nom Anna comme bon quoyque surchargé en partie[1].

Jacob de Paul fils, Montaux.

Sur quoy nous, commissaire susd., avons donné acte auxd. Srs de Paul et Montaux de leurs comparution, dire et réquisitoire cydessus, et, en conséquence, nous étant fait introduire dans lad. chambre, nous avons trouvé couché dans un lit d'enfant y étant un corps mort masculin, qui nous a paru en effet de l'âge d'environ deux ans et demy, et que lesd. S^{rs} comparants nous ont déclaré et affirmé en leurs âmes et consciences être celuy dud. Isaac de Paul.

Et pour faire ordonner l'inhumation dud. Isaac de Paul nous nous transporterons au plutost ès hôtels de M. le Procureur du Roy et de M. le Lieutenant général de police pour obtenir leurs conclusions et ordonnance à cet effet.

Dont et de quoy nous avons rédigé le présent procès verbal pour servir et valoir ce que de raison. Et ont signé :

Jacob de Paul fils, Montaux, Formel.

Vu le procès verbal, je n'empêche pour le Roy le cadavre dud. Isaac de Paul être inhumé sans bruit, scandale ni apareil, au cimetière des Juifs à la Villette, et être enjoint aux officiers du guet et de police d'y veiller et prêter main forte si besoin est et en sont requis. Fait ce 3 septembre 1770.

Moreau.

Soit fait ainsi qu'il est requis. Fait ce trois septembre 1770.

De Sartine.

(*En marge*) : Rapporté en juillet 1781. Trois livres.

---

1. On avait primitivement écrit Annatte.

59.

6 octobre 1770. — *Acte de décès d'Aaron Grotwol.*
Y 15278.

Du samedy six octobre mil sept cent soixante dix, trois heures de relevée, nous, Hugues Philippes Duchesne, conseiller du Roy, commissaire au Châtelet de Paris, ayant été requis, nous sommes transporté rue Maubuée, dans une maison dont la boutique est occupée par un menuisier, où estant et monté au deuxième étage et et entré dans une chambre ayant vue sur la rue, par devant nous sont comparus Jacob Traisnel, Juif de Metz, demeurant à Paris, rue aux Ours, maison du Sr Bereux, pâtissier, et Israel Isaac, Juif de Strasbourg, demeurant à Paris, rue Saint Martin, maison du Sr Rivière, maître perruquier, près Saint Jullien des Ménestriers.

Lesquels nous ont dit que Aaron Grotwol, aussy Juif de Metz, âgé d'environ quatre vingts ans, est décédé le jour d'hier, dix heures du soir, dans la chambre où nous sommes, professant la religion judaïque. Pourquoy ils requièrent qu'il soit pourvu à son inhumation dans le cimetière des Juifs en la manière accoutumée. Desquels comparution, dire et réquisition, nous avons donné acte, et après qu'il nous est apparu d'un cadavre masculin gissant sur un lit étant dans la dite chambre, que les sieurs comparants nous ont déclaré, certiffié et attesté estre celuy dudit Aaron Grotwol, nous l'avons laissé en leur garde, sans par eux pouvoir le faire inhumer qu'au préalable il n'ait été statué par Monsieur le Lieutenant général de police sur le contenu au présent procès verbal, que nous avons dressé pour servir et valoir ce que de raison. Et ont lesd. comparans signé avec nous :

TRENELLE [1], DUCHESNE, ISRAEL ISAAC.

Vu le procès verbal, je n'empêche pour le Roy le cadavre dud. Aaron Grotwol estre inhumé à la Villette, dans le cimetière des Juifs, en la manière accoutumée, et estre enjoint aux officiers du guet et de police de prester main forte si besoin est et en sont requis. Fait le six octobre 1770.

MOREAU.

Soit fait ainsy qu'il est requis. Ce six octobre 1770.

DE SARTINE.

(En marge) : Charité.

---

1. Avec seconde signature hébraïque.

(Une note jointe au procès-verbal porte) :

Monsieur le commissaire Duchesne aura la bonté de faire inhumer le cadavre du nommé Aaron Grot Wol, Juif, dans le cimetière des Juifs, pauvre, et dont on ne peut satisfaire aux droits d'inhumation. J'ay l'honneur d'être très parfaitement, Monsieur, votre très humble et très obéissant serviteur.

MERELLE DE JOIGNY [1].
Ce 6 octobre 1770.

(D'une autre main) : 80 ans. De Metz. Au 2ᵉ étage d'une maison dont la boutique est occupée par un menuisier. Mort hier à 10 h. du soir.

(Au dos) : Monsieur le Commissaire Duchesne, rue Saint Martin.

60.

2 juin-5 août 1771. — *Scellé de Jacob Lévy.*

Y 14466.

Scellé de Jacob Lévy, dit de Drancée, banquier à Paris, décédé le 2 juin à 6 heures de l'après-midi dans un appartement, au deuxième étage d'une maison sise rue du Temple, près la rue des Gravilliers, appartenant à Croiset, maître maçon.

Commissaire : Maillot.

Requérant : Pierre Jabineau de La Voute, ancien avocat au Parlement, rue de la Harpe, paroisse de Saint Côme, légataire universel du défunt en vertu d'un testament olographe du 21 mai insinué au Châtelet le 8 juin et déposé chez Dondey, notaire.

Comparaissant : Jean Antoine Petit, dit Saint-Jean, laquais du défunt ; Michel Lévy, son père, banquier à Bischheim, de présent à Paris, rue Saint Martin chez Delarivierre, perruquier, etc. — L'inventaire est dressé par Nicolas Dondey, notaire. Le défunt ne tenant pas ménage n'a ni cave ni cuisine : dans l'antichambre, le matériel du banquier ; dans l'écurie, une jument et deux cabriolets. L'argent liquide se monte à 722 l. ; par suite d'une instance au criminel, le 24 janvier 1771, 28.115 l. avaient été consignées au greffe du For Levêque. — Parmi les oppositions, celles de Jean Guillaume Breithaupt Druffel, étudiant en médecine, rue du Temple, hôtel

---

1. Claude Théodore Merelle de Joigny, avocat en Parlement, bailli général de Saint-Lazare à la Villette. Cf. Arch. Nat., Z² 4692.

Montbar ; banque Tourton et Bour ; les mineurs Desrieux, pour une somme de 20.000 l. restant dûs suivant acte du 22 janvier 1771 ; Jacob Auguste Tabor, négociant à Francfort, pour 24.000 l. à lui dûes par obligation du 12 août 1775 ; Fronteau, bijoutier, place Dauphine, comme étant aux droits de Prié, créancier de Cerf Lévy, frère du défunt ; Raphael Lévy, père et fils, negocians à Strasbourg, pour divers titres et effets par eux confiés au défunt, sommes dues, etc.

En fin d'inventaire Jabineau reste chargé des papiers et valeurs.

61.

3 juin 1771. — *Acte de décès de Jacob Lévy* [1].

Y 14466.

L'an mil sept cent soixante unze, le lundy trois juin, onze heures du matin, sont comparus en l'hôtel et par devant nous, Nicolas Maillot, conseiller du Roy, commissaire au Châtelet de Paris, Srs Jacob Goldschmit, Juif de nation, demeurant rue des Lombards, au Sauvage d'or, et Philippes Heckscher, graveur en pierres fines, demeurant quay de l'Horloge du Palais, maison du Sr Robert, géographe du Roy.

Lesquels nous ont déclaré et dit qu'ayant appris que le Sr Jacob Lévy, natif de Bitchene [2], près de Strasbourg, âgé de trente huit ans, Juif de nation, banquier à Paris, demeurant rue du Temple près la rue des Gravilliers, étoit décedé hier chés lui sur les cinq à six heures du soir, après quatre à cinq jours de maladie, dans la loi et proffessant la loi judaïque, et que comme tel l'inhumation catholique lui est déniée, et qu'il est question de le faire inhumer en la manière accoutumée des Juifs, qui est pour ceux demeurants et mourants à Paris à la Villette, à l'enseigne de l'Etoille d'argent, ils sont venus nous faire la présente déclaration pour être statué sur lad. inhumation. Et ont signé :

J. GOLDSCHMIT, P. HECKSCHERE.

Sur quoy nous, commissaire susd., avons donné acte aux comparants de leur comparution, déclaration, dire et réquisition. Et attendu que nous n'avons constaté le jour d'hier, sur les onze

---

1. Cf. la pièce précédente.
2. Bischheim.

heures du soir que nous nous sommes transportés chez led. Sʳ Jacob Lévy, que son décès et l'existance de son cadavre sur un lit dans sa chambre à coucher, en y apposant nos scellés, n'ayant pas appris pour lors qu'il étoit Juif de nation, nous nous sommes retiré après l'apposition de nosd. scellés sans autres formalités : mais ce jourd'huy ayant appris par lad. déclaration de l'autre part que non seulement led. Jacob Lévy étoit Juif de nation, et encore qui est décèdé dans la loi judaïque, pourquoy la sépulture catholique lui est déniée de droit, nous nous réservons de faire statuer à l'instant sur son inhumation en la manière accoutumée des Juifs, de l'ordonnance de Monsieur le Lieutenant général de police, sur les conclusions de Monsieur le Procureur du Roy. Dont et de quoy nous avons fait et dressé le présent procès verbal pour servir et valoir ce que de raison.

Maillot.

Vu le procès verbal, je n'empêche pour le Roy le cadavre dud. Jacob Lévy être inhumé sans bruit, scandale ni apareil, dans le cimetière des Juifs à la Villette, et être enjoint aux officiers du guet et de police d'y veiller et prêter main forte si besoin est et en sont requis. Fait ce 3 juin 1771.

Moreau.

Soit fait ainsi qu'il est requis. Fait ce 3 juin 1771.

De Sartine.

62.

10 juin 1771. — *Acte de décès de Jacob Perpignan.*

Y 11087.

L'an mil sept cent soixante onze, le lundy dix juin, quatre heures de relevée, nous, Louis François Formel, conseiller du Roy, commissaire enquesteur examinateur au Châtelet de Paris, ayant été requis, nous sommes transporté rue Dauphine, quartier Saint André des Arts, en une maison occupée au rez de chaussée par le Sʳ Dijon, maître coffretier, et ayant été introduit en une chambre au second étage ayant vue sur la rue, dépendante de l'appartement dud. second étage sur le devant, occupé par le Sʳ Moyse Perpignan, Juif, négociant, nous y avons trouvé et par devant nous sont comparus Sʳˢ Salomon Perpignan, Jacob de Paul père et Léon de Paul fils, tous trois Juifs, négocians, demeurants à Paris, le premier quay de Conty, paroisse Saint André des Arts, le second rue et paroisse Saint André des Arts et le troisiesme rue de la Harpe, paroisse Saint Séverin.

Lesquels nous ont dit que Jacob Perpignan, âgé de dix huit mois ou environ, fils dud. Sr Moyse Perpignan et de demoiselle Rachel Salon, son épouse, aussy Juive, est décedé ce jourd'huy entre une et deux heures de relevée, dans la chambre où nous sommes, à la suitte d'une maladie provenant de dents qui vouloient percer, sous l'empire de la religion judaïque que professent sesd. père et mère et sous l'empire duquel il est né, et qu'ils ont requis notre transport à l'effet de constater led. décéds et de faire ordonner l'inhumation dud. Jacob Perpignan conformément aux Déclarations de Sa Majesté rendues à ce sujet. Et ont signé, à l'égard dud. Sr de Paul père en caractères hébraïques, sa signature ordinaire, ainsy qu'il nous a déclaré :

S. PERPIGNAN, JACOB DE PAUL *(hebr.)*, LÉON DE PAUL.

Sur quoy nous, conseiller du Roy, commissaire susd., avons donné acte auxd. Srs Salomon Perpignan et De Paul père et fils de leurs comparution, dire et réquisitoire cy dessus. Et en conséquence, après qu'il nous est apparu dans lad. chambre du cadavre d'un jeune garçon, qui nous a paru en effet de l'âge de dix huit mois ou environ, enveloppé d'un drap et exposé sur le carreau, lesd. S^{rs} comparans nous ont déclaré et affirmé en leurs âmes et consciences led. cadavre être celuy dud. Jacob Perpignan.

Et pour faire ordonner l'inhumation dud. Jacob Perpignan nous nous transporterons au plus tôt ès hôtels de Monsieur le Procureur du Roy et de Monsieur le Lieutenant général de police pour obtenir leurs conclusion et ordonnance à cet effet.

Dont et de quoy nous avons rédigé le présent procès verbal pour servir et valoir ce que de raison. Et ont signé avec nous commissaire, à l'égard dud. Sr de Paul père en caractères hébraïques, sa signature ordinaire, ainsy qu'il l'a déclaré :

S. PERPIGNAN, JACOB DE PAUL *(hebr.)*, LÉON DE PAUL, FORMEL.

Vu le procès verbal, je n'empêche pour le Roy le cadavre dud. Jacob Perpignan être inhumé sans bruit, scandale ni apareil, dans dans le cimetière des Juifs à la Villette, et être enjoint aux officiers du guet et de police d'y veiller et prêter main forte si besoin est et en sont requis. Fait ce 10 juin 1771.

MOREAU.

Soit fait ainsi qu'il est requis. Fait ce 10 juin 1771.

DE SARTINE.

(*En marge*) : Rapporté en juillet 1781. Trois livres.

63.

27 juin 1771. — *Acte de décès de Fabre Cerf.*

Y 15279.

Du jeudy vingt sept juin mil sept cent soixante unze, trois heures de relevée.

Nous, Hugues Philippes Duchesne, conseiller du Roy, commissaire au Châtelet de Paris, ayant été requis, nous sommes transporté rue des Vieilles Étuves Saint Martin, dans une maison occupée par le nommé Delatour, tenant chambres garnies, où estant monté au premier étage et entré dans une chambre occupée par différents particuliers, y avons trouvé et par devant nous sont comparus Mayer Hadamar, Juif de Metz, demeurant susd. rue des Vieilles Étuves, chez le nommé Fournier, et Lion Zacharie, Juif d'Hollande, demeurant rue Geoffroy Langevin, chez le Sr Godin, tenant chambres garnies.

Lesquels nous ont dit que Favre Cerf, Juif d'Allemagne, âgé d'environ vingt neuf ans, natif de Carlzroux [1], est décédé ce jour d'huy matin dans la chambre où nous sommes, professant la religion judaïque. Pourquoi ils requièrent qu'il soit pourvu à son inhumation dans le cimetière des Juifs en la manière accoutumée. Desquels comparution, dire et réquisition nous avons donné acte. Et après qu'il nous est apparu d'un cadavre masculin gissant sur un des lits étants dans lad. chambre, que les comparans nous ont déclaré, certiffié et attesté estre celuy dud. Fabre Cerf, nous l'avons laissé en leur garde sans par eux pouvoir le faire inhumer qu'il n'eut été au préalable statué par M. le Lieutenant général de police sur le contenu au présent procès verbal, que nous avons dressé pour servir et valoir ce que de raison. Et ont les comparans signé avec nous :

   Lion Zacharie, M. Hadamar, Duchesne.

Vu le procès verbal, je n'empêche pour le Roy le cadavre dudit Fabre Cerf estre inhumé à la Villette, dans le cimetière des Juifs, en la manière accoutumée, et estre enjoint aux officiers du guet et de police de prester main forte si besoin est et en sont requis. Fait ce vingt sept juin 1771.   Moreau.

---

1. Carlsruhe (Bade).

Soit fait ainsy qu'il est requis. Ce vingt sept juin 1771.

DE SARTINE.

(*En marge*) : Charité.

64.

17 juillet 1771. — *Acte de décès de Salomon, fils de Lazard Jacob.*
Y 15279.

Du mercredy dix sept juillet mil sept cent soixante unze, trois heures de relevée.

Nous, Hugues Philippes Duchesne, conseiller du Roy, commissaire au Châtelet de Paris, ayant été requis, nous sommes transporté rue Brisemiche dans une maison dont le sieur Dimanche, huissier, est principal locataire, où étant monté au deuxième étage et entré dans une chambre ayant vue sur une cour, y avons trouvé et pardevant nous sont comparus Mayer Hadamar, Juif de Metz, demeurant rue des Vieilles Étuves Saint Martin, chez le nommé Fournier, tenant chambres garnies, et Lion Zacharie, Juif d'Hollande, demeurant rue Geoffroy Langevin, chez le Sr Godin, aussy tenant chambres garnies.

Lesquels nous ont dit que le nommé Salomon, âgé d'environ six à sept mois, fils de Lazard Jacob, Juif de Velange[1] près de Sarrelouis, et de sa femme, dont ils ignorent le nom, est décédé ce jour d'huy dans la matinée, dans lad. chambre, que, comme il auroit été élevé dans la religion judaïque, ils requièrent qu'il soit pourvu à son inhumation dans le cimetière des Juifs en la manière accoutumée. Desquels comparution, dire et réquisition nous avons donné acte. Et après qu'il nous est apparu du cadavre dud. enfant gissant sur un lit étant dans lad. chambre, que les comparans nous ont déclaré et attesté être celuy dudit Salomon, fils dudit Lazare Jacob, nous l'avons laissé en la garde des comparants, sans pouvoir par eux le faire inhumer qu'il n'ait été au préalable statué par M. le Lieutenant général de police sur le contenu au présent procès verbal, que nous avons dressé pour servir et valoir ce que de raison. Et ont les comparans signé avec nous :

LION ZACHARIE   M. HADAMAR   DUCHESNE.

---

1. Welling, sur la gauche de la Sarre, baillage de Mertzick ; aujourd'hui Wellingen, cercle de Boulay.

Vu le procès verbal, je n'empêche pour le Roy le cadavre dud. Salomon être inhumé à la Villette, dans le cimetière des Juifs, en la manière accoutumée, et être enjoint aux officiers du guet et de police de prester main forte si besoin est et en sont requis. Fait ce dix sept juillet MVII^e soixante unze.

Moreau.

Soit fait ainsi qu'il est requis. Fait le 17 juillet 1771.

De Sartine.

(*En marge*) : Charité.

65.

7 septembre 1771. — *Acte de décès d'Alcan Israel.*

Y 15279

Du samedy sept septembre mil sept cent soixante unze, sept heures du soir.

Nous, Hugues Philippes Duchesne, conseiller du Roy, commissaire au Châtelet de Paris, ayant été requis, nous sommes transporté rue des Vieilles Étuves Saint Martin, dans une maison tenue garnie par le nommé Delatour, où étant monté au deuxième étage et entré dans une chambre ayant vue sur lad. rue, y avons trouvé et pardevant nous sont comparus Lion Zacharie, Juif d'Hollande, demeurant rue Geoffroy Langevin, chez le Sr Godin, tenant chambres garnies, et Nathan Grodwal, Juif de Metz, demeurant rue Saint Martin, chez le Sr Anginot, marchant boursier.

Lesquels nous ont dit que le nommé Alcan Israel, Juif de Furte [1] proche Nuremberg en Allemagne, âgé d'environ trente ans, est décédé ce jour d'huy vers l'heure de midy, de suitte de maladie, dans la chambre où nous sommes, professant la religion judaïque. Pourquoy requièrent qu'il soit pourvu à son inhumation dans le cimetière des Juifs en la manière accoutumée. Desquels comparution, dire et réquisition nous avons donné acte. Et après qu'il nous est apparu d'un cadavre masculin gissant sur un lit étant dans lad. chambre, que les comparans nous ont déclaré et attesté estre celuy dud. Alcan Israel, nous l'avons laissé en leur garde, sans pouvoir par eux le faire inhumer qu'il n'ait été au préalable statué par M. le Lieutenant général de police sur le contenu au présent procès-

---

1. Fürth (Bavière).

verbal, que nous avons dressé pour servir et valoir ce que de raison. Et ont les comparans signé avec nous :

Nathan Gradul, Duchesne, Lion Zacharie.

Vu le procès verbal, je n'empêche pour le Roy le cadavre dudit Alcan Israel être inhumé à la Villette, dans la cimetière des Juifs, en la manière accoutumée, et estre enjoint aux officiers du guet et de police de prester main forte si besoin est et en sont requis. Fait ce sept septembre MVII^e soixante et unze.

Moreau.

Soit fait ainsi qu'il est requis. Fait le 7 septembre 1771.

De Sartine.

(*En marge*) : Charité.

66.

24 septembre 1771. — *Acte de décès de Manon Aaron.*
Y 15279.

Du mardy vingt quatre septembre mil sept cent soixante unze, trois heures de relevée.

Nous, Hugues Philippes Duchesne, conseiller du Roy, commissaire au Châtelet de Paris, ayant été requis, nous sommes transporté rue des Vieilles Étuves Saint Martin, dans une maison tenue garnie par le nommé Simonnet, où étant monté au quatrième étage et entré dans un cabinet ayant vue sur la cour, y avons trouvé et pardevant nous sont comparus Jonas Nathan, Juif de Verspold[1] en Allemagne, demeurant rue Geoffroy Langevin, chez le nommé Mangeot, tenant chambres garnies, et Mayer Tresfus, Juif d'Alsace, demeurant rue Beaubourg, chez le nommé Antoine, marchand de bierre.

Lesquels nous ont dit que Manon Aaron, âgée d'environ un an, fille d'Aaron Moyse, Juif de Francfort en Allemagne, et de Frade Samuel, sa femme, professant la religion judaïque, est décédée la nuit dernière entre minuit et une heure, de suite de maladie, dans le cabinet où nous sommes. Pourquoi requièrent qu'il soit pourvu à son inhumation dans le cimetière des Juifs en la manière accoutumée. Desquels comparution, dire et réquisition nous avons donné acte. Et après qu'il nous est apparu d'un enfant paroissant âgé

---

1. Versmold, cercle de Halle, présidence de Minden, Westphalie ?

d'environ un an, gissant sur un lit étant dans ledit cabinet, que les comparans nous ont déclaré et attesté estre celuy de lad. Manon Aaron, nous l'avons laissé en leur garde, sans pouvoir par eux le faire inhumer qu'il n'ait été au préalable statué par M. le Lieutenant général de police sur le contenu au présent procès verbal, que nous avons dressé pour servir et valoir ce que de raison. Et ont les comparans signé en hébreux, ayant déclaré ne sçavoir écrire en françois, de ce interpellés. Rayé en ces présentes trois mots comme nuls.

DUCHESNE, JONAS NATHAN *(hebr.)*, MAYER TRESFUS *(hebr.)*

Vu le procès verbal, je n'empêche pour le Roy le cadavre de lad. Manon Aaron être inhumé dans le cimetière des Juifs en la manière accoutumée, et être enjoint aux officiers du guet et de police de prester main forte si besoin est et en sont requis. Fait ce vingt quatre septembre MVII^c soixante unze.

MOREAU.

Soit fait ainsi qu'il est requis. Fait ce 24 septembre 1771.

DE SARTINE.

(*En marge*) : Charité.

67.

26 septembre 1771. — *Acte de décès de Charlotte Aaron.*

Y 15279.

Du jeudi vingt six septembre mil sept cent soixante unze, dix heures du matin.

Nous, Hugues Philippes Duchesne, conseiller du Roy, commissaire au Châtelet de Paris, ayant été requis, nous sommes transporté rue des Vieilles Étuves Saint Martin, dans une maison tenue garnye par le nommé Simonnet, où étant monté au quatrième étage et entré dans un cabinet ayant vue sur la cour, y avons trouvé et pardevant nous sont comparus Jonas Nathan, Juif de Verspold [1] en Allemagne, demeurant rue Geoffroy Langevin, chez le nommé Mangeot, tenant chambres garnies, et Mayer Tresfus, Juif d'Alsace, demeurant rue Beaubourg, chez le nommé Antoine, marchand de bierre.

Lesquels nous ont dit que Charlotte Aaron, agée d'environ cinq

---

1. Versmold, cercle de Halle, présidence de Minden, Westphalie ?

ans, fille d'Aaron Moyse, Juif de Francfort en Allemagne, et de Frade Samuel, sa femme, professant la religion judaïque, est décédée de suite de maladie ce jourdhuy vers les quatre heures du matin, dans le cabinet où nous sommes. Pourquoy requièrent qu'il soit pourvu à son inhumation dans le cimetière des Juifs en la manière accoutumée. Desquels comparution, dire et réquisition nous avons donné acte. Et après qu'il nous est apparu du cadavre d'un enfant, paroissant âgé d'environ cinq ans, gissant sur un lit étant dans ledit cabinet, que les comparans nous ont déclaré et attesté estre celuy de laditte Charlotte Aaron, nous l'avons laissé en leur garde, sans pouvoir par eux le faire inhumer qu'il n'ait été au préalable statué par Monsieur le Lieutenant général de police sur le contenu au présent procès verbal, que nous avons dressé pour servir et valoir ce que de raison. Et ont les comparans signé en hébreux, ayant déclaré ne sçavoir écrire en françois, de ce interpellés.

   DUCHESNE, JONAS NATHAN (*hebr.*), MAYER TRESFUS (*hebr.*).

Vu le procès verbal, je n'empêche pour le Roy le cadavre de lad. Charlotte Aaron être inhumé à la Villette, dans le cimetière des Juifs, en la manière accoutumée, et être enjoint aux officiers du guet et de police de prester main forte si besoin est et en sont requis. Fait ce vingt six septembre 1771.

                  MOREAU.

Soit fait ainsi qu'il est requis. Fait ce 26 septembre 1771.

                  DE SARTINE.

(*En marge*) : Charité.

68.

27 septembre 1771. — *Acte de décès de Sara Rachel Lopes Suasso.*
 Y 11087.

L'an mil sept cent soixante unze, le vendredy vingt sept septembre, unze heures et demie du matin, nous, Louis François Formel, conseiller du Roy, commissaire enquesteur examinateur au Châtelet de Paris, ayant été requis, nous sommes transporté rue de Tournon, au coin de la rue du Petit Bourbon, faubourg Saint Germain, en l'hôtel garny de Châtillon, et ayant été introduit en une chambre au premier étage ayant vue sur la rue du Petit Bourbon, faisant partie dud. hôtel garny, nous y avons trouvé et pardevant nous sont comparus Sr Daniel Cardozo junior, Juif Portugais, demeurant ordinairement en la ville d'Amsterdam en Hollande, étant de présent à Paris, logé en l'hôtel garni où nous sommes, paroisse Saint Sulpice, S⁰ Jacob de Paul père, Juif, négociant, demeurant à Paris rue Saint André des Arts, paroisse Saint Séverin, S⁰ Jacob de Paul fils, Juif, négociant, demeurant à Paris, rue Poupée susd. paroisse Saint Séverin, et S⁰ Abraham de Montault, Juif, négociant, demeurant à Paris, rue et paroisse Saint André des Arts.

Lesquels nous on dit que dame Sara Rachel Lopes Suasso, âgée de trente un ans ou environ, épouze de M. Moïse Van Jeronimo Lopes Suasso, tous deux Juifs Portugais, demeurant ordinairement à la Haye, en Hollande, et arrivés à Paris depuis le deux du présent mois, à raison du rétablissement de la santé de lad. dame Lopes Suasso, laquelle était attaquée de maladie de poulmons, est décédée ce jour d'huy entre deux et trois heures du matin, à la suitte de lad. maladie, dans la chambre où nous sommes, faisant partie de l'appartement qu'ils occupoient et que led. S. Lopes Suasso occupe encore aud. hôtel garny de Châtillon, sous l'empire et dans les sentimens de la religion judaïque, dans laquelle ils sont néz et qu'ils ont toujours professée, et que lesd. Sʳˢ comparants ont requis notre transport à l'effet de constater led. décès et de faire ordonner l'inhumation de lad. dame Lopes Suasso conformément aux Déclarations de Sa Majesté rendues à ce sujet. Et ont signé, à l'égard dud. Sʳ de Paul père en caractères hébraïques, sa signature ordinaire, ainsi qu'il nous a déclaré. Rayé cy dessus... *(sic)* mots nuls.

Daniel Cardozo junior, Jacob de Paul *(hebr.)*,
Jacob de Paul fils, Montaux.

Sur quoy nous, conseiller du Roy, commissaire susd., avons donné acte auxd. sieurs comparants de leurs comparution, dire et réquisitoire cy dessus. Et en conséquence, après qu'il nous est apparu dans lad. chambre d'un corps mort féminin, qui nous a paru en effet de l'âge d'environ trente ans, enveloppé d'un linceul, couvert d'un drap et exposé sur le carreau, lesd. Sʳˢ comparants nous ont déclaré et affirmé en leurs âmes et consciences led. corps mort estre celui de lad. dame Lopes Suasso.

Et pour faire ordonner l'inhumation de lad. dame Lopes Suasso nous nous transporterons au plutost ès hôtels de M. le Procureur du Roy et de Monsieur le Lieutenant général de police pour obtenir leurs conclusions et ordonnance à ce sujet.

Dont et de quoi nous avons rédigé le présent procès verbal pour servir et valoir ce que de raison. Et ont signé avec nous commissaire, à l'égard dud. Sr de Paul père en caractères hébraïques, sa signature ordinaire, ainsi qu'il nous l'a déclaré :

DANIEL CARDOZO junior, JACOB DE PAUL *(hebr.)*,
MONTAUX, JACOB DE PAUL fils, FORMEL.

Vu le procès verbal, je n'empêche pour le Roy le cadavre de lad. Sara Rachel Lopes Suasso, épouse dud. Moyse Van Jeronimo Lopes Suasso être inhumé sans bruit, scandale ni apareil, dans le cimetière des Juifs à la Villette, et être enjoint aux officiers du guet et de police d'y veiller et prêter main forte si besoin est et en sont requis. Fait ce 27 septembre 1771.

MOREAU.

Soit fait ainsi qu'il est requis. Fait ce 27 septembre 1771.

DE SARTINE.

(En marge) : Habni 20 l. De Joigny.
Rapporté en juillet 1781. Trois livres.

69.

21 novembre 1771. — *Acte de décès de Pala Naphtali Lazare.*
Y 15279.

Du jeudy vingt un novembre mil sept cent soixante unze, trois heures de relevée.

Nous, Hugues Philippes Duchesne, conseiller du Roy, commissaire au Châtelet de Paris, ayant été requis, nous sommes transporté rue du Poirier, dans une maison occupée par le nommé Ratte, cordonnier, et tenant chambres garnies, où étant monté au premier étage et entré dans une chambre ayant vue sur la cour, y avons trouvé et pardevant nous sont comparus Salomon Bernard Cahin, Juif de Metz, logeant à Paris rue des Vieilles Étuves, chez le nommé Roulet, et Pasquin Monem, aussy Juif de Metz, logeant à Paris rue Saint Martin, chez le Sr Rivière, maitre perruquier.

Lesquels nous ont dit que Pala Naphtali Lazare, âgée de huit ans, fille de Naphtali Lazare, Juif Anglois, et de Petsi sa femme, est décédée ce jourdhuy une heure du matin, de suitte de maladie, dans la chambre où nous sommes, professant la religion judaïque. Pourquoy requièrent qu'il soit pourvu à son inhumation dans le cimetière des Juifs en la manière accoutumée. Desquels comparution, dire et réquisition avons donné acte. Et après qu'il nous est apparu d'un cadavre féminin gissant dans un lit étant en lad. chambre, que les comparans nous ont déclaré et attesté être celui de lad. Pala Nephtali Lazare, iceluy cadavre a été par nous laissé en leur garde, sans par eux pouvoir le faire inhumer qu'au préalable il n'ait été statué par M. le Lieutenant général de police sur le contenu au présent procès verbal, que nous avons dressé pour servir et valoir ce que de raison. Et ont signé avec nous :

P. Monnheim, Salomon Bernard Cahen [1], Duchesne.

Vu le procès verbal, je n'empêche pour le Roy le cadavre dud. *(sic)* Pala Nephtali Lazare être inhumé à la Villette, dans le cimetière des Juifs, en la manière accoutumée, et être enjoint aux officiers du guet et de police de prester main forte si besoin est et en sont requis. Fait ce vingt un novembre 1771.

Moreau.

Soit fait ainsy qu'il est requis. Ce 21 novembre 1771.

De Sartine.

(En marge :) Charité.

70.

6 février 1772. — *Acte de décès de Devauré, fille de Jacob Moyse.*
Y 15280.

Du jeudy six février mil sept cent soixante douze, neuf heures du matin.

Nous, Hugues Philippes Duchesne, conseiller du Roy, commissaire au Châtelet de Paris, ayant été requis, nous sommes transporté rue des Vieilles Étuves Saint Martin, chez le nommé Fournier, tenant chambres garnies, où étant et entré dans une chambre au rez de chaussée, pardevant nous sont comparus Sr Mayer Hadamar, agent des Juifs de Metz, demeurant susdite rue, maison dud. Fournier, et Moyse Benjamin, Juif de Prague, demeurant rue Geoffroy Langevin, maison de la veuve Boursier, tenant chambres garnies.

Lesquels nous ont dit que Devauré, fille de Jacob Moyse, Juif de Metz, âgée d'environ quatre mois, est décédée hier vers les sept heures du soir, dans lad. chambre. Pourquoy il requièrent qu'il soit pourvu à son inhumation au cimetière des Juifs en la manière accoutumée, attendu que ledit Jacob Moyse l'auroit élevée dans la

---

1. Chacun des deux témoins fait suivre sa signature d'une seconde signature hébraïque.

religion judaïque. Desquels comparution, dire et réquisition nous avons donné acte. Et après qu'il nous est apparu du cadavre d'un enfant gissant dans un berceau étant dans lad. chambre, que les comparans nous ont déclaré et attesté estre celuy de lad. Devauré, lequel cadavre nous avons laissé en leur garde et ils ont promis ne point le faire inhumer qu'au préalable il n'ait été statué par M. le Lieutenant général de police sur le contenu au présent procès verbal, que nous avons dressé pour servir et valoir ce que de raison. Et ont les comparans signé avec nous :

MOIS BENJAMIN DE PRAG, M. HADAMAR[1], DUCHESNE.

Vu le procès verbal, je n'empêche pour le Roy le cadavre de lad. Devauré être inhumé à la Villette, dans le cimetière des Juifs, en la manière accoutumée, et être enjoint aux officiers du guet et de police de prester main forte si besoin est et en sont requis. Fait ce six fevrier MVIIᵉ soixante douze.

MOREAU.

Soit fait ainsy qu'il est requis. Ce six février MVIIᵉ soixante douze.

DE SARTINE.

(En marge :) Charité.

71.

28 février 1772. — *Acte de décès d'Abraham Jacob, fils de Jacob Aaron.*
Y 15280.

Du vendredy vingt huit février mil sept cent soixante douze, neuf heures du matin.

Nous, Hugues Philippes Duchesne, conseiller du Roy, commissaire au Châtelet de Paris, ayant été requis, nous sommes transporté rue Geoffroy Langevin, dans une maison dont la boutique est occupée par le nommé Bernard, fruitier et tenant chambres garnies, où étant monté au premier étage et entré dans une chambre ayant vue sur lad. rue, y avons trouvé et par devant nous sont comparus, Michel Amsbac, Juif d'Amsbac[2] en Allemagne, logeant à Paris, rue Beaubourg, chez le nommé Antoine, et Mayer Cassel,

---

1. Chacun des deux témoins fait suivre sa signature d'une seconde signature en hébreu.
2. Ansbach (Bavière).

Juif de Berlin, logeant à Paris, rue Saint Martin, chez la veuve Boullot, fourbisseuse.

Lesquels nous ont dit que le nommé Abraham Jacob, âgé d'environ un ans *(sic)*, fils de Jacob Aaron, Juif de Prague, et de Debora Lévy, sa femme, est décédé hier vers les cinq heures du soir, dans la chambre où nous sommes, tenue garnie depuis quatre à cinq mois par led. Jacob Aaron et sa femme, tous deux professans la religion judaïque. Pourquoy requièrent qu'il soit pourvu à l'inhumation dudit Abraham Jacob, au cimetière des Juifs en la manière accoutumée. Desquels comparution, dire et réquisition nous avons donné acte. Et après qu'il nous est apparu du cadavre d'un enfant de sexe masculin gissant dans lad. chambre sur de la paille, que les comparans nous ont déclaré être celuy dud. Abraham Jacob, nous l'avons laissé en leur garde, sans par eux pouvoir le faire inhumer qu'au préalable il n'ait été statué par M. le Lieutenant général de police sur le contenu au présent procès verbal, que nous avons dressé pour servir et valoir ce que de raison. Et ont signé :

DUCHESNE, MAYER CASSEL DE BERLIN, MICHEL ANSPAC.

Vu le procès verbal, je n'empêche pour le Roy le cadavre dud. Abraham Jacob être inhumé à la Villette, dans le cimetière des Juifs, en la manière accoutumée, et être enjoint aux officiers du guet et de police de prester main forte si besoin est et en sont requis. Fait ce vingt huit février 1772.

MOREAU.

Soit fait ainsi qu'il est requis, le vingt huit février mil sept cent soixante douze.

DE SARTINE.

(*En marge :*) Charité.

72.

17 mai 1772. — *Acte de décès de Lazare Philippes.*
Y 15280.

Du dimanche dix sept may mil sept cent soixante douze, dix heures du matin. Nous, Hugues Philippe Duchesne, conseiller du Roy, commissaire au Châtelet de Paris, ayant été requis, sommes transporté rue des Vieilles Étuves Saint Martin dans une maison tenue garnie par le nommé Roulet et sa femme, où étant monté au premier étage et entré dans une chambre sur le derrière, y avons trouvé et par devant nous sont comparus Abraham Cobleince, Juif de Metz, y demeurant, de présent à Paris, logé rue Quincampoix, à la Ville de Cobleince, et Pasquin Monnheim, aussy Juif de Metz, y demeurant, de présent à Paris, logé rue Saint Martin, chez le Sr Rivière, maître perruquier.

Lesquels nous ont dit que Lazare Philippes, âgé d'environ quinze mois, fils du nommé Philippes, Juif de Rindorf[1] proche Bonn en Allemagne, et de la nommée Hendelin, sa femme, tous deux professans la religion judaïque, est décédé hier dans la matinée des suittes de la petite vérole, dans la chambre où nous sommes. Pourquoy requièrent qu'il soit pourvu à son inhumation au cimetière des Juifs en la manière accoutumée. Desquels comparutions, dire et réquisitions avons donné acte. Et après qu'il nous est apparu du cadavre d'un enfant gissant dans un berceau étant dans lad. chambre, que les comparans nous ont déclaré et attesté estre celuy dud. Lazare Philippes, nous l'avons laissé en leur garde, sans par eux pouvoir le faire inhumer qu'au préalable il n'ait été statué par M. le Lieutenant général de police sur le contenu au présent procès verbal que nous avons dressé pour servir et valoir ce que de raison. Et ont signé avec nous :

DUCHESNE, ABRAHAM COBLENCE, P. MONNHEIM[2].

Vu le procès verbal, je n'empêche pour le Roy le cadavre dud. Lazare Philippes être inhumé à la Villette, au cimetière des Juifs en la manière accoutumée, et être enjoint aux officiers du guet et de police de prester main forte si besoin est et en sont requis. Fait ce dix sept may MVIIe soixante douze.

MOREAU.

Soit fait ainsy qu'il est requis. Ce dix sept may 1772.

DE SARTINE.

(*En marge :*) Charité.

73.

30 décembre 1772. — *Acte de décès de Montaut et information d'office relative à sa mort.*

Y 10786.

L'an mil sept cent soixante douze, le mercredy trente décembre,

---

1. Graurheindorf, faubourg de Bonn ?
2. Les témoins font suivre leur signature française d'une signature hébraïque.

neuf heures et demie du matin, nous, Jean Graillard de Graville, avocat en Parlement, conseiller du Roy, commissaire au Châtelet de Paris, ayant été requis, nous sommes transporté rue Saint André des Arts, en une maison où demeure et dont est principale locataire la dame Courtibout, marchande limonadière, et étant monté en un appartement au second étage au-dessus de l'entresol ayant vue sur lad. rue Saint André des Arts, nous y avons trouvé et est comparue devant nous demoiselle Jeanne Catherine Cadeau, veuve du Sr Claude Courtibout, marchand limonadier, demeurante en la maison où nous sommes, paroisse Saint André des Arts.

Laquelle nous a dit que la femme Billette vient de dire à la fille de la dame comparante que le nommé Montault, Juif de nation, occupant l'appartement où nous sommes, étoit mort subitement dans son lit, que l'on a envoyé chercher le Sr Robin, chirurgien, pour constater sa mort ou lui procurer du secours s'il en est encore tems, et comme il lui est intéressant de faire constater lad. mort, elle a requis notre transport à cet effet, élisant domicile en sa demeure susd. Et a signé : CADEAU.

Sur quoy nous, commissaire susd., avons donné acte à lad. Vve Courtibout de ses comparution, dire et réquisition, en conséquence, nous avons remarqué dans une chambre dud. appartement ayant vue sur la rue, un particulier étendu dans un lit, qu'on nous a dit être led. Montault, et plusieurs personnes dans lad. chambre.

Ce fait, avons ordonné qu'il sera par nous à l'instant informé d'office à la requête de Monsieur le Procureur du Roy des causes de lad. mort subite sur une feuille séparée des présentes. Et avons signé : DE GRAVILLE.

Après laquelle information nous avons laissé le cadavre dud. Montault en la garde du Sr Jacob Castille, Juif de nation, négociant, trouvé dans lad. chambre et demeurant rue Mâcon, maison du Sr Fourgault, pour en faire la représentation lors de la visite qui en sera incessamment faite par les médecins et chirurgiens du Châtelet, et a signé avec nous :

DE GRAVILLE, JACOB CASTILLE.

Vu le procès verbal cy dessus, je requiers pour le Roy le cadavre dudit Montaut être vu et visité par les médecins et chirurgiens du Châtelet, pour, sur leur rapport, être par nous requis ce que de raison. Fait ce trente décembre mil sept cent soixante douze.

MOREAU.

Soit fait ainsi qu'il est requis. Fait ce trente décembre mil sept cent soixante douze.   De Sartine.

Vu le raport des médecins et chirurgiens du Châtelet, je n'empêche pour le Roy le cadavre dud. Montaut être inhumé nuitamment, sans bruit, scandale ny aparcil dans le cimetière des Juifs à la Villette, et être enjoint aux officiers du guet et de police de prêter main forte si besoin est et en sont requis. Fait ce trente décembre mil sept cent soixante douze.

Moreau.

Vu les conclusions du Procureur du Roy, nous ordonnons que le corps dud. Montaut sera nuitamment inhumé sans bruit, scandale ny appareil, dans le cimetière des Juifs à la Villette, en la manière accoutumée, et sera notre présente ordonnance exécutée nonobstant opposition ou appellation quelconques et sans y préjudicier. Fait ce trente décembre mil sept cent soixante douze.

De Sartine.

* [Au procès verbal sont joints : 1° le certificat de visite médicale et permis d'inhumer signé : Dupuis ;

2° L'information d'office faite par le commissaire : contenant entre autres les dépositions de Jean Charles Cailleux, garçon tapissier, qui a couché avec le défunt et l'a trouvé mort le matin en se réveillant ; — Jacques Leroux, garçon du Sr Robin, chirurgien, qui, venu en l'absence de son maître, a essayé par des scarifications aux pieds, de sauver le défunt, mort d'une « compression au cerveau » : le défunt avait environ 36 ans ; — Jacob Naquet, Juif, 45 ans, demeurant chez le Sr Vidal, son cousin, rue et paroisse Saint André des Arts, qui a couché par hasard dans une chambre voisine et ayant appris le matin l'accident a fait chercher un chirurgien].

74.

30 décembre 1772-17 février 1773. — *Scellé de Montaut* [1].
Y. 10786.

Scellé de Montaut, décédé rue Saint André des Arts.
Commissaire : Jean Graillard de Graville.

---

1. Cf. la pièce précédente.

Requérants : Jeanne Catherine Cadeau, veuve Claude Courtibout, principale locataire de la maison, à raison des loyers redûs, et Israël Salon, Juif, syndic de la nation juive de Bordeaux, demeurant rue de la Vieille Bouclerie, maison de la susd. Vve Courtibout, à raison des droits d'Anne Naquet, veuve Joseph Montaux (ou Montault), demeurant à Carpentras, mère et héritière du défunt, laquelle est par la suite représentée, vue son absence, par le substitut du Procureur du Roi au Châtelet.

Parmi les opposants figurent : Domageon, sellier carrossier ; Coerville, fourbisseur ; Fabert, ceinturonnier ; Coteau, peintre émailleur ; Baubry, doreur argenteur, etc., et Israel Salon, pour le remboursement de 207 l., montant des frais d'enterrement dud. Montault, créance déclarée par ordonnance du Lieutenant civil du 16 février privilégiée et venant aussitôt après celle de la Vve Courtibout et des frais de scellé et vente.

L'inventaire est dressé par Charles Boutet jeune, notaire ; Aron Hananel Vidal de Milliaud, négociant, rue Saint André des Arts reste chargé des papiers de la succession, dont il fait d'ailleurs remise au commissaire le 28 juillet 1774.

Au dossier est jointe une quittance de la capitation acquittée au nom de Monteau, négociant, pour lui et une servante, et s'élevant pour les années 1771-1772 à 31 l. 4 s., compris les 4 s. pour livre (19 février 1773).

75.

12 mars 1773. — *Acte de décès de Besselle Cerf.*

Y 15281.

Du vendredy douze mars mil sept cent soixante treize, onze heures du matin, nous, Hugues Philippes Duchesne, conseiller du Roy, commissaire au Châtelet de Paris, ayant été requis, nous sommes transporté rue des Vieilles Étuves Saint Martin, dans une maison tenue garnie par le nommé Roullet, facteur de la poste de Paris, où étant monté au deuxième étage et entré dans une chambre ayant vue sur lad. rue, y avons trouvé et par devant nous sont comparus Cerf Joseph, Juif de Nidewisse [1] en Lorraine, tenant garny lad. chambre où nous sommes, et Moyse Samuel, Juif de Courcelle [2] près de Metz, logé à Paris rue des

---

1. Aujourd'hui Niederwiese, canton et cercle de Boulay.
2. Courcelles, canton de Pange, cercle de Metz, *ou* Kurzel, mêmes canton et cercle.

Vieilles Étuves, à l'hôtel de la Marche, chez le nommé Simonnet.

Lesquels nous ont dit que Besselle Cerf, âgé d'environ cinq mois, fils dud. Cerf Joseph et de Madelon Besselle, sa femme, tous d'eux professant la religion judaïque, est décédé ce jour d'huy six heures du matin, de suitte de maladie, dans la chambre où nous sommes. Pour quoy requièrent qu'il soit pourvu à son inhumation dans le cimetière des Juifs, en la manière accoutumée. Desquels comparution, dire et réquisition avons donné acte, et après qu'il nous est apparu du cadavre d'un enfant gissant sur de la paille étendue sur le plancher de lad. chambre, que les comparans nous ont déclaré et attesté estre celuy dudit Besselle Cerf, nous l'avons laissé en leur garde, sans par eux pouvoir le faire inhumer qu'au préalable il n'ait été statué par M. le Lieutenant général de police sur le contenu au présent procès verbal, que nous avons dressé pour servir et valoir ce que de raison. Et ont les comparans signé en langue hébraïque, ayant déclaré ne le sçavoir faire en langue françoise, de ce interpellés. Et nous commissaire avons signé. Rayé en ces présentes deux mots nuls.

CERF JOSEPH (*hebr.*), MOYSE SAMUEL (*hebr.*), DUCHESNE.

Vu le procès verbal je n'empêche pour le Roy, le cadavre dud. Besselle Cerf être inhumé à la Villette, dans le cimetière des Juifs, en la manière accoutumée et être enjoint aux officiers du guet et de police de prester main forte si besoin est et en sont requis. Fait ce douze mars 1773.

MOREAU.

Soit fait ainsi qu'il est requis. Ce douze mars 1773.

DE SARTINE.

*[A cette pièce est joint un certificat signé M. Hadamar, agent de la communauté des Juifs de Metz, constatant que Cerf Joseph est dans l'indigence et hors d'état de pourvoir aux frais d'inhumation de son fils. (12 mars 1772.)]

76.

11 mai 1773. — *Acte de décès de l'enfant nouveau-né de Salomon Abraham.*

Y 15281.

Du mardy onze may mil sept cent soixante treize, trois heures de relevée, nous, Hugues Philippes Duchesne, conseiller du Roy, commissaire au Châtelet de Paris, ayant été requis, nous sommes transporté rue des Vieilles Étuves Saint Martin, dans une maison occupée par le Sr René Denis Fournier, maitre perruquier, où étant et entré dans une chambre par bas, ayant vue sur lad. rue, y avons trouvé et pardevant nous sont comparus Sr Abraham Coblence, Juif de Metz, demeurant rue Frepillon, et Cerf Israel, aussy Juif de Metz, demeurant susd. rue des Vieilles Étuves, maison du nommé Roullet.

Lesquels nous ont dit que Colombe Cerf, femme de Salomon Abraham, Juif de Limbourg, logeans dans lad. chambre qu'ils tiennent dud. Fournier, est accouchée ce jour d'huy il y a environ deux heures d'un enfant mort du sexe féminin, qu'étant question de faire procéder à l'inhumation du cadavre dudit enfant dans le cimetière des Juifs en la manière accoutumée, ils ont à cet effet requis notre transport. Desquels comparution, dire et réquisition nous avons donné acte. Et après qu'il nous est apparu d'un cadavre féminin gissant dans lad. chambre, que les comparans nous ont déclaré et attesté estre celuy de l'enfant dont la femme dud. Salomon Abraham est accouchée ce jourd'huy, il a été laissé en leur garde, sans par eux le pouvoir faire inhumer qu'au préalable il n'ait eté statué par M. le Lieutenant général de police sur le contenu au présent procès verbal, que nous avons dressé pour servir et valoir ce que de raison. Lesd. Coblence et Cerf nous ont en outre déclaré que led. Salomon Abraham est hors d'état de pouvoir frayer aux frais d'inhumation de son enfant. Et ont signé avec nous :

DUCHESNE, ABRAHAM COBLENCE, CERFF ISRAEL.

Vu le procès verbal, je n'empêche pour le Roy que led. cadavre soit inhumé dans le cimetière des Juifs, en la manière accoutumée, et estre enjoint aux officiers du guet et de police de prester main forte si besoin est et en sont requis. Fait ce onze may 1773.

MOREAU.

Soit fait ainsy qu'il est requis. Ce onze may 1773.

DE SARTINE.

77.

6 septembre 1773. — *Acte de décès de l'enfant nouveau-né de Samuel Rodrigues Brandam.*

Y 15281.

Du lundy six septembre mil sept cent soixante treize, sept heures et demie du soir.

Nous, Hugues Philippes Duchesne, conseiller du Roy, commissaire au Châtelet de Paris, ayant été requis, nous sommes transporté rue Plastrière, dans une maison ditte le Saint Esprit, tenue garnie par la veuve Bellegarde, où étant monté au deuxième étage et entré dans une chambre n° six sur le derrière de lad. maison, y avons trouvé et pardevant nous sont comparus Sr Jacob Rodriguès Perreire, secrétaire interprète du Roy, de la Société royale de Londres, demeurant susd. rue, et Joseph Lévy, Juif de Pologne, logé en cette ville, ruë Geoffroy Langevin, chez la veuve Boursier, tenant chambres garnies.

Lesquels nous ont dit que Rachel Crastro[1], femme de Samuel Rodriguès Brandam, Juif de Bayonne, qui loge avec son mary dans lad. maison depuis le treize aoust dernier est accouchée ce jourd'huy entre sept et huit heures du matin d'un enfant de sexe masculin, qui n'a donné aucun signe de vie lors de l'accouchement fait par le sieur Vermond, chirurgien accoucheur, demeurant rue Beaurepaire, qu'il est question de pourvoir à l'inhumation de cet enfant au cimetière des Juifs en la manière accoutumée. Desquels comparution et déclaration nous avons donné acte. Et après qu'il nous est apparu du cadavre gissant sur une table étant dans lad. chambre, que les comparans nous ont déclaré et attesté estre celuy de l'enfant dont lad. femme Brandam est accouchée ce matin et est venu mort au monde, led. cadavre a été laissé dans laditte chambre en la garde dud. Brandam, qui a promis de ne point le faire inhumer qu'au préalable il n'ait été statué par M. le Lieutenant général de police sur le contenu au présent procès verbal, que nous avons dressé pour servir et valoir ce que de raison. Et led. Brandam nous a déclaré ainsy que les comparants que ses facultés ne luy permettoient pas de frayer aux frais de lad. inhumation. Et ont signé :

        Joseph Levy,   Brandam,   Pereire,   Duchesne.

Vu le procès verbal, je n'empêche pour le Roy que le cadavre de l'enfant dont lad. femme Brandam est accouchée ce jourd'huy soit inhumé à la Villette, dans le cimetière des Juifs, en la manière accoutumée, et estre enjoint aux officiers du guet et de police de prester main forte si besoin est en sont requis. Fait ce six septembre 1773.

                                              Moreau.

---

1. Pour Castro.

Soit fait ainsi qu'il est requis. Ce six septembre 1773.
De Sartine.

78.

11 novembre 1773. — *Acte de décès de Léa Dalpuget, femme de Bénédite de Carcassonne.*

Y 11089.

L'an mil sept cent soixante treize, le jeudy unze novembre, huit heures du matin, nous, Louis François Formel, conseiller du Roy, commissaire enquesteur examinateur au Châtelet de Paris, ayant été requis, nous sommes transporté rue Saint Jacques, presque vis à vis la rue de la Parcheminerie, maison à porte cochère occupée au rez de chaussée par le Sr Lattré, graveur d'estampes, et ayant été introduit en un appartement au second étage du corps de logis de derrière de lad. maison, nous y avons trouvé et par devant nous sont comparu Sr Israel Ravel, Juif, négociant, marchand privilegié de la Cour, demeurant rue du Petit Lyon, faubourg Saint Germain paroisse Saint Sulpice, et Sr Jacob de Paul fils, Juif, négociant, demeurant à Paris, rue Poupée, quartier Saint André des Arts, paroisse Saint Séverin.

Lesquels nous ont dit que Léa Dalpuget, âgée de trente six ans ou environ, épouze de Sr Bénédite de Carcassonne, aussi Juif négociant, est décédée ce jour d'hui entre une et deux heures du matin, dans une chambre à coucher dépendante de l'appartement où nous sommes, à la suite d'une maladie de couche dans laquelle elle a lundy dernier mis au monde deux enfans avant termes, sous l'empire de la religion judaïque qu'elle professoit, et qu'ils ont requis notre transport à l'effet de constater led. décès et de faire ordonner l'inhumation de lad. demoiselle épouze dud. S^r De Carcassonne conformément aux Déclarations de Sa Majesté rendues à ce sujet. Et ont signé :

I. Ravel,   Jacob de Paul fils.

Sur quoy, nous, conseiller du Roy, commissaire susd., avons donné acte auxd. Srs Ravel et de Paul fils de leurs comparution, dire et réquisitoire cy dessus. Et, en conséquence, après qu'il nous est apparu dans lad. chambre à coucher cy dessus désignée, ayant vue sur une petite cour de derrière de lad. maison, d'un corps mort féminin couché dans un lit placé dans lad. chambre, à housse de damas jaune avec rideau de serge de pareille couleur, lesd. Srs Ravel et de De Paul fils nous ont déclaré et affirmé en leurs âmes et consciences led. corps mort être celui de lad. D⁰ Léa Dalpuget, épouze dudit sieur Bénédite de Carcassonne.

Et pour faire ordonner l'inhumation de lad. feue D⁰ épouze dud. Sʳ de Carcassonne, nous nous transporterons au plutôt ès hôtels de M. le Procureur du Roy et de Monsieur le Lieutenant général de police pour obtenir leurs conclusions et ordonnance à cet effet.

Dont et de quoi nous avons rédigé le présent procès verbal pour servir et valoir ce que de raison. Et ont signé avec nous commissaire :

   J. RAVEL, JACOB DE PAUL fils, FORMEL.

Vu le procès verbal, je n'empêche pour le Roy le cadavre de lad. deffunte Léa Dalpuget, femme de Bénédicte de Carcassone, être inhumé sans bruit, scandale ni apareil dans le cimetière des Juifs, à la Villette, et être enjoint aux oficiers du guet et de police d'y veiller et prêter main forte si besoin est, en sont requis. Fait ce onze novembre 1773.

               MOREAU.

Soit fait ainsi qu'il est requis. A Paris, ce 11 novembre 1773.

               DE SARTINE.

(*En marge :*) Rapporté en juillet 1781. Trois livres.

79.

15 novembre 1773. — *Acte de décès du fils de Bénédite de Carcassonne.*
  Y 11089.

L'an mil sept cent soixante treize, le lundy quinze novembre, huit heures du soir, nous, Louis François Formel, conseiller du Roy, commissaire enquesteur examinateur au Châtelet de Paris ayant été requis, nous sommes transporté rue Saint Jacques, presque vis à vis la rue de la Parcheminerie, maison à porte cochère occupée au rez de chaussée par le Sʳ Lattré, graveur d'estampes, et ayant été introduit en une chambre au second étage du corps de logis de derrière de lad. maison ayant vue sur la cour d'icelle, dépendante de l'appartement dud. second étage occupé par le Sʳ Bénédite de Carcassonne, Juif, négociant, nous y avons trouvé et par devant nous sont comparus Sʳ Abraham Sasia, Juif, négociant, demeurant ci devant à Bordeaux, étant de présent à Paris logé chez le Sʳ Robart, patissier et tenant chambres garnies rue de la Harpe, paroisse Saint Séverin, et Sʳ Jacob de Paul fils, aussi Juif, négociant, demeurant à Paris, rue Poupée, susd. paroisse.

Lesquels nous ont dit qu'anonime de Carcassonne, âgé de huit jours, non encore circoncis et le dernier venu de deux enfans masles jemeaux dud. S. Bénédite de Carcassonne et de demoiselle Léa Dalpuget, sa femme, accouchée entre minuit et une heure du matin la nuit du dimanche sept au lundy huit du présent mois, dans les lieux où nous sommes, où elle est décédée jeudy dernier unze dud. présent mois, est décédé ce jourd'hui sur les quatre heures du matin, par suitte de maladie d'enfant non arrivé à terme, dans la chambre où nous sommes, sous l'empire de la religion judaïque, que professe led. Sr de Carcassonne, son père, et que professoit lad. demoiselle Léa Dalpuget, son épouze, mère dud. enfant, sous lequel la mère vivoit et est décédée, et sous lequel led. enfant est né, et qu'ils ont requis notre transport à l'effet de constater led. décès et de faire ordonner l'inhumation dud. anonime de Carcassonne conformément aux Déclarations de Sa Majesté rendues à ce sujet. Et ont signé :

SASIA, JACOB DE PAUL FILS.

Sur quoy nous, conseiller du Roy, commissaire susd. avons donné acte auxd. Srs Sasia et de Paul fils de leurs comparution, dire et rquéisitoire cy dessus. Et, en conséquence, nous étant apparu dans lad. chambre du cadavre d'un enfant masle, qui nous a paru en effet n'avoir eu naissance que depuis quelques jours, enveloppé dans des langes et exposé sur un lit d'enfant, lesd. Srs Sasia et De Paul fils nous ont déclaré et affirmé en leurs âmes et consciences led. cadavre être celui dud. anonime de Carcassonne, le dernier venu de deux enfans masles jemeaux dud. Sr Bénédite de Carcassonne et de lad. demoiselle Léa Dalpuget, sa femme, accouchée entre minuit et une heure du matin la nuit du dimanche sept au lundy huit du présent mois, dans les lieux où nous sommes et où elle est décédée jeudy dernier, onze du présent mois, led. enfant non encore circoncis.

Et pour faire ordonner l'inhumation dud. anonime de Carcassonne nous nous transporterons au plutôt ès hôtels de Monsieur le Procureur du Roy et de Monsieur le Lieutenant général de police pour obtenir leurs conclusions et ordonnance à cet effet.

Dont et de quoy nous avons rédigé le présent procès verbal pour servir et valoir ce que de raison. Et ont signé avec nous commissaire :

SASIA, JACOB DE PAUL, FORMEL.

Vu le procès verbal, je n'empesche pour le Roy le cadavre dud. Carcassonne, enfant âgé de huit jours, être inhumé sans bruit, scandale ni apareil, dans le cimetière des Juifs de la Villette, et être enjoint aux officiers du guet et de police d'y veiller et de prêter main forte si besoin est et en sont requis. Fait fait *(sic)* ce 15 novembre 1773.

MOREAU.

Soit fait ce ainsi qu'il est requis. Fait ce 15 novembre 1773.
DE SARTINE.
(En marge) : Rapporté en juillet 1781. Trois livres.

80.

17 mars 1774. — *Acte de décès des enfants jumeaux de Lévy Jacob.*
Y 15282.

Du jeudy dix sept mars mil sept cent soixante quatorze, trois heures de relevée. En l'hôtel, pardevant nous, Hugues Philippe Duchesne, conseiller du Roy, commissaire au Châtelet de Paris, est comparue D^{lle} Marie Madeleine Boquet, veuve du sieur Charles Bremart, maitre tonnellier à Paris, elle maitresse sage femme, demeurante rue St Martin, paroisse St Nicolas des Champs.

Laquelle nous a déclaré que hier unze heures du matin, elle a accouché la femme de Lévy Jacob, Juif d'Hollande, chez Ancelle Mathis, Juif de Landeau, demeurant susd. rue St Martin au premier étage sur le derrière de la maison en laquelle demeure le Sr Rebillot, marchand de vin, de deux enfans venus au monde mort *(sic)*, garçon et fille, de laquelle déclaration elle a requis acte. Et a signé :

(Signé) : BOQUET.

Est aussy comparu led. Ancelle Mathis, lequel nous a dit que la femme de Lévy Jacob, nommée Sara, logeant en chambres garnies ruë Quinquempoix, est venuë voir sa femme hier dix heures du matin, qu'une heure après elle est accouchée chez luy de deux enfans morts, garçon et fille, que comme il est question de pourvoir à leur inhumation, il requiert que nous constations le décès de ses *(sic)* deux enfans, déclare que ledit Lévy Jacob et sa femme sont dans une extrême misère, le mary étant sorti aujourd'hui de prison, sa femme n'étant venue en cette [ville] que pour remener son mary à Maestrick en Hollande, et a signé en hébreux, ne sçachant point écrire le françois, ainsy qu'il l'a déclaré.

ANCEL MATHIS *(hebr.)*

Sur quoy nous, commissaire susd., avons de ce que dessus donné acte. Et, en conséquence, nous nous sommes à l'instant transporté dans la maison du Sr Rebillot, où estant monté au premier étage sur le derrière et entré dans la chambre dud. Ancelle Mathis, il nous est apparu du cadavre de deux enfans, étans chacun dans une boîte de bois blanc, que led. Ancelle Mathis nous a déclaré estre les deux enfans dont lad. Sara, femme Lévy Jacob, est accouchée hier unze heures du matin et venus morts au monde, lesquels deux cadavres ont été laissés dans lad. chambre et led. Ancelle Mathis a promis de ne point les faire inhumer qu'il n'ait été statué par M. le Lieutenant général de police sur lad. inhumation.

Dont et de quoy nous avons dressé le présent procès verbal pour servir et valoir ce que de raison. Ledit Mathis a signé en hébreux, ne sçachant écrire le français, ainsi qu'il l'a déclaré. Rayé cy dessus deux mots nuls.

Duchesne, Ancel Mathis (*hebr*).

Vu le procès verbal je m'empêche pour le Roy que le cadavre des deux enfans dont lad. Sara, femme de Jacob Lévy, est accouchée soient inhumés à la Villette, dans le cimetière des Juifs, en la manière accoutumée, et estre enjoint aux officiers du guet et de police de prester main forte si besoin est et en sont requis. Fait ce 17 mars 1774.

Moreau.

Soit fait ainsy qu'il est requis. Ce dix sept mars 1774.

De Sartine.

(*Une pièce annexe porte :*)
Nous, conseiller chirurgien ordinaire du Roy en son Châtelet de Paris, sur l'avis à nous donné par Me Duchesne, commissaire au Châtelet, que la nommée Sara, femme de Lévy Jacob, Juif de Mastreck, étoit accouchée hier matin de deux enfans morts, en la chambre du nommé Ancelle Mathis, Juif de Landau, demeurant rue Saint Martin, presque vis à vis la rue du Cimetière Saint Nicolas, au premier étage sur le derière de la maison du Sr Rebillot, m^d de vins, à l'enseigne des Bons Enfants, où à l'instant nous nous sommes transportés, y avons effectivement trouvé lad. femme dans un lit, et les deux dits enfans nous ayant été representés, nous avons observé que l'un étoit du sexe masculin et l'autre du sexe féminin, au terme de six mois ou environ de conception ; les ayant examinés extérieurement, nous ne leur avons trouvé aucune contusion, mais bien qu'ils étoient morts il y avoit plusieurs jours

avant le part, l'épiderme étant déjà enlevé. Fait à Paris le dix sept mars mil sept cent soixante quatorze, six heures du soir.

Deleurye.

(Une seconde pièce porte :)

Monsieur,

La visite des deux enfans morts, dont Sara, femme de Lévy Jacob, Juif, est accouchée, maison du Sr Rebillot, marchand de vins, rue Saint Martin, a été faite par moy Deleurye, chirurgien du Châtelet, et n'aye trouvé aucune marque extérieure de mort violente, pourquoy vous pouvés en permettre l'inhumation.

J'ay l'honneur d'être très parfaitement, monsieur, votre très humble et très obéissant serviteur.

Ce 17 mars 1774.

Deleurye.

81.

19 mars 1774. — *Acte de décès de Marie Anne, fille de Jacob Aaron.*
Y 15282.

Du samedy dix neuf mars mil sept cent soixante quatorze.

Nous, Hugues Philippe Duchesne, conseiller du Roy, commissaire au Châtelet de Paris, ayant été requis, nous sommes transporté rue Geoffroy Langevin, dans une maison tenue garnie par la Vᵉ Boursier, où étant et entré dans une salle par bas sur le devant de lad. maison, y avons trouvé et par devant nous sont comparus Mayer Hademar, agent de la communauté des Juifs de Metz, demeurant à Paris, rue des Vielles Étuves Saint Martin, à l'hôtel de Nantes, et Simon Salomon Halphen, Juif, demeurant à l'hôtel Baillet, rue des Blancs Manteaux.

Lesquels nous ont dit que Marie Anne, fille de Jacob Aaron, Juif de Pragues, et d'Ève Lévy, sa femme, occupant lad. salle, âgée de quinze mois, est décédée ce jourd'huy deux heures du matin, et comme ses père et mère professent la religion judaïque, les comparans requièrent qu'il soit pourvu à son inhumation dans le cimetière de Juifs, en la manière accoutumée. Desquels comparutions, dire et requisitions nous avons donné acte. Et après qu'il nous est aparu d'un cadavre d'enfant gissant sur de la paille étendue sur le plancher de lad. salle, que les comparans nous ont déclaré être celuy de lad. Marie Anne, fille dud. Jacob Aaron et de lad. Ève Lévy, iceluy a été laissé dans lad. salle pour y rester jusqu'à ce qu'il ait été statué sur son inhumation par M. le Lieutenant général de police, ainsi qu'il apartiendra. Dont et de quoy nous avons dressé le présent procès verbal pour servir et valoir ce que de raison. Lesd. comparans nous ont en outre déclaré que les père et mère de lad. Marie Anne sont dans l'indigence et dans l'impossibilité de la faire inhumer autrement que par charité, et ont signé avec nous.

DUCHESNE, M. HADAMAR, SIMON SALOMON HALPHEN [1].

Vu le procès verbal, je n'empêche pour le Roy le cadavre de lad. Marie Anne, fille de Jacob Aaron, Juif, et d'Ève Lévy, être inhumé à la Villette, dans le cimetière des Juifs, en la manière accoutumée et être enjoint aux officiers du guet et de police de prester main forte si besoin est et en sont requis. Fait ce 19 mars 1774.

MOREAU.

Soit fait ainsy qu'il est requis. Ce dix neuf mars 1774.

DE SARTINE.

82.

26 mars 1774. — *Acte de décès d'Abraham Mayer, fils de Mayer Jacob.*
Y 15282.

Du samedy vingt six mars mil sept cent soixante quatorze, trois heures de relevée.

Nous, Hugues Philippe Duchesne, conseiller du Roy, commissaire au Châtelet de Paris, ayant été requis, nous sommes transporté rue Geoffroy Langevin, dans une maison tenuë garnie par la veuve Boursier, où étant monté au deuxième estage et entré dans une chambre ayant vue sur lad. rue, y avons trouvé et pardevant nous sont comparus Sr Claude Nicolas Mettereau, maître cordonnier à Paris, y demeurant susditte rue, paroisse St Merry, et Sr Jean Baptiste Pommeret, aussy maistre cordonnier à Paris, y demeurant, susdittes rue et paroisse. Lesquels nous ont dit que Abraham Mayer, âgé d'environ huit mois, fils de Mayer Jacob, Juif de Fresney [1] près Mets, et de Sara Abraham, sa femme, occupant lad. chambre, est décédé hier vers les cinq heures du soir, que comme ses père et mère professent la religion judaïque, il est question de pourvoir à l'inhumation du cadavre dud. enfant à la Villette, dans

---

1. Une seconde signature hébraïque accompagne la signature française de chacun des témoins.
1. Frenois, commune de Bazoncourt.

le cimetière des Juifs. Desquels comparution et dire nous avons donné acte. Et après qu'il nous est apparu du cadavre d'un enfant gissant sur la paille étendue sur le plancher de lad. chambre, que les comparans nous ont déclaré estre celuy dudit Abraham Mayer, il a été laissé dans ladite chambre pour y rester jusqu'à ce qu'il ait été statué sur lad. inhumation par Monsieur le Lieutenant général de police, ce qu'il appartiendra. Les comparans nous ont en outre déclaré que led. Mayer Jacob et sa femme sont dans l'indigence et hors d'état de frayer aux frais d'inhumation de leur enfant.

Dont et de quoy nous avons dressé le présent procès verbal pour servir et valoir ce que de raison. Et ont lesdits comparants signé avec nous :

METTEREAU, POMMERET, DUCHESNE.

Vu le procès verbal, je n'empêche pour le Roy le cadavre dudit Abraham Mayer estre inhumé à la Villette, dans le cimetière des Juifs, en la manière accoutumée, et estre enjoint aux officiers du guet et de police de prester main forte si besoin est et en sont requis. Fait ce vingt six mars 1774.

MOREAU.

Soit fait ainsy qu'il est requis. Ce vingt six mars 1774.

DE SARTINE.

83.

24 juin 1774. — *Acte de décès de Samuel, fils de Marcus.*
Y 15282.

Du vendredy vingt quatre juin mil sept cent soixante quatorze, neuf heures du matin.

Nous, Hugues Philippes Duchesne, conseiller du Roy, commissaire au Châtelet de Paris, ayant été requis, nous sommes transporté rue des Vieilles Étuves, dans une maison tenue garnie par le nommé Roulet, facteur de la poste de Paris, où étant et entré dans une petite chambre au rez-de-chaussée, y avons trouvé et pardevant nous sont comparus Sr Mayer Hadamar, agent de la communauté des Juifs de Metz, demeurant susd. rue des Vieilles Étuves, à l'hôtel de Nantes, et Sr Nathan Grodvol, Juif de Metz, demeurant rue Saint Martin, maison du Sr Anginot, marchand boursier.

Lesquels nous ont dit que Samuel, fils de Marcus, Juif de

Millfeld[1] en Allemagne, âgé d'environ dix sept ans, est décédé hier dix heures du soir, de pulmonie, professant la religion judaïque. Pourquoy ils requièrent qu'il soit pourvu à son inhumation, en la manière accoutumée, dans le cimetière des Juifs. Desquels comparution, dire et réquisition nous avons donné acte. Et après qu'il nous est apparu d'un cadavre gisant sur de la paille sur le plancher de lad. chambre, que les comparans nous ont déclaré estre celuy dudit Samuel, iceluy cadavre a été laissé dans lad. chambre pour y rester jusqu'à ce que il ait été statué par M. le Lieutenant général de police sur lad. inhumation. Dont et de quoy nous avons dressé le présent procès-verbal pour servir et valoir ce que de raison. Et ont les comparans signé avec nous.

DUCHESNE, NATHAN GRODVOL, M. HADAMAR[2].

Vu le procès verbal, je n'empêche pour le Roy le cadavre dud. Samuel être inhumé à la Villette, dans le cimetière des Juifs, en la manière accoutumée, et être enjoint aux officiers du guet et de police de prester main forte si besoin est et en sont requis. Fait ce vingt quatre juin MVII^c soixante quatorze.

MOREAU.

Soit fait ainsy qu'il est requis. Ce vingt quatre juin mil sept cent soixante quatorze.

DE SARTINE.

84.

30 juin 1774. — *Acte de décès de Lion, fils de Paquin Monnheim.*
  Y 15282.

Du jeudy trente juin mil sept cent soixante quatorze, heure de midy.

Nous, Hugues Philippe Duchesne, conseiller du Roy, commissaire au Châtelet de Paris, ayant été requis, nous sommes transporté rue saint Martin, près celle des Ménestriers, dans une maison dont la boutique est occupée par le s^r Debussy, marchand de vin, où étant monté au quatrième étage et entré dans une chambre ayant vue sur lad. rue, y avons trouvé et par devant nous y ont comparus Cerf Israel, Juif de Metz, logeant à Paris, rue des Vieilles-Etuves,

---

1. Mühlfeld, nom de deux localités, l'une de Prusse Rhénane (cercle et présidence de Trèves), l'autre en Franconie (Bavière).
2. Les témoins font suivre leur signature française d'une seconde signature hébraïque.

chez le nommé Roulet, et Aaron Moyse, Juif de Francfort, logeant rue Beaubourg, chez le nommé De Presle.

Lesquels nous ont dit que le nommé Lion, âgé de quatorze mois, fils de Paquin Monnheim et de Madelon Verde, sa femme, tous deux Juifs de Metz, proffessans la religion judaïque, est décédé hier environ sept heures du soir de suitte de maladie. Pourquoy requièrent qu'il soit pourvu à son inhumation dans le cimetière des Juifs, en la manière accoutumée.

Desquels comparution, dire et réquisition nous avons donné acte. Et après qu'il nous est apparu du cadavre d'un enfant gissant sur de la paille, sur le plancher de lad. chambre, que les comparans nous ont déclaré estre celuy dudit Lion, iceluy cadavre a été laissé dans lad. chambre pour y rester jusqu'à ce qu'il ait été statué par M. le Lieutenant général de police sur lad. inhumation. Dont et de quoy nous avons ratifié le présent procès verbal pour servir et valoir ce que de raison. Et ont les comparans signé avec nous :

DUCHESNE, CERFF ISRAEL, AARON MOYSE *(hebr.)*.

Vu le procès verbal, je n'empêche pour le Roy le cadavre dud. Lion être inhumé à la Villette, dans le cimetière des Juifs, en la manière accoutumée, et être enjoint aux officiers du guet et de police de prester main forte si besoin est et en sont requis. Fait ce trente juin 1774.

MOREAU.

Soit fait ainsy qu'il est requis. Ce trente juin mil sept cent soixante quatorze.

DE SARTINE.

85.

19 septembre 1774. — *Acte de décès de Jacob de Carcassonne.*
Y 11090.

L'an mil sept cent soixante quatorze, le lundy dix neuf septembre, huit heures et demie du matin, nous, Louis François Formel, conseiller du Roy, commissaire au Châtelet de Paris, ayant été requis, nous sommes transporté rue de la Harpe, près la rue Poupée, maison occupée au rez de chaussée par le Sr Richard, marchand tapissier, et ayant été introduit en un appartement au premier étage sur le devant, nous y avons trouvé et par devant nous sont comparus s^r Joseph Vidal de Carcassonne, Juif, négociant, demeurant maison où nous sommes, paroisse Saint Séverin, et Sr Jacob de Paul fils, aussi Juif, négociant, demeurant à Paris, rue Poupée, quartier Saint André des Arts, susd. paroisse Saint Séverin.

Lesquels nous ont dit que Jacob de Carcassonne, âgé de près de deux ans et demy, neveu dud. Sr de Carcassonne comparant, et fils de sr Bénédite de Carcassonne, aussi Juif, négociant, et de demoiselle Léa Dalpuget, pareillement juive, décédée, son épouse, est décédé ce jourdhuy vers quatre heures et demie du matin, dans un cabinet dépendant de l'appartement où nous sommes, occupé par led. Sr Bénédite de Carcassonne et par led. Sr de Carcassonne comparant, de suitte d'une maladie de fièvre putride dont il a été attaqué il y a environ huit jours, sous l'empire de la religion judaïque, que professe led. Sr son père et que professoit la d. Dme sa mère, et sous l'empire de laquelle religion led. enfant est né, et qu'ils ont requis notre transport à l'effet de constater led. décès et de faire ordonner l'inhumation dud. Jacob de Carcassonne conformément aux Déclarations de Sa Majesté rendues à ce sujet. Et ont signé :

JOSEPH VIDAL DE CARCASSONNE, JACOB DE PAUL FILS.

Sur quoy nous, Conseiller du Roy, commissaire susd., avons donné acte auxd. Srs de Carcassonne et de Paul comparants de leurs comparutions, dire et réquisitoire cy dessus, et de ce qu'il nous est apparu dans une chambre sans cheminée à alcôve, au premier étage, ayant vue sur la rue de la Harpe, et dépendant de l'appartement où nous sommes, d'un corps mort d'un enfant mâle étendu sur le carreau et enveloppé d'une couverture de laine blanche, lequel corps lesd. Srs comparants nous ont déclaré et affirmé en leurs âmes et consciences être celui dud. Jacob de Carcassonne fils.

Et pour faire ordonner l'inhumation dud. Jacob de Carcassonne fils, nous nous transporterons au plutost ès hôtels de Monsieur le Procureur du Roy et de Monsieur le Lieutenant général de police pour obtenir leurs conclusions et ordonnance à cet effet.

Dont et de quoy nous avons rédigé le présent procès verbal pour servir et valoir ce que de raison. Et ont signé avec nous Commissaire :

JOSEPH VIDAL DE CARCASSONNE, JACOB DE PAUL FILS, FORMEL.

Vu le procès verbal, je n'empêche pour le Roy le cadavre dud. Jacob de Carcassonne être inhumé sans bruit, scandale ni apareil, au cimetière des Juifs, à la Villette, et être enjoint aux officiers du guet et de police d'y veiller et prêter main forte si besoin est et en sont requis. Fait ce 19 septembre 1774.   MOREAU.

Soit fait ainsi qu'il est requis. Fait ce 19 septembre 1774.

Lenoir.

(En marge) : Rapporté en juillet 1781. Trois livres.

86.

8 octobre 1774. — *Acte de décès de Mindel, fille de Hirche Abraham.*
Y 15282.

Du samedy huit octobre mil sept cent soixante quatorze, sept heures du soir.

Nous, Hugues Philippe Duchesne, conseiller du Roy, commissaire au Châtelet de Paris, ayant été requis, nous sommes transporté rue Maubuée, dans une maison appartenante au Sr Gautier, bourgeois de Paris, dont la boutique est occupée par un fruitier, où étant, et introduit dans une chambre au troisième étage ayant vue sur lad. rue, y avons trouvé et par devant nous sont comparus Lion Zacharie, Juif Polonais, demeurant à Paris, rue Saint Martin, près Saint Merry, et Lambert Lambert, Juif de Metz, demeurant rue des Vieilles Étuves Saint Martin.

Lesquels nous ont dit que la nommée Mindel, âgée de seize mois, fille de Hirche Abraham, Juif Polonais, et de Fratier, sa femme, proffessant la religion judaïque, est décédée ce jour d'huy quatre heures du matin dans lad. chambre, de suitte de maladie, et comme ses père et mère étoient dans l'intention de l'élever dans lad. religion, les comparans requièrent qu'il soit pourvu à son inhumation à la Villette, dans le cimetière des Juifs. Desquels comparution, dire et réquisition nous avons donné acte. Et après qu'il nous est apparu d'un cadavre d'enfant gissant sur de la paille étendue sur le plancher de lad. chambre, que les comparants nous ont déclaré estre celuy de lad. Mindel, il a été laissé dans lad. chambre pour y demeurer jusqu'à ce qu'il ait été par M. le Lieutenant général de police statué sur lad. inhumation et sur le contenu au présent procès verbal, que nous avons dressé pour servir et valoir ce que de raison. Et ont les comparans signé avec nous :

Duchesne, Lion Zacharie, Lamber Lamber.

Vu le procès verbal, je n'empêche pour le Roy le cadavre de lad. Mindel estre inhumé à la Villette, dans le cimetière des Juifs, en la manière accoutumée, et estre enjoint aux officiers du guet et de police de prester main forte si besoin est et en sont requis. Fait ce huit octobre 1774.

Moreau.

Soit fait ainsy qu'il est requis. Ce huit octobre 1774.

Lenoir.

87.

19 mars 1775. — *Acte de décès d'Isaïe fils de Paquin Monim.*
Y 15283.

Du dimanche dix neuf mars mil sept cent soixante quinze, environ huit heures du matin.

Nous Hugues Philippe Duchesne, conseiller du Roy, commissaire au Châtelet de Paris, ayant été requis, nous sommes transporté rue Saint Martin, près celle des Ménestriers, dans une maison en face du Bureau des tapissiers, où étant monté au troisième étage sur le devant, et entré dans une chambre ayant vue sur lad. rue Saint Martin, y avons trouvé et par devant nous sont comparus Abraham Spire, Juif de Metz, logeant à Paris, rue Geoffroy Langevin, chez la dame Inselin, et Aaron Moyse, Juif de Francfort, logeant à Paris, rue Beaubourg, chez le nommé De Presle, tenant chambres garnies.

Lesquels nous ont dit que le nommé Isaïe, âgé d'environ quatre mois, fils de Paquin Monin, Juif de Metz, et de la nommée Madeline, sa femme, qui sont très pauvres, et proffessent la religion judaïque, est décédé de suitte de maladie hier deux heures du matin dans lad. chambre. Pourquoy requièrent qu'il soit pourvu à son inhumation dans le cimetière des Juifs, en la manière accoutumée. Desquels comparution, dire et réquisition avons donné acte. Et après qu'il nous est apparu du cadavre d'un enfant gissant sur de la paille étant dans la ditte chambre, que les comparans nous ont déclaré estre celuy dudit Isaïe, nous l'avons laissé dans lad. chambre pour y demeurer jusqu'à ce que par Monsieur le Lieutenant général de police il ait été statué sur lad. inhumation et le contenu au présent procès verbal, que nous avons dressé pour servir et valoir ce que de raison. Et ont les comparans signé avec nous, ledit Aaron Moyse en hébreux, ayant déclaré ne sçavoir signer en françois, de ce interpellé.

Abraham Spir, Aaron Moyse, *(hebr.)*, Duchesne.

Vu le procès verbal, je n'empêche pour le Roy le cadavre dud. Isaïe être inhumé à la Villette, dans le cimetière des Juifs, en la manière accoutumée, et être enjoint aux officiers du guet et de police de prester main forte si besoin est et en sont requis. Fait ce dix neuf mars 1775.

MOREAU.

Soit fait ainsy qu'il est requis. Ce dix neuf mars 1775.

LENOIR.

88.

30 mars 1775. — Acte de décès d'Ester De Lyon, veuve d'Isaac Castille.

Y 11091.

L'an mil sept cent soixante quinze, le jeudy trente mars, une heure de relevée, nous, Louis François Formel, conseiller du Roy, commissaire au Châtelet de Paris, ayant été requis, nous sommes transporté rue Mâcon, maison à l'entrée à gauche par la rue Saint André des Arts, ayant entrée par une porte ronde sur la rue et par une allée vis à vis une fruitière, et ayant été introduit en un appartement de trois pièces au second étage sur le derrière de lad. maison, nous y avons trouvé et par devant nous [sont comparus] Sr Jacob de Paul père, Juif, négociant, demeurant maison où nous sommes, paroisse Saint Séverin, et Sr Jacob Dacosta, aussy Juif, négociant, demeurant rue Hautefeuille, paroisse Saint Séverin.

Lesquels ont dit qu'Esther De Lyon, juive, âgée de soixante dix ans ou environ, veuve de Isaac Castille, aussi Juif, négociant, est décédée ce jour d'hui vers dix heures du matin, à la suitte d'une maladie d'asthme dont elle était attaquée depuis longtems, en une chambre à coucher dépendante de l'appartement où nous sommes qu'elle occupait, dans les sentimens de la religion judaïque qu'elle professoit, et qu'ils ont requis notre transport à l'effet de constater led. décès et de faire ordonner l'inhumation de lad. Esther De Lyon, veuve Castille, conformément aux Déclarations de Sa Majesté rendues à ce sujet. Et ont signé, à l'égard dud. S^r De Paul père en caractères hébraïques, sa signature ordinaire. Rayé cy dessus dix mots nuls.

JACOB DE PAUL *(hebr.,)* JACOB DACOSTA.

Sur quoy nous, commissaire susd., avons donné acte auxd. S^{rs} De Paul père et Dacosta de leurs comparutions, dire et réquisitoire cy dessus, et de ce qu'il nous est apparu dans lad. chambre à coucher dépendante dud. appartement où nous sommes, éclairée par une croisée donnant sur des maisons voisines, d'un corps mort féminin, qui nous a paru en effet de l'âge d'environ soixante dix ans, étendu sur le carreau et enveloppé de linges et d'une couverture de laine blanche, lequel corps lesd. comparants nous ont déclaré et affirmé en leurs âmes et conscience être celui de lad. Esther De Lyon, veuve Castille.

Et pour faire ordonner l'inhumation de lad. Esther De Lyon, veuve Castille, nous nous transporterons au plutost ès hôtels de Monsieur le Procureur du Roy aud. Châtelet et de Monsieur le Lieutenant général de police pour obtenir leurs conclusions et ordonnances à cet effet.

Dont et de quoy nous avons rédigé le présent procès verbal pour servir et valoir ce que de raison. Et ont signé avec nous commissaire, à l'égard dud. Sʳ De Paul père en caractères hébraïques, sa signature ordinaire.

JACOB DE PAUL *(hebr.)*, JACOB DACOSTA, FORMEL.

Vu le procès verbal, je n'empêche pour le Roy le cadavre de lad. Esther De Lyon, veuve Castille, être inhumé sans bruit, scandale ni apareil, dans le cimetière des Juifs, à la Villette, et être enjoint aux officiers du guet et de police d'y veiller et prêter main forte si besoin est et en sont requis. Fait ce 30 mars 1775.

MOREAU.

Soit fait ainsi qu'il est requis. A Paris le 30 mars 1775.

LENOIR.

(En marge) : Rapporté en décembre 1775. Trois livres.

89.

7 mai 1775. — *Acte de décès de David, fils de Jacob Moyse.*

Y 15283.

Du Dimanche sept may mil sept cent soixante quinze, six heures du matin.

Nous, Hugues Philippes Duchesne, conseiller du Roy, commissaire au Châtelet de Paris, ayant été requis, nous sommes transporté rue des Petits Champs Saint Martin, au coin de celle Beaubourg, dans une maison dont le Sʳ Rousson, maître cordonnier, occupe la boutique, où étant monté au deuxième étage, et entré dans une chambre occupée par Jacob Moyse, Juif d'Harbourg[1] en Allemagne, et Heleine Jacob, sa femme, y avons trouvé

---

1. Harburg, C. Donauworth, Souabe, royaume de Bavière.

et par devant nous est comparu Lambert Lambert, Juif de Metz, demeurant rue des Ménestriers, maison du sieur Lallemant, et Jacob Lansberg, Juif de Worms en Allemagne, demeurant à Paris, rue Beaubourg, maison de la fille Lendormy.

Lesquels nous ont dit que David, âgé de vingt-deux mois, fils dud. Jacob Moyse et d'Heleine Jacob, sa femme, proffessant la religion judaïque, est décédé ce jourd'huy six heures du matin, dans lad. chambre, de suitte de maladie. Pourquoy ils requièrent qu'il soit pourvu à l'inhumation dud. David au cimetière des Juifs en la manière accoutumée. Déclarent que lesd. Moyse et sa femme sont hors d'état de frayer aux frais de lad. inhumation. Desquelz comparution, dire, déclaration et réquisition nous avons donné acte. Et après qu'il nous est apparu d'un cadavre gissant sur de la paille étant sur le plancher de lad. chambre, que les comparans nous ont déclaré être celuy dud. David, il est resté en icelle pour y demeurer jusqu'à ce qu'il ait été statué par M. le Lieutenant général de police sur lad. inhumation. Dont et de quoy nous avons dressé le présent procès verbal pour servir et valoir ce que de raison. Et ont signé :

Lamber Lamber, Jacob Lansperg, Duchesne.

Vu le procès verbal, je n'empêche pour le Roy le cadavre dud. David estre inhumé à la Villette, dans le cimetière des Juifs, en la manière accoutumée, et estre enjoint aux officiers du guet et de police prester main forte si besoin est et en sont requis. Fait ce sept may 1775.

Moreau.

Soit fait ainsy qu'il est requis. Ce sept may 1775.

Albert.

90.

1er juin 1775. — *Acte de décès de l'enfant de Jacob Salomon.*
Y 15283.

Du jeudy premier juin mil sept cent soixante quinze, huit heures du soir.

Nous, Hugues Philippes Duchesne, conseiller du Roy, commissaire au Châtelet de Paris, ayant été requis, nous sommes transporté rue Maubuée, dans une maison dont la boutique est occupée par le nommé Honnoré, maître menuisier, où étant, et introduit dans une chambre au troisième étage ayant vue sur lad. rue, par devant nous sont comparus Pasquin Monem, Juif de Metz, et

Michel Limbourg, aussy Juif de Metz, demeurants tous deux rue Saint Martin, maison du Sr Bussy, marchand de vin.

Lesquels nous ont dit que Sara, femme de Jacob Salomon, Juif de Prosnitz[1] en Moravie, dans le cercle d'Olmutz, est accouchée ce jour d'huy, sur les deux heures après midy, d'un enfant mort, sexe masculin, par le ministère de la dame Jannelle, maîtresse sage femme, demeurante rue Aumaire. Pourquoy ils requirent qu'il soit pourvu à l'inhumation du cadavre dudit enfant au cimetière des Juifs, en la manière accoutumée. Desquels comparution, dire et réquisition nous avons donné acte. Et après qu'il nous est apparu dudit cadavre, que les comparants nous ont déclaré et attesté estre celuy dont lad. femme Salomon est accouchée ce jourd'huy, gissant sur de la paille étendue sur le plancher de lad. chambre, dans laquelle il est resté pour y demeurer jusqu'à ce que par M. le Lieutenant général de police il ait été statué sur le contenu au présent procès verbal, que nous avons dressé pour servir et valoir ce que de raison. Et ont signé avec nous :

    Michel Limbourg, P. Monnheim, Duchesne.

Vu le procès verbal, je n'empêche pour le Roy le fœtus masculin dont lad. Sara, femme de Jacob Salomon, est accouchée être inhumé à la Villette, dans le cimetière des Juifs, en la manière accoutumée, et être enjoint aux officiers du guet et de police de prester main forte si besoin est et en sont requis. Fait le premier juin MVIIe soixante quinze.

    Moreau.

Soit fait ainsy qu'il est requis. Fait ce 1er juin 1775.

    Albert.

(*Une pièce annexe porte :*)

  Monsieur,

La visite d'un fœtus masculin au terme de sept mois de conception, dont la femme du nommé Jacob Salomon, Juife, elle s'appellant Sara, est accouchée hier, a été faite par les médecin et chirurgien du Châtelet. Ainsy, Monsieur, vous pouvez en permettre l'inhumation.

J'ay l'honneur, Monsieur, d'être avec respects votre très humble serviteur.

    Deleurye.

A Paris, ce 2 juin 1775.

A Monsieur, Monsieur le commissaire Duchesne, rue St Martin.

---

1. Prossnitz, Moravie (Autriche-Hongrie).

91.

19 juin 1775. — *Acte de décès de Nathan, fils de Mayer.*
Y 15283.

Du lundy dix neuf juin mil sept cent soixante quinze, neuf heures du matin.

Nous, Hugues Philippes Duchesne, conseiller du Roy, commissaire au Châtelet de Paris, ayant été requis, nous sommes transporté rue Aubry le Boucher, dans une maison dont la boutique est occupée par un receveur de lotteries, où étant monté au deuxième étage et entré dans une chambre ayant vue sur la cour, y avons trouvé et pardevant nous sont comparus Sr Mayer Hademar, agent de la communauté des Juifs de Metz, demeurant rue Saint Martin, maison du Sr Anginot, marchand boursier, et Abraham Moyse, Juif de Harbourg[1] en Bavière, demeurant à Paris, rue Beaubourg, chez le nommé Richard, limonadier.

Lesquels nous ont dit que Nathan, âgé d'environ trois mois, fils de Mayer, Juif de Framing en Lorraine allemande, et de Sara Abraham, sa femme, qui sont très pauvres et proffessent la religion judaïque, est décédé de suitte de maladie ce jourd'huy il y a environ une heure dans lad. chambre. Pourquoy requièrent qu'il soit pourvu à son inhumation dans le cimetière des Juifs, en la manière accoutumée. Desquels comparution, dire et réquisition nous avons donné acte. Et après qu'il nous est apparu du cadavre d'un enfant gissant sur de la paille étant dans lad. chambre, que les comparans nous ont déclaré estre celuy dudit Nathan, nous l'avons laissé dans lad. chambre pour y demeurer jusqu'à ce que par Monsieur le Lieutenant général de police il ait été statué sur lad. inhumation et sur le contenu au présent procès verbal, que nous avons dressé pour servir et valoir ce que de raison. Et ont les comparans signé avec nous, led. Abraham Moyse a signé en hébreux, ayant déclaré ne sçavoir signer en françois, de ce interpellé ;

MM. HADEMAR, DUCHESNE, ABRAHAM MOYSE *(hebr.)*

Vu le procès verbal, je n'empêche pour le Roy le cadavre dud. Nathan être inhumé à la Villette, dans le cimetière des Juifs, en la

---

1. Harburg, c. Donauworth, Souabe, royaume de Bavière.

manière accoutumée, et être enjoint aux officiers du guet et de police de prester main forte si besoin est et en sont requis. Fait ce dix neuf juin 1775.   MOREAU.

Soit fait ainsy qu'il est requis. Fait ce dix neuf juin 1775.
ALBERT.

92.

13 août 1775. — *Acte de décès de Charlotte, fille de Daniel Schwab.*
Y 15283.

Du dimanche treize aoust mil sept cent soixante quinze, trois heures de relevée.

Nous, Hugues Philippes Duchesne, conseiller du Roy, commissaire au Châtelet de Paris, ayant été requis, nous sommes transporté rue Maubuée, dans une maison dont la boutique est occupée par un tourneur, où étant monté au deuxième étage et entré dans une chambre ayant vue sur lad. rue, pardevant nous sont comparus Jonas Nathan, Juif de Franconie, et Liebman Nathan, Juif d'Armstadt[1], demeurans tous deux susditte rue Maubuée, même maison que Daniel Suabe dont va être parlé.

Lesquels nous ont dit que Charlotte, fille de Daniel Suabe, Juif de Colmar en Alsace, et de Brunette Nathan, sa femme, âgée d'environ dix huit mois, est décédée ce jourd'huy dix heures du matin dans lad. chambre, que led. Daniel Suabe et sa femme sont très pauvres et professent la religion judaïque, qu'ils étoient dans l'intention de élever leur fille dans la même religion. Pourquoy les comparants requirent qu'il soit pourvu à l'inhumation de lad. Charlotte dans le cimetière des Juifs, en la manière accoutumée. Desquels comparution, dire et déclaration nous avons donné acte. Et après qu'il nous est aparu d'un cadavre gissant sur de la paille étendue dans lad. chambre, que les comparants nous ont déclaré et affirmé être celuy de lad. Charlotte, fille dud. Daniel Suabe et de lad. Brunette Nathan, sa femme, il a été laissé dans lad. chambre pour y demeurer jusqu'à ce que par M^r le Lieutenant général de police, il ait été statué sur lad. inhumation et sur le contenu au présent procès verbal, que nous avons dressé pour servir et valoir ce que de raison. Et ont les comparants signé en allemands, ayant déclaré ne sçavoir le françois :

LIEBMAN NATHAN [2], JONAS NATHAN *(hebr.)*; DUCHESNE.

---

1. Darmstadt (Hesse).
2. En caractères allemands.

Vu le procès verbal, je n'empêche pour le Roy le cadavre de lad. Charlotte être inhumé à la Villette, dans le cimetière des Juifs, en la manière accoutumée, et être enjoint aux officiers du guet et de police de prester main forte si besoin est et en sont requis. Fait ce treize aoust mil sept cent soixante quinze.

Moreau.

Soit fait ainsy qu'il est requis. Ce treize aoust 1775.

Albert.

93.

4 septembre 1775. — *Acte de décès d'Alezar Vidal, fils d'Israel Vidal.*

Y 11091.

L'an mil sept cent soixante quinze, le lundy quatre septembre, quatre heures et demie de rellevée, nous, Louis François Formel, conseiller du Roy, commissaire enquesteur examinateur au Châtelet de Paris, ayant été requis, nous sommes transporté rue Neuve Saint Eustache, maison à porte cochère, au dessus de laquelle un tableau portant : « Vidal l'aîné, privillegié du Roy, tient magasin d'étoffes de soye », et étant monté en un appartement composé de trois pièces sur le devant, au quatrième étage de lad. maison, nous y avons trouvé et par devant nous sont comparus Sr Jacob de Paul père, Juif, négotiant, demeurant à Paris, rue Mâcon, paroisse Saint Séverin, et Sr Jacob de Castille, aussi Juif, négotiant, demeurant au coin des rues Dauphine et Mazarine, paroisse Saint Sulpice.

Lesquels nous ont dit que Alezar Vidal, âgé d'environs *(sic)* six ans, fils du Sr Israel Vidal l'ainé, Juif, négotiant, et de demoiselle Sara Alegre, aussi juive, son épouse, demeurans maison où nous sommes, est décédé ce jour d'huy entre neuf et dix heures du matin, à la suite d'une maladie de fièvre maligne dont il étoit attaqué depuis neuf jours, en une chambre à coucher dépendante de l'appartement où nous venons d'être introduit, dépendant des lieux occupés dans lad. maison par sesd. père et mère, dans les sentimens de la religion judaïque, sous l'empire de laquelle il est né, et que professent sesd. père et mère, et qu'ils ont requis notre transport à l'effet de constater led. décéds et de faire ordonner l'inhumation dud. Alezar Vidal, conformément aux déclarations de Sa Majesté à ce sujet. Et ont signé, à l'égard dud. Sr de Paul père en caractères hébraïques, sa signature ordinaire :

Jacob de Paul *(hebr.)*, Jacob Castille.

Sur quoy nous, commissaire susd., avons donné acte auxd. S^rs De Paul et De Castille de leurs comparutions, dire et réquisitoire cy dessus, et de ce qu'il nous est apparu, dans lad. chambre à coucher dépendant dud. appartement où nous sommes, éclairé par une croisée donnant sur la rue, d'un corps mort masculin, qui nous a paru de l'âge d'environs six ans, étendu sur le carreau, enveloppé de linges et d'une couverture de laine blanche, lequel corps lesd. comparans nous ont déclaré et affirmé en leurs âmes et consciences être celui dud. Alezar Vidal.

Et pour faire ordonner l'inhumation dud. Alezar Vidal, nous nous transporterons au plus tôt ès hôtels de Monsieur le Procureur du Roy audit Châtelet et de Monsieur le Lieutenant général de police, pour obtenir leurs conclusions et ordonnance à cet effet.

Dont et de quoy nous avons rédigé le présent procès verbal pour servir et valloir ce que de raison. Et ont signé avec nous commissaire, à l'égard dud. S^r De Paul père en caractères hébraïques, sa signature ordinaire :

JACOB DE PAUL *(hebr.)*, JACOB CASTILLE, FORMEL.

Vu le procès verbal, je n'empêche pour le Roy le cadavre dud. Alzar *(sic)* Vidal être inhumé sans bruit, scandale ni apareil, dans le cimetière des Juifs, à la Villette, et être enjoint aux officiers du guet et de police d'y veiller et prêter main forte si besoin est et en sont requis. Fait ce 4 septembre 1775.

MOREAU.

Soit fait ainsi qu'il est requis. Fait ce 4 septembre 1775.

ALBERT.

(En marge) : Rapporté en juillet 1781. Trois livres.

94.

11 septembre 1775. — *Acte de décès de Guiton, fille de Mardochée Jacob.*

Y 15283.

Du lundy unze septembre mil sept cent soixante quinze, neuf heures du matin.

Nous, Hugues Philippes Duchesne, conseiller du Roy, commissaire au Châtelet de Paris, ayant été requis, nous sommes transporté rue des Ménestriers, dans une maison tenue garnie par le nommé La Thélyze, chaudronnier, où étant monté au deuxième étage, et entré dans une chambre ayant vue sur lad. ruë, occupée par Mardochée Jacob, Juif de Velin [1], près Sarelouis, et la nommée Naffier, sa femme, y avons trouvé et par devant nous sont comparus Lazare Jacob, Juif dudit Velin, demeurant à Paris, rue Brisemiche, à l'hôtel Saint Pierre, et Salomon Salomon, Juif d'Amsterdam, demeurant rue des Petits Champs Saint Martin, maison du Sr Roger, tabletier.

Lesquels nous ont dit que la nommée Guiton, âgée d'environ huit ans, fille desd. Mardochée Jacob, et Naffir, sa femme, est décédée hier dix heures du soir, de la petite vérolle, proffessant la religion judaïque. Pourquoy ils requièrent que le cadavre de lad. Guiton soit inhumé dans le cimetière des Juifs, en la manière accoutumée. Desquels comparution, dire et réquisition nous avons donné acte, et encore de ce que les comparants nous ont déclaré que lesd. Mardochée Jacob et sa femme ne sont point en état de pourvoir aux frais ordinaires de l'inhumation de leur enfant. Et après qu'il nous est apparu d'un cadavre gissant sur de la paille étendue sur le plancher de lad. chambre, que les comparants nous ont déclaré être celuy de lad. Guiton, iceluy cadavre est resté dans laditte chambre pour y demeurer jusqu'à ce que par M. le Lieutenant général de police il ait été statué sur lad. inhumation et sur le contenu au présent procès verbal, que nous avons dressé pour servir et valoir ce que de raison. Et ont signé en hébreux, ayant déclaré ne pouvoir signer en françois :

LAZARE JACOB *(hebr.)*, SALOMON SALOMON *(hebr.)*, DUCHESNE.

Vu le procès verbal, je n'enpêche pour le Roy le cadavre de lad. Guiton être inhumé à la Vilette, dans le cimetière des Juifs, en la manière accoutumée, et être enjoint aux officiers du guet et de police de prester main forte si besoin est et en sont requis. Fait ce unze septembre 1775 :

MOREAU.

Soit fait ainsy qu'il est requis. Ce unze septembre 1775.

ALBERT.

---

1. Aujourd'hui Wellingen, com. de Dentingen, cercle de Boulay (Lorraine).

95.

19 septembre 1775. — *Acte de décès de Mardochée Aaron, fils d'Aaron Moyse.*

Y 15283.

Du mardy dix neuf septembre mil sept cent soixante quinze, neuf heures du matin.

Nous, Hugues Philippes Duchesne, conseiller du Roy, commissaire au Châtelet de Paris, ayant été requis, nous sommes transporté rue Grenier Saint Lazare, dans une maison dont la boutique est occupée par le Sr Dumange, marchand de vin, où étant monté au premier étage, et entré dans une chambre ayant vue sur lad. rue, occupée par Aaron Moyse, Juif d'Alsace, et Layer Franque, sa femme, y avons trouvé et par devant nous sont comparus Goudechoux Franque, Juif d'Apfic [1] proche Schelestat en Alsace, logeant à Paris, rue Beaubourg, chez la demoiselle Lendormi, et Abraham Grinstad, Juif de Grinstad [2] en Allemagne, demeurant enclos de Saint Martin des Champs.

Lesquels nous ont dit que Mardochée Aaron, âgé d'environ huit ans, fils desd. Aaron Moyse et Layer Franque, est décédé hier neuf heures du soir de suitte de maladie, proffessant la religion judaïque. Pourquoy ils requièrent que son cadavre soit inhumé dans le cimetière des Juifs en la manière accoutumée. Desquels comparution, dire et réquisition nous avons donné acte, et encore de ce que les comparants nous ont déclaré que lesd. Aaron Moyse et sa femme ne sont point en état de pourvoir aux frais ordinaires de l'inhumation de leur enfant. Et après qu'il nous est apparu d'un cadavre gissant sur de la paille étendue sur le plancher de lad. chambre, que les comparants nous ont certiffié et attesté estre celuy dud. Mardochée Aaron, iceluy cadavre est resté dans lad. chambre pour y demeurer jusqu'à ce que par M. le Lieutenant général de police il ait été statué sur lad. inhumation et sur le contenu au présent procès verbal, que nous avons dressé pour servir et valoir ce que de raison. Et ont signé sçavoir led. Sr Abraham Grinstad en françois, et led. Franque en hébreux, ayant déclaré ne sçavoir signer en françois.

Duchesne, Abraham Grunstad, Goudechoux Franque *(hebr.)*.

---

1. Epfig, aujourd'hui cant. de Barr, cercle de Schlettstadt.
2. Grünstadt, Palatinat bavarois.

Vu le procès verbal, je n'empêche pour le Roy le cadavre dudit Mardochée Aaron être inhumé à la Villette, dans le cimetière des Juifs, en la manière accoutumée, et être enjoint aux officiers du guet et de police de prester main forte si besoin est et en sont requis. Fait ce 19 septembre 1775.

MOREAU.

Soit fait ainsy qu'il est requis. Ce dix neuf septembre mil sept cent soixante quinze.

ALBERT.

96.

12 octobre 1775. — *Acte de décès d'Enoch Simon, fils de Jacob Simon.*
Y 15283.

Du jeudy douze octobre mil sept cent soixante quinze, heure de midy.

Nous, Hugues Philippes Duchesne, conseiller du Roy, commissaire au Châtelet de Paris, ayant été requis, nous sommes transporté rue Grenier Saint Lazare, dans une maison dont la dame Remy, marchande de modes, occupe la boutique, où étant monté au deuxième étage sur le derrière, et entré dans une chambre y avons trouvé et pardevant nous sont comparus Lambert Lambert, Juif de Metz, demeurant à Paris, rue des Ménestriers, maison du Sr Lallemant, cavalier du guet, et Salomon Salomon, Juif d'Amsterdam, demeurant à Paris, rue des Petits Champs Saint Martin, maison du Sr Royer, tabletier.

Lesquels nous ont dit que Enoch Simon, âgé de unze ans et demy, fils de deffunt Jacob Simon, Juif de Bruxelles et de Sara Simon, sa femme, est décédé ce matin à huit heures, dans lad. chambre, d'une fièvre maligne, proffessant la religion judaïque. Pourquoy ils requièrent que son cadavre soit inhumé à la Villette, dans le cimetière des Juifs, en la manière accoutumée. Desquels comparution, dire et réquisition nous avons donné acte aux comparans qui nous ont déclaré que la veuve Jacob Simon est dans l'indigence, chargée encore de sept enfans et hors d'état de pourvoir à aucun frais pour faire inhumer led. Enoch Simon, son fils. Et après qu'il nous est apparu du cadavre gissant sur de la paille étendue sur le plancher de lad. chambre, que les comparans nous ont déclaré être celuy dud. Enoch Simon, il est resté dans lad. chambre pour y demeurer jusqu'à ce que par M. le Lieutenant général de police il ait été statué sur lad. inhumation et sur le contenu au présent procès verbal, que nous avons dressé pour servir et valoir

ce que de raison. Led. Sr Lambert a signé en françois et led.
Sr Simon en hébreu, ayant déclaré ne sçavoir signer en françois.
    LAMBER LAMBER, DUCHESNE, SALOMON SALOMON *(hebr.)*.

Vu le procès verbal, je n'empêche par le Roy le cadavre dud.
Enoc Simon être inhumé à la Villette, dans le cimetière des Juifs,
en la manière accoutumée, et être enjoint aux officiers du guet et
de police de prester main forte si besoin est et en sont requis. Fait
ce douze octobre 1775.
                                               MOREAU.

Soit fait ainsy qu'il est requis. Ce douze octobre 1775.
                                               ALBERT.

97.

21 octobre 1775. — *Acte de décès de Toinette, fille de Salomon Moyse.*
    Y 15283.

Du samedy vingt un octobre mil sept cent soixante quinze, neuf heures du soir.

Nous, Hugues Philippes Duchesne, conseiller du Roy, commissaire au Châtelet de Paris, ayant été requis, nous sommes transporté des Vieilles Étuves, dans une maison dont le nommé Roulet, facteur de la poste de Paris, est principal locataire, où étant monté au troisième étage et entré dans une chambre ayant vue sur la rue de la Corroyerie, y avons trouvé et par devant nous sont comparus Mayer Braque, Juif de Nedeviche en Lorraine, demeurant à Paris, rue Brisemiche, près Saint Merry, et Salomon Samuel, Juif de Francfort, demeurant à Paris, rue Grenier Saint Lazare.

Lesquels nous ont dit que Toinette, âgée de dix-huit mois, fille de Salomon Moyse, Juif de Hesse Cassel, et de Lena Moyse, sa femme, est décédée hier dans l'après dînée, de la petite vérole, et, comme ses père et mère professent la religion judaïque, ils requièrent que le cadavre de lad. Toinette soit inhumé à la Villette, dans le cimetière des Juifs, en la manière accoutumée. Desquels comparution, dire et réquisition nous avons donné acte aux comparans, qui nous ont déclaré que les père et mère de lad. Toinette sont dans l'indigence et hors d'état de pourvoir aux frais d'inhumation de leur fille. Et après qu'il nous est apparu d'un cadavre gissant sur de la paille étendue sur le plancher de lad. chambre, que les comparans nous ont déclaré être celuy de lad. Toinette, il est resté dans lad. chambre pour y demeurer jusqu'à ce que par Monsieur le Lieutenant général de police ait été statué sur lad. inhumation et sur le contenu au présent procès verbal que nous avons dressé pour servir et valoir ce que de raison. Et ont signé avec nous, led. Samuel en langue hébraïque, ayant déclaré ne savoir signer en langue françoise.

    DUCHESNE, MAYER BRAC, SALOMON SAMUEL (*hebr.*).

Vu le procès verbal, je n'empêche pour le Roy le cadavre de lad. Toinette, fille dud. Salomon Moyse et de Lena, sa femme, être inhumé à la Villette, dans le cimetière des Juifs, en la manière accoutumée, et être enjoint aux officiers du guet et de police de prester main forte si besoin est et en sont requis. Fait le vingt un octobre mil sept cent soixante quinze.

                 MOREAU.

Soit fait ainsi qu'il est requis. Ce vingt un octobre 1775.

                 ALBERT.

98.

25 octobre 1775. — *Acte de décès de Michel, fils de Lipman Nathan.* Y 15283.

Du mercredy vingt cinq octobre mil sept cent soixante quinze, trois heures de relevée.

Nous, Hugues Philippes Duchesne, conseiller du Roy, commissaire au Châtelet de Paris, ayant été requis, nous sommes transporté rue Maubuée, dans une maison tenue garnie par le nommé Gautier, où étant monté au troisième étage et entré dans une chambre ayant vue sur lad. rue, y avons trouvé et pardevant nous sont comparus Emmanuel l'aîné, Juif de la Silésie, logeant rue du Hurpoix, à l'hôtel des Trois Maures, et Abraham Grinstat, Juif de Grinstat[1] en Allemagne, demeurant enclos du Prieuré Saint Martin des Champs.

Lesquels nous ont dit que Michel Lipman, âgé de deux ans et demy, fils de Lipman Nathan, Juif d'Armstadt[2] en Allemagne, et de Hinth Lipman, sa femme, est décédé ce jourd'huy, de la petite vérolle, ce matin à onze heures, et, comme ses père et mère professent la religion judaïque, ils requièrent que le cadavre dud. Michel Lipman soit inhumé à la Villette, dans le cimetière des Juifs, en la manière accoutumée. Desquels comparution, dire et

---

1. Grunstadt, Palatinat bavarois.
2. Darmstadt, Hesse.

réquisition, nous avons donné acte aux comparans qui nous ont déclaré que les père et mère dud. Michel Lipman sont dans l'indigence et hors d'état de pourvoir aux frais d'inhumation de leur fils. Et après qu'il nous est apparu d'un cadavre gissant sur de la paille étendu sur le plancher de lad. chambre, que les comparans nous ont déclaré être celuy dud. Michel Lipman, il est resté dans lad. chambre pour y demeurer jusqu'à ce que par M. le Lieutenant général de police il ait été statué sur lad. inhumation et sur le contenu au présent procès verbal, que nous avons dressé pour servir et valoir ce que de raison. Et ont signé avec nous :

    Duchesne, Emanuel l'aîné, Abraham Grunstad.

Vu le procès verbal, je n'empêche pour le Roy le cadavre dud. Michel Lipman être inhumé à la Villette, dans le cimetière des Juifs, en la manière accoutumée, et être enjoint aux officiers du guet et de police de prester main forte si besoin est et en sont requis. Fait ce vingt cinq octobre MVII^e soixante quinze.

                                         Moreau.

Soit fait ainsy qu'il est requis. Ce vingt cinq octobre mil sept cent soixante quinze.

                                         Albert.

99.

31 octobre 1775. — *Acte de décès de Goutle, femme de Lazare Jacob.*
    Y 15283.

Du mardy trente un octobre mil sept cent soixante quinze, cinq heures du soir.

Nous, Hugues Philippes Duchesne, conseiller du Roy, commissaire au Châtelet de Paris, ayant été requis, nous sommes transporté rue Brisemiche, dans une maison dite l'hôtel Saint Pierre, où étant monté au deuxième étage, et entré dans une chambre ayant vue sur une cour, y avons trouvé et pardevant nous sont comparus Lion Zacharie, Juif d'Hollande, demeurant rue Saint Martin, et Salomon Samuel, Juif de Bamberg[1] en Allemagne, demeurant rue Grenier Saint Lazare.

Lesquels nous ont dit que Goutle, âgée d'environ quarante ans, femme de Lazare Jacob, Juif de Valange[2] près Sarelouis en Lor-

---

1. Bamberg (Bavière).
2. Aujourd'hui Wellingen, com. de Dentingen, cercle de Boulay (Lorraine).

raine, est décédée ce jourd'huy il y a environ une heure, de suite de maladie, dans la chambre sus désignée, professant la religion judaïque. Pourquoi ils requièrent qu'il soit pourvu à son inhumation dans le cimetière des Juifs, en la manière accoutumée. Desquels comparutions, dire et réquisition nous avons donné acte aux comparans qui nous ont déclaré que led. Jacob est hors d'état de payer aux frais d'inhumation de sa femme. Et après qu'il nous est aparu d'un cadavre gissant sur de la paille étendue sur le plancher de lad. chambre, que les comparans nous ont déclaré être celuy de lad. Goutle, il est resté dans lad. chambre pour y demeurer jusqu'à ce que par M. le Lieutenant général de police il ait été statué sur lad. inhumation et sur le contenu au présent procès verbal, que nous avons dressé pour servir et valoir ce que de raison. Et ont signé avec nous led. Salomon Samuel en hébreu, ayant declaré ne sçavoir écrire ny signer en langue françoise.

DUCHESNE, LION ZACHARIE, SALOMON SAMUEL (*hebr.*).

Vu le procès verbal je n'empêche pour le Roy, le cadavre de lad. Goutle être inhumé à la Villette, dans le cimetière des Juifs, en la manière accoutumée et être enjoint aux officiers du guet et de police de prester main forte si besoin est et en sont requis. Fait ce trente un octobre 1775.

MOREAU.

Soit fait ainsi qu'il est requis. Fait ce trente un octobre 1775.

ALBERT.

100.

7 décembre 1775. — *Acte de décès de David Peirere.*
Y 11091.

L'an mil sept cent soixante quinze, le jeudy sept décembre, sept heures du soir, nous, Louis François Formel, conseiller du Roy, commissaire enquesteur examinateur au Châtelet de Paris, ayant été requis, nous sommes transporté rue Platrière, maison à porte cochère joignant un caffé, attenant l'hotel de la Ferme génerralle des postes, et étant monté en un appartement au premier étage sur la rue, et introduit en une grande pièce à cheminée ayant vue sur lad. rue et dépendante dud. appartement, nous y avons trouvé et par devant nous sont comparus Sr Jacob de Paul fils, Juif, négociant, demeurant à Paris, rue Poupée, paroisse Saint Séverin, et Sr Jacob Scaramela, aussi Juif, négociant, demeurant ordinairement à Bordeaux, étant de présent à Paris, logé à l'hôtel d'Anjou rue Mâcon, susd. paroisse.

Lesquels nous ont dit que David Peirere, âgé d'environ dix huit mois, fils de Sʳ Jacob Peirere, secrétaire interprette et pensionnaire du Roy, et de demoiselle Marianne Lopez, son épouse, tous deux Juifs, demeurants dans l'appartement où nous sommes, est décédé ce jourd'hui sur le midy, à la suitte d'une maladie de convulsions de dents dont il étoit attaqué depuis près d'un mois, dans la chambre à cheminée en laquelle nous avons été introduit, dans les sentiments de la religion judaïque, sous l'empire de laquelle il est né et que professent sesd. père et mère, et qu'ils ont requis notre transport à l'effet de constater led. décès et de faire ordonner l'inhumation dud. David Peirere conformément aux Déclarations de Sa Majesté rendues à ce sujet. Et ont signé :

JACOB DE PAUL fils, JACOB SCARAMELLA [1].

Sur quoy, nous, commissaire susd., avons donné acte auxd. Sʳˢ de Paul et Scaramela de leurs comparutions, dire et réquisitoire, et de ce qu'il nous est apparu dans lad. chambre sus désignée d'un corps mort masculin qui nous a paru de l'âge d'environ dix huit mois, enveloppé de linges et d'une vieille couverture de laine blanche et posé sur une table, lequel corps lesd. comparans nous ont déclaré et affirmé en leurs âmes et consciences être celui dud. David Peirere.

Et pour faire ordonner l'inhumation dud. David Peirere, nous nous transporterons au plus tôt ès hôtels de Monsieur le Procureur du Roy aud. Châtelet et de Monsieur le Lieutenant général de police pour obtenir leurs conclusions et ordonnance à cet effet.

Dont et de quoi nous avons rédigé le présent procès verbal pour servir et valoir ce que de raison. Et ont signé avec nous commissaire. Rayé au présent procès-verbal un mot nul.

JACOB DE PAUL fils, JACOB SCARAMELLA, FORMEL.

Vu le procès verbal, je n'empêche pour le Roy que le cadavre dud. David Pereire être inhumé sans bruit, scandale ni apareil, au cimetière des Juifs, et être enjoint aux officiers du guet et de police d'y veiller et prêter main forte si besoin est et en sont requis. Fait ce sept décembre 1775.

MOREAU.

---

1. Une première signature porte : Jacob Scamella.

Soit fait ainsi qu'il est requis. Ce sept décembre 1775.

ALBERT.

(*En marge*) : Rapporté en décembre 1775. Trois livres.

101.

19 février 1776. — *Acte de décès d'Aaron David.*

Y 15284.

Du lundy dix neuf février mil sept cent soixante seize, unze heures du matin.

Nous, Hugues Philippes Duchesne, conseiller du Roy, commissaire au Châtelet de Paris, ayant été requis, nous sommes transporté rue des Vieilles Étuves Saint Martin, dans une maison cy devant occupée par le nommé Roulet, facteur de la poste de Paris, où étant monté au troisième étage et entré dans une chambre ayant vue sur la rue de la Corroyerie, pardevant nous sont comparus Salomon Samuel, Juif de Versbourg [1] en Allemagne, demeurant à Paris, rue Grenier Saint Lazare, à la Petitte Poste, et Doder Ayman, Juif d'Alsace, demeurant rue Beaubourg, chez le Sr Lafrance, vinaigrier.

Lesquels nous ont dit que Aaron David, Juif de Metz, âgé de cinquante quatre ans, est décédé hier sept heures du soir d'une maladie de poitrine, dans lad. chambre, proffessant la religion judaïque. Pourquoy ils requièrent qu'il soit pourvu à son inhumation dans le cimetière des Juifs, en la manière accoutumée. Desquels comparution, dire et réquisition, et déclaration faitte par les comparans que led. Aaron David est mort dans l'indigence, nous leur avons donné acte. Et après qu'il nous est apparu d'un cadavre gissant sur de la paille étendue sur le plancher de lad. chambre, que que les comparans nous ont déclaré être celuy dud. Aaron David, il est resté dans lad. chambre pour y demeurer jusqu'à ce que par Monsieur le Lieutenant général de police ait été statué sur lad. inhumation et sur le contenu au présent procès verbal, que nous avons dressé pour servir et valoir ce que de raison. Et ont les comparans signé en hébreux, ayant déclaré ne sçavoir signer en langue françoise, de ce interpellés.

SALOMON SAMUEL (*hebr.*), DODER AYMAN (*hebr.*), DUCHESNE.

---

1. Würzburg (Bavière)?

Vu le procès verbal, je n'empêche pour le Roy le cadavre dud. Aaron David être inhumé à la Villette, dans le cimetière des Juifs, en la manière accoutumée, et être enjoint aux officiers du guet et de police de prester main forte si besoin est et en sont requis. Fait ce dix neuf février 1776.   Moreau.

Soit fait ainsi qu'il est requis. Ce dix neuf février mil sept cent soixante seize.   Albert.

102.

21 mai 1776. — *Acte de décès de Cerf Fribourg.*
Y 15284.

Du mardy vingt un may mil sept cent soixante seize, huit heures du matin.

Nous, Hugues Philippes Duchesne, conseiller du Roy, commissaire au Châtelet de Paris, ayant été requis, nous sommes transporté rue Beaubourg, vis à vis celle des Vieilles Étuves, dans une maison dont la boutique est occupée par le Sr Roy, patissier, où étant et introduit dans une salle au rez de chaussée au fond de la cour de lad. dépendante des lieux, que le nommé De Presle tient garnis, y avons trouvé et pardevant nous sont comparus Sr Mayer Hademar, agent de la communauté des Juifs de Metz, demeurant à Paris, rue Saint Martin, chez le Sr Anginot, marchand boursier, et Mayer Brac Juif de Nidrevisse proche Boullay en Lorraine, demeurant rue Grenier Saint Lazare, maison du Sr Demay, éventailliste.

Lesquels nous ont dit que Cerf Fribourg, Juif de Nidrevisse, âgé d'environ trente trois ans, est décédé de suitte de maladie, hier unze heures du soir, dans lad. salle, où il logeait depuis environ douze jours, proffessant la religion judaïque. Pourquoy les comparans requièrent qu'il soit pourvu à son inhumation dans le cimetière des Juifs, à la Villette, en la manière accoutumée. Desquels comparution, dire et réquisition avons donné acte. Et après qu'il nous est apparu d'un corps mort gissant sur de la paille étendue sur le plancher de lad. salle, que les comparans nous ont déclaré etre celuy dud. Cerf Fribourg, il est resté dans lad. salle pour y demeurer jusqu'à ce que par M. le Lieutenant général de police il ait été statué sur lad. inhumation et sur le contenu au présent procès verbal, que nous avons dressé pour servir et valoir ce que de raison. Et ont signé avec nous :

    M. Hadamar, Mayer Brac [1], Duchesne.

---

1. La signature est accompagnée d'une seconde signature hébraïque.

Vu le procès verbal, je n'empêche pour le Roy le cadavre dud. Cerf Fribourg être inhumé à la Villette, dans le cimetière des Juifs, en la manière accoutumée, et être enjoint aux officiers du guet et de police de prester main forte si besoin est et en sont requis. Fait ce vingt un may 1776.

Moreau.

Soit fait ainsi qu'il est requis. Ce 21 may 1776.

Albert.

103.

5 septembre 1776. — *Acte de décès d'Aaron, fils de Joseph Petit.*
Y 15284.

Du jeudi cinq septembre mil sept cent soixante seize, huit heures du matin.

Nous, Hugues Philippes Duchesne, conseiller du Roy, commissaire au Châtelet de Paris, ayant été requis nous sommes transporté rue Saint Honnoré, vis à vis les pilliers des Halles, dans une maison dont le Sr Laplanche, marchand miroitier, occupe la boutique, où étant et entré dans une chambre au deuxième étage sur le devant, y avons trouvé et pardevant nous sont comparus Ysrael Petit, Juif de Bordeaux et négotiant, demeurant à Paris rue Saint Martin, au coin de celle des Petits Champs, maison du Sr Perault Perrault, et Aaron Levy, Juif de Breslau, demeurant rue Geoffroy Langevin, maison de la Vve Boursier.

Lesquels nous ont dit que Aaron Petit, âgé d'environ six ans, fils de Joseph Petit, Juif de Bordeaux, commerçant, et de Ester Petit, sa femme, est décédé ce matin à six heures, de suitte de maladie, dans la chambre où nous sommes, que ses père et mère, proffessant la religion judaïque, estoient dans l'intention d'élever leur fils dans la même religion. Pourquoy ils requièrent qu'il soit pourvu à l'inhumation dud. Aaron Petit au cimetière des Juifs, en la manière accoutumée. Desquels comparution, dire et réquisition nous avons donné acte. Et après qu'il nous est apparu d'un corps mort gissant sur de la paille étendue sur le plancher dans lad. chambre, que les comparants nous ont déclaré estre celuy dudit Aaron Petit, nous l'avons laissé dans lad. chambre pour y rester jusqu'à ce que par Monsieur le Lieutenant général de police il ait été statué sur lad. inhumation et sur le contenu au présent procès verbal, que nous avons dressé pour servir et valoir ce que de raison. Et ont les comparans signé, led. Lévy en hébreux, ayant déclaré ne sçavoir signer en langue françoise.

Israel Petit, Aaron Lévy (hebr.), Duchesne.

Vu le procès verbal, je n'empesche pour le Roy le cadavre dud. Aaron Petit être inhumé à la Villette, dans le cimetière des Juifs, en la manière accoutumée, et être enjoint aux officiers du guet et de police de prester main forte si besoin est et en sont requis. Fait ce cinq septembre mil sept cent soixante seize.

MOREAU.

Soit fait ainsy qu'il est requis. Fait ce cinq septembre 1776.

LENOIR.

104.

16 septembre 1776. — *Acte de décès du fils de Cerf Joseph.*
Y 15284.

Du lundy seize septembre mil sept cent soixante seize, ... du matin.

Nous, Hugues Philippes Duchesne, conseiller du Roy, commissaire au Châtelet de Paris, ayant été requis, nous sommes transporté rue Maubuée, dans une maison dont la boutique est occupée par un tourneur, où étant monté au deuxième étage et entré dans une chambre ayant vue sur lad. rue, tenue garnie du nommé Vautier par Cerf Joseph, Juif de Francfort, et Sara Aaron, sa femme, par devant nous sont comparus Sr Mayer Hadamar, agent de la communauté des Juifs de Metz, demeurant à Paris, rue Saint Martin, chez le Sr Anginot, marchand boursier, et Lion Isaac, Juif de Vessembourg[1] en Alsace, demeurant à Paris, rue Maubuée, chez le Sr Colignon, limonadier.

Lesquels nous ont dit qu'un enfant desd. Cerf Joseph et Sara Aaron, sexe masculin, âgé de six jours et non circoncis, est décédé la nuit dernière à minuit, et comme ses père et mère proffessent la religion judaïque et qu'ils étoient dans l'intention d'élever leur fils dans la même religion, les comparans requièrent qu'il soit pourvu à l'inhumation dudit enfant au cimetière des Juifs, en la manière accoutumée *(sic)*, déclarant que ledit Cerf Joseph et sa femme sont pauvres et hors d'état de fournir aux frais de lad. inhumation. Desquels comparution, dire, réquisition et déclaration nous avons donné acte. Et après qu'il nous est apparu d'un corps mort gissant sur de la paille étendue sur le plancher de lad. chambre, que les comparans nous ont déclaré être celuy de l'enfant desd. Cerf Joseph et sa femme, nous l'avons laissé dans lad. chambre

---

1. Wissembourg.

pour y rester jusqu'à ce que par M. le Lieutenant général de police il ait été statué sur lad. inhumation et sur le contenu au présent procès verbal, que nous avons dressé pour servir et valoir ce que de raison. Et ont les comparans signé avec nous, ledit Lion Ysaac en langue hébraïque, ayant déclaré ne sçavoir signer en langue françoise.

DUCHESNE, LION ISAAC *(hebr.)* [1], M. HADAMAR.

Vu le procès verbal, je n'empêche pour le Roy le cadavre dud. enfant sexe masculin être inhumé à la Villette, dans le cimetière des Juifs, en la manière accoutumée, et être enjoint aux officiers du guet et de police de prester main forte si besoin est et en sont requis. Fait ce seize septembre MVII^c soixante seize.

MOREAU.

Soit fait ainsy qu'il est requis. Ce seize septembre 1776.

LENOIR.

105.

7 janvier 1777. — *Acte de décès d'Abraham, fils de Jacob Peyrere.*
Y 11093.

L'an mil sept cent soixante dix sept, le mardy sept janvier, heure de midy et demie, nous, Louis François Formel, conseiller du Roy, commissaire enquesteur examinateur au Châtelet de Paris, ayant été requis, nous sommes transporté rue Platrière, maison à porte cochère, joignant un caffé, et ayant été introduit en une chambre au premier étage ayant vue sur lad. rue, nous y avons trouvé et par devant nous sont comparus Sr David Peyrere, Juif, négociant, demeurant maison où nous sommes, paroisse Saint Eustache, et Sr Jacob de Paul fils, aussi Juif, négociant, demeurant rue Poupée, paroisse Saint Séverin.

Lesquels nous ont dit que Abraham Peyrere, âgé de deux ans huit mois, fils de Sr Jacob Peyrere, aussi Juif, interprette pensionnaire du Roy et de dame Mayrian Lopez, son épouse, pareillement Juive, occupant l'appartement au premier étage, duquel dépend la chambre où nous venons d'être introduit, est décedé ce jourd'hui sur les cinq heures du matin, en lad. chambre, à la suitte d'une maladie de langueur, sous l'empire de la religion judaïque, que professe *(sic)* ses père et mère et sous lequel empire de la religion

---

1. Cette signature se lit littéralement : Leïb Weissemborg.

il étoit né, et qu'ils ont requis notre transport à l'effet de constater led. décès et de faire ordonner l'inhumation dud. Abraham Peyrere, conformément aux Déclarations de Sa Majesté rendues à ce sujet. Et ont signé. Rayé cy dessus un mot nul.

Jacob de Paul fils, D^d Pereyre.

Sur quoy nous, commissaire susd., avons donné acte auxd. sus nommés de leurs comparutions, dire et réquisitoire cy dessus, et de ce qu'il nous est apparu dans lad. chambre d'un corps mort masculin, qui nous a paru en effet de l'âge de deux à trois ans, exposé dans une manne d'osier revêtue d'indienne, placée sur une table à quatre pilliers, enveloppé dans ses vêtemens d'indienne et coeffé d'un bonnet de coton, lequel corps lesd. S^{rs} susnommez nous ont déclaré et affirmé en leurs âmes et consciences être celuy dud. Abraham Peyrere enfant.

Et pour faire ordonner l'inhumation dud. enfant nous nous transporterons au plutost ès hôtels de Monsieur le Procureur du Roy au Châtelet et de Monsieur le Lieutenant général de police pour obtenir leurs conclusions et ordonnance à cet effet.

Dont et de ce que dessus nous avons rédigé le présent procès verbal pour servir et valoir ce que de raison. Et ont lesd. Srs Peyrere et De Paul signé avec nous commissaire :

D^d Pereyre, Jacob de Paul fils, Formel.

Vu le procès verbal, je n'empêche pour le Roy le cadavre dud. Abraham Pereyre être inhumé sans bruit, scandale ni apareil, au cimetière des Juifs, à la Villette, et être enjoint aux officiers du guet et de police d'y veiller et prêter main forte si besoin est et en sont requis. Fait ce 7 janvier 1777.

Moreau.

Soit fait ainsi qu'il est requis. Fait ce sept janvier 1777.

Lenoir.

(*En marge :*) Rapporté en janvier 1777. Trois livres.

106.

3 février 1777. — *Acte de décès de Wolf Joseph.*
Y 15285.

Du lundy trois février mil sept cent soixante dix sept, ... du matin. Nous, Hugues Philippes Duchesne, conseiller du Roy, commissaire au Châtelet de Paris, ayant été requis, nous sommes transporté rue Maubuée, dans une maison dont la boutique est occupée par le nommé Vautier, maître tourneur et tenant chambres garnies, où étant monté au deuxième étage et introduit dans une chambre ayant vue sur laditte rue, y avons trouvé et par devant nous sont comparus Salomon Bernard Cahin, Juif de Metz, logeant à Paris, rue Geoffroy Langevin chez le Sr Lollier, marchand de vin, et Samuel Moyse, Juif de Francfort, logeant à Paris chez le Sr Richard, limonadier, rue Beaubourg.

Lesquels nous ont dit que Wolf Joseph, Juif de Francfort, âgé de trente huit ans, est décédé de suite de maladie hier entre quatre à cinq heures après-midi, dans laditte chambre, proffessant la religion judaïque, qu'il étoit pauvre et laisse sa femme et un enfant âgé de quatre ans dans une grande nécessité, qu'ils requièrent qu'il soit pourvu à son inhumation dans le cimetière des Juifs, en la manière accoutumée. Desquels comparution, dire et réquisition avons donné acte. Et après qu'il nous est apparu d'un corps mort gissant sur de la paille étendue sur le plancher de lad. chambre, que les comparans nous ont déclaré estre celuy dudit Wolf Joseph, il est resté dans lad. chambre pour y demeurer jusqu'à ce que par Monsieur le Lieutenant général de police il ait été statué sur lad. inhumation, et sur le contenu au présent procès verbal, que nous avons dressé pour servir et valoir ce que de raison.

Et ont signé avec nous :

SAMUEL MOYESE, DUCHESNE, SALOMON BERNARD CAHEN [1].

Vu le procès verbal, je n'empêche pour le Roy le cadavre dud. Wolf Joseph, Juif, être inhumé à la Villette, dans le cimetière des Juifs, en la manière accoutumée, et être enjoint aux officiers du guet et de police de prester main forte si besoin est et en sont requis. Fait ce trois février MVIIᶜ soixante dix sept. Rayé cy dessus un mot nul.

MOREAU.

Soit fait ainsy qu'il est requis. Fait ce trois février 1777.

LENOIR.

*[Au procès verbal est annexé un certificat signé M. Hadamar, constant que Wolf Joseph meurt pauvre et laissant femme et enfant dans la nécessité.]

---

1. Avec une seconde signature en hébreu.

107.

7 mars 1777. — *Acte de décès de Guendele, femme d'Ollery Alexandre Cahen*

Y 15285.

Du vendredy sept mars mil sept cent soixante dix sept, de relevée.

Nous, Hugues Philippes Duchesne, conseiller du Roy, commissaire au Châtelet de Paris, ayant été requis, nous sommes transporté rue des Vieilles Étuves Saint Martin, dans une maison occupée par le nommé Delmotte, aubergiste, où étant monté au deuxième étage, et entré dans une chambre ayant vue sur la rue de la Corroyerie, y avons trouvé et pardevant nous est comparu Salomon Cahin, Juif de Metz, demeurant rue Geoffroy Langevin, et Salomon Salomon, Juif hollandois, demeurant rue des Petits Champs Saint Martin.

Lesquels nous ont dit que Guendele, femme d'Ollery Alexandre Cahin, Juif de Metz, âgée d'environ trente ans, est décédée la nuit dernière dans la chambre où nous sommes, proffessant la religion judaïque, que son mary est pauvre et chargé d'enfans et hors d'état de pourvoir aux frais de l'inhumation de sa femme, à laquelle ils requièrent qu'il soit pourvu en la manière accoutumée dans le cimetière des Juifs, à la Villette. Desquels comparutions, dire et requisitions nous avons donné acte. Et après qu'il nous est apparu d'un corps mort gissant sur de la paille étendue sur le plancher de lad. chambre, que les comparans nous ont déclaré estre celuy de lad. Guendelle, femme dud. Cahin, lequel corps mort est resté dans lad. chambre pour y demeurer jusqu'à ce que par M. le Lieutenant général de police, il ait été statué sur lad. inhumation.

Dont et de quoy nous avons dressé le présent procès verbal pour servir et valoir ce que de raison. Et ont signé avec nous :

DUCHESNE, SALOMON BERNARD CAHEN [1],
SALOMON SALOMON *(hebr.)*

Vu le procès verbal, je n'empêche pour le Roy, le cadavre de lad. Guendele, femme dudit Cahin, être inhumé à la Villette, dans le cimetière des Juifs, en la manière accoutumée, et être enjoint aux officiers du guet et de police de prester main forte si besoin est et en sont requis. Fait ce sept mars 1777.

MOREAU.

---

1. Avec seconde signature en hébreu.

Soit fait ainsy qu'il est requis. Fait ce sept mars mil sept cent soixante dix sept.

Lenoir.

*[Au procès verbal est joint un certificat de Mayer Hadamar, syndic de la Communauté, constatant le décès de la femme de Olry Alexandre Cahin, nommée Gouton, de Paupertte [1], près Coblence, et l'indigence de la famille.]

108.

2 avril 1777. — *Acte de décès de la fille de Jacob Solomon.*
Y 15285.

Du mercredy deux avril mil sept cent soixante dix sept, huit heures du matin.

Nous, Hugues Philippes Duchesne, conseiller du Roy, commissaire au Châtelet de Paris, ayant été requis, nous sommes transporté rue Maubuée, dans une maison dont la boutique est occupée par le Sr Lenoir, maître menuisier, où étant monté au deuxième étage et introduit dans une chambre ayant vue sur lad. rue, y avons trouvé et pardevant nous sont comparus Benjamin Polonois, Juif de Lublin [2], en Pologne, logeant à Paris chez led. Sr Lenoir, susd. rue Maubuée, et Lyon Isaac, Juif de Wissembourg en Alsace, demeurant susd. rue Maubuée, chez le Sr Colignon, limonadier.

Lesquels nous ont dit que l'enfant sexe féminin du nommé Jacob Salomon, Juif de Mora [3] en Silésie, et de Sara Charlote, sa femme, âgé de quinze jours, est décédé, ne portant encore aucun nom, ce jourd'huy trois heures du matin, dans laditte chambre, et comme ses père et mère proffessent la religion judaïque et qu'ils étoient dans l'intention d'élever ledit enfant dans la même religion, les comparans requièrent qu'il soit inhumé dans le cimetière des Juifs, en la manière accoutumée. Desquels comparution, dire et réquisition nous avons donné acte. Et après qu'il nous est apparu du cadavre d'un enfant sexe féminin étendu sur de la paille dans lad. chambre, que les comparans nous ont déclaré estre celuy de l'en-

---

1. Boppard, cercle de Sankt Goar, prés. Coblenz, Prusse rhénane.
2. Lublin, en polonais Lubelsk, en russe Lioubin (Pologne Russe).
3. Mohrau, cercle de Neisse, présidence d'Oppeln ou Morawa, cercle de Kattowitz, prés. d'Oppeln (Silésie prussienne)?

fant dud. Jacob Salomon et de Sara Charlote, nous l'avons laissé dans lad. chambre pour y demeurer jusqu'à ce que par M. le Lieutenant général de police il ait été statué sur laditte inhumation et sur le contenu au présent procès verbal, que nous avons dressé pour servir et valoir ce que de raison. Et ont lesd. comparans signé en hébreu, ayant déclaré ne sçavoir signer en françois, de ce interpellés. Rayé cy-dessus un mot nul.

DUCHESNE, LYON ISAAC (hebr.), BENJAMIN POLONOIS (hebr.)[1].

Vu le procès verbal, je n'empêche pour le Roy le cadavre de l'enfant sexe féminin du nommé Jacob Salomon et de Sara Charlotte, sa femme, ne portant encore aucun nom, être inhumé à la Villette, dans le cimetière des Juifs, en la manière accoutumée, et être enjoint aux officiers du guet (sic) de prester main forte si besoin est et en sont requis. Fait ce deux avril M VII^c soixante dix sept.

MOREAU.

Soit fait ainsi qu'il est requis. Fait ce deux avril mil sept cent soixante dix sept.

LENOIR.

* [Au procès verbal est joint un certificat d'indigence délivré par M. Hadamar.]

109.

20 avril 1777. — *Acte de décès de David Quint.*

Y 15285.

Du dimanche vingt avril mil sept cent soixante dix sept, de relevée.

Nous, Hugues Philippes Duchesne, conseiller du Roy, commissaire au Châtelet de Paris, ayant été requis, nous sommes transporté rue Beaubourg, vis a vis celle Geoffroy Langevin, dans une maison occupée par le Sr Felizo, marchand limonadier, et tenant chambres garnies, où étant monté au deuxième étage et introduit dans une chambre ayant vue sur la cour, y avons trouvé et pardevant nous sont comparus Samuel Moyse, Juif de Francfort sur le Mein, logeant à Paris, rue Maubuée, chez le Sr Vautier, tourneur, et Joseph Levy, Juif de Paulvy[2] en Alsace, logeant à Paris, maison où nous sommes.

---

1. La signature hébraïque porte : Benjamin de Lublin.
2. Bollwiller, aujourd'hui Bollweiler, canton de Sulz, cercle de Gebweiler (H^{te} Alsace).

Lesquels nous ont dit que David Quint, Juif de Francfort sur Oudre [1], âgé d'environ soixante sept à soixante huit ans, qui étoit attaqué de paralisie et dans l'indigence, est décédée *(sic)* de suitte de maladie dans lad. chambre, ce jour d'huy neuf heures du matin, proffessant la religion judaïque. Pourquoy requièrent qu'il soit pourvu à son inhumation au cimetière des Juifs, en la manière accoutumée. Desquels comparution, dire et réquisition avons donné acte. Et après qu'il nous est apparu d'un corps mort gissant sur de la paille étendue sur le plancher de ladite chambre, que les comparans nous ont déclaré estre celuy dudit David Quint, il est resté dans lad. chambre pour y demeurer jusqu'à ce que par M. le Lieutenant général de police il ait été statué sur lad. inhumation. Et de tout ce que dessus nous avons dressé le présent procès verbal pour servir et valoir ce que de raison. Et ont les comparants signé avec nous.

Rayé un mot comme nul.

JOSEPH LEVY [2], SAMUEL MOYSE, DUCHESNE.

Vu le procès verbal, je n'empêche pour le Roy le cadavre dudit David Quint être inhumé à la Villette, dans le cimetière des Juifs, en la manière accoutumée, et être enjoint aux officiers du guet et de police de prester main forte si besoin est et en sont requis. Fait ce vingt avril mil sept cent soixante dix sept.

MOREAU.

Soit fait ainsy qu'il est requis. Fait ce vingt avril mil sept cent soixante dix sept.

LENOIR.

* [Au procès verbal est joint un certificat d'indigence délivré par Hadamar.]

110.

11 mai 1777. — *Acte de décès de Salomon Emmanuel*
Y 15285.

Du dimanche unze may mil sept cent soixante dix sept, huit heures du matin.

Nous, Hugues Philippes Duchesne, conseiller du Roy, commissaire au Châtelet de Paris, ayant été requis, nous sommes trans-

---

1. Francfort sur l'Oder (Brandebourg).
2. Signé en caractères allemands.

porté rue Beaubourg, dans une maison dont la boutique est occupée par le nommé Lathelize, maitre chaudronnier et tenant chambres garnies, où étant monté au deuxième étage sur le derrière, et introduit dans une chambre ayant vue sur la cour, y avons trouvé et par devant nous sont comparus, Mayer Hadamar, agent de la Communauté des Juifs de Metz, demeurant à Paris, rue Saint Martin, chez le Sr Anginot, marchand boursier, et Abraham Moyse, Juif d'Harbourg [1], pays de Souabe, logeant à Paris, susditte rue Beaubourg, chez le Sr Richard, marchand limonadier.

Lesquels nous ont dit que Salomon Emmanuel, Juif de Franconie en Almagne, âgé d'environ soixante cinq à soixante six ans, qui logeoit dans la chambre où nous sommes, y est décédé de suite de maladie hier, environ une heure du matin, professant la religion judaïque, qu'il étoit dans la plus grande indigence, qu'ils requièrent qu'il soit pourvu à son inhumation dans le cimetière des Juifs, en la manière accoutumée. Desquels comparution, dire et réquisitions avons donné acte. Et après qu'il nous est apparu d'un corps mort gissant sur de la paille étendue sur le plancher de lad. chambre, que les comparans nous ont déclaré estre celuy dudit Salomon Emmanuel, il est resté dans lad. chambre pour y demeurer jusqu'à ce que par M. le Lieutenant général de police il ait été statué sur lad. inhumation et sur le contenu au présent procès verbal, que nous avons dressé pour servir et valoir ce que de raison. Et ont signé avec nous, ledit Abraham Moyse en hébreux, ayant déclaré ne sçavoir signer en françois, de ce interpellé.

DUCHESNE, ABRAHAM MOYSE *(hebr.)*, M. HADAMAR.

Vu le procès verbal, je n'empêche pour le Roy le cadavre dud. Salomon Emmanuel être inhumé à la Villette, dans le cimetière des Juifs, en la manière accoutumée, et être enjoint aux officiers du guet et de police de prester main forte si besoin est et en sont requis. Fait ce unze may 1777.

MOREAU.

Soit fait ainsi qu'il est requis. Fait ce unze may mil sept cent soixante dix sept.

LENOIR.

---

1. Harburg, c. de Donauworth, Souabe, royaume de Bavière.

III.

20 mai 1777. — *Acte de décès de Joseph Lévy*

Y 15285.

Du mardy vingt may mil sept cent soixante dix sept, de relevée. Nous, Hugues Philippes Duchesne, conseiller du Roy, commissaire au Châtelet de Paris, ayant été requis, nous sommes transporté rue Beaubourg, vis à vis la rue Geoffroy Langevin, dans une maison dont la boutique est occupée par le Sr Felizo, limonadier et tenant chambre *(sic)* garnies, où étant monté au cinquième étage et introduit dans un cabinet sur le derrière, ayant vue sur la cour, y avons trouvé et par devant nous sont comparus Mayer Hademar, agent de la communauté des Juifs de Metz, demeurant à Paris, rue Saint Martin, chez le Sr Anginot, marchand boursier, et Abraham Grinstat, Juif de Grinstat [1] en Almagne, demeurant enclos Saint Martin des Champs.

Lesquels nous ont dit que Joseph Lévy, Juif de Bolvel [2] en Alsace, âgé d'environ soixante ans, qui occupoit ledit cabinet y est décédé de suite de maladie, ce jourd'huy deux heures du matin, professant la religion judaïque, qu'il étoit dans une extrême pauvreté, que les comparans requièrent qu'il soit pourvu à son inhumation dans le cimetière des Juifs, à la Villette, en la manière accoutumée. Desquels comparution, dire et réquisition avons donné acte. Et après qu'il nous est apparu d'un corps mort gissant sur de la paille étendue sur le plancher dud. cabinet, que les comparants nous ont déclaré estre celuy dudit Joseph Lévy, il est resté dans led. cabinet pour y demeurer jusqu'à ce que par M. le Lieutenant général de police il ait été statué sur lad. inhumation. Et de tout ce que dessus nous avons dressé le présent procès verbal pour servir et valoir ce que de raison. Et ont les comparans signé avec nous :

DUCHESNE, ABRAHAM GRUNSTAD [3], M. HADAMAR [3].

Vu le procès verbal, je n'empêche pour le Roy le cadavre dudit Joseph Lévy être inhumé à la Villette, dans le cimetière des Juifs,

---

1. Grunstadt (Palatinat bavarois).
2. Bollwiller, aujourd'hui Bollweiler, canton de Sulz, cercle de Gebweiler (Hte Alsace).
3. Avec seconde signature hébraïque.

en la manière accoutumée, et être enjoint aux officiers du guet et police de prester main forte, si besoin est et en sont requis. Fait ce vingt may MVII^c soixante dix sept.

MOREAU.

Soit fait ainsi qu'il est requis. Fait ce vingt may mil sept cent soixante dix sept.

LENOIR.

112.

20 juillet 1777. — *Acte de décès de Salomon, fils de Jonas.*

Y 15285.

Du dimanche vingt juillet mil sept cent soixante dix sept, de relevée.

Nous, Hugues Philippes Duchesne, conseiller du Roy, commissaire au Châtelet de Paris, ayant été requis, nous sommes transporté rue Beaubourg, dans une maison occupée par le Sr Felizo, limonadier et tenant chambres garnies, où étant monté au quatrième étage et entré dans une chambre ayant vue sur la cour, y avons trouvé et par devant nous sont comparus Bernard Salomon, Juif de Berlin en Prusse, demeurant rue Beaubourg, chez le nommé La France, marchand de vin, et Louis Moiea, Juif d'Armstad [1], demeurant même rue chez le nommé Dessery, hôtel des Quatre Provinces.

Lesquels nous ont dit que Salomon, âgé de trois ans et demy, fils de Jonas, Juif de Terquhaim [2], près Manhem [3], et de Anna Jonas, sa femme, est décédé hier six heures du matin, dans lad. chambre, des suittes d'une brulure qui lui étoit arrivée le jeudy précédent au soir pendant que sa mère étoit allée acheter quelques denrées pour son souper et comme ses père et mère étoient dans l'intention de l'élever dans la religion judaïque, ils requièrent que son cadavre soit inhumé à la Villette, dans le cimetière des Juifs, en la manière accoutumée. Desquels comparution, dire et requisition avons donné acte aux comparans. Et après qu'il nous est apparu d'un cadavre gissant sur de la paille étendue sur le plancher de lad. chambre, que les comparans nous ont déclaré estre celuy dudit Salomon, il y est resté pour y demeurer jusqu'à ce qu'il en ait été autrement ordonné. Dont et de quoy nous avons dressé le présent procès verbal pour

---

1. Darmstadt (Hesse).
2. Dürkheim (Palatinat bavarois).
3. Mannheim (Bade).

servir et valoir ce que de raison. Led. Moyea a signé en françois et led. Salomon en hébreu, ayant déclaré ne sçavoir signer en françois.
DUCHESNE, BERNARD SALOMON *(hebr.)*, LOUIS MOIEA.

Vu le procès verbal, je n'empêche pour le Roy le cadavre dud. Salomon être inhumé à la Villette, dans le cimetière des Juifs, en la manière accoutumée, et être enjoint aux officiers du guet et de police de prester main forte si besoin est en sont requis. Fait le vingt juillet MVII^e soixante dix sept.

MOREAU.

Soit fait ainsi qu'il est requis. Ce vingt juillet mil sept cent soixante dix sept.

LENOIR.

A cette pièce sont joints un certificat d'endigence signé de Hadamar, et le rapport suivant de Deleurye, médecin au Châtelet, concluant à l'inhumation :

Monsieur, la visite du cadavre du nommé Salomon, fils Jonas, Juif de Torquheim près Manhem, agé de trois ans et demy, gissant rue Beaubourg, chez Felizo, limonadier, a été faite par les chirurgiens et médecins du Châtelet. Ainsi, Monsieur, vous pouvez en permettre l'inhumation

J'az l'honneur, d'être, Monsieur, vôtre très humble serviteur,

DELEURYE.

le 20 juillet 1777.

(Au dos :) à Monsieur Du Chesne, commisssaire rue St Martin.

113.

23 juillet 1777. — *Acte de décès de Sara, fille de Mark Lévy.*

Y 15285.

Du mercredy vingt trois juillet mil sept cent soixante dix sept, neuf heures du matin.

Nous, Hugues Philippes Duchesne, conseiller du Roy, commissaire au Châtelet de Paris, ayant été requis, nous sommes transporté rue des Petits Champs Saint Martin, dans une maison occupée par le Sr Touniaux, peintre-doreur, où étant monté au premier étage et entré dans une chambre ayant vue sur lad. rue, y avons trouvé et par devant nous sont comparus Aaron Moyse, Juif de Francfort, demeurant rue Beaubourg, près le cul de sac Berthault, et Salomon Baër, juif de Four[1] en Allemagne, demeurant susd. rue Beaubourg, chez le nommé Richard.

Lesquels nous ont dit que Sara, âgée de deux ans passés, fille de Mark Lévy, juif de Wirtemberg, et de Riquette Lévy, sa femme, est décédée dans lad. chambre, ce jourd'huy six heures du matin, de suitte de maladie, et comme ses père et mère proffessent la religion judaïque, qu'ils sont pauvres et hors d'état de frayer aux frais funéraires de leur enfant, les comparans requièrent qu'il soit pourvu à son inhumation dans le cimetière des Juifs, à la Villette, en la manière accoutumée.

Desquels comparution, dire et réquisition avons donné acte. Et après qu'il nous est apparu du cadavre d'un enfant gissant sur de la paille étendue sur le plancher de lad. chambre, que les comparans nous ont déclaré estre celuy de lad. Sara, fille desd. Mark Lévy et Riquette Lévy, il est resté dans lad. chambre pour y demeurer jusqu'à ce que par Monsieur le Lieutenant général de police, il ait été statué sur lad. inhumation. Dont et de quoy nous avons dressé le présent procès-verbal pour servir et valoir ce que de raison. Et ont signé avec nous, led. Moyse en hébreu, ayant déclaré ne sçavoir signer en françois.

SALOMON BAERS, DUCHESNE, AARON MOYSE (*hebr*).

Vu le procès-verbal, je n'empêche pour le Roy le cadavre de lad. Sara, être inhumé à la Villette, dans le cimetière des Juifs, en la manière accoutumée, et être enjoint aux officiers du guet et de police de prester main forte si besoin est et en sont requis. Fait ce vingt trois juillet 1777. MOREAU.

Soit fait ainsi qu'il est requis. Ce vingt trois juillet mil sept cent soixante dix-sept.

LENOIR.

*[Au procès-verbal est joint un certificat d'indigence délivré par M. Hadamar].

114.

11 décembre 1777. — *Acte de décès de Judith, femme de Philippes Simon.*

Y 15285.

Du jeudy unze décembre mil sept cent soixante dix sept, dix heures du matin.

---

1. Le secrétaire, qui avait d'abord écrit Foult, semble avoir corrigé en Fourt il faudrait donc lire soit Fulda (Hesse Nassau), soit Fürth (Bavière).

Nous, Hugues Philippe Duchesne, conseiller du Roy, commissaire au Châtelet de Paris, ayant été requis, nous sommes transporté rue Geoffroy Langevin, dans une maison tenue garnie par la veuve Boursier, où étant et introduit dans une salle au rez de chaussée de lad. maison sur le derrière, y avons trouvé et par devant nous sont comparus Mayer Hadamar, agent de la communauté des Juifs de Metz, demeurant rue Saint Martin, maison du Sr Anginot, marchand boursier, et Abraham Grinschtat, juif allemand, demeurant à Paris, cour et prieuré de Saint Martin des Champs.

Lesquels nous ont dit que Judith, femme de Philippes Simon, Juif d'Amsterdam, âgé (*sic*) de quarante ans, est décédée de suitte de maladie ce jour d'huy cinq heures du matin, dans la ditte salle, professant la religion judaïque. Pourquoy requièrent qu'il soit pourvu à son inhumation au cimetière des Juifs en la manière accoutumée. Déclarent qu'il est à leur connoissance que led. Philippes Simon est pauvre, chargé de deux enfants et hors d'état de fournir les frais d'inhumation de sad. femme. Desquels comparution, dire et réquisition avons donné acte. Et après qu'il nous est apparu d'un cadavre gissant sur de la paille étendue sur le plancher de lad. salle, que les comparants nous ont déclaré estre celuy de lad. Judith, femme Simon, nous l'avons laissé dans lad. salle pour y demeurer jusqu'à ce que M. le Lieutenant général de police, il ait été statué sur lad. inhumation. Et de tout ce que dessus nous avons dressé le présent procès-verbal pour servir et valoir ce que de raison. Et ont signé avec nous. Rayé en les présentes trois mots nuls.

  Duchesne, Abraham Grunstadt [1], M. Hadamar [1].

Vu le procès-verbal, je n'empêche pour le Roy le cadavre de lad. Judith, femme de Philippes Simon, être inhumée (*sic*) à la Villette, dans le cimetière des Juifs, en la manière accoutumée, et être enjoint aux officiers du guet et de police de prester main forte si besoin est et en sont requis. Fait ce unze décembre 1777.

                Moreau.

Soit fait ainsi qu'il est requis. Ce unze décembre mil sept cent soixante dix sept.

                Lenoir.

---

1. Avec seconde signature en hébreu.

115.

24 avril 1778. — *Acte de décès de la fille de Salomon Jacob*
Y 15286.

Du vendredi vingt quatre avril mil sept cent soixante dix huit, dix heures du matin.

Nous, Hugues Philippes Duchesne, conseiller du Roy, commissaire au Châtelet de Paris, ayant été requis, nous sommes transporté rue Maubuée, dans une maison dont la boutique est occupée par le Sr Le Noret, menuisier, où étant monté au deuxième étage et introduit dans une chambre ayant vue sur lad. rue, y avons trouvé et par devant nous sont comparus Salomon Bernard Cahen, Juif de Metz, demeurant rue Geoffroy Langevin, chez le Sr Lottier, marchand de vin, et Lion Isaac, Juif de Wisembourg, en Alsace, demeurant à Paris, rue Maubuée, chez le Sr Colignon, marchand limonadier.

Lesquels nous ont dit que Sara, Juive d'Alsace, femme de Salomon Jacob, Juif de Silésie, est accouchée, il y a environ trois semaines, d'un enfant sexe féminin, qui est décédé ce matin dans la chambre où nous sommes, que ledit Salomon Jacob et sa femme sont pauvres et proffessent la religion judaïque, et comme ils l'auroient élevé dans la même religion, ils requièrent qu'il soit pourvu à son inhumation en la manière accoutumée dans le cimetière des Juifs, à la Villette. Desquels comparution, dire et réquisition nous avons donné acte. Et après qu'il nous est apparu d'un cadavre gissant sur de la paille étendue dans lad. chambre, que les comparans nous ont déclaré estre celuy de l'enfant dont lad. femme Salomon Jacob est accouchée il y a environ trois semaines, il est resté dans lad. chambre pour y demeurer jusqu'à ce que par M. le Lieutenant général de police il ait été statué sur lad. inhumation. Et de tout ce que dessus nous avons dressé le présent procès verbal pour servir et valoir ce que de raison. Et ont signé avec nous, led. Lion Isaac, en hébreux, ayant déclaré ne sçavoir signer en françois, de ce interpellé :

LION ISAAC *(hebr.)*, SALOMON BERNARD CAHEN [1], DUCHESNE.

Vu le procès verbal, je n'empêche pour le Roy le cadavre de

---

1. Avec seconde signature en hébreu.

l'enfant sexe feminin dont lad. Sara, femme de Salomon Jacob, est accouchée il y a environ trois semaines, être inhumé [nuitament][1] à la Villette, dans le cimetière des Juifs, en la manière accoutumée, et être enjoint aux officiers du guet et de police de prester main forte si besoin est et en sont requis. Fait ce vingt quatre avril 1778. Rayé un mot nul. MOREAU.

Soit fait ainsy qu'il est requis. Ce vingt quatre avril 1778.
LENOIR.

116.

3 mai 1778. — *Acte de décès de Félicité, femme d'Adam Lion Cahen.*
Y. 15286.

Du dimanche trois may mil sept cent soixante dix huit, une heure de relevée.

Nous, Hugues Philippes Duchesne, conseiller du Roy, commissaire au Châtelet de Paris, ayant été requis, nous sommes transporté en la maison du Sr Fontaine, peintre, demeurant sur le boulevard, vis à vis le Pont aux Choux, où étant, et introduit dans une chambre ayant vue sur ledit boulevard, y avons trouvé et par devant nous sont comparus Salomon Bernard Cahen, Juif de Metz, demeurant rue Geoffroy Langevin, et Pesman Jacob, aussy Juif de Metz, logeant rue Saint Martin, chez la veuve Berton, à la Croix de Lorraine.

Lesquels nous ont dit que Félicité, femme d'Adam Lion Cahen, aussi Juif de Metz, âgée de vingt ans, est décédée ce jour d'huy à onze heures du matin, de pulmonie, dans la chambre où nous sommes, professant la religion judaïque. Pourquoy requièrent qu'il soit pourvu à son inhumation à la Villette, dans le cimetière des Juifs, en la manière accoutumée. Desquels comparution, dire et réquisition nous avons donné acte. Et après qu'il nous est apparu d'un cadavre gissant sur de la paille étendue sur le plancher de lad. chambre, que les comparans nous ont déclaré et attesté estre celuy de ladite Félicité, femme d'Adam Lion Cahen, il est resté dans lad. chambre pour y demeurer jusqu'à ce que par M. le Lieutenant général de police il ait été statué sur ladite inhumation et sur le contenu au présent procès-verbal, que nous avons dressé pour servir et valoir ce que de raison. Et ont signé avec nous:

PESMAN JACOB, SALOMON BERNARD CAHEN [2], DUCHESNE.

---

1. Ce mot a été rayé ensuite.
2. Avec seconde signature en hébreu.

Vu le procès verbal, je n'empêche pour le Roy le cadavre de lad. Félicité, femme Cahen, être inhumé, en la manière accoutumée, à la Villette, dans le cimetière des Juifs, et être enjoint aux officiers du guet et de police de prester main forte si besoin est et en seront requis. Fait ce trois may MVII[e] soixante dix huit.

Moreau.

Soit fait ainsi qu'il est requis. Fait ce trois may 1778.

Lenoir.

117.

13 mai 1778. — *Acte de décès d'Anne Lévy, femme de Jean Lacoste.*
 Y 10796, cahier spécial intitulé : « Procès-verbaux pour les Juifs », pièce 1.

L'an mil sept cent soixante dix huit, le mercredy treize may, huit heures du matin, en l'hôtel et par devant nous Jean Graillard de Graville, avocat en Parlement, conseiller du Roy, commissaire enquesteur et examinateur au Châtelet de Paris, est comparu Jacob Lacoste, marchand, Juif, demeurant à Paris, rue du Foin, paroisse Saint Séverin, chez la D[e] Lahaye, logeuse.

Lequel nous a dit que Anne Lévy Lacoste, sa femme, est décédée il y a environ une heure, à la suitte de maladie. Pourquoy nous requiert de nous transporter en sa demeure susd. à l'effet de constater lad. mort, recevoir les déclarations de qui il appartiendra, et ordonner son inhumation au cimetière des Juifs, à la Villette, en la manière ordinaire. Et a declaré ne sçavoir écrire ny signer, de ce par nous interpellé suivant l'Ordonnance.

Sur quoi nous, conseiller du Roy, commissaire susdit, avons donné acte audit Jacob Lacoste de ses comparutions, dires et réquisitions ; en conséquence sommes transporté avec lui rue du Foin, en une maison tenue garnie par la D[e] Lahaye, et monté en une chambre au premier étage ayant vue sur lad. rue, avons remarqué étendu sur un lit un cadavre féminin, que l'on nous a déclaré être celui de Anne Lévi Lacoste, et avons trouvé dans lad. chambre différentes personnes, l'une desquelles a dit se nommer Aaron Vidal, Juif, négociant et sindic de la nation juif, demeurant rue et paroisse Saint André des Arts, et David Léon, négociant, Juif demeurant susd. rue du Foin, lesquels nous ont attestés que ladite Anne Lévi Lacoste est décédée ce jour d'huy à sept heures du du matin, à la suite de maladie. De laquelle déclaration ils nous ont requis acte, que leur avons octroyé, et avons ordonné qu'il en sera par nous communiqué à Monsieur le Procureur du Roy, pour être par lui requis ce qu'il appartiendra, et ensuite il en sera aussi par nous référé par devant Monsieur le Lieutenant général de police pour être ordonné ce qu'il avisera, et jusqu'à ce, le corps de lad. femme Lacoste est resté en la garde et possession de son mary, qui s'en est chargé pour en faire la représentation quant et à qui il appartiendra. Et a ledit Lacoste réitéré sa déclaration de ne sçavoir écrire ny signer, de ce interpellé suivant l'ordonnance ; à l'égard desd. Srs Léon et Vidal, ils ont signé avec nous ces présentes, où cinq mots sont raiés comme nuls.

AARON VIDAL, Sindic ; DAVID DE LÉON, DE GRAVILLE.

Vu le procès verbal cy-dessus, je n'empêche pour le Roy le cadavre de lad. Anne de Lévi Lacoste, femme Jacob Lacoste, être inhumé nuitament, sans bruit, scandale ni apareil, dans le cimetière des Juifs, à la Villette, et être enjoint aux officiers du guet et de police de prêter main forte si besoin est et en sont requis. Fais ce treize may mil sept cent soixante dix huit.

MOREAU.

Vu les conclusions du Procureur du Roy, nous ordonnons que le corps de lad. femme Lacoste sera nuitament inhumé, sans bruit, scandale ny apareil, dans le cimetière des Juifs, à la Villette, en la manière acoutumée, et enjoignons aux officiers du guet et de police de prester main forte si besoin est, et sera notre présente ordonnance exécutée nonobstant opposition ou appellation quelconques et sans y préjudicier.

Fait ce treize may mil sept cent soixante dix huit [1].

Non signé.

118.

24 mai 1778. — *Acte de décès d'Anne, femme d'Emmanuel Simon.*
Y 15286.

Du dimanche vingt quatre may mil sept cent soixante dix huit, entre midy et une heure.
Nous, Hugues Philippes Duchesne, conseiller du Roy, commissaire au Châtelet de Paris, ayant été requis, nous sommes trans-

---

[1]. La signature du Lieutenant de police manque ici comme aux autres pièces du même cahier, le commissaire s'étant sans doute réservé de les faire toutes signer d'un coup.

porté rue aux Ours, maison du Sʳ Fontaine, teinturier, où étant monté au premier étage et entré dans une chambre sur le derrière, par devant nous sont comparus Mayer Hadamar, agent de la Communauté des Juifs de Metz, demeurant à Paris, rue Saint Martin, chez le Sʳ Anginot, marchand boursier, et Cerf Spir, Juif de Sarrelouis, demeurant rue Geoffroy Langevin, maison de la demoiselle Juvelin, fruitière.

Lesquels nous ont dit que Anne Simon, femme d'Emmanuel, Juif de Dort[1] en Hollande, âgée de vingt sept ans, est décédée vendredi dernier à six heures et demie du soir, d'une fièvre putride, dans lad. chambre, proffessant la religion judaïque. Pourquoi ils requièrent qu'il soit pourvu à son inhumation à la Villette, dans le cimetière des Juifs, en la manière accoutumée, sans frais, attendu leur pauvreté. Desquels comparution, dire et réquisition, nous avons donné acte. Et après qu'il nous est apparu d'un cadavre gissant sur de la paille étendue sur le plancher de laditte chambre, que les comparans nous ont déclaré estre celuy de laditte Anne Simon, femme Emmanuel, et est resté dans lad. chambre pour y demeurer jusqu'à ce que par M. le Lieutenant général de police il ait été statué sur laditte inhumation et sur le contenu au présent procès-verbal, que nous avons dressé pour servir et valoir ce que de raison.

CERF SPIR, DUCHESNE, M. HADAMAR [2].

Vu le procès verbal, je n'empêche pour le Roy le cadavre de lad. Anne Simon, femme Emmanuel, être inhumé à la Villette, dans le cimetière des Juifs, en la manière accoutumée et être enjoint aux officiers du guet et de police de prêter main forte si besoin est et en sont requis. Fait ce vingt quatre may 1778.

MOREAU.

Soit fait ainsi qu'il est requis. Fait ce vingt quatre may 1778.

LENOIR.

*[Au procès-verbal est joint un certificat d'indigence donné par Hadamar, au nom de Nanette Simon. — Au dos du certificat une note d'une autre main porte : « Le concierge des Juifs demeure à la Villette, à l'Etoille ; c'est un aubergiste »].

---

1. Dordrecht (Hollande).
2. Avec une seconde signature en hébreu.

119.

5 juin 1778. — *Acte de décès de Jacob Gosel.*
Y 15286.

Du vendredy cinq juin mil sept cent soixante dix huit, heure de midy.

Nous, Hugues Philippes Duchesne, conseiller du Roy, commissaire au Châtelet de Paris, ayant été requis, nous sommes transporté rue de la Corroyerie, dans une maison dont le Sr Delaporte, maître batteur d'or, est propriétaire, où estant monté au premier étage et introduit dans une chambre sur le derrière, y avons trouvé et par devant nous sont comparus Sr Mayer Hadamart, agent de la communauté des Juifs de Metz, demeurant à Paris, rue Saint Martin, chez le S. Anginot, marchand boursier, et Toder Isman, Juif de Schelestat en Alsace, demeurant rue Beaubourg, chez le nommé La France, marchand de vin.

Lesquels nous ont dit que Jacob Gosel, Juif Polonois, âgé d'environ cinquante ans, est décédé de suite de maladie ce matin à trois heures, dans lad. chambre, professant la religion judaïque. Pourquoy requièrent qu'il soit pourvu à son inhumation, à la Villette, dans le cimetière des Juifs, en la manière accoutumée. Desquels comparution, dire et réquisition avons donné acte. Et après qu'il nous est apparu d'un corps mort gissant sur de la paille étendue sur le plancher de ladite chambre, qu'on nous a déclaré estre celuy dudit Jacob Gosel, il est resté dans lad. chambre pour y demeurer jusqu'à ce que par Monsieur le Lieutenant général de police il ait été statué sur lad. inhumation, déclarant les comparants que ledit Jacob Gosel était dans une grande pauvreté et qu'il ne laisse pas de quoy subvenir aux frais de son inhumation. Et estant ce que dessus, nous avons dressé le présent procès verbal pour servir et valoir ce que de raison. Et ont signé avec nous, ledit Toder Isman, en hébreux, ayant déclaré ne sçavoir signer en françois, de ce interpellé.

MM. HADAMAR [1], TODER ISMAN (*hebr*). [2], DUCHESNE.

Vu le procès verbal, je n'empêche pour le Roy le cadavre dudit Joseph Gosel être inhumé à la Villette, dans le cimetière des Juifs,

---

1. Avec une autre signature en hébreu.
2. La signature hébraïque porte : Todros ben Haïm.

en la manière accoutumée, et être enjoint aux officiers du guet et de police de prester main forte si besoin est et en sont requis. Fait ce cinq juin 1778. MOREAU.

Soit fait ainsy qu'il est requis. Fait ce cinq juin 1778.
LENOIR.

* [Au procès-verbal est joint un certificat de M. Hadamar, constatant que le défunt était un « pauvre *garçon* Juif », âgé de soixante ans].

120.

28 juin 1778. — *Acte de décès d'Anne fille de Joseph Petit.*
Y 15286.

Du dimanche vingt huit juin mil sept cent soixante dix huit, de relevée.

Nous, Hugues Philippes Duchesne, conseiller du Roy, commissaire au Châtelet de Paris, ayant été requis, nous sommes transporté rue Saint Honnoré, dans une maison dont le Sr Le Planche, marchand miroitier, occupe la boutique, où étant monté au deuxième étage et introduit dans une chambre sur le devant, par devant nous sont comparus Cerf Israel, Juif de Metz, demeurant rue des Petits Champs Saint Martin, et Ayman Jonas, Juif Hollandois, demeurant rue Beaubourg, chez le nommé Richard, limonadier.

Lesquels nous ont dit qu'Anne Petit, âgée de quatorze mois, fille de Joseph Petit, Juif de Bordeaux, et d'Ester Petit, sa femme, est décédée ce jourd'huy de maladie vers les quatre heures du matin, dans la chambre où nous sommes. Et comme les père et mère de lad. Anne Petit l'élevoient dans la religion judaïque, ils requièrent qu'il soit pourvu à son inhumation à la Villette, dans le cimetière des Juifs, en la manière accoutumée. Desquels comparution, dire et réquisition nous avons donné acte. Et après qu'il nous est apparu d'un cadavre gissant sur de la paille étendu sur le plancher de lad. chambre, que les comparans nous ont déclaré estre celuy de la ditte Anne Petit, il est resté dans laditte chambre pour y demeurer jusqu'à ce que Monsieur le Lieutenant général de police il ait été statué sur lad. inhumation. Dont et de quoy nous avons dressé le présent procès verbal pour servir et valoir ce que de raison. Et ont les comparans signé avec nous, led. Ayman Jonas en langue hollandoise, ayant déclaré ne sçavoir écrire ny signer en langue françoise.

CERF ISRAELL, HAYMAN DE JONGE MEYERZ, DUCHESNE.

Vu le procès verbal, je n'empêche pour le Roy le cadavre de lad. Anne Petit être inhumé à la Villette, dans le cimetière des Juifs, en la manière accoutumée, et être enjoint aux officiers du guet et de police, de prester main forte si besoin est et en sont requis. Fait ce vingt huit juin mil sept cent soixante dix huit.

MOREAU.

Soit fait ainsy qu'il est requis. Fait ce vingt juin 1778.

LENOIR.

121.

4 août 1778. — *Acte de décès de la fille de Benjamin Cahen.*
Y 15286.

Du mardy quatre aoust mil sept cent soixante dix huit, neuf heures du matin.

Nous, Hugues Philippes Duchesne, conseiller du Roy, commissaire au Châtelet de Paris, ayant été requis, nous sommes transporté rue des Vieilles Étuves Saint Martin, dans une maison tenue garnie par la nommée Delmotte, aubergiste, où étant monté au deuxième étage et introduit dans une chambre ayant vuë sur laditte ruë, y avons trouvé et par devant nous sont comparus Mayer Hadamar, agent de la communauté des Juifs de Metz, demeurant à Paris, rue Saint Martin, chez le Sr Anginot, marchand boursier, et Samuel Jacob, Juif Allemand, demeurant rue Aubry Le Boucher, au petit hôtel de Montpellier.

Lesquels nous ont dit qu'un enfant, sexe féminin, âgé de douze jours, fille de Benjamin Cahen, Juif de Groningue en Hollande et de Gitle Cahen, sa femme, logeant dans lad. chambre, y est décédé de maladie ce jourd'huy matin, à deux heures. Comme ses père et mère proffessent la religion judaïque et qu'ils étoient dans l'intention d'élever cet enfant dans la même religion, les comparants requièrent qu'il soit pourvu à son inhumation dans le cimetière des Juifs, en la manière accoutumée, déclarant que led. Benjamin Cahen et sa femme sont dans l'indigence et hors d'état de subvenir aux frais de l'inhumation de cet enfant. Desquels comparution, dire et réquisition avons donné acte. Et après qu'il nous est apparu du corps mort d'un enfant sexe féminin, paroissant âgé d'environ douze jours, étendu sur de la paille sur le plancher de lad. chambre, que les comparans nous ont déclaré estre celuy de l'enfant desd. Benjamin Cahen et sa femme, il est resté dans lad. chambre pour y demeurer jusqu'à ce que par M. le Lieutenant général de police il ait été statué sur lad. inhumation. Dont et de quoi nous avons dressé le présent procès verbal pour servir et valoir ce que de raison. Et ont signé avec nous :

M. HADAMAR, SAMUEL JACOB DESSAU [1].

Vu le procès verbal, je n'empêche pour le Roy le cadavre de l'enfant sexe féminin, âgé de douze jours, être inhumé à la Villette, dans le cimetière des Juifs, en la manière accoutumée, et être enjoint aux officiers du guet et de police de prêter main forte si besoin est et en sont requis. Fait ce quatre aoust 1778.

MOREAU.

Soit fait ainsy qu'il est requis. Ce quatre aoust mil sept cent soixante dix huit.

LENOIR.

122.

20 novembre 1778. — Acte de décès de Madelon, fille de Nathan Israel.

Y 15286.

Du vendredy vingt novembre mil sept cent soixante dix huit, dix heures du matin.

Nous, Hugues Philippe Duchesne, conseiller du Roy, commissaire au Châtelet de Paris, ayant été requis, nous sommes transporté rue Taillepain près le cloistre Saint Merry, dans une maison tenue garnie par le nommé Isoard, où étant monté au deuxième étage et entré dans une chambre ayant vue sur lad. rue, y avons trouvé et par devant nous sont comparus Salomon Isaac, Juif de Metz, demeurant à Paris rue Geoffroy Langevin, chez le Sr Accard, limonadier, et Bernard Lion, Juif aussy de Metz, demeurant rue de la Calandre près le Palais, chez le Sr Antoine, limonadier.

Lesquels nous ont dit que Madelon, âgée de deux mois et six jours, fille de Nathan Israel, Juif de Grinstat [2], près Manhem [3], et de Petite Nathan, sa femme, tous deux proffessant la religion judaïque, est décédée de maladie ce jourd'huy six heures du matin, dans lad. chambre, et comme ses père et mère, étoient dans l'intention de l'élever dans la religion qu'ils proffessent, ils requirent qu'il soit pourvu à l'inhumation du corps de cet enfant dans le cimetière des Juifs, à la Villette, en la manière accoutumée,

---

1. La signature de Duchesne manque.
2. Grünstadt (Palatinat bavarois).
3. Mannheim (Bade).

déclarant que led. Nathan Israel est pauvre et hors d'état de subvenir aux frais de lad. inhumation. Desquels comparution, dire et réquisition avons donné acte. Et après qu'il nous est apparu du cadavre d'un enfant gissant sur de la paille étendue sur le plancher delad. chambre, que les comparants nous ont déclaré, estre celuy de lad. Madelon, fille dud. Nathan Israel et sa femme, il est resté dans lad. chambre pour y demeurer jusqu'à ce que par M. le Lieutenant général de police il ait été statué sur lad. inhumation. Et nous de ce qué dessus nous avons dressé le présent procès-verbal, pour servir et valoir ce que de raison. Et ont signé avec nous. Un mot rayé nul.

DUCHESNE, SALOMON ISAAC, BERNARD LION.

Vu le présent procès verbal, je n'empêche pour le Roy le cadavre de lad. Madelon, fille de Nathan Israel, être inhumé à la Villette, dans le cimetière des Juifs, en la manière accoutumée et être enjoint aux officiers du guet et de police de prester main forte si besoin est et en sont requis. Fait ce vingt novembre MVII^c soixante dix huit.

MOREAU.

Soit fait ainsi qu'il est requis. Ce vingt neuf novembre mil sept cent soixante dix huit.

LENOIR.

* [Au procès-verbal est joint un certificat d'indigence signé M. Hadamar.]

123.

26 novembre 1778. — *Acte de décès de l'enfant nouveau-né de David Rodrigue.*

Y 10796, cahier spécial, piéce 2 [1].

L'an mil sept cent soixante dix huit, le jeudy vingt six novembre, dix heures du matin, en l'hôtel et par devant nous, Jean Graillard de Graville, avocat au Parlement, conseiller du Roy, commissaire au Châtelet de Paris, est comparu Abraham Léon, négociant, marchand Juif de nation, demeurant à Paris rue du Foin, paroisse Saint Séverin, maison du Sr Savanne, traiteur.

Lequel nous a dit que Sara Rodrigue, femme du Sr David Rodrigue, de la nation juive, demeurant susd. rue du Foin, chez

---

1. Suite du n° 117.

led. Sr Saranne est accouchée ce matin à cinq heures d'un enfant mort du sexe masculin, qu'il s'agit de faire l'inhumation du corps de cet enfant. Pourquoi requiert notre transport en la demeure de lad. femme Rodrigue à l'effet de constater la mort dud. enfant qui est venu à terme de sept mois et demi, recevoir les déclaration (*sic*) de qui il appartiendra et ordonner son inhumation en la manière ordinaire au cimetière des Juifs, à la Vilette, nous déclarant que la sage femme se nomme Huberlant et demeure susd. rue du Foin. Et a signé :

ABRAHAM LÉON.

Sur quoy nous, conseiller du Roy, commissaire susd. avons donné acte auxd. Sr Abraham Léon de sa comparution, déclaration et réquisition ; en conséquence sommes transporté avec lui dans une chambre au premier étage d'une maison tenue garni (*sic*) par Savanne, où étant, avons remarqué une particulière couchée dans son lit, qui nous a été déclarée être la femme Rodrigue, et nous a été représenté un enfant mort de sexe masculin, qui nous a été déclaré être celui dont la femme Rodrigue est accouchée ce matin à cinq heures. Et à l'instant est comparu Anne Lamirault, femme de Nicolas Huberlant, maîtresse sage femme, demeurant rue du Foin. Laquelle nous a dit que ce matin à cinq heures elle a acouché lad. femme Rodrigue d'un enfant masle, qui nous est représenté, qu'elle présume avoir sept mois et demi. Et a signé :

LAMIRAULT femme HUBERLAND.

Desquelles déclarations et représentation avons donné acte. Et ordonné qu'il en sera par nous communiqué à Monsieur le Procureur du Roy et référé à Monsieur le Lieutenant général de police pour être requis et ordonné ce que de droit. Et jusqu'à ce, le corps dud. enfant est resté en la garde dud. Sr Rodrigue, à ce présent et intervenant, pour en faire la représentation à qui il appartiendra. Et ont signé avec nous :

ABRAHAM LÉON, DAVID RODRIGUEZ, DE GRAVILLE.

Vu le procès verbal cy dessus, je n'empêche pour le Roy le cadavre de l'enfant dud. Rodrigue être inhumé nuitament, sans bruit, scandale ni apareil, dans le cimetière des Juifs, à la Villette, et être enjoint aux officiers du guet et de police de prêter main forte si besoin est et en sont requis. Fait ce vingt six novembre mil sept cent soixante dix huit.

MOREAU.

Vu les conclusions du Procureur du Roy, nous ordonnons que le corps de l'enfant dud. Rodrigue sera nuitament inhumé, sans bruit, scandale ny apareil, dans le cimetière des Juifs, à la Vilette, en la manière acoutumée, enjoignons aux officiers du guet et de police de prêter main forte si besoin est, et sera notre présente ordonnance exécutée nonobstant opposition ou appellation quelconques et sans y préjudicier. Fait ce vingt six novembre mil. sept cent soixante dix huit. Rayé un mot nul.

Non signé.

124.

8 décembre 1778. — *Acte de décès de Sara, femme de David Rodrigue.*

Y 10796, cahier spécal, pièce 3 [1].

Et le mardy huit décembre, aud. an mil sept cent soixante dix huit, dix heures du matin nous, commissaire susdit, sommes transporté rue du Foin, et dans une chambre au premier étage sur le devant, dépendant d'une maison dite l'hôtel de Provence, tenu garni (*sic*) par le Sr Savanne, et où demeure le Sr Rodrigue, où étant y avons trouvé et par devant nous est comparu David Rodrigue, négociant, Juif de nation, demeurant dans la chambre où nous sommes.

Lequel nous a dit que Sara Rodrigue, sa femme, âgée de trente sept ans, native du faubourg Saint Esprit de Bayonne, est décédée ce matin à huit heures et demie, à la suite de maladie de suite de couche, que s'agissant de faire inhumer lad. femme Rodrigue, il nous requiert de lui délivrer notre ordonnance sur ce nécessaire. Et a signé ces présentes, où quatre mots sont rayés comme nuls.

DAVID RODRIGUEZ.

Sur quoi nous, commissaire susd., avons donné acte aud. Sr Rodrigue de sa comparution, déclaration et réquisition ; en conséquence après qu'il nous est aparu d'un cadavre féminin, gissant sur une couchette à bas pilliers placée dans une alcôve, lequel nous a été déclaré être celui de lad. Sara Rodrigue, et que nous a été attesté par Jacob Fonsequa Allegria, négociant, Juif de nation, demeurant

---

1. Suite du n° précédent.

en la maison où nous sommes, et Samuel Roger (*sic*), marchand Juif, demeurant rue de l'Irondelle, hôtel de Sens, que le cadavre qui nous est représenté est celui de lad. Sara Rodrigue, et qu'elle est décédée ce matin à huit heures et demie de maladie à la suite de couche et qu'elle a été traitée par le Sr Levacher, médecin, demeurant rue Saint Antoine et Ravet, chirurgien, rue des Mauvais Garçons, avons ordonné qu'il en sera par nous à l'instant communiqué à Monsieur le Procureur du Roy et référé à M. le Lieutenant général de police, pour être requis et ordonné ce que de droit, et jusqu'à ce, le corps de lad. femme Rodrigue est resté en la possession dud. David Rodrigue pour en faire la représentation quant et à qui il appartiendra. Et ont signé :

    David Rodriguez, J^b Fonsequa Alegria, Samuel Roget, De Graville.

Vu le procès verbal cy dessus, je n'empêche pour le Roy le cadavre de lad. Sara Rodrigue être inhumé nuitament, sans bruit, scandal ny apareil dans le cimetière des Juifs, à la Villette, et être enjoint aux officiers du guet et de police de prêter main forte si besoin est et en sont requis. Fait ce huit décembre mil sept cent soixante dix huit.

                                          Moreau.

Vu les conclusions du Procureur du Roy, nous ordonnons que le corps de lad. Sara Rodrigue sera inhumé nuitament, sans bruit, scandal ny apareil, dans le cimetière des Juifs, à la Villette, en la manière acoutumée, enjoignons aux officiers du guet et de police de prêter main forte si besoin est, et sera notre présente ordonnance exécutée nonobstant opposition ou appellation quelconques et sans y préjudicier. Fait ce huit X^{bre} 1778:

                                          Non signé.

125.

12 janvier. 1779. — *Acte de décès d'Isaac Herche.*

Y. 15287

Du mardy douze janvier mil sept cent soixante dix neuf, de relevée.

Nous, Hugues Philippes Duchesne, conseiller du Roy, commissaire au Châtelet de Paris, ayant été requis, nous sommes transporté rue des Cinq Diamants dans une maison dont le S^r le Bègue, marchand limonadier, occupe la boutique, où étant monté au deuxième étage et introduit dans une chambre ayant vue sur laditte rue, y avons trouvé et pardevant nous sont comparus Mayer Hadamar, agent de la communauté des Juifs de Metz, demeurant à Paris rue Saint Martin chez le Sr Anginot, marchand boursier, et Lipman Nathan, Juif de Grandzimrenn[1] en Allemagne, demeurant rue Maubuée, chez un limonadier.

Lesquels nous ont dit qu'Isaac Herche, juif anglois, âgé d'environ trente deux ans, est décédé de maladie ce jourd'huy six heures du matin, dans lad. chambre, proffessant la religion judaïque. Pourquoy requièrent qu'il soit pourvu à son inhumation dans le cimetière des Juifs en la manière accoutumée, déclarant que ledit Isaac Herche étoit pauvre et qu'il ne laisse aucun bien pour frayer au frais de son inhumation. Desquels comparution dire et réquisition avons donné acte. Et après qu'ils nous est apparu d'un corps mort gissant sur de la paille étendu sur le plancher de laditte chambre, que les comparans nous ont déclaré estre celuy dud. Isaac Herche, il est resté dans lad. chambre pour y demeurer jusqu'à ce que par M. le Lieutenant général de police il ait été statué sur lad. inhumation. Dont et de quoy nous avons dressé le présent procès verbal pour servir et valoir ce que de raison. Et ont signé avec nous :

LIPMAN NATAN [2], MM. HADAMAR, DUCHESNE.

Vu le procès verbal, je n'empêche pour le Roy le cadavre dud. Isaac Herche être inhumé à la Villette, dans le cimetière des Juifs, en la manière accoutumée, et être enjoint aux officiers de guet et de police de prester main forte si besoin est et en sont requis. Fait ce douze janvier MVII^e soixante dix neuf.

MOREAU.

Soit fait ainsi qu'il est requis. Ce douze janvier mil sept cent soixante dix neuf[3]. Aprouvé le mot neuf surchargé.

LENOIR.

126.

17 janvier 1779. — *Acte de décès de Juda Lopes Laguna.*
Y 11095.

L'an mil sept cent soixante dix neuf, le dimanche dix sept janvier, neuf heures du matin, nous, Louis François Formel, conseiller du

---

1. Gross-Zimmern, cercle de Dieburg, province de Starckenburg (Hesse).
2. Avec seconde signature en hébreu.
3. On avait d'abord écrit : huit.

Roy, commissaire enquesteur examinateur au Châtelet de Paris, ayant été requis, nous sommes transporté rue de l'Hirondelle quartier Saint André des Arts, maison à porte cochère tenue par le Sr Marissal, sous le titre de l'hôtel du Saint Esprit, garni, et ayant été introduit en une chambre au second étage du corps de logis donnant à l'entrée de la seconde cour, éclairée sur la première cour de lad. maison, nous y avons trouvé et par devant nous sont comparus Sr Jacob de Paul père, Juif, négociant, demeurant rue et paroisse Saint Séverin, et Sr Jacob Scaramella, Juif, négociant, logé en la maison où nous sommes, chez led. Sr Marissal, paroisse Saint André des Arts.

Lesquels nous ont dit que Sr Juda Lopes Laguna, Juif, négociant, âgé de soixante deux ans, est décédé hier sur les huit heures du soir, à la suitte d'une maladie de poitrine dont il étoit attaqué depuis longtems, en la chambre où nous sommes, qui se tenoit à loyer garnie dud. Sr Marissal, dans les sentimens de la religion judaïque qu'il professoit et sous l'empire de laquelle il étoit né, et qu'ils ont requis notre transport à l'effet de constatter led. décès et de faire ordonner l'inhumation dud. Sr Juda Lopez Laguna conformément aux Déclarations (*sic*) de Sa Majesté rendues à ce sujet. Et ont signé à l'égard dud. Sr de Paul père en caractères hébraïques, sa signature ordinaire :

JACOB DE PAUL *(hebr)*, JACOB ESCAMARAMELA.

Sur quoy nous, commissaire susd., avons donné acte auxd. Sr de Paul et Scaramella de leurs comparutions, dire et réquisitoire cy dessus, et de ce qu'il nous est apparu dans lad. chambre d'un corps mort masculin, qui nous a paru en effet de l'âge de soixante deux ans ou environ, étendu sur le carreau, enveloppé de linges et d'une couverture de laine blanche, lequel corps lesd. Srs de Paul et Scramella nous ont déclaré et affirmé en leurs âmes et consciences etre celui dud. S^r, Juda Lopes Laguna.

Et pour faire ordonner l'inhumation de ce dernier nous nous transporterons au plutôt ès hôtels de Monsieur le Procureur du Roy aud. Châtelet et de Monsieur le Lieutenant général de police pour obtenir leurs conclusions et ordonnance à cet effet.

Dont et de ce que dessus nous avons rédigé le présent procès verbal pour servir et valoir ce que de raison. Et ont lesd. Srs de Paul et Scaramella signé avec nous commissaire, à l'égard dud. Sr de Paul père, en caractères hébraïques, sa signature ordinaire :

JACOB DE PAUL *(hebr.)*, JACOB ESCARAMELLA, FORMEL.

Vu le procès verbal, je n'empêche pour le Roy le cadavre dud. Judan Lopes Laguna être inhumé sans bruit, scandale ni appareil, au cimetière des Juifs, à la Villette, et être enjoint aux officiers du guet et de police d'y veiller et prêter main forte si besoin est et en sont requis. Fait ce 17 janvier 1779.

Moreau.

Soit fait ainsi qu'il est requis. Fait ce 17 janvier 1779.

Lenoir.

(Au dos :) Rapporté en aout 1781. Trois livres.

127.

28 janvier 1779. — *Acte de décès d'Aaron, fils de Louis Moyse.*
Y 15287.

Du jeudy vingt huit janvier mil sept cent soixante dix neuf, du matin.

Nous, Hugues Philippes Duchesne, conseiller du Roy, commissaire au Châtelet de Paris, ayant été requis, nous sommes transporté rue Beaubourg dans une maison appellée l'hôtel des Quatre Provinces, tenue garnie par le nommé Dessery, où étant monté au premier étage et introduit dans une chambre ayant vue sur lad. rue, pardevant nous sont comparus Mayer Bénédix, Juif de Pamberg [1] en Allemagne, demeurant susd. rue Beaubourg chez la nommée Buisson (?), fruitière, et Cerf Isaac, Juif d'Alsace, demeurant même rue Beaubourg chez le nommé La France.

Lesquels nous ont dit que Aaron Moyse, âgé d'environ sept mois, fils de Louis Moyse, Juif d'Armstadt [2], et de Pecia sa femme, Juive de Padoue en Italie, est décédé hier cinq heures et demie après midy, dans laditte chambre, de suitte de maladie, et comme ses père et mère proffessent la religion judaïque, ils requièrent que led. enfant soit inhumé à la Villette, au cimetière des Juifs, en la manière accoutumée, declarant que lesd. Louis Moyse et sa femme sont pauvres et hors d'état de pourvoir aux frais de l'inhumation dud. Aaron Moyse. Desquels comparution, dire, réquisition et déclaration nous avons donné acte. Et après qu'il nous est apparu du cadavre d'un enfant sexe masculin gissant sur de la paille étendu sur le plancher de lad. chambre, que les comparans nous ont

---

1. Bamberg (Bavière).
2. Darmstadt (Hesse).

déclaré et attesté être celuy dud. Aaron Moyse, il est resté dans lad. chambre pour y demeurer jusqu'à ce que par M. le Lieutenant général de police il ait était statué sur lad. inhumation. Et de tout ce que dessus nous avons dressé le présent procès verbal pour servir et valoir ce que de raison. Les comparans ont signé en hébreux, ayant déclaré ne sçavoir écrire ny signer en françois, de ce interpellés :

DUCHESNE, MAYER BENEDIX (*hebr.*), CERF ISAAC (*hebr.*).

Vu le procès verbal, je n'empêche pour le Roy le cadavre dud. Aaron Moyse être inhumé nuitamment, sans bruit, scandale ni apareil, à la Villette, dans le cimetière des Juifs, en la manière accoutumé, et être enjoint aux officiers du guet et de police de prester main forte si besoin est et en sont requis.

Fait ce vingt huit janvier 1779.

MOREAU.

Soit fait ainsy qu'il est requis. Ce vingt huit janvier MVII^c soixante dix neuf.

LENOIR.

128.

8 février 1779. — *Acte de décès de Zalda Lion, fillle de Lion Jacob*
Y 15287.

Du lundy huit février mil sept cent soixante dix neuf, dix heures du matin.

Nous, Hugues Philippes Duchesne, conseiller du Roy, commissaire au Châtelet de Paris, ayant été requis, nous sommes transporté rue Michel Le Comte, au coin de celle du Temple, dans une maison dont la boutique est occupée par le Sr Bourguignon, marchand parfumeur, où étant monté au deuxième étage et entré dans une chambre ayant vue sur lad. rue Michel Le Comte, pardevant nous sont comparus Cerf Israel, Juif de Metz, demeurant rue des Petits Champs Saint Martin, et Philippes Lazare, Juif d'Hambourg, demeurant rue Maubuée.

Lesquels nous ont dit que Zalda Lion, âgée de dix sept mois et demy, fille de Lion Jacob, Juif de Bigne [1], électorat de Mayence, et de Quinelle Lipmann, sa femme, Juive de Raishauven [2] en

---

1. Bingen (Hesse).
2. Reichshofen, aujourd'hui canton de Niederbronn, cercle de Haguenau (Basse-Alsace).

Alsace, est décédée de maladie, la nuit dernière à minuit, dans lad. chambre, et comme ses père et mère qui proffessent la religion judaïque étoient dans l'intention de l'élever dans la même religion, ils requièrent qu'ils soit pourvu à l'inhumation de lad. Zalda Lion au cimetière des Juifs, en la manière accoutumée. Desquels comparution, dire et réquisition, avons donné acte. Et après qu'il nous est apparu du cadavre d'un enfant gissant sur de la paille étendue sur le plancher de lad. chambre, que les comparans nous ont déclaré et attesté estre celuy de lad. Zalda Lion, que ses père et mère sont pauvres et hors d'état de frayer aux frais de son inhumation et est resté dans lad. chambre pour y demeurer jusqu'à ce que par M. le Lieutenant général de police il ait été statué sur lad. inhumation. Et de ce que dessus nous avons dressé le présent procès verbal pour servir et valoir ce que de raison. Et ont signé avec nous, ledit Philippes Lazar en hébreux, ayant déclaré ne sçavoir signer en françois, de ce interpellé

Cerff Iisrael, Duchesne, Philippes Lazare (*hebr.*) [1].

Vu le procès verbal, je n'empêche pour le Roy le cadavre (*sic*) Zalda Lion être inhumé à la Villette, dans le cimetière des Juifs, en la manière accoutumée et être enjoint aux officiers du guet et de police de prester main forte si besoin est et en sont requis. Fait ce huit février 1779.

Moreau.

Soit fait ainsi qu'il est requis. Ce huit février MVII^e soixante dix neuf.

Lenoir.

129.

9 mai 1779. — *Acte de décès d'Alexandre Jacob*

Y 15287.

Du dimanche neuf mai mil sept cent soixante dix neuf, du matin.

Nous, Hugues Philippes Duchesne, conseiller du Roy, commissaire au Châtelet de Paris, ayant été requis, nous sommes transporté rue Maubuée, dans une maison dont la veuve Moreau, maîtresse chandelière est principale locataire, où étant monté au premier étage et introduit dans un petit cabinet ayant vue sur la cour, pardevant nous sont comparus Mayer Hadamar, agent de la commu-

---

1. La signature hébraïque porte : Feibel fils de l'honoré rabbi Menahem.

nauté des Juifs de Metz, demeurant à Paris, rue Saint Martin, chez le Sr Anginot, marchand boursier, et Mayer Brac, Juif de Nidrevisse [1] en Lorraine, demeurant rue Grenier Saint Lazare, maison du Sr Demay, marchand éventailliste.

Lesquels nous ont dit qu'Alexandre Jacob, Juif d'Haptrotte [2] en Hessois, âgé d'environ quatre vingt ans, est décédé de maladie, dans led. cabinet, la nuit dernière vers trois à quatre heures, proffessant la religion judaïque. Pourquoy requièrent qu'il soit pourvu à son inhumation au cimetière des Juifs, en la manière accoutumée, déclarant qu'il étoit très pauvre et ne laisse pas à beaucoup près de quoy suffire aux frais de son inhumation. Desquels comparution, dire et réquisition avons donné acte. Et après qu'il nous est apparu d'un cadavre gissant sur de la paille étendue sur le plancher dud. cabinet, que les comparans nous ont déclaré et attesté être celuy dud. Alexandre Jacob, il est resté dans led. cabinet pour y demeurer jusqu'à ce que par M. le Lieutenant général de police il ait été statué sur lad. inhumation. Et de tout ce que dessus nous avons dressé le présent procès verbal pour servir et valoir ce que de raison. Et ont lesd. comparans signé avec nous :

M. HADAMAR [3], MAYER BRAC [3], DUCHESNE.

Vu le procès verbal, je n'empêche pour le Roy le cadavre dud. Alexandre Jacob être inhumé à la Villette, dans le cimetière des Juifs, en la manière accoutumée, et être enjoint aux officiers du guet et de police et de prester main forte si besoin est et en sont requis. Fait ce neuf may 1779.

MOREAU.

Soit fait ainsy qu'il est requis. Ce neuf may 1779.

LENOIR.

130.

2 juin 1779. — *Acte de décès de Seligman Bère*
Y 15287.

Du mercredy deux juin mil sept cent soixante dix neuf, du matin.

Nous, Hugues Philippes Duchesne, conseiller du Roy, commis-

---

1. Aujourd'hui Niederwiese, canton et cercle de Boulay (Lorraine).
2. Hatterode, cercle Ziegenhain, présidence de Cassel (Hesse-Nassau) ?
3. Avec seconde signature en hébreu.

saire au Châtelet de Paris, avant été requis, nous sommes transporté rue Dauphine, dans une maison appellée hôtel d'Anjou, où étant monté au premier étage et introduit dans une chambre sur le derrière, ayant vue sur la cour, y avons trouvé et par devant nous sont comparus Mayer Hademar, agent de la communauté des Juifs de Metz, demeurant à Paris, rue Saint Martin chez le S. Anginot, marchand boursier, et Lazare Jacob, Juif de Valin [1], près Sarelouis, demeurant rue Brisemiche, à l'hôtel Saint Pierre.

Lesquels nous ont dit que Seligman Bère, Juif de Rausseme [2] en Alsace, âgé d'environ trente sept ans, est décédé de maladie ce jour d'huy matin à huit heures, proffessant la religion judaïque, dans la chambre où nous sommes. Pourquoy ils requièrent qu'il soit pourvu à son inhumation au cimetière des Juifs, en la manière accoutumée. Desquels comparution, dire et réquisition avons donné acte. Et après qu'il nous est apparu d'un cadavre masculin gissant sur de la paille étendue sur le plancher de lad. chambre, que les comparants nous ont déclaré et attesté estre celuy dud. Seligman Bère, il est resté dans lad. chambre pour y demeurer jusqu'à ce que par M. le Lieutenant général de police, il ait été statué sur lad. inhumation. Et de ce que dessus nous avons dressé le présent procès verbal pour servir et valoir ce que de raison. Et ont signé avec nous, ledit Lazare Jacob en hebreu, ayant déclaré ne sçavoir signer en françois.

M. HADAMAR [3], LAZARE ((*hebr.*), DUCHESNE.

Vu le procès verbal, je n'empêche pour le Roy le cadavre dud. Seligman Bère être inhumé à la Villette, dans le cimetière des Juifs, en la manière accoutumée, et être enjoint aux officiers du guet et de police de prester main forte si besoin est et en sont requis. Fait cè deux juin MVII^e soixante dix neuf.

MOREAU.

Soit fait ainsi qu'il est requis. Ce deux juin 1779.

LENOIR.

---

1. Aujourd'hui Wellingen, cercle de Boulay (Lorraine).
2. Rosheim, cercle de Molsheim (Basse-Alsace).
3. Avec une seconde signature en hébreu.

131.

3 juin 1779. — *Acte de décès de Sara, fille de Joseph.*
Y 15287.

Du Jeudy trois juin mil sept cent soixante dix neuf, de relevé.

Nous, Hugues Philippes Duchesne, conseiller du Roy, commissaire au Châtelet de Paris, ayant été requis, nous sommes transportés rue Sainte Avoye, près la rue des Blancs Manteaux, dans une maison dont la boutique est occupée par le nommé Godefroy, aubergiste, où étant introduit dans une chambre au premier étage sur le devant, ayant vue sur lad. rue, pardevant nous sont comparus Isaac Wimphen, Juif de Metz, demeurant rue du Temple, maison du nommé Nicolas, aubergiste, et Lyon Elcan, Juif de Manem [1], demeurant rue Saint Martin près Saint Jullien.

Lesquels nous ont dit que Sara, fille de Joseph, Juif Pollonnois, âgée d'environ deux ans, est décédée ce jourd'hui entre midi et une heure, dans la chambre où nous sommes, que ses père et mère l'élevoient dans la religion judaïque. Pourquoi les comparans requièrent qu'il soit pourvu à son inhumation dans le cimetière des Juifs en la manière accoutumée, déclarant que sesd. père et mère ne sont point en état de frayer aux frais de son inhumation. Desquelles comparutions, déclarations et réquisitions les comparans ont requis acte, à eux octroyé. Et après qu'il nous est apparu un cadavre gissant sur de la paille étendue sur le plancher de lad. chambre, qu'ils nous ont déclaré être celui de lad. Sara, il est resté dans lad. chambre pour y demeurer jusqu'à ce que par M. le Lieutenant général de police il ait été statué sur lad. inhumation. Dont et de quoy nous avons dressé le présent procès-verbal pour servir et valloir ce que de raison. Et ont signé avec nous. Rayé trois mots comme nuls.

DUCHESNE, ISAAC WIMPHEN [2], LYON ELCAN.

Vu le procès verbal, je n'empêche pour le Roy le cadavre de lad. Sara être inhumé à la Villette, dans le cimetière des Juifs, en la manière accoutumée, et être enjoint aux officiers du guet et de

---

1. Mannheim (Bade).
2. Avec seconde signature hébraïque.

police de prester main forte si besoin est et en sont requis. Fait ce trois juin 1779.

Moreau.

Soit fait ainsi qu'il est requis. Ce 3 juin 1779.

Lenoir.

132.

27 juillet 1779. — *Acte de décès de Rebeca, fille d'Aaron Bargate.*
Y 15287.

Du mardy vingt sept juillet mil sept cent soixante dix neuf, dix heures du matin.

Nous, Hugues Philippes Duchesne, conseiller du Roy, commissaire au Châtelet de Paris, ayant été requis, nous sommes transporté rue Quincampoix, dans une maison dont la boutique est occupée par un marchand de vin, où étant monté au troisième étage et introduit dans une chambre ayant vue sur une cour, tenue garnie de la veuve Viollet par Aaron Bargate, Juif de Zillze[1] en Silésie, y avons trouvé et pardevant nous sont comparus Lipman Nathan, Juif allemand, demeurant rue Maubuée, chez le nommé Dutoyard, marchand limonadier, et Cerf Israel, Juif de Metz, demeurant rue des Petits Champs Saint Martin, chez le Sr Tripier, à l'hôtel Notre-Dame.

Lesquels nous ont dit que Rebeca, âgée d'environ quinze mois, fille dud. Aaron Bargate, et de Sara Michel, sa femme, est décédée de maladie dans lad. chambre, hier unze heures du soir, que ses père et mère, qui proffessent la religion judaïque, étoient dans l'intention de l'élever dans la même religion, qu'ils sont pauvres et hors d'état de pourvoir par eux-mêmes aux frais de l'inhumation de lad. Rebeca, leur fille, qu'ils requièrent que lad. inhumation soit faite à la Villette, au cimetière des Juifs, en la manière accoutumée. Desquels comparution, dire et réquisition, avons donné acte. Et après qu'il nous est apparu du cadavre d'un enfant gissant sur de la paille étendue sur le plancher de lad. chambre, que les comparants nous ont déclaré et attesté estre celuy de lad. Rebeca, il est resté dans lad. chambre pour y demeurer jusqu'a ce que par M. le Lieutenant général de police il ait été statué sur lad. inhumation. Et de tout ce que dessus nous avons dressé le présent procès verbal pour servir et valoir ce que de raison. Et ont signé avec nous :

Duchesne, Lipman Natan, Cerff Israel.

---

1. Zülz, cercle de Neustadt, présidence d'Oppeln (Silésie prussienne).

Vu le procès verbal, je n'empêche pour le Roy le cadavre de lad. Rebeca, être inhumé à la Villette, dans le cimetière des Juifs, en la manière accoutumée, et être enjoint aux officiers du guet et de police de prester main forte si besoin est et en sont requis. Fait ce vingt sept juillet MVII^e soixante dix neuf.

Moreau.

Soit fait ainsi qu'il est requis. Ce vingt sept juillet 1779.

Lenoir.

* [Au procès verbal est joint un certificat de M. Hadamar, attestant que « Aaron Zillze » est au nombre des pauvres].

133.

27 août 1779. — *Acte de décès d'Aaron Jacob*

Y 15287.

Du vendredy vingt sept aoust mil sept cent soixante dix neuf, heure de midy.

En l'hôtel et pardevant nous, Hugues Philippes Duchesne, conseiller du Roy, commissaire au Châtelet de Paris, sont comparus Mayer Hademar, agent de la communauté des Juifs de Metz, demeurant rue Saint Martin chez le Sr Anginot, marchand boursier, et sieur Aaron Vidal, Juif d'Avignon, demeurant rue Saint André des Arts.

Lesquels nous ont dit que Aaron Jacob, Juif de Prague, en Bohème, âgé d'environ vingt neuf à trente ans, étoit entré à l'Hôtel Dieu de cette ville il y a environ quinze jours et mis dans un lit, n° 43, salle du Rosaire, pour se faire traitter d'une hidropisie dont il étoit attaqué, qu'il est décédé des suittes de cette maladie ce matin à huit heures, proffessant la religion judaïque. Pourquoy les comparants requièrent qu'il soit inhumé à la Villette, au cimetière des Juifs, en la manière accoutumée, à l'effet de quoy ils requièrent aussy que nous nous transportions à l'Hôtel Dieu, dans lad. salle du Rosaire, pour constater led. décès. Desquels comparution, dire et réquisitions, avons donné acte aux susnommés. Et en conséquence nous nous sommes à l'instant transporté avec eux aud. Hôtel Dieu, salle du Rosaire, au devant d'un lit n° 43, où étant, il nous est apparu d'un corps mort gissant dans ledit lit, que les comparants nous ont déclaré être celuy dud. Aaron Jacob, lequel y a été laissé pour y demeurer jusqu'à ce que par Monsieur le Lieutenant général de police il ait été statué sur lad. inhumation. Et de

tout ce que dessus nous avons dressé le présent procès verbal pour servir et valoir ce que de raison. Et ont signé avec nous :
     M. Hadamar [1], Aaron Vidal [1], Duchesne.

 Vu le procès-verbal, je n'empêche pour le Roy le cadavre dud. Aaron Jacob être inhumé à la Villette, dans le cimetière des Juifs, en la manière accoutumée, et être enjoint aux officiers du guet et de police de prester main forte si besoin est et en sont requis. Fait ce vingt sept août 1779.
              Moreau.

 Soit fait ainsi qu'il est requis. Ce vingt sept aoust 1779.
              Lenoir.

134.

13 septembre 1779. — *Acte de décès de Belatte, femme de Samuel Moyse.*

Y 15287.

 Du lundy treize septembre sept cent soixante dix neuf, neuf heures du matin.
 Nous, Hugues Philippes Duchesne, conseiller du Roy, commissaire au Châtelet de Paris, ayant été requis, nous sommes transporté rue Saint Martin, au coin de celle Aubry le Boucher, dans une maison dont la boutique est occupée par le Sr le Pesteur, limonadier, où étant monté au troisième étage et entré dans une chambre ayant vue sur lesd. rues Aubry le Boucher et Saint Martin, pardevant nous sommes comparus Salomon Samuel, Juif de Francfort, demeurant à Paris, rue Neuve Saint Merry et Isaac Mora, Juif de Prague, demeurant aussy rue Neuve Saint Merry.
 Lesquels nous ont dit que Belatte, femme de Samuel Moyse, Juif de Francfort, âgée de vingt trois ans passés, est décédée de suitte de couche dans lad. chambre, samedy dernier unze heures du soir, proffessant la religion judaïque. Pourquoi requièrent qu'il soit pourvu à son inhumation au cimetière des Juifs, en la manière accoutumée, déclarant les comparants que led. Samuel Moyse est pauvre et hors d'état de frayer aux frais de l'inhumation de sa femme. Desquels comparution, dire et réquisition avons donné acte. Et après qu'il nous est apparu d'un cadavre féminin gissant sur de la paille étendue sur le plancher de lad. chambre, que les comparants nous

---

1. Avec seconde signature hébraïque.

ont déclaré et attesté être celuy de lad. Belatte, femme dud. Samuel Moyse, il est resté dans la ditte chambre pour y demeurer jusqu'à ce que par M. le Lieutenant général de police il ait été statué sur lad. inhumation. Et de tout ce que dessus nous avons dressé le présent procès-verbal pour servir et valoir ce que de raison. Et ont signé avec nous, led. Salomon en hébreu, ayant déclaré ne sçavoir signé en françois, de ce interpellé :
Isaac Mora [1], Salomon Samuel (hebr.).

Vu le procès verbal, je n'empêche pour le Roy le cadavre de ladite Belatte, femme Samuel Moyse, être inhumé à la Villette, dans le cimetière des Juifs, en la manière accoutumée, et être enjoint aux officiers du guet et de police de prester main forte si besoin est et en sont requis. Fait ce treize septembre 1779.
Moreau.
Soit fait ainsy qu'il est requis. Fait ce 13 septembre 1779.
Lenoir.
(*Au procès-verbal est jointe la lettre suivante qui porte en tête l'annotation* : « Certifficat de pauvreté) :

Monsieur, l'absance depuis quelque temps à ma maison de campagne m'a privé le plaisir d'avoir l'honneur de vous voir. Comme ont vient de me dire qu'un pauvre femme de la nation juvive vient de mourire en couche et dont ont vient de faire une quette pour l'enterez, j'ausse vous prié de vouloir bien en delivré un certifficat aux porteur de la présante pour n'est pas retardé l'enterrement, dont le cas exige la promptitude.

Je n'est manqueroi d'avoir l'honneur de vous voir un de ses jours par témoignier ma reconnoissance, avec laquelle j'ai l'honneur d'être, Monsieur, votre très humble et très obéissant serviteur.

Ce 13 septembre 1779.
L. Calmer.

135.

2 octobre 1779. — *Acte de décès de l'enfant nouveau-né de Benjamin Michel.*

Y. 15287.

Du samedy deux octobre mil sept cent soixante dix neuf, heure de midi.

---

1. La signature comporte en outre un mot illisible.

Nous, Hugues Philippes Duchesne, conseiller du Roy, commissaire au Châtelet de Paris, ayant été requis, nous sommes transporté rue des Vieilles Etuves, dans une maison dont le nommé Delmotte, aubergiste et tenant chambres garnies, est principal loccataire, où étant monté au deuxième étage et introduit dans une chambre ayant vue sur lad. rue, par devant nous sont comparus Sr Xavier Pierron, négotiant à Paris, et Sr Charles Mabille, menuisier à Paris, demeurants tous deux susd. rue des Vieilles Etuves Saint Martin, paroisse Saint Nicolas des Champs.

Lesquels nous ont déclaré que Judith, femme de Benjamin Michel, Juif d'Amsterdam, locataires en garnie de lad. chambre, est accouchée mardy dernier au soir, au terme d'environ sept mois, d'un enfant sexe masculin, qui est décédé hier entre dix et unze heures du soir, qu'il n'avoit point encore de nom, n'ayant point été circoncis, et comme ses père et mère proffessent la religion judaïque, ils désirent qu'il soit inhumé à la Villette, dans le cimetière des Juifs. Pourquoy les comparans requièrent qu'il soit pourvu à lad. inhumation dans ledit cimetière en la manière accoutumée. Déclarent en outre qu'il est à leur connoissance que ledit Benjamin Michel et sa femme sont pauvres et chargés de quatre enfans en bas âge. Desquels comparution, dire et réquisition avons donné acte. Et après qu'il nous est apparu du cadavre d'un enfant sexe masculin gissant sur de la paille étendu sur le plancher de lad. chambre, que les comparans nous ont déclaré et attesté être celuy de l'enfant dont lad. femme Benjamin Michel est accouchée mardy dernier, il est resté dans lad. chambre pour y demeurer jusqu'à ce que par M. le Lieutenant général de police il ait été statué sur lad. inhumation. Et de tout ce que dessus nous avons dressé le présent procès verbal pour servir et valoir ce que de raison. Et ont signé avec nous. Rayé en ces présentes un mot comme nul :

MABILLE, DUCHESNE, PIERRON.

Vu le procès-verbal, je n'empêche pour le Roy le cadavre de l'enfant sexe masculin, dont lad. Judith, femme de Benjamin Michel, Juif, est accouchée et qui est décédé trois jours après, soit inhumé au cimetière des Juifs, à la Villette, en la manière accoutumée, et être enjoint aux officiers du guet et de police de prester main forte si besoin est et en sont requis. Fait ce deux octobre 1779.

MOREAU.

Soit fait ainsy qu'il est requis. Ce deux octobre 1779.

LENOIR.

136.

15 octobre 1779. — *Acte de décès de Bernard Nathan, fils de Nathan Israel.*

Y 15287.

Du vendredy quinze octobre mil sept cent soixante dix neuf, au matin.

Nous, Hugues Philippes Duchesne, conseiller du Roy, commissaire au Châtelet de Paris, ayant été requis, nous sommes transporté rue Taillepain, dans une maison dont le Sr Isoard, tailleur, est principal locataire, où monté au deuxième étage et introduit dans une chambre ayant vue sur lad. rue, y avons trouvé et par devant nous sont comparus Nathan Cahen, Juif de Metz, demeurant rue Beaubourg chez le Sr Felize, limonadier, et Isaac Léon, Juif de Scandhrehen [1] en Allemagne, demeurant rue Saint Martin, chez le Sr Anginot, marchand boursier.

Lesquels nous ont dit que Bernard Nathan, âgé de deux ans et demy, fils de Nathan Israel, Juif de Grinschtat [2], près Manhem, et de Cadassan, sa femme, est décédé de maladie, ce jourd'huy huit heures du matin, dans lad. chambre, que ses père et mère sont pauvres et hors d'état de frayer aux frais de l'inhumation dud. Bernard Nathan, lequel ils auroient élevé dans la religion judaïque, qu'ils professent. Pourquoy ils requièrent qu'il soit pourvu à lad. inhumation au cimetière des Juifs, à la Villette, en la manière accoutumée. Desquels comparution, dire et réquisition avons donné acte. Et après qu'il nous est apparu d'un cadavre gissant sur de la paille étendue sur le plancher de lad. chambre, que les comparans nous ont déclaré et attesté estre celuy dud. Bernard Nathan, il est resté dans lad. chambre pour y demeurer jusqu'à ce que par M. le Lieutenant général de police il ait été statué sur lad. inhumation. Et de tout ce que dessus nous avons dressé le présent procès verbal pour servir et valoir ce que de raison. Et ont lesd. comparans signé en hébreux, ayant déclaré ne sçavoir signer en françois, de ce interpellé. Et nous commissaire avons aussy signé :

    Nathan Cahen (*hebr.*), Isaac Léon (*hebr.*), Duchesne.

---

1. Stockstadt am Rhein (Hesse)?
2. Grünstadt (Palatinat bavarois).

Vu le procès verbal, je n'empêche par le Roy le cadavre dud. Bernard Nathan être inhumé à la Villette, dans le cimetière des Juifs, en la manière accoutumée, et être enjoint aux officiers du guet et de police de prester main forte si besoin est et en sont requis. Fait ce quinze octobre MVII^e soixante dix neuf.

MOREAU.

Soit fait ainsy qu'il est requis. Ce quinze octobre 1779.

LENOIR.

137.

15 novembre 1779. — *Acte de décès d'Israel Bernard de Valabrègue.*
Y 11020.

L'an mil sept cent soixante dix neuf, le lundy quinze novembre, cinq heures un quart de relevée, en notre hôtel et pardevant nous, Jean François Hugues, conseiller du Roy, commissaire au Châtelet de Paris, est comparue Demoiselle Esther Salon, veuve du Sr Israel Bernard de Valabrèque, marchand privilégié et interprète du Roy pour les langues orientales, demeurante à Paris rue du Paon, au coin de celle des Cordeliers.

Laquelle nous a dit que led. Sr Bernard de Valabrèque, son mari, lequel étoit âgé d'environ soixante cinq ans et natif d'Avignon, vient de décéder par suite d'une maladie dont il était alité depuis environ quatre mois, dans les sentimens de la religion juive, dont il faisoit profession de son vivant, et comme il est maintenant question de pourvoir à son inhumation en la forme usitée en pareil cas, elle s'est retirée par devers nous pour en obtenir la permission. Et pour d'autant plus constater la verité de ce que dessus lad. Vve Bernard de Valabrèque a amené avec elle en notre hôtel et sont comparus pardevant nous Sr Israel Vidal l'aîné, marchand privilégié du Roy, demeurant à Paris, rue Neuve et paroisse Saint Eustache, et Sr Moyse Perpignan, négociant, demeurant à Paris rue Dauphine.

Lesquels nous ont certiffié et attesté connoître led. Sr Israel Bernard de Valabrèque, qu'il étoit âgé d'environ soixante cinq ans et est effectivement décédé ce jourd'hui sur les cinq heures après midy, par suite de maladie, dans l'appartement qu'il occupoit avec lad. Esther Salon, actuellement sa veuve, susd. rue du Paon, faisant de son vivant et jusqu'à sa mort profession de religion juive.

Dont et de quoy lad. veuve Bernard de Valabrèque nous a requis acte et a signé avec lesd. Vidal et Perpignan.

ESTER SALON, MOISE PERPIGNAN, J. VIDAL L'AINÉ.

Sur quoy nous, conseiller du Roy, commissaire susd., avons donné acte à lad. Vve De Valabrèque des comparutions, dire et déclaration (sic) cy dessus, et, en conséquence, pour constater par nous même le décès dud. Sr Bernard de Valabrèque, nous nous sommes à l'instant transporté avec sad. veuve susd. rue du Paon, au coin de celle des Cordeliers, en la maison où il demeuroit, monté en un appartement au deuxième étage et entré en une chambre à coucher ayant vue sur la cour, lad. Vve Bernard de Valabrèque nous a représenté le corps mort de son mari que nous avons remarqué estre étendu dans son lit.

Apres quoy nous avons déclaré à lad. veuve Bernard de Valabrèque que nous irions de ce que dessus référer à Monsieur le Lieutenant général de police, pour, sur son ordonnance et les conclusions de Monsieur le Procureur du Roy, estre ensuite fait ce qu'il appartiendra. Dont et de quoy et de tout ce que dessus avons fait et dressé le présent procès verbal pour servir et valoir ce que de droit et justice. Et a lad. veuve Bernard signé avec nous.

Ester Salon, Hugues.

Vu le procès verbal, je n'empêche pour le Roy le cadavre dud. Israel Bernard Valabrèque être inhumé sans bruit, scandale ni apareil, dans le cimetière des Juifs, à la Villette, et être enjoint aux officiers du guet et de police d'y veiller et prêter main forte si besoin est et en sont requis. Fait ce 16 novembre 1779.

Moreau.

Soit fait ainsi qu'il est requis. Fait ce 16 9^b. 1779.

Lenoir.

138.

15 novembre 1779-23 mai 1780. — Scellé d'Israel
Bernard de Valabrègue [1].

Y 11020.

Scellé de Israel Bernard de Valabrègue, marchand privilégié, interprète du Roi pour les langues orientales, décédé dans son appartement rue du Paon, au coin de la rue des Cordeliers, au deuxième étage.

Commissaire : Hugues.

Requérants : Israel de Valabrègue, dit Vidal l'aîné, marchand mercier privilégié, rue Neuve Saint Eustache, comme ayant pouvoirs de Manassès de Béziers, demeurant à Avignon, et Gentille de

---

1. Cf. la pièce précédente.

Valabrègue, sa femme, beau frère et sœur du défunt ; — et Ester Salon Dalpuget, veuve dudit défunt. En même temps que les corequérants comparaissent : Jean Paris, tailleur, qui a gardé Valabrègue durant les quatre mois de sa maladie ; Isaac Castro, marchand Juif, rue de l'Hirondelle, qui a veillé le défunt, et Geneviève Fournier, femme Parisi, domestique de Valabrègue. Avant l'apposition des scellés 1200 l. sont prélevées et remises à la veuve pour frais d'inhumation et frais d'entretien.

Diverses oppositions à la levée des scellés sont faites par des fournisseurs, et le 22 mars par Lion Fernandes pour remboursement de 75 l. par lui avancées « pour le coût de la tombe mise sur la fosse du défunt ». Il faut surtout signaler celle du Procureur du Roi au au Bureau des finances et Chambre du Domaine, à Paris, qui par sentence de ladite Chambre du 4 décembre, se fait envoyer en possession de la succession à titre d'aubaine. Mais cette sentence est aussitôt portée par appel au Parlement. Devant le commissaire délégué par la Chambre du Domaine, la veuve de Valabrègue fait toutes réserves sur cette intervention. Elle se déclare « Juive régnicole françoise et habilitée par lettres patentes » du mois de mai 1759 enregistrées au Parlement et au Bureau des finances de Bordeaux, commune en biens avec le défunt, et sa donataire en usufruit, en vertu de leur contrat de mariage passé à Bordeaux le 14 octobre 1749, et en tout cas habile à se porter héritière en vertu de la loi *unde vir et uxor*. De son côté Vidal fait valoir le « brevet obtenu par led. deffunt qui lui accordoit le privilège de transmettre sa succession » et se portant comme héritier, à titre de cousin de Valabrègue, au cas où « la cour ne se détermineroit pas à accorder l'hérédité dud. de Valabregue à lad. femme Manassès de Beziers, soit parce qu'elle ne demeureroit pas en cette ville de Paris soit à raison de tous autres motifs », excipe de ses lettres de naturalité enregistrées au Parlement « qui lui permettent quoique Juif de recueillir les successions de ses parens Juifs ». Dans ces conditions le Procureur du Domaine consent par sa requête du 22 janvier 1780 à la main levée de son opposition, et par arrêt du 3 février la Cour fait par provision main levée de cette opposition « sans préjudicier aux droits des parties qui demeurent ... réservés... », et « en deffinitif ordonne qu'à la requête de Gentille de Valabrègue et de Vidal il sera procédé à la levée des scellés en présence de la veuve de Valabrègue [1]. Mais cet arrêt même va faire

---

1. Une copie de l'arrêt est jointe au scellé. Un certain nombre d'indications reproduites ici en sont tirées.

naître de nouvelles difficultés entre les héritiers. La veuve refuse d'accepter le notaire choisi par Vidal, et il faut une intervention du conseiller rapporteur. Le matin du décès, elle avait remis, à la demande même du mourant, quelques objets d'orfèvrerie à titre de souvenir à Moyse Perpignan, négociant Juif et « regnicole », rue Dauphine. Vidal menace de déposer une plainte en divertissement et recel, et Perpignan vient rapporter ces objets. Il se retrouve une malle dont les scellés sont brisés : nouvel incident ; verification faite, on n'y découvre que des « galettes » reconnues comme étant le « pain de Pasques [1] ».

Enfin dans la vacation du 25 avril, au moment où Vidal requiert la vente des objets mobiliers du défunt, et la remise entre ses mains des papiers de la succession, le procureur d'Esther Salon précise ses droits ; déclarant qu'elle seule a autorité pour requérir cette vente et détenir des papiers, protestant que ses qualités de femme légitime, d'associée en biens, de donataire entre vifs en usufruit tant par son *quétouba* ou acte de célébration du mariage suivant la loy de Moyse, qui contient sa dot, son augment de dot et son douaire, passé à Bordeaux le vingt un septembre mil sept cent quarante neuf, que par son contrat de mariage, qui contient en outre son agencement et ses bagues et bijoux avec le don mutuel de l'usufruit et jouissance de la totalité des acquets » à la date du 14 octobre 1749 ; et réclamant sa dot, augment et bijoux, soit 3400 l. à prélever avant toutes choses, et la moitié des acquêts et l'usufruit de l'autre moitié, — mais une transaction intervient le 19 mai devant M⁹ Claude La Roche, par laquelle la veuve se désiste de tous ses droits moyennant une somme de 6600 livres et sous réserve d'un certain nombre d'objets mobiliers [2] qui demeurent sa propriété, et consent à ce que Vidal, au nom et comme mandataire de Gentille de Valabrègue, sœur du défunt, entre en possession de l'héritage.

Le notaire chargé de l'inventaire est Claude La Roche. L'expertise de l'argenterie est faite par Louis-Etienne Duhamel, orfèvre,

---

1. Il faut noter un autre détail caractéristique. A la vacation du 2 mars la V⁹ᵉ Valabregue ne se présente pas en personne « attendu qu'elle en est empêchée par la mort du sʳ son frère dont elle a reçu la nouvelle hier et duquel elle a pris le deuil ce matin, que par sa loi toute affaire lui est interdite pendant une semaine, que même elle ne peut pas sortir ni signer aucuns actes ». La suite des opérations est en conséquence remise à huitaine.

2. Art. 26, 37, 38, 39 et 1, 18, 44 de l'inventaire.

et celle des livres par Guillaume de Bure, assisté pour les livres hébreux par Mardochée Venture, interprète du Roi pour les langues orientales, rue Galande [1].

139.

17 décembre 1779. — *Acte de décès de Mardochée Lévi.*
Y 10796, cahier spécial, pièce 4 [2].

L'an mil sept cent soixante dix neuf, le vendredy dix sept décembre, trois heures et demie de relevée, en l'hôtel et par devant nous, conseiller du Roy, commissaire susdit, sont comparus Sr Aaron Vidal et Benjamin Mindes, tous deux négotians, demeurant rue Saint André des Arts, et sindic *(sic)* de la nation portugaise juive.

Lesquels nous ont dit que Mardoché Lévi, aussi Juif de nation, natif de Bordeaux, nation allemande [3], négotiant, est décédé aujourd'huy à deux heures du matin à l'hôpital de la Charité de cette ville, rue des Saints Pères. Pourquoi requièrent notre transport à l'effet de constater la mort dud. Mardoché Lévi et d'ordonner son inhumation en la manière ordinaire, au cimetière des Juifs, à la Villette. Et ont signé. Rayés trois mots nuls :

B_N. M_{ENDEZ}, A_{ARON} V_{IDAL}.

Sur quoy nous, conseiller du Roy, commissaire susdit, avons donné acte auxd. Srs Vidal et Mendès de leurs comparutions, déclarations et réquisitions ; en conséquence sommes transporté avec eux à l'hôpital de la Charité, rue des Saints Pères, et entré dans la salle Saint Jean n° dix, y avons trouvé R. P. Ildephonse Fontaine, prieur du couvent de Saint Jean Batiste et hopital de la Charité de Paris, y demeurant, qui nous a dit que led. Mardoché Lévy est décédé hier à minuit, à la suite de maladie, qu'il consent l'enlève-

---

1. Cet inventaire fait aujourd'hui partie des minutes de Me Vingtain, de même que la transaction du 19 mai. Je dois à l'obligeance de Me Vingtain d'avoir pu prendre connaissance de ces pièces et publier la partie de l'estimation relative à la bibliothèque P. Hildenfinger. *La bibliothèque de Bernard Valabrègue.* (Paris, 1911, in-8°, 16 p. ; extr. du *Bulletin du Bibliophile*).

2. Suite du n° 124.

3. Sur l'opposition des Juifs Portugais et des Juifs Allemands établis à Bordeaux, cf. Cirot, *op. cit.*, dans *Bulletin hispanique*, t. VIII.

ment dud. cadavre pour être enteré en la forme et manière usitée dans leur religion, à l'effet de quoi offre de nous représenter et remetre ledit corps. Et a signé avec nous. Rayé huit mots nuls.
    De Graville, F. Ildephonse Fontaine.

Desquels dire, déclarations, offre et représentation à l'instant faite d'un cadavre masculin, que l'on nous a déclaré être celui dudit Mardoché Lévi, avons donné acte; en conséquence disons qu'il en sera par nous à l'instant communiqué à Monsieur le Procureur du Roy et référé à Monsieur le Lieutenant général de police pour être requis et ordonné ce que de droit, et jusqu'à ce, le corps dudit Mardoché Lévi est resté en la possession dud. Révérend Père Fontaine, prieur, pour en faire la représentation quant et à qui il appartiendra. Et a signé avec lesd. Vidal, Mendès et nous :
Aaron Vidal, F. Ildephonse Fontaine, De Graville, Bn. Mendez.

Vu le procès verbal cy dessus, je n'empêche pour le Roy le cadavre dudit Mardoché Lévi être inhumé nuitament, sans bruit, scandal ny apareil, dans le cimetière des Juifs, à la Villette, et être enjoint aux officiers du guet et de police de prêter main forte si besoin est et en sont requis. Fait ce dix sept décembre mil sept cent soixante dix neuf. Rayé deux mots nuls.
             Moreau.

Vu les conclusions du Procureur du Roy, nous ordonnons que le corps dudit Mardoché Lévi sera inhumé nuitament, sans bruit, scandal ny apareil, dans le cimetière des Juifs, à la Villette, en la manière acoutumée, enjoignons aux officiers du guet et de police de prêter main forte si besoin est, et sera notre présente ordonnance exécutée nonobstant opposition ou appellation quelconque et sans y préjudicier. Fait ce dix sept X^{bre} 1779.
            Non signé.

140.

5 février 1780. — *Acte de décès de Jacob de Paul père*
Y 11096.

L'an mil sept cent quatre vingt, le samedy cinq février, six heures et demie du soir, nous, Louis François Formel, conseiller du Roy, commissaire enquesteur examinateur au Châtelet de Paris, ayant été requis, nous sommes transporté rue Saint Séverin, près la rue de la Vieille Bouclerie, maison ayant entrée par une allée entre un perruquier et une fruitière, et ayant été introduit au second étage d'icelle dans un petit appartement de deux pièces ayant vue sur la rue Saint Séverin, nous avons trouvé dans la première desd. deux pièces et pardevant nous sont comparus S⁣ʳ Benjamin Mendez, Juif, négociant, demeurant rue et paroisse Saint André des Arts, au caffé du Prophète Élie, et Sʳ Jacob Raphael Aguilar, aussi Juif, négociant, demeurant rue et paroisse Saint Séverin, hôtel de Provence.

Lesquels nous ont dit que Sʳ Jacob de Paul père, Juif, négociant, occuppant l'appartement où nous sommes, est décedé dans sa chambre à coucher, qui est la seconde des deux pièces composant led. appartement, le jour d'hier, entre cinq et six heures du soir, âgé de quatre vingt dix sept ans passé, à la suitte d'une attaque de paralysie dont il avoit été frappé deux jours auparavant, qu'il est mort dans les sentimens de la religion judaïque, qu'il professoit et sous l'empire de laquelle il étoit né, et qu'ils ont requis notre transport à l'effet de constater led. décèds et de faire ordonner l'inhumation dud. Sʳ Jacob de Paul père et conformément aux Déclarations de Sa Majesté rendues à ce sujet. Et ont signé :

Mendez, Aguilar.

Sur quoy nous, commissaire susd., avons donné acte auxd. Sʳˢ Mendez et Aguilar de leur comparution, dire et réquisitoire cy dessus, et de ce qu'il nous est apparu dans lad chambre à coucher cy dessus désignée d'un corps mort masculin, qui nous a paru en en effet de l'âge de quatre vingt dix sept ans environ, étendu sur le carreau, enveloppé de linges et revêtu d'un drap mortuaire, lequel corps lesd. Sʳˢ Mendez et Aguilar nous ont déclaré et affirmé en leurs âmes et consciences être celui dud. Sʳ Jacob de Paul père.

Et pour faire ordonner l'inhumation de ce dernier nous nous transporterons au plutôt à l'hôtel de Monsieur le Procureur du Roy aud. Châtelet et de Monsieur le Lieutenant général de police pour obtenir leurs conclusions et ordonnance à ce sujet.

Dont et de ce que dessus nous avons rédigé le présent procès verbal pour servir et valoir ce que de raison. Et ont lesd. Sʳˢ Mendez et Aguilar signé avec nous commissaire :

Mendez, Aguilar, Formel.

Vu le procès verbal, je n'empêche pour le Roy, le cadavre dudit Jacob de Paul, Juif, être inhumé sans bruit, scandale ni apareil, dans le cimetière des Juifs, à la Villette, et être enjoint aux officiers du guet et de police d'y veiller et prêter main forte si besoin est et en sont requis. Fait ce 5 février 1780.

Moreau.

Soit fait ainsi qu'il est requis. Fait ce 5 février 1780.

Lenoir.

(En marge :) Rapporté en février 1780. Trois livres.

141.

28 février 1780. — *Acte de décès d'Isaac, fils de Nathan Israel*
Y 15288.

Du lundy vingt huit février mil sept cent quatre vingt, neuf heures du matin.

Nous, Hugues Philippes Duchesne, conseiller du Roy, commissaire au Châtelet de Paris, ayant été requis, nous sommes transporté rue Taillepain, dans une maison dont le Sr Isoard, tailleur, occupe la boutique, où étant monté au deuxième étage et introduit dans une chambre ayant vue sur lad. rue, pardevant nous sont comparus Michel Laemsberg, Juif allemand, demeurant à Paris susd. rue Taillepain, au coin de celle Saint Merry, et Baruc Salomon, Juif de Berlin, demeurant rue Beaubourg, chez le Sr Chevillot, maître boulanger.

Lesquels nous ont déclaré qu'Isaac, âgé de quatre mois, fils de Nathan Israel, Juif de Grinstat[1] en Allemagne, est décédé de maladie dans lad. chambre, hier dix heures du soir, et comme ses père et mère professent la religion judaïque et qu'ils étoient dans l'intention de l'élever dans cette même religion, les comparants requièrent qu'il soit pourvu à l'inhumation dudit Isaac Israel au cimetière des Juifs, en la manière accoutumée ; déclarent en outre que ledit Nathan Israel et sa femme sont pauvres et hors d'état de frayer aux frais d'inhumation de leur fils. Desquels comparution, dire, déclarations et réquisition avons donné acte. Et après qu'il nous est apparu du cadavre d'un enfant, paroissant âgé d'environ quatre mois, gissant sur de la paille étendue sur le plancher de lad. chambre, que les comparants nous ont déclaré et attesté être celuy dud Isaac Israel, il est resté dans lad. chambre pour y demeurer jusqu'à ce que par M. le Lieutenant général de police il ait été statué sur lad. inhumation. Et de tout ce que dessus nous avons dressé le

---

1. Grunstadt (Palatinat bavarois).

présent procès verbal, pour servir et valoir ce que de raison. Et ont signé avec nous, lesd. Laemsberg et Salomon en hébreu, ayant déclaré ne sçavoir signer en françois, de ce interpellés :

BARUC SALOMON (*hebr.*), MICHEL LAEMSBERG (*hebr.*), DUCHESNE.

Vu le procès verbal, je n'empêche pour le Roy le cadavre dudit Isaac, fils de Nathan Israel, être inhumé à la Villette, dans le cimetière des Juifs, en la manière accoutumée, et être enjoint aux officiers du guet et de police de prester main forte si besoin est et en sont requis. Fait ce vingt huit février 1780.

MOREAU.

Soit fait ainsy qu'il est requis. Ce vingt huit février mil sept cent quatre vingt.

LENOIR.

*[Au procès verbal est joint un certificat d'indigence signé M. Hadamar.]

142.

2 mars 1780. — *Acte de décès de Belon, fille de Samuel Moyse.*
Y 15288.

Du jeudy deux mars mil sept cent quatre vingt, onze heures du matin.

Nous, Hugues Philippes Duchesne, conseiller du Roy, commissaire au Châtelet de Paris, ayant été requis, nous sommes transporté rue Taillepain dans une maison dont la boutique est occupée par le Sr Isoard, tailleur d'habits, où étant monté au deuxième étage et introduit dans une chambre ayant vue sur lad. rue, pardevant nous sont comparus Gœfre Gœfre, Juif de Brestinfort[1] en Wesphalie, demeurant rue Maubuée, chez le Sr Colignon, limonadier, et Isaac Wimphen, Juif de Metz, demeurant rue du Temple, chez le nommé Colin, aubergiste.

Lesquels nous ont dit que Belon, âgée d'envion six mois, fille de Samuel Moyse, Juif de Francfort sur le Mein, et de feue Belon Moyse, sa femme, est décédée de la petite vérolle, ce matin à six heures dans lad. chambre, et comme ledit Samuel Moyse, qui proffesse la religion judaïque, étoit dans l'intention de l'élever dans la même religion, les comparants requièrent qu'il soit pourvu à l'inhumation de lad. Belon Moyse au cimetière des Juifs, en la manière accoutu-

---

1. Burgsteinfurt, cercle de Steinfurt, pres. Münster, Westphalie.

mée ; déclarent en outre que ledit Samuel Moyse est pauvre et hors d'état de pourvoir aux frais d'inhumation de sad. fille. Desquels comparution, dire, déclaration et réquisition avons donné acte. Et après qu'il nous est apparu du cadavre d'un enfant étendu sur de la paille mise sur le plancher de lad. chambre, que les comparants nous ont déclaré être celuy de lad. Belon Moyse, il est resté dans lad. chambre pour y demeurer jusqu'à ce que par M^r le Lieutenant général de police il ait été statué sur lad. inhumation. Et de tout ce que dessus nous avons dressé le présent procès verbal pour servir et valoir ce que de raison. Et ont signé avec nous, ledit Gœfre Gœfre en hébreux, ayant déclaré ne sçavoir signer en françois de ce interpellé :

DUCHESNE, ISAAC WIMPHEN [1], GOEFRE GŒFRE (*hebr.*).

Vu le procès verbal, je n'empêche pour le Roy le cadavre de laditte Belon, fille de Samuel Moyse, être inhumé à la Villette, au cimetière des Juifs, en la manière accoutumée, et être enjoint aux officiers du guet et de police de prester main forte si besoin est et en sont requis. Fait le deux mars 1780.

MOREAU.

Soit fait ainsy qu'il est requis. Ce deux mars mil sept cent quatre vingt.

LENOIR.

143.

8 mars 1780. — *Acte de décès de Daniel Lopès La Gouna.*

Y 10796, cahier spécial, pièce 5 [2].

L'an mil sept cent quatre vingt, le mercredy huit mars, huit heures du matin en l'hôtel et pardevant nous, Jean Graillard de Graville, avocat en Parlement, conseiller du Roy, commissaire enquesteur et examinateur au Châtelet de Paris, sont comparus Srs Aaron Vidal et Benjamin Mendez, négotiants, Juifs, demeurants en cette ville, rue Saint André des Arts, ancien sindic et sindic en place de la nation juive portugaise.

Lesquels nous ont dit que Daniel Lopès La Gouna, négotiant Juif, natif de Bordeaux, âgé de près de vingt trois ans, est décédé hier au soir à huit heures, à la suitte de maladie, en une chambre qu'il

---

1. Avec seconde signature en hébreu.
2. Suite du n° 139. — Cardozo de Bethencourt, *art. cit.*, *Revue des études juives*, XXVI, p. 243, donne un extrait de cette pièce d'après les papiers de la famille Pereire.

occupoit avec la Vve La Gouna, sa mère, au premier étage sur le devant d'une maison ditte le Collège d'Autun, size rue Saint André des Arts. Pourquoy requièrent notre transport en lad. chambre à l'effet de constater la mort et d'ordonner l'inhumation dud. La Gouna au cimetière des Juifs, à la la Villette, en la manière ordinaire. Et ont signés :   ARON VIDAL, BN. MENDEZ.

Sur quoy nous, conseiller du Roy, commissaire susd., avons donné acte auxd. Srs Vidal et Mendez de leurs comparutions, dires, déclaration et et réquisition. En conséquence nous sommes transportéz avec eux en lad. chambre, où étant, avons remarqué un corps mort, étendu par terre, et qui nous a été déclaré être celuy dud. Daniel Lopès La Gouna, et aussy après qu'il nous a été attesté qu'il étoit décédé à la suitte de maladie tant par lesd. Srs Vidal et Mendez que par Jacob Dacosta, marchand Juif, trouvé dans lad. chambre, demeurant rue de l'Hirondelle, hôtel de Rheims, disons qu'il va en être communiqué à Monsieur le Procureur du Roy, et ensuite référé à Monsieur le Lieutenant général de Police, pour être requis et ordonné ce que de droit, et jusqu'à ce, le corps dud. La Gouna est resté en la garde dud. Dacosta pour en faire la représentation quant et à qui il appartiendra. Et ont signés avec nous :
AARON VIDAL, J. DACOSTA, DE GRAVILLE, BN. MENDEZ.

Vu le procès verbal cy dessus, je n'empêche pour le Roy, le corps dud. Daniel Lopès La Gouna être inhumé sans bruit, scandal ny apareil et nuitament, dans le cimetière des Juifs de la Villette, et être enjoint aux officiers du guet et de police de prêter main forte si besoin est et en sont requis. Fait ce huit mars mil sept cent quatre vingt.   MOREAU.

Vu les conclusions du Procureur du Roy, nous ordonnons que le corps dud. La Gouna sera inhumé nuitament, sans bruit, scandal ny apareil, dans le cimetière de Juifs, à la Villette, en la manière accoutumée, enjoingnons aux officiers du guet et de police de prêter main forte si beson est et en sont requis, et sera notre présente ordonnance executée nonobstant oppositions ou appellations quelconques. Fait ce huit mars mil sept cent quatre vingt [1].
Non signé.

---

[1]. Ce procès-verbal est signalé par L. Kahn, *Cimetières*, p. 109 (sans nom de commissaire), qui indique que c'est le premier Juif inhumé au nouveau cimetière.

144.

16 mars 1780. — *Acte de décès de Félicité, fille de David Naquet.*
Y 10796, cahier spécial, pièce 6 [1].

Et le jeudy seize mars dudit an mil sept cent quatre vingt, six heures et demie du soir, en notre hôtel et pardevant nous commissaire susdit sont comparus Samuel Roget, négociant à Paris, y demeurant, rue de l'Hirondelle, hôtel de Sens, et Sr Abraham Garcia, marchand chocolatier, demeurant hôtel Sainte Geneviève, rue Poupée, tous deux Juifs de nation.

Lesquels nous ont dit et déclaré qu'une petite fille, née d'avant hier dans l'après midi, enfant de David Naquet, négotiant, et de Marie Anne Perpignan, sa femme, tous deux Juifs de nation, demeurants rue Mâcon, paroisse Saint Séverin, et qui avoit été par ces derniers mis en nourrice chez la femme du nommé Loire, imprimeur, demeurante rue et montagne Sainte Geneviève, chez le pâtissier vis à vis le collège de Navarre, vient de décéder aujourd'hui sur les quatre heures de cet après midy, à la suite d'un abcès dont elle étoit attaquée, que dans ce moment ledit Naquet, oncle dud. Sr Roget comparant, ne pouvant vacquer lui même pour faire faire l'inhumation de son enfant, ils nous requièrent pour lui de présentement nous transporter avec eux chez lad. D^e Loire à l'effet de constater lad. mort et d'ordonner l'inhumation de cet enfant en la manière accoutumée. Et ont signé. Rayé douze mots comme nuls.

S. ROGET, ABRAHAM GARCIA.

Sur quoy nous, commissaires susdit, avons donné acte auxd. Srs Roget et Garcia de leurs comparution, dires et réquisition. En conséquence nous nous sommes à l'instant avec eux transportés en une maison, rue et montagne Sainte Geneviève, dont le Sr Claire, pâtissier, est principal locataire, où étant monté au quatrième étage d'icelle et entré dans une chambre ayant vue sur lad. montagne Sainte Geneviève, nous y avons trouvé Catherine Henry, femme de Jean Pierre Loire, garçon imprimeur, et elle ouvrière, demeurante en la chambre où nous sommes, laquelle nous a dit qu'elle a eu la petite fille dud. Sr Naquet, Juif, aujourd'hui à l'effet de la

---

1. Suite du n° précédent.

nourrir, qu'il lui avoit dit de la nommer Félicité, que cette petite fille vient de décéder sur les quatre heures après midy, à la suite d'un abcès qui a percé par la bouche et le nez, et à l'instant nous l'a représenté couchée dans un petit berceau d'osier, et après avoir remarqué le corps mort d'un enfant nouvellement née, du sexe féminin, nous ordonnons qu'il va être communiqué de sa mort à Monsieur le Procureur du Roy et ensuitte référé à Monsieur le Lieutenant général de police, pour être requis et ordonné ce que de droit, et jusqu'à ce, le corps de lad. fille Félicité Naquet est demeuré en la garde de lad. femme Loire, qui le reconnait et s'en [est] chargée pour en faire la représentation quand et à qui il appartiendra. Et avons signé avec lad. femme Loire :

DE GRAVILLE, C. HENRY.

Vu le procès verbal cy dessus, je n'empêche pour le Roy le corps de lad. D. Félicité Naquet être inhumé sans bruit, scandal ny appareil et nuitamment, dans le cimetière des Juifs de la Villette, et être enjoint aux officiers du guet et de police de prêter main forte si besoin est et en sont requis. Fait ce seize mars mil sept cent quatre vingt.

MOREAU.

Vu les conclusions du Procureur du Roy, nous ordonnons que le corps de lad. Félicité Naquet sera inhumé nuitamment et sans bruit, sans scandal, ni appareil, dans le cimetière des Juifs, à la Villette, en la manière accoutumée, enjoignons aux officiers du guet et de police de prêter main forte si besoin est et en sont requis, et sera notre présente ordonnance exécutée nonobstant oppositions ou appellations quelconques. Fait ce seize mars mil sept cent quatre vingt.

Non signé.

145.

6 mai 1780. — *Acte de décès de Samuel, fils de Jacob Rodrigue Pereire.*
 Y 15288[1].

Du samedy six may mil sept cent quatre vingt, entre huit et neuf heures du soir.

---

1. Cardozo de Béthencourt, *Revue des études juives*, XXVI, p. 244, publie d'après les papiers de la famille Pereire un extrait de ce procès-verbal signé Duchesne.

Nous, Hugues Philippes Duchesne, conseiller du Roy, commissaire enquesteur, examinateur au Châtelet de Paris, ayant été requis, nous sommes transporté rue Plastrière, près l'hôtel des Postes, dans une maison en laquelle demeure le Sr Jacob Rodrigues Pereire, agent de la nation juive portugaise, où étant monté au premier étage et entré dans une chambre ayant vue sur ladite rue, pardevant nous sont comparus Sr Hananel Rodrigues Pereire, marchand portugais ; et Sr David Silveyra, aussi marchand portugais, demeurants tous deux susditte rue Plastrière, paroisse Saint Eustache.

Lesquels nous ont dit que Samuel Pereire, âgé de huit ans, fils dudit Sieur Jacob Rodrigue Pereire et de Mirian [1], sa femme, est décédé ce jourdhuy, une heure après midy, dans la chambre où nous sommes, de maladie, professant la religion judaïque. Pourquoi ils requièrent qu'il soit pourvu à son inhumation dans le cimetière des Juifs Portugais, à la Villette, en la manière accoutumée. Desquels comparution, dire et réquisition nous avons donné acte. Et après qu'il nous est apparu d'un cadavre masculin gissant sur de la paille étendue sur le plancher de lad. chambre, que les comparans nous ont déclaré et certiffié être celui dud. Samuel Pereire, il est resté en icelle pour y demeurer jusqu'à ce que par M. le Lieutenant général de police il ait été statué sur lad. inhumation. Dont et de quoi nous avons dressé le présent procès verbal pour servir et valoir ce que de raison. Et ont signé avec nous. Rayé deux mots nuls.

    HANANEL RODRIGUES PEREIRE, D. SILVEYRA, DUCHESNE.

Vu le procès verbal, je n'empêche pour le Roy le cadavre dud. Samuel Pereire être inhumé à la Villette, dans le cimetière des Juifs de la nation portugaise, en la manière accoutumée, et être enjoint aux officiers du guet et de police de prester main forte si besoin est et en sont requis. Fait ce six mai mil sept cent quatre vingt.

                                        MOREAU.

Soit fait ainsy qu'il est requis. Fait ce six may mil sept cent quatre vingt.

                                        LENOIR.

(En marge) : Gratis.

---

[1]. Miriam Lopès Dias, qu'il avait épousé le 5 novembre 1766 (E. La Rochelle, *Jacob Rodrigues Pereire*, p. 281).

146.

15 mai 1780. — *Acte de décès de Fayllet, fille d'Isaac Naymark.*
Y 15288.

Du lundy quinze may mil sept cent quatre vingt, unze heures du matin.

Nous, François Bourgeois, conseiller du Roy, commissaire au Châtelet de Paris, comme substituant M⁰ Duchesne, notre confrère, qui avoit été requis, sommes transporté rue du Poirier dans une maison dont le Sʳ Cellier, fripier, occupe la boutique, où étant monté au premier étage et introduit dans un cabinet sur le derrière, ayant vue sur une cour, y avons trouvé et pardevant nous sont comparus Baron Salomon, Juif de Berlin, en Prusse, demeurant à Paris, rue Beaubourg, chez le Sʳ Chevillot, maître boulanger, et Louis Moïa, Juif de Darmstadt, demeurant susd. rue Beaubourg, chez le Sʳ Touprier, maître menuisier.

Lesquels nous ont déclaré que Fayllet, âgée de treize mois, fille d'Isaac Naymark [1], Juif de Pompiere [2] près Metz, et de Mingle, sa femme, est décédée de maladie, dans led. cabinet, hier sept heures du soir, que ses père et mère sont pauvres et hors d'état de pourvoir par eux-mêmes aux frais de l'inhumation de lad. Fayllet, leur fille, laquelle ils auroient élevée dans la religion judaïque, qu'ils proffessent. Pourquoy ils requièrent qu'il soit pourvu à l'inhumation de lad. Fayllet, au cimetière des Juifs allemands en la manière accoutumée. Desquels comparution, dire et réquisition avons donné acte. Et après qu'il nous est apparu du cadavre d'un enfant, paroissant de l'âge d'environ treize mois, gissant sur de la paille étendue sur le plancher dud. cabinet, que les comparants nous ont certifié et attesté être celuy de lad. Fayllet, fille dud. Isaac Naymark, il est resté dans led. cabinet pour y demeurer jusqu'à ce que par M. le Lieutenant général de police il ait été statué sur lad. inhumation. Et de tout ce que dessus nous avons dressé le procès verbal pour servir et valoir ce que de raison. Et ont signé avec nous, led. Baron Salomon, en hébreu, ayant déclaré ne sçavoir signer en françois, de ce interpellé. Rayé en les présentes un mot comme nul.

BOURGEOIS, BARON SALOMON (*hebr.*), LOUIS MOYEA.

---

1. On pourrait peut-être lire Nœymark.
2. Ponpierre, baillage de Neufchateau ; aujourd'hui Steinbiedersdorf, cant. Falkenberg, cercle de Boulay.

Vu le procès verbal, je n'empesche pour le Roy le cadavre de lad. Fayllet être inhumé à la Villette, dans le cimetière des Juifs de la nation allemande, en la manière accoutumée, et être enjoint aux officiers du guet et de police de prester main forte si besoin est et en sont requis. Fait ce quinze may mil sept cent quatre vingt.

Moreau.

Soit fait ainsy qu'il est requis. Ce quinze may 1780.

Lenoir.

* [A ce procès verbal est joint un certificat d'indigence, signé M. Hadamar].

147.

2 juin 1780. — *Acte de décès d'Abigail, fille de David Dacougne.* Y 15288.

Du vendredy deux juin mil sept cent quatre vingt, cinq heures du soir.

Nous, Hugues Philippes Duchesne, conseiller du Roy, commissaire au Châtelet de Paris, ayant été requis, nous sommes transporté dans une maison rue Saint André des Arts vis à vis celle Hautefeuile, où étant et introduit dans une chambre au troisième étage, ayant vue sur lesdittes rues, pardevant nous sont comparus Abraham Lopes Laguna, Juif de Bordeaux, demeurant à Paris, susd. rue Saint André des Arts, et Léon Fernandès, aussy Juif de Bordeaux, demeurant à Paris, rue du Foin Saint Jacques, dans une maison dont la boutique est occupée par un perruquier.

Lesquels nous ont dit qu'Abigail Dacougne, âgée de vingt huit mois, fille de David Dacougne et d'Ester Lopes Dacougne, sa femme, Juifs Portugais, est décédée ce jourd'huy il y a environ une heure, de maladie, dans la chambre où nous sommes, que ses père et mère proffessant la religion judaïque ils l'élevoient dans la même religion. Pourquoy ils requirent qu'il soit pourvu à l'inhumation de lad. Abigail Dacougne à la Villette, dans le cimetière des Juifs portugais. Desquels comparution, dire et réquisition nous avons donné acte. Et après qu'il nous est apparu d'un cadavre féminin gissant sur de la paille étendue sur le plancher de lad. chambre, que les comparants nous ont déclaré estre celuy de lad. Abigail Dacougne, est resté dans lad. chambre pour y demeurer jusqu'à ce que par Monsieur le Lieutenant général de police il ait été statué sur lad. inhumation. Dont et de quoy nous avons dressé le présent procès-verbal pour servir et valoir ce que de raison. Et ont signé :

Leon Fernendes, Abraham Lopes Laguna, Duchesne.

Vu le procès verbal, je n'empêche pour le Roy le cadavre de lad. Abigail Dacougne être inhumé à la Villette, dans le cimetière des Juifs portugais, en la manière accoutumée, et être enjoint aux officiers du guet et de police de prester main forte si besoin est et en sont requis. Fait ce deux juin 1780.

Moreau.

Soit fait ainsy qu'il est requis. Ce deux juin mil sept cent quatre vingt.

Lenoir.

148.

23 juillet 1780. — *Acte de décès du fil de Cerf Barah.*
Y 15288.

Du dimanche vingt trois juillet mil sept cent quatre vingt, neuf heures du matin.

Nous, Hugues Philippes Duchesne, conseiller du Roy, commissaire au Châtelet de Paris, ayant été requis, nous sommes transporté rue Geoffroy Langevin, dans une maison appartenant au S*r* Galot, maître maçon, où étant monté au deuxième étage et introduit dans une chambre ayant vue sur lad. rue, pardevant nous sont comparus Lipmann Nathan, Juif de Groziman [1] en Allemagne, demeurant à Paris, rue Maubuée, chez le S*r* Dudoiart, limonadier, et Cerf Israel, Juif de Metz, demeurant à Paris, rue des Petits Champs Saint Martin, à l'hôtel Notre Dame.

Lesquels nous ont dit que le nommé Barah, âgé d'environ huit mois, fils de Cerf Barah, Juif d'Alsace, est décédé hier de maladie, entre dix et onze heures du matin, dans la chambre où nous sommes, que ledit Cerf Barah, qui proffesse la religion judaïque, étoit dans l'intention d'élever son fils dans la même religion, qu'il est pauvre et hors d'état de frayer par luy même aux frais de l'inhumation de sondit fils, à laquelle les comparants requièrent qu'il soit pourvu au cimetière de la nation juive allemande, en la manière accoutumée. Desquels comparution, dire et réquisition, avons donné acte. Et après qu'il nous est apparu du cadavre d'un enfant, sexe masculin, gissant sur de la paille étendue sur le plancher de lad. chambre, que les comparans nous ont déclaré et attesté estre celuy dud. Barah, fils dud. Cerf Barah, il est resté dans lad. chambre pour y demeurer jusqu'à ce que par Monsieur le Lieutenant général de police il ait été statué sur lad.

---

1. Gross-Zimmern, cercle de Dieburg, province de Starckenburg (Hesse).

inhumation. Et de tout ce que dessus nous avons dressé le présent procès-verbal pour servir et valoir ce que de raison. Et ont signé avec nous.

Lipman Matan (sic), Cerff Israel, Duchesne.

Vu le procès verbal, je n'empêche pour le Roy le cadavre dudit Barah, fils de Cerf Barah être inhumé à la Villette, au cimetière des Juifs allemands, en la manière accoutumée, et être enjoint aux officiers du guet et de police de prester main forte si besoin est et en sont requis. Fait ce vingt trois juillet 1780.

Moreau.

Soit fait ainsy qu'il est requis. Ce vingt trois juillet 1780.

Lenoir.

* [Au procès-verbal est joint un certificat d'indigence signé M. Hadamar].

149.

28 juillet 1780. — *Acte de décès de Barah Jacob Lévy.*
Y 15288.

Du vendredi vingt huit juillet mil sept cent quatre vingt, huit heures du matin.

Nous, Hugues Philippes Duchesne, conseiller du Roy, commissaire au Châtelet de Paris, ayant été requis, nous sommes transporté rue des Petits Champs Saint-Martin, dans une maison garnie appelée l'hôtel Notre Dame, où étant monté au premier étage et introduit dans une chambre ayant vue sur lad. rue, pardevant nous sont comparus Mayer Hademart, agent des Juifs de Metz, demeurant à Paris, rue Saint Martin, chez le Sr Anginot, marchand boursier, et Joseph Cahin, Juif de Metz, demeurant susd. rue Saint Martin, chez led. Anginot.

Lesquels nous ont dit que Barah Jacob Lévy, Juif de Metz, âgé d'environ quarante un ans, est décédé de maladie ce matin vers cinq heures dans lad. chambre en laquelle il logeoit, professant la religion judaïque. Pourquoy ils requièrent qu'il soit pourvu à son inhumation au cimetière des Juifs allemands, en la manière accoutumée. Desquels comparution, dire et réquisition avons donné acte. Et après qu'il nous est apparu d'un cadavre masculin gissant sur de la paille étendue sur le plancher de lad. chambre, que les comparants nous ont déclaré et attesté estre celuy dud. Barah Jacob Lévy, il est resté dans laditte chambre pour y demeurer jusqu'à ce que par Monsieur le Lieutenant général de police il ait été statué sur lad. inhumation. Et de tout ce que dessus nous avons dressé le présent procès verbal pour servir et valoir ce que de raison. Et ont signé avec nous :

M. Hadamar [1], Duchesne, Joseph Joseph Cahin [1].

Vu le procès verbal, je n'empêche pour le Roy le cadavre dudit Barah Jacob Lévy être inhumé en la manière accoutumée dans le cimetière des Juifs allemands, à la Villette, et être enjoint aux officiers du guet et de police de prester main forte si besoin est et en sont requis. Fait ce 28 juillet 1780.

Moreau.

Soit fait ainsy qu'il est requis. Ce vingt huit juillet mil sept cent quatre vingt.

Lenoir.

150.

16 août 1780. — *Acte de décès de Léa, femme d'Aaron Mayer.*
Y 15288.

Du mercredy seize août mil sept cent quatre vingt, onze heures du matin.

Nous, Hugues Philippes Duchesne, conseiller du Roy, commissaire au Châtelet de Paris, ayant été requis, nous sommes transporté rue Geoffroy Langevin, dans une maison appartenant au Sr Galot, maître mâçon, où étant monté au deuxième étage et introduit dans une chambre ayant vue sur lad. rue, pardevant nous sont comparus Cerf Israel, Juif de Metz, demeurant à Paris, rue des Petits Champs Saint Martin, à l'hôtel Notre Dame, et Lipman Nathan, Juif allemand, demeurant rue Maubuée, maison d'un épicier.

Lesquels nous ont déclaré que Léa Mayer, femme d'Aaron Mayer, Juif de Treibiche [2] en Marovie (*sic*), âgée d'environ trente huit ans, est décédée de suite d'une longue maladie, ce jourd'huy une heure du matin, dans lad. chambre, proffessant la religion judaïque. Pourquoy ils requièrent qu'il soit pourvu à son inhumation au cimetière de la nation juive allemande, à la Villette, en la manière accoutumée. Desquels comparution, dire et réquisition avons donné acte. Et après qu'il nous est apparu d'un cadavre gissant sur de la paille étendue sur le plancher de lad. chambre, que les comparants nous ont certifié et attesté être celuy de lad.

---

1. Avec seconde signature en hébreu.
2. Trebitscht, Moravie (Autriche-Hongrie).

Léa Mayer, femme d'Aaron Mayer, il est resté dans lad. chambre pour y demeurer jusqu'à ce que par Monsieur le Lieutenant général de police il ait été statué sur lad. inhumation. Et de tout ce que dessus nous avons dressé le présent procès verbal pour servir et valoir ce que de raison. Et ont signé avec nous :

CERFF ISRAEL, LIPMAN NATAN, DUCHESNE.

Vu le procès verbal, je n'empêche pour le Roy le cadavre de lad. Léa Mayer être inhumé à la Villette, dans le cimetière des Juifs de la nation allemande, en la manière accoutumée, et être enjoint aux officiers du guet et de police de prester main forte si besoin est et en sont requis. Fait ce seize aoust 1780.

MOREAU.

Soit fait ainsy qu'il est requis. Ce seize aoust mil sept cent quatre vingt.

LENOIR.

(Au procès-verbal est joint le certificat suivant :)

Je soussigné, sindic et préposé par M. le Lieutenant général de police pour la nation juive allemande, à Paris, certifie que la femme Aaron, maître d'école de la ville de Treibiche en Marovie, nommée Léa est morte cette nuit à une heure après minuit, dans la ruë Geoffrolangvin (*sic*), maison du Sr Galou, au second étage, sur la ruë, âgée de 38 ans, et quelle sera enterée des deniers de la charité. A Paris, ce 16 août 1780.

J. GOLDSCHMIT.

151.

3 septembre 1780. — *Acte de décès de Jacob Landsberg.*

Y 15288.

Du dimanche trois septembre mil sept cent quatre vingt, de relevée.

Nous, Hugues Philippes Duchesne, conseiller du Roy, commissaire au Châtelet de Paris, ayant été requis, nous sommes transporté rue Brisemiche, dans une maison occupée par le Sr Lazou, marchand tapissier, où étant monté au deuxième étage et introduit dans une chambre ayant vue sur lad. rue, pardevant nous sont comparus Mayer Brac, Juif de Nidevrisse [1], demeurant à Paris, rue Grenier Saint Lazare, maison du Sr Demay, éventailliste, et Lipman

---

1. Niederwiese, aujourd'hui canton et cercle de Boulay (Lorraine).

Natan, Juif allemand, demeurant rue Maubuée, chez le Sr Dudoiart, limonadier.

Lesquels nous ont dit que Jacob Landsberg, Juif de Kerchen Beaulande [1], en Allemagne, âgé d'environ quarante six ans, est décédé de maladie, ce jourd'huy deux heures après midy, dans lad. chambre, proffessant la religion judaïque. Pourquoy ils requièrent qu'il soit pourvu à son inhumation au cimetière des Juifs allemands, à la Villette, en la manière accoutumée, déclarant qu'il ne laisse aucun bien (*sic*) et qui (*sic*) sera inhumé des deniers de charité. Desquels comparution, dire et réquisition avons donné acte. Et après qu'il nous est apparu d'un cadavre masculin gissant sur de la paille étendue sur le plancher de lad. chambre, que les comparants nous ont attesté estre celuy dud. Jacob Landsberg, il est resté dans lad. chambre pour y demeurer jusqu'à ce que par M. le Lieutenant général de police, il ait été statué sur lad. inhumation. Et de tout ce que dessus nous avons dressé le présent procès verbal pour servir et valoir ce que de raison. Et ont signé :

DUCHESNE, MAYER BRAC, LIPMAN NATAN [2].

Vu le procès verbal, je n'empêche pour le Roy le cadavre dud. Jacob Landsberg être inhumé à la Villette, dans le cimetière de la nation juif (*sic*) allemande, en la manière accoutumée, et être enjoint aux officiers du guet et de police de prester main forte si besoin est et en sont requis. Fait ce trois septembre mil sept cent quatre vingt.

MOREAU.

Soit fait ainsy qu'il est requis. Ce trois septembre mil sept cent quatre vingt.

LENOIR.

Au procès verbal est annexé le certificat ci-joint : Je, soussigné, sindic et presposé par M. le Lieutenant général de police pour la nation juive allemande à Paris, certifie que le nommé Jacob Landsberg, de Kerchen Beaulande, en Allemagne, est décédé en cette ville, ce jourd'hui à deux heures après midi, en la maison du sieur Lazou, tapissier, rue Brisemiche, âgé de quarante six ans, demeurant au second sur la rue, et qui sera inhumé à la Villette de diniers (*sic*) de la charité. A Paris, ce trois septembre 1780.

J. GOLDSCHMIT.

---

1. Kirchheimbolanden (Palatinat bavarois).
2. Cette dernière signature est en caractères allemands.

152.

15 septembre 1780. — *Acte de décès de Jacob Rodrigue Pereire.*
Y 15288.

Du vendredy quinze septembre mil sept cent quatre vingt, de relevée.

Nous, Hugues Philippes Duchesne, conseiller du Roy, commissaire au Châtelet de Paris, ayant été requis, nous sommes transporté rue Montmartre, vis à vis la rue de la Jussienne, dans une maison dont la boutique est occupée par un marchand mercier, où étant monté au deuxième étage et introduit dans une chambre à coucher, pardevant nous sont comparus Sr Hananel Rodrigue Pereire, Juif Portugais, et Sr David Silveyra, marchand portugais, demeurant tous deux susditte rue Montmartre, paroisse Saint Eustache.

Lesquels nous ont dit que Jacob Rodrigue Pereire, pensionnaire du Roy et agent de la nation juive portugaise, âgé d'environ soixante six ans, est décédé la nuit dernière vers minuit, de maladie, dans laditte chambre, professant la religion judaïque. Pourquoy ils requièrent qu'il soit pourvu à son inhumation dans le cimetière des Juifs Portugais, à la Villette, en la manière accoutumée. Desquels comparution, dire et réquisition nous avons donné acte. Et après qu'il nous est apparu d'un cadavre masculin gissant sur de la paille étendue sur le plancher de lad. chambre, que les comparants nous ont déclaré et certiffié estre celuy dud. Jacob Rodrigue Pereire, il est resté en icelle pour y demeurer jusqu'à ce que par Monsieur le Lieutenant général de police il ait été statué sur lad. inhumation. Dont et de quoy nous avons dressé le présent procès verbal pour servir et valoir ce que de raison. Et ont signé avec nous :

HANANEL RODRIGUES PEREIRE, D. SILVEYRA, DUCHESNE.

Vu le procès verbal, je n'empesche pour le Roy le cadavre dud. Jacob Rodrigue Pereire être inhumé à la Villette, dans le cimetière des Juifs de la nation portugaise, en la manière accoutumée, et être enjoint aux officiers du guet et de police de prêter main forte si besoin est et en sont requis. Fait ce quinze septembre mil sept cent quatre vingt.

MOREAU.

Soit fait ainsy qu'il est requis. Ce quinze septembre mil sept cent quatre vingt.

Lenoir.

Et ledit jour quinze septembre aud. an cinq heures de relevée, est comparu led. Sr David Silveyra, lequel nous a déclaré que led. Sr Pereire a été inhumé le jourd'huy, il y a environ une demie heure en exécution de l'ordonnance cy dessus. Et a signé avec nous :

Duchesne, D. Silveyra.

(En marge) : Rapporté en 7^b 1780. Trois livres.

153.

3 octobre 1780. — *Acte de décès de Jeannette, fille d'Isaac Lévy.*
Y 15288.

Du mardy trois octobre mil sept cent quatre vingt, du matin.

Nous, Hugues Philippes Duchesne, conseiller du Roy, commissaire au Châtelet de Paris, ayant été requis, nous sommes transporté enclos du Prieuré de Saint Martin des Champs, rue Payelle, dans une maison dont la boutique est occupée par un limonadier, où étant monté au deuxième étage et introduit dans une chambre ayant vue sur lad. rue, pardevant nous sont comparus Baron Salomon, Juif de Berlin, demeurant rue Beaubourg, maison du Sr Julliard, boulanger, et Lipman Nathan, Juif allemand, demeurant rue Maubuée, chez le Sr Dudoiart, limonadier.

Lesquels nous ont dit que Jannette, âgée d'environ dix sept mois, fille d'Isaac Lévy, Juif de Vesthoven[1] en Alsace, et de la nommée Racail, sa femme, est décédée de maladie, la nuit dernière vers minuit, dans lad. chambre, que ses père et mère, qui professent la religion judaïque, étoient dans l'intention de l'élever dans la même religion. Pourquoy les comparans requièrent que son cadavre soit inhumé au cimetière des Juifs, en la manière accoutumée. Desquels comparution, dire et réquisition avons donné acte. Et après qu'il nous est apparu du cadavre d'un enfant, sexe féminin, gissant sur de la paille étendue sur le plancher de lad. chambre, que les comparants nous ont déclaré et attesté estre celuy de laditte Jeannette, fille dud. Isaac Lévy et sa femme, il est resté dans lad. chambre

---

1. Westhafen, aujourd'hui canton de Wasselnheim, cercle de Molsheim.

pour y demeurer jusqu'à ce que par Monsieur le Lieutenant général de police il ait été statué sur lad. inhumation. Et de tout ce que dessus nous avons dressé le présent procès verbal pour servir et valoir ce que de raison. Et ont signé avec nous led. Baron Salomon en hébreux, ayant déclaré ne sçavoir signer en françois.

Duchesne, Baron (*hebr.*), [1], Lipman Natan [2].

Vu le procès verbal, je n'empêche pour le Roy le cadavre de lad. Jeannette être inhumé à la Villette, dans le cimetière des Juifs de la nation allemande, en la manière accoutumée, et être enjoint aux officiers du guet et de police de prester main forte si besoin est et en sont requis. Fait ce trois 8bre mil sept cent quatre vingt.

Moreau.

Soit fait ainsy qu'il est requis. Ce trois octobre mil sept cent quatre vingt.

Lenoir.

154.

2 novembre 1780. — *Acte de décès de Lion Isaac.*

Y 15288.

Du jeudy deux novembre mil sept cent quatre vingt, dix heures du matin.

Nous, Hugues Philippes Duchesne, conseiller du Roy, commissaire au Châtelet de Paris, ayant été requis, nous sommes transporté rue Maubuée, dans une maison dont la boutique est occupée par le Sr Collignon, maître limonadier, où étant monté au deuxième étage et introduit dans une chambre ayant vue sur lad. rue, par devant nous est comparue Marie Soullieux, femme de Joseph Trepas, compagnon teinturier en soye, travaillant actuellement à Lille en Flandres, elle occupant la chambre où nous sommes depuis douze ans, laquelle nous a dit que Lion Isaac, Juif de Wissembourg en Alsace, âgé d'environ cinquante ans, qui étoit en pension chez elle et qui occupoit depuis dix ans une petite chambre à coté de celle où nous sommes, est décédé ce matin subitement, sur les six heures, dans la chambre où nous sommes, que hier ils ont soupé ensemble entre six et sept heures, qu'après le souper ils sont descendus chez led. Sr Collignon, où ils ont bu un demy poisson d'eau de fleurs d'orange, qu'ils sont remontés sur

---

1. La signature hébraïque porte simplement : Ber.
2. Cette dernière signature est en caractères allemands.

le champ et s'est couché tout de suitte dans le lit étant dans la chambre où nous sommes, et dans lequel et à lad. heure de six elle l'a trouvé mort dans led. lit, et que tous les effets qui garnissent et qui sont dans lesd. deux chambres luy appartiennent : pour en justiffier, elle nous a presenté une quittance du douze octobre dernier signée dud. Sr Collignon, par laquelle il reconnoit avoir reçu de Mad^e Trepas la somme de seize livres pour le terme dernier, laquelle quittance qui est sur un petit registre et en suitte de précédentes est restée en sa possession. Et a déclaré ne sçaoir écrire ny signer, de ce interpellée, suivant l'Ordonnance. Rayé cinq mots nuls y compris celuy au second postile [1].

Sont aussy comparus Mayer Coblans, Juif de Metz, demeurant rue Geoffroy Langevin, chez la veuve Boursier, logeuse, et Isaac Wimphen, aussy Juif de Metz, demeurant chez lad. veuve Boursier, lesquels nous ont dit que ledit Lion Isaac, de Wissembourg, Juif, est décédé subitement ce jour d'huy dans la chambre où nous sommes, âgé d'environ cinquante ans, proffessant la religion judaïque. Pourquoy ils requièrent qu'il soit pourvu à son inhumation à la Villette, dans le cimetière de la nation juive allemande, en la manière accoutumée. Desquels comparutions, dire et réquisitions, ainsy que de ceux faits par lad. femme Trepas, nous avons donné acte. Et après qu'il nous est apparu d'un corps gissant dans un lit étant dans la chambre où nous sommes, que les comparants nous ont certifié et attesté estre celuy dudit Lion Isaac, de Wissembourg, il est resté dans lad. chambre pour y demeurer jusqu'à ce que par Monsieur le Lieutenant général de police il ait été statué sur lad. inhumation. Dont et de quoy nous avons dressé le présent procès verbal pour servir et valoir ce que de raison. Et ont les comparans signé avec nous, led. Coblans en hébreux, ayant déclaré ne sçavoir signer en françois quoiqu'il le parle.

MAYER COBLANS (*hebr.*), ISAAC WIMPHEN [2], DUCHESNE.

(*Une première pièce annexe porte :*)
Je soussigné, sindic préposé par M. le Lieutenant général de police pour la nation juive allemande à Paris, certifie que le nommé Lion Isaac, de Visembourg en Alsace, est mort subitement, âgé de (*sic*) ans, logé rue Maubuée, chez le sieur Colignon, limona-

---

1. Un certain nombre de mots sont en effet en marge, groupés en deux renvois.
2. Avec seconde signature hébraïque de la même main.

dier, et qu'il sera inhumé des deniers de la charité. A Paris, ce 2ᵉ 9ᵇʳᵉ 1780.

J. GOLDSCHMIT.

(*Une deuxième annexe porte :*)
Monsieur, la visite du cadavre du sieur Lion, Juif, gissant au caflé de l'Étoille, rue Maubuée, a été fait par le médecin et chirurgien du Châtelet de l'ordonnance de Monsieur le Lieutenant criminel, conformément aux conclusions de Monsieur le Procureur du Roy.

J'ay l'honneur d'être, Monsieur, votre très humble et très obéisant serviteur.

DUPUIS.

Ce 2 9ᵇʳᵉ 1780.

155.

2 novembre 1780. — *Acte de décès d'Ève, fille de David Aaron.*
Y 15288.

Du Jeudy deux novembre mil sept cent quatre vingt, une heure de relevée.

Nous, Hugues Philippes Duchesne, conseiller du Roy, commissaire au Châtelet de Paris, ayant été requis, nous sommes transporté rue Beaubourg, dans une maison dont la boutique est occupée par le Sʳ Mossé, dit La France, marchand de vin, où étant monté au troisième étage sur le derrière et introduit dans une chambre ayant vue sur une cour, pardevant nous sont comparus Louis Moeyea, Juit d'Amstat[1] en Allemagne, demeurant susd. rue Beaubourg, maison où nous sommes, et Lipman Nathan, Juif allemand, demeurant rue Maubuée, maison d'un épicier.

Lesquels nous ont dit que Ève, âgée de quinze mois, fille de David Aaron, Juif d'Italie et de Madeleine Aaron sa femme, est décédée ce matin à dix heures de maladie dans lad. chambre. Et comme ses père et mère étoient dans l'intention de l'élever dans la religion judaïque qu'ils proffessent, les comparans requirènt qu'il soit pourvu à son inhumation au cimetière de la nation juive allemande, à la Villette, en la manière accoutumée.

Desquels comparution, dire et réquisition avons donné acte. Et après qu'il nous est apparu du cadavre d'un enfant, sexe féminin, gissant sur de la paille étendu sur le plancher de lad. chambre, que les comparants nous ont déclaré et attesté être celuy de lad. Ève

---

1. Darmstadt (Hesse).

fille dud. David Aaron et [de] sa femme, il est resté dans lad. chambre pour y demeurer jusqu'à ce que par Monsieur le Lieutenant général de police il ait été statué sur lad. inhumation. Et de tout ce que dessus nous avons dressé le présent procès verbal pour servir et valoir ce que de raison. Et ont signé avec nous :

LIPMAN NATAN, LOUIS MOÏJEA, DUCHESNE.

Vu le procès verbal, je n'empêche pour le Roy le cadavre de lad. Eve être inhumé à la Villette, dans le cimetière de la nation Juive allemande, en la manière accoutumée, et être enjoint aux officiers du guet et de police de prester main forte si besoin est et en sont requis. Fait ce deux novembre mil sept cent quatre vingt.

MOREAU.

Soit fait ainsy qu'il est requis. Ce deux novembre 1780.

LENOIR.

(*Une pièce annexée porte:*)

Je soussigné, sindic préposé par M. le Lieutenant général de police pour la nation juive allemande à Paris, certifie que Ève fille du nommé David Aron (*sic*), âgée de 15 mois, est décédée en cette ville, dans la maison du S^r Le France, marchand de vin, ruë Beaubourg, qu'elle doit estre inhumée à la Villette, dans le cimetière des Juifs allemand et des diniers de charité. A Paris, ce 2 9bre 1780.

J. GOLDSCHMIT.

156.

22 février-4 avril 1781. — *Scellé de Salomon Perpignan.*

Y 11604.

Scellé de Salomon Perpignan, négociant, Juif, décédé vers 6 heures du soir, en son domicile rue de Seine, appartement du second, donnant sur la rue.

Commissaire : Chenu.

Déclarant : Élie Perpignan, négociant Juif, rue Pavée Saint André des Arts, frère du défunt. Les membres de la famille cités au scellé sont en outre : la veuve du défunt, Nerthe Pichaud, résidant habituellement à Avignon, présentement à Paris, donataire entre vifs de son mari par contrat de mariage notarié passé à Avignon le 18 avril 1770; leurs enfants, Josué et Régine, mineurs; et un autre frère, Abraham Perpignan, négociant à Lyon, de présent à Paris, rue Dauphine, tuteur de ses neveu et nièce.

Comparaissent : Marin Segret et Jean François Leclerc, chirurgiens, Loüis Mousset, dit Saint Louis, domestique du défunt et Catherine Toille, sa cuisinière.

L'inventaire est dressé par le notaire Charles Boutet, et les marchandises du magasin estimées par Auberteau, maître drapier. Les frères se font remettre à deux reprises, à fin de recouvrement, des effets commerciaux, dont l'un endossé par Salomon Astruc.

Au scellé sont annexés :

1°) un exemplaire imprimé des *Lettres patentes* de mars 1776 accordant à Jacob de Perpignan, de Bordeaux, sa femme et ses enfants les droits de régnicoles et naturels français, portant en marge main levée donnée par Guichard, avocat du Roi à la Chambre du Domaine, de son opposition à la levée des scellés.

2°) une information d'office faite par le commissaire Chenu sur la mort de Salomon Perpignan. Il en ressort qu'il est décédé dans des conditions particulièrement dramatiques. Au moment où le chirurgien Segret, qui le soignait depuis plusieurs jours pour « hypocondriacisme » et divers amis cherchaient à « lui remettre la tête » et à le déterminer à se laisser saigner, il ouvrit la fenêtre et se précipita dans la rue : d'où « playe considérable au tégument de la partie supérieure de la tête et fracture à la partie supérieure de l'os occipital ». Parmi les témoins interrogés : David Naquet, négociant Juif, rue Mâcon, paroisse Saint Séverin, 48 ans, mari de la demoiselle Perpignan, sœur du défunt, et Moïse Salom, Juif, négociant, rue de la Monnaie, paroisse Saint Germain l'Auxerrois, 48 ans, déposent « après avoir mis la main sur la Bible et promis de dire la vérité ». A la suite de l'information, figurent les conclusions du Procureur du Roi qui n'empêche « vu le raport des médecins et chirurgiens du Châtelet... le cadavre dudit Salomon Perpignan être inhumé en la manière ordinaire et accoutumée », et l'ordonnance du Lieutenant criminel.

157.

23 février 1781. — *Acte de décès de Salomon Perpignan*[1].

Y 11604.

L'an mil sept cent quatre vingt un, le vendredi vingt trois février, du matin, en l'hôtel et pardevant nous Gilles Pierre Chenu, commissaire au Châtelet de Paris et censeur royal, est comparu Sʳ Hélie Perpignan, négotiant Juif, demeurant rue Pavée, paroisse

---

1. Cf. la pièce précédente.

Saint André des Arts, et Sr Moyse Perpignan, négotiant Juif, demeurant rue Dauphine.

Lesquels nous ont dit que Salomon Perpignan, négotiant, natif de Bordeaux, âgé de quarante ans, demeurant rue de Seine faubourg Saint Germain, paroisse Saint Sulpice, leur frère, dont nous avons constaté la mort violente occasionnée par le dérangement de la tête à la suitte de maladie, suivant notre procès verbal du jour d'hier, étoit de la relligion juive, et comme il est nécessaire de le faire inhumer, ils sont venus nous faire la présente déclaration, requérant qu'il nous plaise pourvoir à lad. inhumation en la manière ordinaire. Et ont signé : Rayé ci dessus (*sic*) mots comme nuls.

Moïse Perpignan, Élie Perpignan.

Desquels comparutions, dires et réquisitoires nous, conseiller commissaire susd., avons donné acte aux susnommés, et en conséquence nous avons ordonné qu'il en sera par nous référé à Monsieur le Lieutenant général de police, pour être par lui sur les conclusions de M. le Procureur du Roy statué ce qu'il appartiendra. Dont et de quoi nous avons fait et dressé le présent procès verbal pour servir et valloir ce que de raison.

Chenu.

Vu le procès verbal, je n'empêche pour le Roy le cadavre dudit Salomon Perpignan être inhumé sans bruit, scandale ni apareil dans le cimetière des Juifs, à la Villette, et être enjoint aux officiers du guet et de police d'y veiller et prêter main forte si besoin est et en sont requis. Fait ce 23 février 1781.

Moreau.

Soit fait ainsi qu'il est consenti. Ce 23 février 1781.

Lenoir.

(*En marge :*) Rapporté.

158.

3 mars 1781. — *Acte de décès du fils de Jacob Salomon.*
Y 15289.

Du samedy trois mars mil sept cent quatre vingt un, sept heures du soir.

Nous, Hugues Philippes Duchesne, conseiller du Roy, commissaire au Châtelet de Paris, ayant été requis nous sommes transporté rue Maubuée, dans une maison occupée par la D^e Honnorée, où étant monté au deuxième étage sur le derrière, et entré dans une chambre ayant vue sur la cour, tenue garnie de lad. Dᵉ Honnorée par Jacob Salomon, Juif de Mora [1] en Silésie, où étant, y avons trouvé et pardevant nous sont comparus Isaac Lévy, Juif de Bich [2] en Alsace, demeurant rue Saint Denis, chez le Sʳ Chauffetet, maître chandelier, et Aaron Moyse, Juif de Francfort, demeurant rue Maubuée, chez le Sʳ Colignon, limonadier.

Lesquels nous ont dit que Sara Veil, femme dudit Jacob Salomon, tous deux Juifs, est accouchée il y a seize jours d'un enfant sexe masculin, qui n'a pu estre circonci à cause de la foiblesse de sa santé, que ce jourd'huy matin à trois heures il est décédé dans lad. chambre, que ses père et mère l'auroient élevé dans la religion judaïque qu'ils proffessent, qu'il s'agit de pourvoir à l'inhumation de cet enfant. Pourquoy les comparants requièrent qu'il y soit pourvu au cimetière des Juifs allemans, situé à la Villette, en la manière accoutumée, déclarant que ledit Jacob Salomon est pauvre et hors d'état de frayer aux frais de laditte inhumation. Desquels comparution, dire et réquisition avons donné acte. Et après qu'il nous est apparu du cadavre d'un enfant, sexe masculin, gissant sur de la paille étendue sur le plancher de laditte chambre, que les comparans nous ont déclaré et attesté estre celuy de l'enfant dud. Jacob Salomon et de lad. Sara Veil, sa femme, il est resté dans laditte chambre pour y demeurer jusqu'à ce que par M. le Lieutenant général de police il ait été statué sur lad. inhumation. Et de tout ce que dessus avons dressé le présent procès verbal pour servir et valoir ce que de raison. Et ont signé avec nous, led. Aaron Moyse en hébreu, ayant déclaré ne sçavoir signer en françois, de ce interpellé :

Isaac Levy, Duchesne, Aaron Moyse (hebr.).

Vu le procès verbal, je n'empêche pour le Roy le cadavre de l'enfant sexe masculin, dont lad. Sara Veil, femme de Jacob Salomon, est accouchée il y a environ seize jours, estre inhumé au cimetière des Juifs Allemans, à la Villette, en la manière accoutumée, et estre enjoint aux officiers du guet et de police de prester main forte si besoin est et en sont requis. Fait ce trois mars 1781.

Moreau.

---

1. Mohrau, cercle de Neisse, présidence d'Oppeln (Silésie prussienne) ou Klein-Mohrau, près Freudenthal (Silésie autrichienne).
2. Bischheim, aujourd'hui canton de Schiltigheim, cercle de Strasbourg.

Soit fait ainsy qu'il est requis. Ce trois mars 1781.

LENOIR.

(Une pièce annexée au procès verbal porte :)
Je soussigné, sindic préposé par M. le Lieutenant général de police pour la nation juive allemande à Paris, certifie que le fils de Jacob Salomon, âgé de seize jours, est décédé rue Maubuée, maison d'un menuisier, ledit enfant n'a pas pu estre circonciz ni nommé à cause de sa foiblesse, et son père n'est en estat de faire les frais de son inhumation. A Paris ce trois mars 1781.

J. GOLDSCHMIT.

159.

29 mai 1781. — *Acte de décès du fils d'Abraham Garcy.*
Y 15289.

Du mardy vingt neuf may mil sept cent quatre vingt un, environ cinq heures et demie de relevée.

Nous, François Bourgeois, conseiller du Roy, commissaire enquesteur examinateur au Châtelet de Paris, pour l'empêchement de Me Duchesne, notre confrère, qui avoit été requis, nous sommes transporté rue des Deux Portes Saint Sauveur, dans une maison garnie appelée l'hôtel d'Orléans, où étant monté au troisième étage et introduit dans un petit cabinet ayant vue sur la cour de laditte maison, pardevant nous sont comparus Sr David Silveyra, syndic et agent des Juifs Portugais, demeurant à Paris, rue Ticquetonne, hôtel des Quatre Provinces, et Sr Jacob Lévy, aussy Juif Portugais, demeurant à Paris, rue de Montmorency, vis à vis l'hôtel Villain.

Lesquels nous ont dit que Garcy, âgé de trois ans passés, fils d'Abraham Garcy, Juif de Bordeaux, et d'Ester Garcy, sa femme, est décédé de maladie ce jour d'huy unze heures du matin dans ledit cabinet, que ses père et mère sont pauvres et hors d'état de pourvoir eux mêmes aux frais de l'inhumation de leur fils, qu'ils professent l'un et l'autre la religion judaïque et étoient dans l'intention d'élever leur fils dans la même religion. Pourquoy les comparants requièrent qu'il soit pourvu à l'inhumation dudit Garcy, à la Villette, dans le cimetière des Juifs Portugais, conformément aux intentions de M. le Lieutenant général de police. Desquels comparution, dire et réquisition avons donné acte. Et après qu'il nous est apparu du cadavre d'un enfant, sexe masculin, gissant sur de la paille étendue sur le plancher dud. cabinet, que les comparants nous ont déclaré et attesté estre celuy dudit Garcy fils, il est resté dans ledit cabinet pour y demeurer jusqu'à ce que par mondit sieur le Lieutenant général de police il ait été statué sur laditte inhumation. Et de tout ce que dessus nous avons dressé le présent procès verbal pour servir et valoir ce que de raison. Et ont signé avec nous :

Jacob Levy, D. Silveyra, Bourgeois.

Vu le procès verbal, je n'empêche pour le Roy le cadavre dudit Garcy être inhumé au cimetière des Juifs Portugais, à la Villette, en la manière accoutumée, et estre enjoint aux officiers du guet et de police de prester main forte si besoin est et en sont requis. Fait ce vingt neuf may 1781.

Moreau.

Soit fait ainsi qu'il est requis. Ce vingt neuf may 1781.

Lenoir.

160.

15 juin 1781. — *Acte de décès d'Abraham, fils de Joseph Vaylle.*

Y 15289.

Du vendredy quinze juin mil sept cent quatre vingt un, quatre heures de relevée.

Nous, François Bourgeois, conseiller du Roy, commissaire enquesteur examinateur au Châtelet de Paris, pour l'empêchement de Me Duchesne, notre confrère, qui avoit été requis, nous sommes transporté rue Brisemiche, dans une maison occupée par la veuve Massié, où étant monté au premier étage et introduit dans une chambre ayant vue sur laditte rue, y avons trouvé et par devant nous sont comparus Sr David Silveyra, syndic et agent des Juifs Portugais, demeurant à Paris, rue Ticquetonne, hôtel des Quatre Province, et Jacob Lévy, aussy Juif Portugais, demeurant à Paris, rue de Montmorency, vis à vis l'hôtel Villain.

Lesquels nous ont dit qu'Abraham, âgé de quatorze mois, fils de Joseph Vaylle, Juif de Viche [1] en Alsace, est décédé de maladie, dans laditte chambre, ce jour d'huy entre unze heures et midy, que son père qui est très pauvre proffesse la religion judaïque et étoit dans l'intention d'élever son fils dans la même religion. Pourquoy les

---

1. Bischheim, aujourd'hui canton de Schiltigheim, cercle de Strasbourg. Il n'y avait pas de Juifs à Wischl, aujourd'hui canton de Schrameck, cercle de Molsheim.

comparants requièrent qu'il soit pourvu à l'inhumation dudit Abraham, à la Villette, dans le cimetière des Juifs Portugais, conformément aux intentions de Monsieur le Lieutenant général de police. Desquels comparution, dire et réquisition avons donné acte. Et après qu'il nous est apparu du cadavre d'un enfant, sexe masculin, gissant sur de la paille étendue sur le plancher de laditte chambre, que les comparants nous ont déclaré et attesté être celuy dud. Abraham, fils dud. Joseph Vaylle, il est resté dans lad. chambre pour y demeurer jusqu'à ce que par mond. sieur le Lieutenant général de police il ait été statué sur laditte inhumation.. Et de tout ce que dessus nous avons dressé le présent procès verbal pour servir et valoir ce que de raison. Et ont signé avec nous :

Jacob Lévy, D. Silveyra, F. Bourgeois.

Vu le procès verbal, je n'empêche pour le Roy le cadavre dudit Abraham, fils de Joseph Vaylle, estre inhumé à la Villette, dans le cimetière des Juifs Portugais, en la manière accoutumée, et estre enjoint aux officiers du guet et de police de prester main forte si besoin est et en sont requis. Fait ce quinze juin 1781.

Moreau.

Soit fait ainsi qu'il est requis. Ce quinze juin 1781.

Lenoir.

161.

17 juin 1781. — *Acte de décès du fils de Nochan.*

Y 15289.

Du dimanche dix sept juin mil sept cent quatre vingt un, deux heures de relevée.

Nous, François Bourgeois, conseiller du Roy, commissaire enquesteur examinateur au Châtelet de Paris, pour l'empêchement de Me Duchesne, notre confrère, qui avoit été requis, nous sommes transporté rue de la Vieille Tixerandrie, dans une maison dont la boutique est occupée par un cordonnier, le premier à gauche en entrant par la rue Jean Pain Mollet, où étant monté au troisième étage sur le derrière de lad. maison et introduit dans une chambre ayant vue sur la cour, y avons trouvé et pardevant nous sont comparus Sr David Silveyra, syndic et agent des Juifs Portugais, demeurant à Paris, rue Ticquetonne, hôtel des Quatre Provinces, et Jacob Lévy, aussy Juif Portugais, demeurant à Paris, rue de Montmorency, vis à vis l'hôtel Villain.

Lesquels nous ont dit que le fils non circonciz, âgé de neuf jours, du nommé Nochan, Juif Polonnois, et de Sarah Nocham, sa femme, est décédé de maladie ce jour d'huy unze heures du matin dans lad. chambre, que ses père et mère sont très pauvres, qu'ils professent la religion judaïque et étoient dans l'intention d'élever leur fils dans la même religion. Pourquoy les comparants requièrent qu'il soit pourvu à l'inhumation dudit enfant à la Villette, dans le cimetière des Juifs Portugais, conformément aux intentions de Monsieur le Lieutenant général de police. Desquels comparution, dire et réquisition avons donné acte. Et après qu'il nous est apparu du cadavre d'un enfant sexe masculin, que les comparants nous ont déclaré et attesté estre celuy du fils desd. Nocham et sa femme, gissant sur de la paille étendue sur le plancher de la ditte chambre, il y est resté pour y demeurer jusqu'à ce que par mondit sieur le Lieutenant général de police il ait été statué sur laditte inhumation. Et de tout ce que dessus nous avons dressé le présent procès verbal pour servir et valoir ce que de raison. Et ont signé avec nous :

F. Bourgeois, D. Silveyra, Jacob Levy.

Vu le procès verbal, je n'empêche pour le Roy le cadavre de l'enfant non circonci du nommé Nocham et de Sara Nocham, sa femme, être inhumé à la Villette, dans le cimetière des Juifs Portugais, en la manière accoutumée, et être enjoint aux officiers du guet et de police de prester main forte si besoin est et en sont requis. Fait ce dix sept juin 1781.

Moreau.

Soit fait ainsi qu'il est requis. Ce dix sept juin mil sept cent quatre vingt un.

Lenoir.

162.

1er juillet 1781. — *Acte décès de Barach, fils de Marix Lévy.*
Y 15289.

Du dimanche premier juillet mil sept cent quatre vingt un, neuf heures du soir.

Nous, François Bourgeois, conseiller du Roy, commissaire enquesteur examinateur au Châtelet de Paris, pour l'empêchement de Me Duchesne, notre confrère, qui avoit été requis, nous sommes transporté rue des Vieilles Étuves, Saint Martin, dans une maison dont la boutique est occupée par un limonadier et dont le Sr Renard est principal locataire, où étant monté au premier étage et entré dans une chambre ayant vue sur lad. rue, y avons trouvé et pardevant nous sont comparus Marix Lévy, Juif de Vurtemberg en Allemagne, locataire de lad. chambre, en laquelle il demeure, et Moyse Epimenté, Juif Portugais, demeurant à Paris, rue de la Parcheminerie, chez le Sr Chevalier, maître perruquier.

Lesquels nous ont dit que Barach, âgé de dix mois, fils dudit Marix Lévy et de Rica Isaac, sa femme, est décédé de maladie vendredy vingt neuf juin dernier, dix heures du soir, dans lad. chambre, que luy Marix Lévy et sa femme qui professent la religion judaïque étoient dans l'intention d'élever leur fils dans la même religion. Pourquoy les comparants requièrent qu'il soit pourvu à l'inhumation dudit Barach Lévy, à la Villette, dans le cimetière des Juifs Portugais, conformément aux intentions de Monsieur le Lieutenant général de police, déclarant que les frais de lad. inhumation seront payés des deniers de la charité des Juifs allemands. Desquels comparution, dire et réquisition avons donné acte. Et après qu'il nous est apparu du cadavre d'un enfant, sexe masculin, gissans sur de la paille étendue sur le plancher de lad. chambre, que les comparants nous ont déclaré et attesté estre celuy dud. Barach Lévy, il est resté dans lad. chambre pour y demeurer jusqu'à ce que par mond. sieur le Lieutenant général de police il ait été statué sur lad. inhumation. Et de tout ce que dessus avons dressé le présent procès verbal pour servir et valoir ce que de raison.

Et ont signé avec nous, led. Marix Lévy en hébreu, ayant déclaré ne sçavoir signer en françois, de ce interpellé :

    Moise Pimentel, Marix Levy (*hebr.*), F. Bourgeois.

Vu le procès verbal, je n'empêche pour le Roy le cadavre dudit Barach Lévy être inhumé à la Villette, dans le cimetière des Juifs Portugais, en la manière accoutumée, et être enjoint aux officiers du guet et de police de prester main forte si besoin est et en sont requis. Fait ce premier juillet 1781.

                                      Moreau.

Soit fait ainsi qu'il est requis. Ce premier juillet mil sept cent quatre vingt un.

                                      Lenoir.

(*Un certificat annexe porte :*)

Je soussigné, sindic de la nation juive allemande, certifie que Barach, fils de Marix Lévy de Vurtemberg en Allemagne, est décédé en cette ville vendredi dernier au soir rue des Vieilles Étuves Saint Martin, maison du Sr Renard, qu'il doit estre inhumé à la Villette, au cimetière des Juifs Portugais, suivant l'ordonnance de M^r le Lieutenant général de police, et qu'il sera payé des deniers de la charité des Juifs allemagnes (*sic*) la somme de quinze livres. A Paris, ce premier juillet 1781.

J. GOLDSCHMIT.

163.

31 juillet 1781. — *Acte de décès d'Abraham, fils de David Naquel.*
Y 15289.

Du mardy trente un juillet mil sept cent quatre vingt un, du matin.

Nous, Hugues Philippes Duchesne, conseiller du Roy, commissaire au Châtelet de Paris, ayant été requis, nous sommes transporté rue Mâcon, près Saint André des Arts, dans une maison occupée par le Sr Osmon, où étant monté au premier étage et introduit dans une chambre ayant vue sur lad. rue, pardevant nous sont comparus Sr David Silveyra, sindic des Juifs Portugais, demeurant à Paris, rue Ticquetonne, hôtel des Quatre Provinces, et Moyse Silveyra, Juif de Bayonne, demeurant à Paris, rue Percée, quartier Saint André des Arts.

Lesquels nous ont dit qu'Abraham Naquel, âgé de deux ans, fils de David Naquel, Juif Avignonnois, et de Merian Perpignan, sa femme, aussy Juive, est décédé de maladie, dans lad. chambre, hier six heures du soir, et comme ses père et mère étoient dans l'intention de l'élever dans la religion judaïque qu'ils proffessent, les comparants requièrent qu'il soit pourvu à son inhumation dans le cimetière des Juifs Portugais, à la Villette, en la manière accoutumée, conformément à l'intention de Monsieur le Lieutenant général de police. Desquels comparution, dire et réquisition, avons donné acte. Et après qu'il nous est apparu du cadavre d'un enfant, sexe masculin, gissant sur de la paille étendue sur le plancher de laditte chambre, que les comparants nous ont déclaré et attesté être celuy dudit Abraham Naquel, il est resté dans lad. chambre pour y demeurer jusqu'à ce que par mond. Sr le Lieutenant général de police il ait été statué sur laditte inhumation. Et de tout ce que dessus nous avons dressé le présent procès verbal pour servir et valoir ce que de raison. Et ont signé avec nous :

MOYZE SILVEYRA, D. SILVEYRA, DUCHESNE.

Vu le procès verbal, je n'empêche pour le Roy le cadavre dud. Abraham Naquel être inhumé à la Villette, dans le cimetière des Juifs Portugais, en la manière accoutumée, et être enjoint aux officiers du guet et de police de prester main forte si besoin est et en sont requis. Fait ce trente un juillet 1781.

MOREAU.

Soit fait ainsy qu'il est requis. Ce trente un juillet 1781.

LENOIR.

164.

13 août 1781. — *Acte de décès de Salomon, fils de Cerf Abraham.*
    Y 15289.

Du lundy treize aoust mil sept cent quatre vingt un, de relevée.

Nous, Hugues Philippes Duchesne, conseiller du Roy, commissaire au Châtelet de Paris, ayant été requis, nous sommes transporté rue de la Tixeranderie, dans une maison appelée l'hôtel de la Providence, occupée par le sieur Beauregard, où étant monté au troisième étage et introduit dans une chambre ayant vue sur lad. rue, pardevant nous sont comparus Sr David Silveyra, sindic des Juifs Portugais, demeurant à Paris, rue Tiquetonne, hôtel des Quatre Provinces, et Moyse Silveyra, Juif de Bayonne, demeurant à Paris, rue Percée, quartier Saint André des Arts.

Lesquels nous ont dit que Salomon, âgé d'environ deux ans, fils de Cerf Abraham, Juif de Bordeaux, est décédé de maladie, ce jourd'hui dans la matinée, dans la chambre où nous sommes, que ledit Cerf Abraham qui proffesse la religion judaïque étoit dans l'intention d'élever son fils dans la même religion. Pourquoy les comparans requirent qu'il soit pourvu à son inhumation dans le cimetière des Juifs Portugais, à la Villette, en la manière accoutumée, conformément à l'intention de Monsieur le Lieutenant général de police. Desquels comparution, dire et réquisition, avons donné acte. Et après qu'il nous est apparu du cadavre d'un enfant, sexe masculin, gissant sur de la paille étendue sur le plancher de laditte chambre, que les comparants nous ont déclaré et attesté estre celuy dudit Salomon Abraham, il est resté dans lad. chambre pour y demeurer jusqu'à ce que par mondit sieur le Lieutenant général de police il ait été statué sur laditte inhumation. Et de tout ce que dessus nous avons dressé le présent procès verbal pour servir et valoir ce que de raison. Et ont signé avec nous :

MOYZE SILVEYRA, D. SILVEYRA, DUCHESNE.

Vu le procès verbal, je n'empêche pour le Roy le cadavre dudit Salomon, fils de Cerf Abraham, être inhumé à la Villette, dans le cimetière des Juifs Portugais, en la manière accoutumée, et être enjoint aux officiers du guet et de police de prester main forte si besoin est et en sont requis. Fait ce treize aoust 1781.

MOREAU.

Soit fait ainsy qu'il est requis. Ce treize aoust 1781.

LENOIR.

Au procès verbal est annexée la pièce ci-jointe : Je soussigné, sindic de la nation juife allemande, certifie que Salomon, fils de Cerf Abraham, de Bordeau, âgé de deux ans, est décédé ce matin chez le sieur Beauregard, rüe de la Tixeranderie, à l'hôtel de la Providence, qu'il doit être inhumé à la Villette, au cimetierre des Juifs Portugais, suivant l'ordonnance de M. le Lieutenant général de police, pour laquelle inhumation il a été payé au proposé (*sic*) desdits Portugais la somme de quinze francs.

Paris, ce 13 aoust 1781.

J. GOLDSCHMIT.

165.

30 janvier 1782. — *Acte de décès de Benjamin Zacarie.*
Y 15481.

L'an mil sept cent quatre vingt deux, le trente janvier à dix heures du matin, nous, Pierre François Simonneau, conseiller du Roy, commissaire enquêteur examinateur au Châtelet de Paris, ayant été requis, nous sommes transporté rüe Saint Martin, au coin de celle Saint Merry, en une maison occupée par bas par le Sʳ Hubert, marchand papetier, où étant montés au deuxième étage et entrés dans un appartement ayant vuë sur laditte rüe, nous y avons trouvé et par devant nous est comparu Lion Zacharie, négotiant, demeurant appartement où nous sommes.

Lequel nous a dit que Benjamin Zacarie, son fils, âgé de dix huit ans, natif de Roterdam, en Hollande, est décédé ce matin de la poulmonie. Pour quoi requiert être autorisé à pourvoir à son inhumation. Et a signé :

LION ZACHARIE.

Sur quoy nous, conseiller du Roy, commissaire susdit, avons donné acte dud. réquisitoire. Et après qu'il nous est apparu dans lad. chambre d'un cadavre masculin, qu'on nous a dit être celui dudit Benjamin Zacharie, ce qui nous a été attesté par Philippes Moyse, négociant, Juif de Metz, demeurant rüe Brisemiche, et

Samüel Moyse, aussi négociant, Juif, demeurant rue Saint Martin, chez un marchand de tabac, près Saint Julien des Ménestriers, il a été par nous laissé en la garde dud. Zacarie père, qui s'en est chargé et auxquel (*sic*) nous avons permis de le faire inhumer au cimetière de la Villette, en la manière ordinaire et accoutumée. Et ont lesd. Zacharie et témoins signé avec nous :

Lion Zacharie, Samuel Moyse, Philip Mozes.

166.

1er février 1782. — *Acte de décès d'Abraham, fils de Nathan Israël.* Y 15481.

L'an mil sept cent quatre vingt deux, le vendredy premier février, à dix heures du matin, nous, Pierre François Simonneau, conseiller du Roy, commissaire enquêteur examinateur au Châtelet de Paris, ayant été requis, nous sommes transportés ruë du Poirier, en une maison dont la boutique est occupée par le Sr Mouche, maître boullanger, où étant montés au troisième étage et entrés dans un appartement ayant vuë sur lad. ruë, nous y avons trouvé et par devant nous est comparu Nathan Israël, négociant, Juif, demeurant appartement où nous sommes.

Lequel nous a dit que Abraham, son fils, âgé de neuf mois, natif de Paris, fils de lui et de Anne Bernard, sa femme, est décédé ce matin à quatre heures d'une poulmonie. Pourquoi requiert être autorisé à pourvoir à son inhumation et a signé :

Nathan Israel (*hebr.*).

Sur quoy nous, conseiller du Roy, commissaire susdit, avons donné acte des comparution, dire et réquisition cy-dessus. Et après qu'il nous est apparu d'un cadavre masculin, qu'on nous a dit être celui dudit Abraham, ce qui nous a été attesté par Lipman Nathan, Juif, demeurant ruë Saint Martin, à la Croix de fer, et Jonas Lévy, demeurant ruë des Petits Champs Saint Martin, il a été par nous laissé en la garde dud. Nathan Israël, qui s'en est chargé et auquel nous avons permis de le faire inhumer au cimetière de la Villette, en la manière ordinaire et accoutumée. Et ont lesd. Nathan Israël et témoins signé avec nous :

Nathan Israel (*hebr.*), Lipmann Natan [1].

---

1. La signature Jonas Lévy manque.

167.

19 avril-11 septembre 1783. — *Scellé de Sarah Mendès d'Acosta, femme de Samuel Peixotto.*

Y 13691.

Scellé de Sarah Mendès d'Acosta, épouse de Samuel Peixotto, banquier, décédée de maladie vers quatre heures du matin, rue Saint André des Arts, au premier étage de la maison de Cuisinier, limonadier, principal locataire.

Commissaire : N. L. Gillet, substituant Foucault.

Requérant : Salomon Astruc, négociant, chez lequel habitait la défunte [1].

Notaire chargé de l'inventaire : Rouen.

Parmi les oppositions, celle de Charles Joseph Paul Peixotto de Beaulieu, chef de la maison de Lévi, catholique, demeurant à Bordeaux, de présent à Paris, hôtel du Parlement d'Angleterre, rue du Coq Héron, mari de la défunte, intervenant tant en son nom que comme administrateur des biens de Paul et Daniel Peixotto, leurs enfants mineurs ; celle du Procureur du Roi au Bureau des finances et Chambre du Domaine de la généralité de Paris, envoyé en possession de la succession par sentence de lad. chambre du 3 mai 1783 [2] : opposition levée par arrêt au Parlement du 20 août.

Astruc réclame à la succession différentes sommes : 300 l. pour 3 mois 11 jours de « ses honoraires » suivant convention entre la dame Peixotto et lui ; — 300 l. pour 3 mois de la pension de lad. dame ; — deux termes de loyer à raison de 384 l. par an, à compter du 15 juillet dernier ; — frais de nourriture de différentes gardes pendant la maladie de la défunte. L'inventaire établit d'autre part que la dame Peixotto a remis à Astruc une somme de 4.000 l. ; il refuse d'en justifier l'emploi, déclarant les avoir utilisés selon les intentions de lad. dame ; Peixotto, assisté du procureur Taladon, se réserve toutes voies de droit contre Astruc tant pour ces 4.000 l. que pour 600 l. à lui remis lors de l'apposition des scellés.

---

1. Se présentant le matin à 6 heures chez le commissaire, il refuse de signer sa déclaration « attendu la solennité de la fête du sabat. »

2. Cf. Arch. nat. Z¹f, 842.

168.

20 décembre 1783-22 avril 1784. — *Scellé d'Abrabram Vidal.*

Y 15482.

Scellé de Abraham Vidal, banquier, décédé, rue des Fossés Saint Germain des Prés, maison du Sr Debry, au 3e étage.
Commissaire : Simonneau.
Requérants : David Silveyra, syndic de la communauté de Juifs, rue Tiquetonne, Israel Vidal l'aîné, marchand privilégié du Roi, rue Neuve Saint Eustache, et Élie Perpignan, négociant rue Pavée Saint André des Arts.
Les scellés sont apposés tant à l'appartement qu'en la boutique tenue par le défunt, à l'abbaye Saint Germain, cour des Princes [1].
La famille du défunt comprend : Sa sœur Miriam Vidal, femme de Moyse Gard, d'Avignon, séparée de son mari ; — son neveu, Jean-Charles Bomarin, Juif converti, sous le nom de Anne Jules Bomarin et de Rachel Vidal, décédée : il est mari de Judith Salvador ; — sa nièce, Marie Gabrielle Bomarin, sœur de Jean Charles, mariée à Gabriel Dodin, luthier, rue Saint Yon, à la Rochelle.
Miriam se fait représenter par Manassés de Béziers, négociant à Lyon, de présent à Paris, chez Vidal, marchand privilégié rue Neuve Saint Eustache, et Moyse Gard, par Aaron Ravel, son gendre, négociant à Amiens, de présent à Paris, chez Châtenet, rue des Deux Portes Saint Sauveur.
Parmi les oppositions, celles de Mardochée Ravel frères, de Rouen, comme créanciers, et du Procureur général de la Chambre du Domaine, réclamant l'héritage à titre d'aubaine : le Parlement par arrêt 18 février 1874 [2] annulle cette opposition et maintient les héritiers dans la jouissance [3].

---

1. Le cardinal de Furstemberg, évêque de Strasbourg et abbé de Saint-Germain, avait fait construire des boutiques dans l'enceinte du palais abbatial. Cf. R. d'Argenson. *Rapports inédits*, p. 90.
2. Une copie de cet arrêt est annexée au scellé. Il a été imprimé sans titre. Paris, P. G. Simon, 1784 ; in-4° [B. N. F. 23676 (502)].
3. Voir cette affaire ci-dessus, p. 39.

169.

7-11 décembre 1784. — *Scellé de Liefman Calmer.*

Y 14234.

Scellé Lieffeman Calmer, vidame d'Amiens, 70 ans, rue Sainte Barbe, paroisse Bonne Nouvelle, maison occupée par Calmer Calmer, négociant-privilégié du Roy.
Commissaire : Leblond.
Déclarant : Calmer Calmer, fils du défunt, locataire de cette maison en vertu d'un bail signé devant Rousseau, notaire, le 9 février 1780.
Le défunt était en pension chez son fils, ainsi que sa femme, Rachel Mosès Isaac, et sa fille Sara. Comparaissent en outre à l'acte : Isaac Antoine Louis Calmer, ancien négociant, rue Meslée ; Louis Benjamin Calmer, courtier de change, boulevard et bâtiment de la Comédie italienne ; Mayer Calmer, demeurant dans la maison du défunt ; Elias Meyer, de Hanovre, gendre de Liefman, mari de Mitil Calmer, de présent à Paris avec sa femme ; et la femme de chambre et le domestique de Liefman. 7 oppositions diverses. Le 11, les scellés sont levés « sans description » en vertu d'un arrêt de la Cour du même jour.

170.

18 avril 1785. — *Acte de décès de Jacques Cardoso.*

Y 15485.

L'an mil sept cent quatre vingt cinq, le dix huitième jour d'avril à unze heures du matin, nous, Pierre François Simonneau, conseiller du Roy, commissaire enquêteur examinateur au Châtelet de Paris, ayant été requis, sommes transportés au Grand Montrouge, en la demeure du Sr Massé, maître de pension, où étant, est comparu Sr Urbain Pallu, bourgeois de Montrouge.
Lequel nous a dit que le Sr Jacques Cardoso, natif d'Amsterdam, âgé d'environ cinquante ans, professant la religion judaïque, détenu en la maison où nous sommes d'ordre du Roy, est décédé ce matin dans les sentiments de lad. religion, que led. Sr Massé sur le champ nous a instruit de son décés, qu'il a été chargé de sa part, attendu qu'il avoit été nécessité de s'absenter, de nous faire la présente déclaration et de nous requérir de constater led. décés survenu aud. Cardoso à la suitte de maladie, ce qu'il nous affirmé,

comme aussy de faire procédder à l'inhumation de son cadavre. Et a signé :

PALLU.

Est aussi comparu Sr David Silveyra, agent des Juifs de la nation portugaise, lequel nous a pareillement affirmé que ledit Sr Cardoso proffessoit la religion judaïque et qu'il est décedé ce jourd'huy en la maison où nous sommes. Et a signé :

D. SILVEYRA.

Sur quoy nous, conseiller du Roy, commissaire susdit, avons donné acte des comparutions, dires et réquisitions cy dessus et, en conséquence d'iceux, sommes montés au deuxième étage de lad. maison et, entrés dans une chambre éclairée, par une croisée sur le jardin, avons apperçu un cadavre du sexe masculin, qu'on nous a dit être celuy dud. Sr Cardoso, avons laissé ledit cadavre aud. Sr Pallu, qui s'en est chargé, jusqu'à ce qu'il ait été statué par Monsieur le lieutenant général de police sur son inhumation. Et a signé :

PALLU.

171.

23 mai-29 août 1787. — *Scellé de Moyse Dalpuget.*
Y 14602.

Scellé de Moyse Dalpuget, marchand de soie breveté et Juif naturalisé, décédé le 23 mai vers 11 heures 1/4 du matin, dans un appartement de la maison appartenant à Orsel, bijoutier, au coin des rues Boucher et Etienne.

Commissaire : G. Lucotte, et, par remplacement, C. A. Ferrand.

Requérante : Marie Jandré, veuve Guillaume Berton, cuisinière du défunt.

Notaire chargé de l'inventaire : Dosfant.

L'inventaire est fait tant au domicile de Dalpuget qu'en une remise de la rue Betizy, où il avait son cabriolet, et au village de Massy où il possédait une maison louée à Jean-Marie Saulnier, vigneron, sauf un pavillon réservé à son usage personnel ; il porte sur les meubles, papiers et particulièrement les marchandises dont le scellé même donne un état détaillé.

La famille du défunt comprend : son grand père, Jacob Dalpuget, négociant à Bordeaux, habile à se porter héritier des meubles et acquêts en vertu de la coutume de Paris[1], représenté à la liquidation par Israel Vidal l'aîné, négociant privilégié du Roi, rue Neuve Saint Eustache, et huit frères ou sœurs, savoir : David Semac Dalpuget, négociant à Paris, rue Montmartre ; Paul-Athanaze-Charles Semac Dalpuget (ci-devant Jacob Dalpuget), âgé de 24 ans, employé dans les fermes du Roi ; Armand-Emmanuel-Antoine Dalpuget Belloni de Villeneuve, (ci-devant Benjamin Dalpuget), négociant à Paris, rue Neuve des Petits Champs ; Raphael Dalpuget, négociant à Paris, rue Montmartre, paroisse Saint Eustache ; Marthe-Jeanne (ci-devant Rebecca) Dalpuget, fille majeure, demeurant à Paris, rue Mouffetard, au couvent des Hospitalières ; Rachel Dalpuget, mariée à Mardochée Dalpuget, (ou Dalpuget de Cassin) négociant à Avignon, domicilié de fait à Lyon, et logé successivement, au cours de la liquidation, rue Charlot, hôtel d'Artois, et rue d'Orléans-Saint-Honoré, hôtel de Nevers ; Sarah Dalpuget, résidant à Avignon, veuve de Élie Rouget, négociant à Lyon ; Françoise Dalpuget, veuve en premières noces de Grégoire Lafond, remariée à Jacques Romain Perrin (ou Perrens), bijoutier à Bordeaux, présentement logé rue et hôtel Ventadour.

Entre tant d'héritiers des difficultés devaient presque nécessairement s'élever, d'autant plus que l'inventaire fait découvrir deux testaments successifs : l'un daté de Bordeaux, 10 mai 1785, l'autre de Paris, 2 janvier 1787 ; en août, une instance est encore pendante au Parlement entre Perrens et Jacob.

Parmi les oppositions, signalons celles de Pierre Goret, architecte, et de Sainte-Barbe, couvreur, pour travaux exécutés en la maison du défunt rue Saint Denis, près Saint Sauveur ; celle de La Croix, logeur, ci-devant hôtel de la Paix, rue Charlot au Marais, pour loyers redûs par Marc (sic) Dalpuget, frère du défunt ; celle du commissaire Simonneau, peut-être pour ses honoraires de l'inhumation ?

Par référé du 28 août, le notaire Dosfant reste chargé du recouvrement des créances et du paiement des dettes, parmi lesquelles une somme de 600 l. pour frais d'enterrement. Le total des frais de ce scellé se monte à 3048 l., sur lesquelles le commissaire rapporte 504 l. 5 s.

---

[1]. Titre XV, art. 311 : « Les ascendans sont héritiers des meubles, acquêts et conquêts de leurs descendans ». (L. de Laurière, *Texte des Coutumes de la prévôté et vicomté de Paris*, t. III (Paris, 1777, in-8º), p. 59.

172.

12-21 aout 1787. — *Scellé de Samuel Hirsch.*

Y 15488.

Scellé de Samuel Hirsch, pensionnaire du Roi de France et de l'impératrice reine de Hongrie [1], décédé vers 8 heures du soir, rue Geoffroy Langevin, maison du Sr Godin, au 1er.

Commissaire : Pierre Clement Dassonvillez, en l'absence de Simonneau.

Requérant : Jacob Traisnel [*ou* Trenelle], négociant, Juif, rue Grenier Saint Lazare, marie de Sophie Hirsch, fille et seule héritière du défunt.

Comparaissent : Joseph Lévy, commis, Anne Marie Henriette, femme de ménage, et Jeanne Jacob, cuisinière, tous trois au service de Hirsch ; et Adelle Abraham, sa veuve, non commune en biens.

L'inventaire est dressé par Jean Petit, notaire.

Le Procureur du Roi en la Chambre du Domaine fait opposition aux scellés pour la conservation des droits du Roi, mais il ne semble pas être donné de suitte à cette opposition, et, du consentement de ses fille et gendre, la veuve reste chargée de tous les objets et titres inventoriés.

173.

5 aout-15 decembre 1788. — *Scellé de Cerf Lévy.*

Y. 11986.

Scellé de Cerf Lévy de Bichen [2], Juif de nation, négociant, 48 ans, décédé en chambre garnie, chez Mongin, hôtel de France, rue Bourg l'Abbé.

Commissaire : Dassonvillez.

---

1. On lit dans les *Annonces, affiches et avis divers*, n° du 12 7bre 1771, p. 759 : « Le sieur *Samuel Hirsch*, pensionnaire du Roi et de l'impératrice Reine de Hongrie, seul possesseur du SECRET *pour la destruction totale des rats, souris, mulots et loirs*, avertit de nouveau que sa Pâte ne se débite point ailleurs que chez lui, rue Geoffroy-l'Angevin, maison du sieur Godin, cordonnier. *Le prix est toujours de 24 francs la livre.* »

2. Bischheim, canton de Schiltigheim, près Strasbourg. Le défunt est appelé à plusieurs reprises M. de Bichen.

Déclarante : Marie Tonnellier d'Avaucourt, rue de Grenelle, 193, au Gros Caillou lez Paris, amie du défunt, qui venait souvent passer plusieurs jours chez elle. Elle déclare que des titres dépendant de la succession se trouvent en particulier chez Colchemite, Juif, rue Grenier Saint Lazare, en nantissement d'une somme de 240 l. prêtée à Cerf Lévy, et chez Martineau, avocat au Conseil, pour une poursuite d'ordre. Nombreuses oppositions de fournisseurs ou personnes en relations d'affaires avec le défunt : le logeur, pour 30 l. de loyer et 10 l. de débours divers ; Pierre Beauvais, traiteur au Palais Royal, n° 68 ; Vve Hayet, ex marchande de vin ; les syndics des créanciers de Le Tartre, ex marchand de draps ; une garde malade ; Geneviève Legrand, domestique du défunt, pour 3 années de ses gages, avances diverses, et prix de ses bijoux par elles remis à son maître qui les avait portés au Mont de piété ; soit au total 877 l.

Comparait Xavier Collin, tailleur, rue de Richelieu, représentant Michel Lévy, Juif de Hoenheim, père du défunt.

L'inventaire est dressé par le notaire Denis André Rouen, et Dassonvillez instrumente tant au domicile de Cerf Lévy que chez la Demoiselle d'Avaucourt, et qu'à Noyon, chez le Sr Lefevre, aubergiste et commissionnaire en grains, chez lequel le défunt avait un dépôt d'avoine, par lui acheté de La Bellonny et Cie et Doutrelaine, en vertu d'un acte passé devant Lherbette, notaire à Paris, le 25 juin 1787, et dont diverses oppositions de la part de créanciers des vendeurs, l'avaient empêché de prendre livraison.

174.

17 octobre 1788. — *Extrait de l'acte mortuaire de Hekscher.*
Y 15492.

Au recto d'un papier timbré, dont le verso, après cancellation de cette pièce, a servi au procès verbal d'une autre affaire, daté du 3 mai 1790 :

Du registre des inhumations faittes au cimetière des Juifs allemands au Petit Vanvre a été extrait ce qui suit :

Ce jourd'huy dix sept octobre mil sept cent quatre vingt huit, a été inhumé au cimetière des Juifs de la nation allemande, au Petit Vanvre, le Sr Philippes Hekscher, graveur, Juif de laditte nation, décédé la veille en sa demeure, quai des Morfondus, maison du Sr Souillard, marchand de crayons, à l'enseigne de la Mine de plomb.

Ce que dessus extrait et collationné par nous, Pierre François Simonneau, conseiller du Roy, commissaire enquesteur examinateur au Châtelet de Paris, comme ayant seul l'inspection des cimetières des étrangers et Juifs, et délivré à Paris en notre hôtel, ce vingt-cinq juin mil sept cent quatre vingt neuf.

Rayé un mot comme nul.

SIMONNEAU [1].

175.

25 janvier-21 mars 1789. — *Scellé de Jacob Samuel Cahen.*
Y 15491.

Scellé de Jacob Samuel Cahen, banquier à Paris, domicilié rue Bourg l'Abbé, 3, au second étage et décédé le 22 à Metz.

Commissaire : Simonneau.

Notaires chargés de l'inventaire : Garnier et Petit.

Requérant : Jacob Golsschemit, syndic de la nation juive allemande, rue Grenier Saint Lazare à Paris, qui déclare avoir reçu « à l'instant par exprès une invitation de la part de la communauté des Juifs de Metz de faire apposer les scellés ».

Les héritiers sont : Jacob Silvy Cahen, Juif, négociant à Metz, fils du défunt, de présent à Paris, hôtel de Bourgogne, rue Montmorency, paroisse Saint Nicolas des Champs, et Jatelé (ou Gentile) Cahen, fille du défunt, femme de Beco Isaac, représentée par

---

[1]. A la suite de ce décès, la succession de « Escher, dit Philippe, l'un des douze lapidaires brevetés du Roi » est, par sentence de la Chambre du Domaine du 10 mars 1789, déclarée échue au Roi. Mais les héritiers légitimes, Gottschalck Isaac et Scherre Isaac Heckscher, sa femme, sœur du défunt, lequel était né à Hambourg, font opposition à cette sentence en ce qu'elle a adjugé à Sa Majesté la totalité de la succession, bien qu'aux termes des traités, le Roi n'eût droit qu'à un dixième de l'héritage des Hambourgeois mourants en France et leurs représentants, l'avocat Marinier et le procureur Formé, revendiquent la totalité des biens laissés, s'offrant à remettre plus tard le dixième des sommes recouvrées. Une enquête du 26 novembre présentée par l'avocat Doulcet et le procureur Monnaye au nom de J.-B. Poinsignon, administrateur des domaines du Roi, conclut à ce que les demandeurs soient déclarés non recevables « attendu que les Juif sont incapables d'aucuns effets civils en France ». Mais par sentence du 27 novembre la Chambre du Domaine envoie l'héritière en possession des neuf dixièmes de la succession. Voir pour cette affaire, Arch. Nat. Z'f. 846.

Michel Lyon Picard, Juif de Metz, de présent à Paris, même hôtel de Bourgogne.

Jean Baptiste Noir Jean, domestique de Cahen, déclare avoir, en l'absence de son maître, avancé 1249 l. et emprunté pour divers réglements 7500 l. à deux amis du défunt : Granger, rue Troussevache, et Baltus, rue Gaillon.

Parmi les oppositions, celles de Jean François Breuer, médecin de l'envoyé de Cologne, rue Neuve des Mathurins, 9 ; François Arnaud, secrétaire des Ponts et Chaussées ; Jean Édouard Jomard, directeur des domaines du Roi à Valenciennes, qui réclame deux effets confiés au défunt pour recouvrement (dont l'un souscrit par le Mis de Choiseul), et diverses coreligionnaires, également clients ou collègues : Jacob Trenelle, négociant, rue Grenier Saint Lazare, Isaac de Prague, négociant à Paris, rue du Renard Saint Merry ; Jacob Mayer Goudchaux, banquier à Metz ; Cerfberr, banquier à Paris, rue Neuve Saint Augustin ; Goudchau Mayer Cahen, banquier à Metz, tant en son nom qu'au nom de Cerf Alexandre Cahen ; Hayem Worms, banquier à Sarrelouis ; Abraham Schnapper (Juif ?) ; Mardoché Polonois, négociant rue Saint Martin, à côté du café du Commerce.

Jacob Silvy Cahen reste à la fin chargé de la liquidation.

176.

30 avril-22 juin 1789. — *Scellé d'Abraham Schreiber.*

Y 15491.

Scellé Abraham Schreiber, négociant, rue Geoffroy Langevin.
Commissaire : Simmonneau.

Requérante : Lia Cremnitz, fille Moïse Cremnitz, veuve du défunt.

Parmi les opposants : Jacob Mayer, Polonais, rue Saint Martin, créancier pour 2127 l.

Le défunt laissant quatre enfants mineurs, savoir trois filles, Prendel, 7 ans, Hefele (?), 3 ans, Hindela, 9 mois, et un fils, Moyse, 5 ans, la mère est nommée tutrice (par sentence du Lieutenant particulier au Châtelet du 15 juin), et Lipman Schreiber, subrogé-tuteur ; la tutrice ne sachant que l'hébreu, Zaltand Hourrits [ou Hourvits], interprète de la Bibliothèque du Roi, rue Saint Denis, à la Croix de fer, est désigné comme interprète.

L'inventaire est dressé par le notaire Nicolas-Toussaint Garnier, et l'huissier Vincent reste chargé de la vente des meubles et du paiement des frais.

TABLE.

Aaron (Abigaïl Lion, femme Louis), 122.
Aaron (Bellie-Louis). Décès, 122.
Aaron (Charlotte). Décès, 139.
Aaron (David), 251.
Aaron (Debora Lévy, femme Jacob), 145.
Aaron (Eve, fille de Jacob). Décès, 251.
Aaron (Eve Lévy, femme Jacob), 158.
Aaron (Jacob), 145, 158.
Aaron (Louis), 121.
Aaron (Madeleine, femme David), 251.
Aaron (Manon). Décès, 138.
Aaron (Mardochée). Décès, 175.
Aaron (Marie Anne, fille de Jacob). Décès, 158.
Aaron (Sara), femme Cerf Joseph, 185.
Abraham (le fils de Salomon). Décès, 151.
Abraham (Adèle), femme Samuel Hirsch, 270.
Abraham (Cerf), 262.
Abraham (Colombe Cerf, femme Salomon), 151.
Abraham (Fratier, femme de Hirche), 164.
Abraham (Hirche), 164.
Abraham (Mindel, fille de Hirche). Décès, 164.
Abraham (Salomon), 151.
Abraham (Salomon, fils de Cerf). Décès, 262.
Abraham (Sara), femme Mayer Jacob, 159.
Abraham (Sara), femme Mayer, 170.
Accard, limonadier, logeur, 207.
Achaintre ou Achintre (Jean-Guillaume Louis), perruquier, logeur, 88, 89.
Acosta (D'), voy. Dacosta.
Aguilar (Jacob Raphaël), 232.
Albarez Cardos (Esther), femme Abraham Coste, 127.
Alcan (Elise Lévy, femme Oulry), 51.
Alcan (Marie-Anne), femme Aaron Goldschmidt, 51. Scellé, 52.
Alcan (Oulry), 51.
Alègre (Sara), femme Israël Vidal, 172.
Alexandre, officier du guet, logeur, 88.
Alexandre, juif, logeur, 105.
Allegria (Jacob Fonsequa), 210.
Alluine (Madeleine), cuisinière, 113.
Altona (Schleswig-Holstein), 86.

Altrof (D'), voy. Daltrof.
Amiens, 266. — Vidame d'Amiens, voy. Calmer (Liefmann).
Amsbac, voy. Anspac.
Amsterdam, 51, 61, 73, 121, 141, 174, 176, 198, 267.
Anginot, boursier, logeur, 137, 160, 170, 183, 185, 193, 194, 198, 203, 204, 206, 212, 217, 218, 221, 225, 243.
Ansbach (Bavière), 144.
Anspac (Michel), 144.
Antoine, marchand de bière, logeur, 121, 138, 139, 144.
Antoine, limonadier, logeur, 207.
Arc (Ch^{er} d'), 113.
Arnaud (François), secrétaire des Ponts et Chaussées, 273.
Arnaud (Rolland-Paul), chirurgien, 52.
Astruc (Vve Natan), 35.
Astruc (Salomon), 253, 265.
Aubaine (Droit d'), 34 et ss.
Aubert, commissaire au Châtelet, 9, 11.
Auberteau, drapier, 253.
Auret de La Grave, commissaire au Châtelet, 9.
Avaucourt (Marie Tonnellier d'), 271.
Avet de Loyzerolle, avocat au Parlement, 113.
Avignon, 10, 34, 78, 80, 88, 98, 221, 226, 252, 261, 266, 269.
Ayman (Doder), 182.

Bachi (Abigaïl Juste), femme Gratia Dio Bazeri, 113.
Bachi (Raphaël), peintre. Décès, 112. Scellé, 113.
Bachi (Samuel Jacob), 113.
Baër (Salomon), 197.
Baltus, 273.
Bamberg, 179, 214.
Barah (Le fils de Cerf). Décès, 242.
Barah (Cerf), 242.
Bargate (Aaron), 220.
Bargate (Rebeca). Décès, 220.
Bargate (Sara Michel, femme Aaron), 220.
Baron, voy. Salomon (Baron).
Bastonneau, apothicaire, 52.
Baubry, doreur argenteur, 149.
Bayonne, 34, 36, 94, 97, 152, 210, 261, 262.

18*

276 TABLE

Bazeri (Abigaïl Juste Bachi, femme Gratio Dio), 113.
Bazeri (Gratio Dio), 113.
Beaulieu (Charles-Joseph-Paul Peixotto de), 265.
Beauregard, logeur, 262.
Beausire (Jean), 19.
Beausire (Jean-Baptiste-Augustin), 19.
Beauvais (Pierre), traiteur, 271.
Bellegarde (Vve), logeuse, 152.
Belloni de Villeneuve (Armand-Emmanuel-Antoine Dalpuget), 269.
Benedix (Mayer), 214.
Benjamin (Moyse), 143.
Benjamin (Salomon). Décès, 73.
Benjamin Prisac (Lion). Décès, 69.
Bère (Seligman). Décès, 217.
Bereux, pâtissier, logeur, 130.
Bergerot, faïencier, 126.
Berlin, 145, 195, 233, 240, 248.
Bernaon, vernisseur, logeur, 85.
Bernard, fruitier, logeur, 144.
Bernard (Anne), femme Nathan Israël, 264.
Bernard (Esther). Décès, 61.
Bernard (Isaac), 51, 52.
Bernard (Salomon), 66, 67.
Bernard de Hollandois, 61.
Bernard de Hollandois (Caton Cerf, femme), 61.
Berr (Cerf), syndic des Juifs d'Alsace, 16, 34, 273.
Bertin (Vve), logeuse, 51.
Berton (Vve), logeuse, 200.
Bertou (Marie Jandré, v^{ve} Guillaume), cuisinière, 268.
Besselle (Madelon), femme Joseph Cerf, 150.
Bevière (J.-B.-P.), notaire, 113.
Bevierre (Marie-Joseph-Emilie Vve Louis-Joseph Simon), 22.
Béziers (Gentille de Valabrègue, femme Manassés de), 228.
Béziers (Manassés de), 227, 228, 266.
Bich, voy. Bischheim.
Billette (D^e), 147.
Bingen (Hesse), 215.
Bischheim (Alsace), 152, 255, 257, 270.
Blanchard (Louis-Pierre), commissaire au Châtelet, 9-12, 49, 50, 52-54, 56, 59, 61, 62, 65, 67, 69, 71, 73.
Boin, commissaire au Châtelet, 11.
Bollviller (Alsace), 191, 194.
Bomarin (Anne-Jules), 266.
Bomarin (Jean-Charles), 266.
Bomarin (Judith Salvador, femme Jean Charles), 266.
Bomarin (Marie-Gabrielle), femme Gabriel Dodin, 266.
Bonnet (Frères), 16.

Bonnet (Veuve), 20.
Boppard (Prusse Rhénane), 190.
Boquet (Madeleine), veuve Charles Bremart, sage-femme, 156.
Bordeaux, 5, 36, 60, 72, 78, 80, 82, 84, 88-92, 96, 97, 127, 154, 181, 184, 230, 256, 262, 265, 268.
Boucaut, 18.
Boullanger, commissaire au Châtelet, 9.
Boullanger, épicier, logeur, 78.
Boullot (Veuve), fourbisseuse, logeuse, 145.
Bouquigni, commissaire au Châtelet, 9.
Bour (Banque), 132.
Bourg-Saint-Esprit, près Bayonne, 94.
Bourgeois (Catherine), femme Pierre Liana, 26.
Bourgeois (François), commissaire au Châtelet, 9, 240, 256-259.
Bourguignon, parfumeur, 215.
Boursier (Veuve), logeuse, 126, 143, 158, 159, 184, 198, 250.
Boutet (Charles), notaire, 253.
Boutet (Claude), jeune notaire, 149.
Bouzonville (Lorraine), 105.
Brac ou Braque (Mayer), 177, 183, 217, 245.
Brandam (Le fils de Samuel Rodrigues). Décès, 152.
Brandam (Rachel Castro, femme Samuel Rodrigues), 152.
Brandam (Samuel Rodrigues), 152.
Braque, voy. Brac.
Breithaupt Druffel (Jean-Guillaume), étudiant, 131.
Bremart (Madeleine, veuve Charles), sage-femme, 156.
Breslau, 184.
Breuer (Jean-François), médecin, 273.
Brussel, 50.
Bruxelles, 126, 176.
Buisson (?) fruitière, logeuse, 214.
Bure (Guillaume de), libraire, 230.
Burgsteinfurt (Westphalie), 234.
Busendorf, (Lorraine), 105.
Bussy, marchand de vins, logeur, 169.

Cadeau (Jeanne Catherine), veuve Claude Courtibout, limonadière, logeuse, 147, 148.
Cahain, voy. Cahen.
Cahen, marchand forain, 32.
Cahen (La fille de Benjamin), décès, 206.
Cahen (Adam-Léon), 200.
Cahen (Benjamin), 206.
Cahen (Cerf Alexandre), 273.
Cahen (Elie), 64.
Cahen (Félicité, femme Adam-Léon), Décès, 200.

TABLE 277

Cahen (Gitle, femme Benjamin), 206.
Cahen (Goudchau Mayer), 273.
Cahen (Guendele, *ou* Gouton, femme Ollery-Alexandre). Décès, 189.
Cahen (Jacob-Samuel). Scellé, 272.
Cahen (Jacob-Silvy), 272.
Cahen (Jatelé *ou* Gentile), femme Beco Isaac, 272.
Cahen (Joseph), 243.
Cahen (Nathan), 225.
Cahen (Ollery-Alexandre), 189.
Cahen (Orry), 62.
Cahen (Salomon), 189.
Cahen (Salomon-Bernard), 142, 188, 199, 200.
Cahen (Samuel), 56.
Cahin, voy. Cahen.
Cailleux (Jean-Charles), tapissier, 148.
Caïn (Charles-Philippe), bourgeois de Paris, 52.
Calmer (Famille), 46.
Calmer (Dame), 24.
Calmer fils, 17.
Calmer (Calmer), 267.
Calmer (Isaac-Antoine-Louis), 267.
Calmer (Liefmann), vidame d'Amiens, agent de la nation juive, 23, 34, 225. Scellé, 267.
Calmer (Louis-Benjamin), 267.
Calmer (Mayer), 267.
Calmer (Mitil), femme Elias Meyer, 267.
Calmer (Rachel Moses Isaac, femme Liefman), 267.
Calmer (Sara). 267.
Cameau *ou* Camot, aubergiste, 18 et ss., *passim*. Cf. Villette (La).
Campo (Del), 38.
Campos (Isaac), 97.
Camuset (J.-J.), commissaire au Châtelet, 9.
Carcassonne (Le fils de Benedite de). Décès, 154.
Carcassonne (Benedite de), 153-155, 163.
Carcassonne (Jacob de). Décès, 162.
Carcassonne (Joseph Vidal de), 162.
Carcassonne (Léa Dalpuget, femme Benedite de), 155, 163. Décès, 153.
Cardoso (Jacques). Décès, 267.
Cardozo (Daniel), junior, 140.
Carlsruhe (Bade), 135.
Carpentras, 149.
Carra (Louise Hamelle, veuve Pierre), logeuse, 56.
Cassel (Mayer), 144.
Cassin (Mardochée Dalpuget de), 269.
Castille (Esther de Lyon, veuve Isaac). Décès 166.
Castille (Isaac), 166.

Castille (Jacob de), 147, 172.
Castro (Isaac), 228.
Castro (Rachel), femme Samuel Rodriguès Brandam, 152.
Castro Solar (Moïse), 34.
Cellier, fripier, 240.
Cerf (Besselle). Décès, 149.
Cerf (Caton), femme Bernard Hollandois, 61.
Cerf (Colombe), femme Salomon Abraham, 151.
Cerf (Favre). Décès, 135.
Cerf (Joseph), 150.
Cerf (Madelon Besselle, femme Joseph), 150.
Cerfberr, voy. Berr (Cerf).
Chalée, perruquier, 56.
Chapelle (La), cimetière, 71.
Charpentier (Vve Jean), garde-malade, 113.
Châtenet, logeur, 266.
Chauffetet, chandelier, logeur, 255.
Chenu (Gilles-Pierre), commissaire au Châtelet, 11, 112, 113, 252, 253.
Chevalier, perruquier, logeur, 260.
Chevillot, boulanger, logeur, 233, 240.
Choiseul (Mis de), 273.
Chouabbe, voy. Schwab.
Cimetières juifs, 16.
Cimetière de la Porte-Saint-Martin, 8.
Cimetière des Protestants, 14.
Cimetière de Vanves, 271.
Cimetière de la Villette, voy. Villette (La).
Claire, pâtissier, 237.
Clamart, 31.
Clement, perruquier, logeur, 85.
Clignancourt, 18, 50.
Coblans (Mayer), 250.
Coblence (Abraham), 146, 151.
Coblentz (Mayer), 49.
Coerville, fourbisseur, 149.
Cohen (Aaron-Samuel). Décès, 86.
Colchemite, voy. Goldschmidt.
Colignon, limonadier, logeur, 185, 190, 199, 234, 249, 255.
Colin, blanchisseur, logeur, 126.
Colin, aubergiste, 234.
Collin (Xavier), tailleur, 271.
Colmar, 171.
Commissaires au Châtelet, Répertoires et archives, 9-11.
Condé (P^{ce} de), 113.
Conflans, vinaigrier, logeur, 85.
Coquelin, commissaire au Châtelet, 11.
Coste (Abraham), 127.
Coste (Esther-Albarez-Cardos, femme Abraham). 127.
Coste (Jacob). Décès, 127.
Coste (Rebecca), femme Isaac Estèves. Décès, 110.

278   TABLE

Coteau, peintre émailleur, 119.
Courcelles (Lorraine), 149.
Courcy, commissaire au Châtelet, 9.
Courtibout (Jeanne-Catherine Cadeau, v^{ve} Claude), limonadière, logeuse, 147, 148.
Couteux (Jean-François), fondeur, logeur, 81, 87.
Cracovie, 126.
Cremnitz (Léa), v^{ve} Abraham Schreiber, 273.
Cremnitz (Moïse), 273.
Crespy, commissaire au Châtelet, 9.
Croiset, maçon, 131.
Crosnier, menuisier, logeur, 86.
Cuisinier, limonadier, 265.

Dacosta (Abraham), 100.
Dacosta (David), chocolatier, 96, 100.
Dacosta (Jacob), enfant. Décès, 96.
Dacosta (Jacob), 166, 236.
Dacosta (Sarah Mendès, femme Samuel Peixotto, 265.
Dacosta (Sara Thauvart, femme David), 96.
Dacougne (Abigaïl). Décès, 241.
Dacougne (David), 241.
Dacougne (Esther Lopez), 241.
Dalpuget, 32.
Dalpuget (Anne), femme Josué Petit. Décès, 78.
Dalpuget (David Semac), 269.
Dalpuget (Emmanuel), 35. Décès, 107.
Dalpuget (Esther Salon), v^{ve} Israël Bernard de Valabrègue, 79, 226, 228.
Dalpuget (Françoise), v^{ve} Grégoire Lafond, femme Jacques Romain Perrin ou Perrens, 269.
Dalpuget (Isaac), mercier, 32.
Dalpuget (Israël), 92, 99, 102.
Dalpuget (Jacob), 35.
Dalpuget (Jacob), marchand de soieries, 32.
Dalpuget (Jacob), père, 78, 93, 268.
Dalpuget (Jacob), le jeune. Décès, 92.
Dalpuget (Léa), femme Bénédite de Carcassonne, 155, 163. Décès, 153.
Dalpuget (Marc), 269.
Dalpuget (Marthe-Jeanne, *ci-devant* Rebecca), 269.
Dalpuget (Moïse), 28, 34. Scellé, 268.
Dalpuget (Paul-Athanaze-Charles Semac), *ci-devant* Jacob Dalpuget, 269.
Dalpuget (Rachel), femme Mardochée Dalpuget de Cassin, 269.
Dalpuget (Raphaël), 269.
Dalpuget (Salon), 35.
Dalpuget (Samuel), marchand de soieries, 32.
Dalpuget (Sarah), v^{ve} Elie Rouget, 269.

Dalpuget Belloni de Villeneuve (Armand Emmanuel Antoine), *ci-devant* Benjamin Dalpuget, 269.
Dalpuget de Cassin (Mardochée), 269.
Dalpuget de Cassin (Rachel, femme Mardochée), 269.
Daltrof (Ruben), 49, 56, 60, 62, 70, 75.
Daminois, commissaire au Châtelet, 9, 11.
Damoy, fruitier, logeur, 63.
Dangers (François-Calixte), géolier, 70, 75.
Darmstadt, 171, 178, 195, 214, 240, 251.
Dassonvillez (Pierre-Clément), commissaire au Châtelet, 11, 270.
David (Aaron). Décès, 182.
David (Daniel), 105.
Debry, logeur, 266.
Debussy, marchand de vins, 161.
Defacq (André), commissaire au Châtelet, 9, 11, 76, 78-82, 84, 85.
Delafosse, commissaire au Châtelet, 9.
Delaporte, batteur d'or, 204.
Delaporte, commissaire au Châtelet, 9.
Delatour, logeur, 135, 137.
Delavergée, commissaire au Châtelet, 9.
Delbeuf, chirurgien, logeur, 69.
Deleurye, chirurgien, 158, 169, 196.
Delmotte, aubergiste, 189, 206, 224.
Demay, éventailliste, 183, 217, 245.
Demontcrif, commissaire au Châtelet, 11.
Demortain, commissaire au Châtelet, 9.
Depaul, voir Paul (De).
Dery, doreur, logeur, 106.
Desrieux (Mineur), 132.
Dessau (Samuel Jacob), 207.
Dessery, logeur, 195, 214.
Dias (Miriam Lopez), femme Jacob Rodriguez Pereire, 239.
Didier (Antoine-Charles), mercier, 89.
Dijon, coffretier, logeur, 133.
Dimanche, huissier, 136.
Dodin (Gabriel), luthier, 266.
Dodin (Marie-Gabrielle Bomarin, femme Gabriel), 266.
Domangeon, sellier-carrossier, 149.
Dominé (Veuve), logeuse, 106.
Dondey (Nicolas), notaire, 131.
Dorangue (Veuve), logeuse, 84.
Dordrecht (Hollande), 203.
Dorival, commissaire au Châtelet, 9, 11.
Dosfant, notaire, 268.
Doublon, commissaire au Châtelet, 11.
Doulcet, avocat, 272.
Doutrelaine, 271.
Drancée (Jacob Lévy, *dit* de), banquier. Scellé, 131.
Druffel (Jean-Guillaume Breithaupt), étudiant, 131.

Dubois (F.), commissaire au Châtelet, 11.
Du Bois (Louis-Alexandre), chirurgien, 52.
Dubuc, logeur, 52.
Duchesne (Hugues-Philippe), commissaire au Châtelet, 9, 11, 13, 104, 106, 126, 130, 135-140, 142-145, 149, 150, 152, 156, 158-161, 164, 165, 167, 168, 170, 171, 173, 175-179, 182-185, 187, 189-192, 194, 195, 196, 198-200, 202, 204-207, 211, 214-217, 219-222, 224, 225, 233, 234, 239-245, 247-249, 251, 254, 256, 258, 259, 261, 262.
Dudoiart, limonadier, logeur, 220, 242, 246, 248.
Dudoigt, commissaire au Châtelet, 9.
Duhamel (Louis-Etienne), orfèvre, 229.
Dumange, marchand de vins, logeur, 175.
Duménil (Nicolas), 51.
Dumoustoir (Marie Kerlot, femme, Dinant), nourrice, 83.
Dupuis, chirurgien, 96, 148, 251.
Dupuis (François), bourgeois, 113.
Durand (Catherine), 18.
Dürkheim, 195.
Duruisseau, commissaire au Châtelet, 9, 11.
Dutoyard, voy. Dudoiart.
Duval (Marie-Marguerite), 22.

Elcau (Lyon), 219.
Emmanuel, de Dordrecht, 203.
Emmanuel, l'aîné, 178.
Emanuel, jeune, 32.
Emanuel (David Léon dit). Décès 89.
Emmanuel (Anne Simon, femme), Décès, 203.
Emmanuel (Salomon). Décès, 193.
Enselme (Cerf), Décès, 106.
Epfig (Alsace), 175.
Epimenté, voy. Pimentel.
Escaramella voy. Scaramella.
Esteves (Isaac), 110.
Esteves (Rebecca Coste, femme Isaac). Décès, 110.

Fabert, ceinturonnier, 149.
Felize ou Felizo, limonadier, logeur, 191, 194, 195, 225.
Fernandez (Isaac), 67.
Fernandez (Léon), 228, 241.
Fernandez Henriques (Isaac), 73.
Ferrand (C.-A.), commissaire au Châtelet, 268.
Flamant (Pierre - Claude), sculpteur, logeur, 91.
Flon, bourgeois de Paris, 93.

Fonseca (Daniel de), médecin, 46.
Fonsequa Allegria (Jacob), 210.
Fonsèque (Moyse). Décès, 84.
Fontaine, commissaire au Châtelet, 9, 11.
Fontaine, peintre, 200.
Fontaine, teinturier, 203.
Fontaine (Le P. Ildephonse), 230.
Formé, procureur, 272.
Formel (Louis - François), commissaire au Châtelet, 11-13, 93, 97, 99, 100, 102, 107, 108, 110, 114, 115, 117, 118, 120, 121, 123, 124, 127, 128, 133, 140, 153, 154, 162, 166, 172, 180, 186, 212, 231.
Foucault, commissaire au Châtelet, 11, 265.
Fourgault, logeur, 147.
Fournier (Geneviève), femme Parisi, domestique, 228.
Fournier (René-Denis), perruquier, logeur, 135, 136, 143, 151.
Framing (Lorraine), 170.
Franc (Catherine Goûtcheau, femme Mayer ou Moyse), 51.
Franc (Mayere ou Moyse), 51.
Francfort, 52, 132, 138, 140, 162, 165, 177, 188, 191, 196, 222, 255.
Francfort-sur-Oder, 192.
Franck (Mayere), 51, 85.
Franck (Michel). Décès, 85.
Franque (Goudchoux), 175.
Franque (Layer), femme Aaron Moyse, 175.
Frenois (Lorraine), 159.
Frère (Michel), boucher, 50.
Fribourg (Cerf). Décès 183.
Fronteau, bijoutier, 132.
Fulda (Hesse Nassau), 197.
Furstemberg (Cardinal de), 266.
Fürth (Bavière), 137, 197.

Gagné (René), chirurgien, 52.
Gallyot, commissaire au Châtelet, 9, 11.
Galot, maçon, 242, 244.
Garcia (Abraham), chocolatier, 237.
Garcy (Le fils d'Abraham). Décès, 256.
Garcy (Abraham), 256.
Garcy (Ester, femme Abraham, 256.
Gard (Miriam, femme Moyse), 266.
Gard (Moyse), 266.
Garnier (Nicolas - Toussaint), notaire, 272, 273.
Gaud, 59.
Gautier, bourgeois de Paris, logeur, 164, 178.
Gillet (Jacques), notaire, 59, 73.
Gillet (N.-L.), commissaire au Châtelet, 265.
Girou, loueur de carosses, logeur, 96.

Gition (Jacob), 76.
Glou, commissaire au Châtelet, 9.
Godefroy, aubergiste, 219.
Godin, cordonnier, logeur, 122, 135-137, 270.
Goefre (Gœfre), 234.
Golchemik, voy. Goldschmidt.
Goldschmidt (Aaron), 31, 51. Inhumation, 49.
Goldschmitd (Jacob), 132
Goldschmidt (Jacob), banquier, 86.
Goldschmidt (Jacob), syndic de la nation juive allemande, 24, 245, 246, 250, 252, 256, 261, 263, 271, 272.
Goldschmitd (Marguerite), 51.
Goldschmidt (Marie-Anne, femme Aaron), 51. Scellé, 52.
Goret (Pierre), architecte, 269.
Gosel (Jacob). Décès, 204.
Goudchaux (Jacob-Mayer), 273.
Gougeon, orfèvre, logeur, 103.
Goutcheau (Catherine), femme Mayer ou Moyse Franc, 51.
Gradis (Abraham), 38.
Gradul voy. Grodwal.
Graillard de Graville (Jean), commissaire au Châtelet, 11-13, 147, 148, 201, 208, 210, 230, 235, 237.
Grandchamp (Jean-Baptiste), maçon, 95.
Grand-Montrouge, 267.
Granger, 273.
Graurheindorf (Bonn), 146.
Graville, voy. Graillard de Graville.
Grinschtat, voy. Grünstadt.
Grodvol, voy. Grodwal.
Grodwal ou Gradul (Nathan), 137, 160.
Grotwol (Aaron). Décès, 130.
Gross-Zimmern (Hesse), 212, 242.
Grunstad (Abraham), 175, 178, 194, 198.
Grünstadt (Palatinat bavarois), 175, 178, 194, 207, 225, 233.
Guedet (Michel), aubergiste, 49.
Guérard (Vve), logeuse, 64.
Guesdon (Pierre-Jacques), bourgeois de Paris, 112.
Guillot (François), gagne-denier, 95.
Guyot, commissaire au Châtelet, 9, 11.

Hadamar ou Hademar (Mayer), agent des Juifs de Metz, 121, 135, 136, 143, 150, 158, 160, 170, 183, 185, 188, 190-194, 196-198, 203, 204, 206, 208, 212, 216, 218, 221, 234, 243.
Hademard (Salomon), 96, 104.
Hain (Joanan), voy. Vidal (Joanan Hain, dit).
Halphen (Simon-Salomon), 159.
Hambourg, 52, 87, 215, 272.

Hambourg (Lion d'), 32.
Hamelle (Louise), v^{ve} Pierre Carra, logeuse, 56.
Harburg (Bavière), 167, 170, 193.
Hartogh (Judit), 61.
Hatterode (Hesse-Nassau), 217.
Hauga (Sauveur de), chirurgien, 59.
Havre (Le), 34.
Haye (La), 49, 141.
Hayet (Vve), marchande de vins, 271.
Hebert, tapissier, 101.
Heckscher (Gottschalk Isaac), 272.
Heckscher (Philippe), graveur, 15, 132. Décès, 271.
Heckscher (Scherre Isaac), 272.
Hegenheim, 5.
Héguin (André), 20.
Hendelin, femme Philippes, 146.
Henriques (Isaac Fernandez), 73.
Henry (Catherine), femme Jean-Pierre Loire, 237.
Herche (Isaac). Décès, 211.
Heymann, 32.
Hichbourg (Franconie), 106.
Hirsch (Adèle Abraham, femme Samuel), 270.
Hirsch (Samuel), juif. Scellé, 270.
Hirsch (Sophie), femme Jacob Traisnel, 270.
Hœnheim, 271.
Hollandois (Bernard de), 61.
Hollandois (Caton Cerf, femme Bernard de), 61.
Homberg (Eliezer), 34.
Homberg (Gerson), 34.
Homberg (Lion), 34.
Honoré, menuisier, 168.
Honnorée (D^e), logeuse, 254.
Hourrits ou Hourvits (Zaltand), interprète de la Bibliothèque du Roi, 273.
Huberland (Anne Lamirault, femme Nicolas), sage-femme, 209.
Hubert, papetier, 263.
Hubert (J.), commissaire au Châtelet, 9, 11, 49.
Hubert (M.), commissaire au Châtelet, 9.
Hugues (Jean-François), commissaire au Châtelet, 11, 13, 226, 227.
Husson, tailleur, logeur, 51, 52.

Incelin, Inselin, voy. Jucelin.
Inhumations. Formalités, 24 et ss. Tarif, 27.
Isaac (Abraham), 73.
Isaac (Beco), 272.
Isaac (Cerf), 214.
Isaac (Israël), 130.
Isaac (Jatelé ou Gentile Cahen, femme Beco), 272.

Isaac (Lion), 185, 190, 199. Décès, 249.
Isaac (Rachel Moses), femme Liefman Calmer, 267.
Isaac (Rica *ou* Riquette), femme Mark Lévy, 197, 260.
Isaac (Salomon), 207.
Isman (Toder), 204.
Isoard, tailleur, logeur, 207, 225, 233, 234.
Israël (Abraham, fils de Nathan). Décès, 264.
Israël (Alcan), 137.
Israël (Anne Bernard, femme Nathan), 264.
Israël (Bernard, fils de Nathan). Décès, 225.
Israël (Cadassan, femme Nathan), 225.
Israël (Cerf), 73, 87, 151, 161, 205, 215, 220, 242, 244.
Israël (Isaac, fils de Nathan). Décès, 233.
Israël (Madelon, fille de Nathan). Décès, 207.
Israël (Nathan), 207, 225, 233, 264.
Israël (Petitte Nathan, femme Nathan), 207.

Jabineau de La Voute (Pierre), 131.
Jacob (Enfants de Lévy). Décès, 156.
Jacob (Fille de Salomon). Décès, 199.
Jacob, de Hambourg, 52.
Jacob (Aaron). Décès, 221.
Jacob (Abraham). Décès, 145.
Jacob (Alexandre). Décès, 216.
Jacob (Goutle, femme Lazare). Décès, 179.
Jacob (Guiton, fille de Mardochée). Décès, 174.
Jacob (Hélène), femme Jacob Moyse, 167.
Jacob (Jeanne), servante, 270.
Jacob (Lazard), 136, 174, 179, 218.
Jacob (Lévy), 156.
Jacob (Lion), 215.
Jacob (Mardochée), 174.
Jacob (Mayer), 159.
Jacob (Naffier, femme Mardochée), 174.
Jacob (Pesman), 200.
Jacob (Quinette Lipmann, femme Lion), 215.
Jacob (Salomon), 199.
Jacob (Salomon). Décès, 136.
Jacob (Samuel), 206.
Jacob (Sara, femme de Lévy), 156.
Jacob (Sara, femme de Salomon), 199.
Jacob (Sara Abraham, femme Mayer), 159.
Jacob (Zalda, fille de Lion). Décès, 215.
Jaladon, procureur, 40.
Jandré (Marie), v^{ve} Guillaume Berton, cuisinière, 268.

Jannelle, sage-femme, 169.
Jericho (Judée), 91.
Jomard (Jean-Edouard), directeur des domaines de Valenciennes, 273.
Jonas, 195.
Jonas (Anna, femme), 195.
Jonas (Ayman de Jonghe *ou*), 205.
Jonas (Benjamin), 73.
Jonas (Salomon, fils de). Décès, 195.
Jones (John-Paul), 8.
Jonghe (Ayman Jonas *ou* de), 205.
Joron, commissaire au Châtelet, 9, 11.
Joseph, 219.
Joseph (Enfant de Cerf). Décès, 185.
Joseph (Cerf), de Francfort, 185.
Joseph (Cerf), de Niederwiese, 149.
Joseph (Sara, fille de). Décès, 219.
Joseph (Wolf). Décès, 188.
Jucelin, Juvelin *ou* Inselin (D^{elles}), logeuses, 104, 165, 203.
Juifs. Agents et syndics, voy. Berr (Cerf), Calmer (L.), Goldschmidt (J.), Hadamar (M.), Mendez (B.), Pereire (J.-R.), Salon (I.), Silveyra (D.), Vidal (Aaron). — Registres de commerce, 32.
Julliard, boulanger, 248.
Jungholz, 5.

Kaiser (Louis). Scellé, 49.
Kerlot (Marie), femme Dinant Dumoustoir, nourrice, 83.
Kirchheimbolanden (Palatinat bavarois), 246.

La Bellonny, 271.
Lacoste (Anne Lévy, femme Jacob). Décès, 201.
Lacoste (Jacob), 201.
La Croix, logeur, 269.
Laemsberg (Michel), 233.
Lafineur, potier de terre, logeur, 90.
Lafond (Françoise Dalpuget, veuve Grégoire), 269.
Lafond (Grégoire), 269.
La France (Mossé *dit*) marchand de vins, vinaigrier, logeur, 182, 195, 204, 214, 251.
La Gouna (Veuve), 236.
La Gouna (Abraham Lopes), 241.
La Gouna (Daniel Lopez). Décès, 235.
La Gouna (Juda Lopez). Décès, 212.
La Grave, voy. Auret de La Grave.
La Guna, voy. La Gouna.
Lahaye (D^e), logeuse, 201.
Lallemant, chevalier du Guet, logeur, 168, 176.
Lallemant (Joseph), 34.
Lambert (Lambert), 164, 168, 176.

Lamirault (Anne), femme Nicolas Huberland, sage-femme, 209.
Lamy (Joseph). Scellé 50.
Landau (Alsace), 106, 126, 156.
Landelle, commissaire au Châtelet, 9.
Landsberg (Jacob), de Kirchheimbolanden. Décès, 246.
Lange (Benjamin Ourba, *dit*), rabin de Saphad. Décès, 90.
Lange (Lion), 35.
Lange (Vidal), 35.
Langlois, commissaire au Châtelet, 11.
Lansberg (Jacob), de Worms, 168.
La Planche, miroitier, 184, 205.
La Roche (Claude), notaire, 229.
La Thelyze, chaudronnier, logeur, 173, 193.
Latour (Jacques). Décès, 67.
Latour (Roullet de), logeur, 121.
Lattré, graveur, 153, 154.
Laurent, 17.
La Voute (Pierre Jabineau de), 131.
Lazare (Naphtali), 142.
Lazare (Pala-Naphtali). Décès, 142.
Lazare (Petsi, femme Naphtali), 142.
Lazare (Philippes), 215.
Lazou, tapissier, 245.
Lebas, commissaire au Châtelet, 11.
Le Bègue, limonadier, 211.
Le Blanc, commissaire au Châtelet, 11.
Leblond, commissaire au Châtelet, 11, 267.
Leclair (André-François), commissaire au Châtelet, 9, 11, 86-90, 92, 96, 103, 104.
Leclerc (François), chirurgien, 252.
Lecomte, serrurier, logeur, 89.
Le Couteux, voy. Couteux.
Lecouvreur (Adrienne), 8.
Le Droit, commissaire au Châtelet, 9.
Lefevre, aubergiste à Noyon, 271.
Le France, voy. La France.
Léger, commissaire au Châtelet, 9.
Legrand (Geneviève), domestique, 271.
Lemaignen, logeur, 112.
Le Moine, 50.
Lendormi (D^lle) logeuse, 168, 175.
Lenoir, menuisier, logeur, 190.
Le Noret, menuisier, 199.
Léon, cf. Lion.
Léon (Abraham), 208.
Léon (David), 82, 84, 201.
Léon (David), *dit* Emanuel, 60, 66. Décès, 89.
Léon (Isaac), 225.
Léon (Raphael de), 87.
Léon (Ribca de), femme Isac Tobar, 59.
Léon (Samuel), 97.
Le Pesteur, limonadier, 222.
Le Planche, voy. La Planche.

Lerat, commissaire au Châtelet, 11.
Leroux (Jacques), garçon chirurgien, 148.
Leseigneur, commissaire au Châtelet, 9.
Le Tartre, marchand de draps, 271.
Le Tillier (Jean-Baptiste-Joseph), peintre. 114.
Levacher, médecin, 211.
Levié, commissaire au Châtelet, 11.
Lévy (Aaron), 184.
Lévy (Anne), femme Jacob Lacoste. Décès, 201.
Lévy (Anne), femme Ruben Schwab, 59.
Lévy (Barach). Décès, 259.
Lévy (Barah Jacob). Décès, 243.
Lévy (Cerf), 32, 132. Scellé, 270.
Lévy (Cerf-Abraham-Spire), 104, 105.
Lévy (Debora), femme Jacob Aaron, 145.
Lévy (Elise), femme Oulry Alcan, 51.
Lévy (Eve), femme Jacob Aaron, 158.
Lévy (Isaac), de Bischheim, 255.
Lévy (Isaac), de Westhafen, 248.
Lévy (Jacob), juif portugais, 256-258.
Levy (Jacob), *dit* de Drancée, banquier, 28, 132. Scellé, 131.
Lévy (Jeannette). Décès, 248.
Lévy (Jonas), 264.
Lévy (Joseph), 270.
Lévy (Joseph), de Cracovie, 126, 152.
Lévy (Joseph), de Bollwiller, 191. Décès, 194.
Lévy (Judiq), juif, 59.
Lévy (Louis), négociant, 59.
Lévy (Mardochée). Décès, 230.
Lévy (Mark), 197, 260.
Lévy (Michel), banquier à Bischheim, 131.
Lévy (Michel), de Hoenheim, 271.
Lévy (Moyse-Spire), 59.
Lévy (Olry-Spir), banquier, 59.
Lévy (Paris *ou* Baric), 51.
Lévy (Racaïl, femme Isaac), 248.
Lévy (Raphaël), père et fils, de Strasbourg, 132.
Lévy (Rica *ou* Riquette Isaac, femme Mark), 197, 260.
Lévy (Salomon-Bernard). Décès, 70.
Lévy (Samuel), 33.
Lévy (Sara), femme Jacob Worms, 53.
Lévy (Sara). Décès, 196.
Lherbette, notaire, 271.
Liana (Catherine Bourgeois, femme), 26.
Liana (Pierre), protestant, 26.
Limbourg (Michel), 169.
Lion, cf. Léon, Lyon.
Lion (Abigaïl), femme Louis Aaron, 123.

TABLE 283

Lion (Abigaïl, femme Emmanuel de). Décès, 80.
Lion (Alexandre), 87.
Lion (Bernard), 207.
Lion (Mahyer). Décès, 75.
Lion (Zalda), fille de Lion Jacob, décès, 215.
Lipman (Hinth), femme Lipman Nathan, 178.
Lipman (Joseph), 106.
Lipman (Michel). Décès, 178.
Lipman (Quinelle), femme Lion Jacob, 215.
Lissal (Dominique de), chirurgien, 52.
Loire (Catherine Heury, femme Jean-Pierre), 237.
Lollier, marchand de vins, logeur, 188.
Lopez Dias (Marianne), femme Jacob Pereire, 114, 181, 186, 239.
Lopez Dacougne (Esther), 241.
Lopez Lagouna (Abraham), 241.
Lopez Lagouna (Daniel). Décès, 235.
Lopez Lagouna (Juda). Décès, 212.
Lopez Suasso (Sara Rachel), femme Moïse van Jeronimo Lopes Suasso. Décès, 141.
Lorry, avocat, 36.
Lottier, marchand de vins, logeur, 199.
Loyzerolle (Avet de), avocat au Parlement, 113.
Lublin (Pologne), 190.
Lucotte (G.), commissaire au Châtelet, 11, 268.
Lyon, 34, 42, 252, 266, 269.
Lyon, juif, 56.
Lyon (Esther de), veuve Isaac Castille. Décès, 166.

Mabille (Charles), menuisier, 224.
Maestricht, 156.
Maillé (Comte de), 113.
Maille (Gilbert), tailleur, 91.
Maillot (Nicolas), commissaire au Châtelet, 11, 131, 132.
Mangeot, logeur, 138, 139.
Mannheim, 219.
Maquer, notaire, 20.
Marcus, 160.
Marinier, avocat, 272.
Marissal, logeur, 213.
Marrier, commissaire au Châtelet, 9.
Martineau, avocat au Conseil, 40, 271.
Martinique (La), 38.
Marye, laitier, logeur, 92.
Massé, maître de pension, 267.
Massié (Veuve), logeuse, 257.
Massy, 268.
Matar, 16, 17.
Matard (François-Alexandre), 22.

Mathis (Anne Sampson, femme Enselme), 106.
Mathis (Anselme), 106, 126, 156.
Mathon (Jacques), notaire, 114.
Maubuisson, fruitier, logeur, 61.
May, marchand de grains, 33.
Mayence, 5, 85.
Mayence (Bernard de), 76.
Mayer (Aaron), 244.
Mayer (Abraham). Décès, 159.
Mayer (Jacob), 273.
Mayer (Lea, femme Aaron). Décès, 244.
Mayer (Nathan, fils de). Décès, 170.
Mayer (Sara Abraham, femme), 170.
Mendes Dacosta (Sarah), femme Samuel Peixotto. Scellé, 265.
Mendez (Benjamin), syndic des juifs portugais, 230, 232, 235.
Merelle de Joigny (Claude-Théodore), 131.
Merlin, libraire, 109, 115, 118, 128.
Mettereau (Claude-Nicolas), cordonnier, 159.
Metz, 5, 49, 51, 53, 55, 56, 59, 60, 62, 64, 70, 71, 73, 81, 85, 87, 104, 121, 130, 135-137, 142, 143, 146, 150, 151, 158, 160-162, 164, 165, 168, 170, 176, 183, 185, 188, 189, 193, 194, 198-200, 203-205, 207, 212, 215, 217-219, 221, 225, 234, 242, 243, 250, 263, 272, 273.
Metzger (Dorothée), 24.
Meyer (Elias), 267.
Meyer (Mitil Calmer, femme Elias), 267.
Michalot (Pierre), *dit* Saint-Pierre, laquais, 112, 113.
Michel, commissaire au Châtelet, 9, 11.
Michel (Le fils de Benjamin). Décès, 224.
Michel (Benjamin), 224.
Michel (Judith, femme Benjamin), 224.
Michel (Sara), femme Aaron Bargate, 220.
Milliaud (Hananel Vidal de), voy. Vidal.
Millihau (Johanan Vidal de). Décès, 124.
Mindel, fille de Hirche Abraham. Décès, 164.
Moeyea, voy. Moyea.
Mohrau (Silésie), 190, 255.
Moïse, voy. Moyse.
Monem, voy. Monnheim.
Mongin, logeur, 270.
Monim, voy. Monnheim.
Monnaie, commissaire au Châtelet, 9.
Monnaye, procureur, 272.
Monnheim (Isaïe, fils de Paquin). Décès, 165.
Monnheim (Lion, fils de Paquin). Décès, 162.
Monnheim (Madelon Verde, femme Paquin), 162, 165.

Mounheim (Pasquin), 142, 146, 162, 168.
Montault (Abraham de), 28, 98, 124, 127, 128, 141. Décès, 147; scellé, 148.
Montault (Anne Naquet, veuve Joseph), 149.
Montault (Joseph), 149.
Montrouge, cimetière juif, 16 et ss. Cf. Grand Montrouge.
Mera (Isaac), 222.
Morawa (Silésie), 190.
Moreau, logeur, 98.
Moreau (Veuve), chandelière, 216.
Moses, passementier, 33.
Moses Isaac (Rachel), femme Liefmann Calmer, 267.
Mossé, dit La France. Voy. La France.
Mouche, boulanger, 264.
Mouricault, commissaire au Châtelet, 10.
Mousset (Louis), dit Saint-Louis, domestique, 253.
Moyea (Louis), 195, 240, 251.
Moyse (Aaron), juif d'Alsace, 175.
Moyse (Aaron), de Francfort, 138, 140, 162, 165, 196, 255.
Moyse (Aaron). Décès, 214.
Moyse (Abraham), 170, 193.
Moyse (Belon, femme Samuel), 234. Décès, 222.
Moyse (Belon, fille de Samuel). Décès, 234.
Moyse (David, fils de Jacob). Décès, 167.
Moyse (Devauré, fille de Jacob). Décès, 143.
Moyse (Frade Samuel, femme Aaron), 138, 140.
Moyse (Hélène Jacob, femme Jacob), 167.
Moyse (Israel), 34, 124.
Moyse (Jacob), d'Harburg, 167.
Moyse (Jacob), de Metz, 143.
Moyse (Layer Franque, femme Aaron), 175.
Moyse (Lena, femme Salomon), 177.
Moyse (Louis), 214.
Moyse (Pecia, femme Louis), 214.
Moyse (Philippes), 263.
Moyse (Ruben), 34.
Moyse (Salomon), 177.
Moyse (Samuel), 188, 191, 222, 234, 264.
Moyse (Toinette, fille de Salomon). Décès, 177.
Mutel, commissaire au Châtelet, 11.

Naquel, voy. Naquet.
Naquet (Abraham). Décès, 261.
Naquet (Anne), veuve Joseph Montaux, 149.
Naquet (Benjamin), 88, 89.
Naquet (Berthe), 89.

Naquet (David), 237, 253, 261.
Naquet (Félicité, fille de David), 237.
Naquet (Jacob), 148.
Naquet (Josué). Décès, 87 ; scellé, 89.
Naquet (Marie-Anne Perpignan, femme David), 42, 237, 253, 261.
Naquet (Pora Ravel, veuve Josué), 89.
Naquet (Régine), 89.
Nathan, fils de Mayer. Décès, 170.
Nathan (Bernard). Décès, 225.
Nathan (Brunette), femme Daniel Schwab, 171.
Nathan (Hinth Lipman, femme Lipman), 178.
Nathan (Jonas), 138, 139, 171.
Nathan (Liebman), 171, 178, 212, 220, 242, 244, 246, 248, 251, 264.
Nathan (Petitte), femme Nathan Israël, 207.
Naymark (Fayllet). Décès, 240.
Naymark (Isaac), 240.
Naymark (Mingle, femme Isaac), 240.
Nicolas, aubergiste, 219.
Niederwiese (Lorraine), 149, 177, 183, 217, 245.
Nivert, 59.
Nochan, 259.
Nochan (Le fils de). Décès, 258.
Nochan (Sarah), 259.
Nœymark, voy. Naymark.
Noir Jean (Jean-Baptiste), domestique, 273.
Noyon, 271.

Odent, commissaire au Châtelet, 11.
Oppenant (Abraham). Décès, 81.
Orsel, bijoutier, 268.
Ory (Raphaël), 71.
Osmon, logeur, 261.
Ourba (Benjamin), dit Lange, rabbin de Saphed. Décès, 90.
Ourba (Samuel), 91.

Padoue (Italie), 214.
Pallu (Urbain), de Montrouge, 267.
Parent, commissaire au Châtelet, 10.
Paris. Cens commun, 21.
— Châtelet (prisons), 70, 75.
— Cimetière de la Porte Saint-Martin, 8.
— Collèges d'Autun, 236; de Gramont, 80 ; des Quatre-Nations, 80.
— Comédie italienne, 267.
— Commissaires au Châtelet, 9-11.
— Enclos du prieuré Saint-Martin-des-Champs, 175, 178, 194, 198, 248 ; de Saint-Germain-des-Prés, 10, 266 ; du Temple, 32.
— Hôpital de la Charité, 13, 26, 230.
— Hospitalières de la rue Mouffetard, 269.

Paris. Hôtel-Dieu, 26, 31, 221.
— Notre-Dame, 21.
— Palais Royal, 271.
— Pont-au-Change, 89.
— Pont-aux-Choux, 200.
— Porte Saint-Martin, 68.
— Saint-Lazare, 21.
— *Maisons et hôtels* : Hôtel d'Anjou, rue Dauphine, 218 ; hôtel d'Anjou, rue Mâcon, 181 ; hôtel d'Artois, rue Charlot, 269 ; hôtel d'Auvergne, quai des Grands-Augustins, 88 ; hôtel Baillet, rue des Blancs-Manteaux, 158 ; hôtel de Beaujeu, rue Hautefeuille, 78 ; hôtel du Bœuf couronné, rue de la Huchette, 89 n. 2 ; les Bons Enfants, rue Saint-Martin, 157 ; hôtel de Bourgogne, rue Montmorency, 272 ; Bureau des tapissiers, 165 ; le Chariot d'or, rue Darnetal, 49 ; hôtel de Châtillon, rue de Tournon, 140 ; le Cheval noir, rue de l'Etoille, 127 ; le Cheval rouge, rue Saint-Julien-des-Ménétriers, 106 ; le Ciseau d'Or, rue Geoffroy-Langevin, 52 ; le Ciseau d'or, rue Pierre-au-Lard, 52 ; la Cloche, rue Saint-Martin, 59 ; café du Commerce, rue Saint-Martin, 273 ; hôtel de la Couronne, rue Croix-des-Petits-Champs, 110 ; la Croix de fer, rue Saint-Denis, 273 ; la Croix de fer, rue Saint-Martin, 264 ; la Croix de Lorraine, rue Saint-Martin, 200 ; hôtel d'Espagne, rue de Seine, 123 ; hôtel de la Ferme générale des Postes, 114, 180, 239 ; hôtel de France, rue Bourg-l'Abbé, 270 ; hôtel de France, rue de Venise, 55 ; hôtel de Grenoble, rue du Boullois, 110 ; hôtel de Lesseville, rue Gallande, 123 ; le Lys d'or, rue Quinquempois, 70, 73 ; la Magdeleine, rue du Haut-Moulin, 53 ; hôtel de la Marche, rue des Poitevins, 90-92 ; hôtel de la Marche, rue des Vieilles-Etuves, 150 ; la Mine de plomb, quai des Morfondus, 271 ; hôtel Montbar, rue du Temple, 132 ; hôtel de Montmorency, rue de Montmorency, 73 ; petit hôtel de Montpellier, rue Aubry-le-Boucher, 206 ; hôtel de Nantes, rue des Vieilles-Etuves-Saint-Martin, 158, 160 ; hôtel de Nevers, rue d'Orléans-Saint-Honoré, 269 ; hôtel Notre-Dame, rue des Petits-Champs-Saint-Martin, 220, 242, 243 ; hôtel d'Orléans, rue des Deux-Portes Saint-Sauveur, 256 ; hôtel de la Paix, rue Charlot, 269 ; hôtel du Parlement d'Angleterre, rue

Paris. *Maisons et hôtels* :
du Coq-Héron, 265 ; Petite Poste, rue Grenier-Saint-Lazare, 182 ; hôtel de Poitiers, rue Poupée, 88, 89 ; le Prophète Elie, rue Saint-André-des-Arts, 232 ; hôtel de Provence, rue du Foin, 210 ; hôtel de Provence, rue Saint-Séverin, 232 ; hôtel de la Providence, rue de la Tixeranderie, 262 ; hôtel des Quatre-Provinces, rue Beaubourg, 195, 214 ; hôtel des Quatre-Provinces, rue Tiquetonne, 256-258, 261, 262 ; hôtel de Reims, rue de l'Hirondelle, 82, 236 ; le Riche Laboureur, rue des Fossés M. le Prince, 97 ; le Roy Artus, rue des Arcis, 49 ; hôtel du Saint-Esprit, rue de l'Hirondelle, 113, 213 ; le Saint-Esprit, rue Plâtrière, 152 ; hôtel Sainte-Geneviève, rue Poupée, 237 ; hôtel Saint-Malo, rue des Noyers, 96 ; hôtel Saint-Pierre, rue Brisemiche, 174, 179, 218 ; le Sauvage d'or, rue des Lombards, 132 ; hôtel de Sens, rue de l'Hirondelle, 211, 237 ; le Signe de la Croix, rue Maubuée, 87 ; le Soleil d'or, rue Poupée, 51 ; la Tour d'Argent, rue de la Poterie, 52 ; hôtel des Trois Maures, rue du Hurpoix, 178 ; hôtel Ventadour, rue Ventadour, 269 ; hôtel Villain, rue de Montmorency, 256-258 ; la Ville de Coblence, rue Quincampoix, 146.
— *Rues, places, boulevards, etc.* : Cul-de-sac de l'Anglois, 73 ; rue des Arcis, 49 ; Aubry-le-Boucher, 13, 170, 206, 222, 268 ; Aumaire, 169 ; Beaubourg, 55, 73, 85, 86, 121, 138, 139, 144, 162, 165, 167, 168, 170, 175, 182, 183, 188, 191, 193-197, 204, 205, 214, 225, 233, 240, 248, 251 ; cul-de-sac Berthault, 196 ; rue Betizy, 268 ; des Blancs-Manteaux, 158, 219 ; des Boucheries, 91 ; du Boulloy, 64, 110 ; Bourg-l'Abbé, 270, 272 ; Brisemiche, 136, 174, 177, 179, 218, 245, 257, 263 ; de la Calandre, 207 ; de la Chanvrerie, 112 ; Charlot, 269 ; des Cinq Diamants, 211 ; du Cloître Saint-Merry, 107, 207 ; du Cœur Volant, 67 ; du Colombier, 117, 120 ; de la Comédie-Française, 123 ; boulevard de la Comédie italienne, 267 ; quai Conti, 112, 113, 133 ; rue du Coq Héron, 265 ; Coquillière, 101 ; des Cordeliers, 123, 227 ; de la Corroyerie, 11, 63, 177, 182, 189, 204 ; Croix-des-Petits-Champs, 110, 114 ; Darnetal, 49 ; Dauphine, 13, 99, 133, 172, 218, 252, 254 ; place Dauphine,

286   TABLE

Paris. *Rues, places, boulevards, etc.* : 132 ; rue des Deux-Portes Saint-Sauveur, 256, 266 ; Etienne, 268 ; de l'Etoile, 12, 127 ; de Flandre, 16 ; du Foin, 201, 208, 210, 241 ; des Fossés Monsieur le Prince, 78, 97 ; des Fossés Saint-Germain, 12, 123, 266 ; Frepillon, 151 ; Gaillon, 273 ; Galande, 15, 123, 230 ; Geoffroy-Langevin, 51, 52, 62, 104-106, 122, 126, 135-139, 143, 144, 152, 158, 159, 165, 184, 188, 189, 191, 194, 198-200, 203, 207, 242, 244, 250, 270, 273 ; Git-le-Cœur, 84 ; des Grands-Augustins, 96, 100 ; quai des Grands-Augustins, 88 ; rue des Gravilliers, 131, 132 ; de Grenelle, 271 ; Grenier-Saint-Lazare, 13, 59, 175-177, 179, 182, 183, 217, 245, 270-272 ; Guénégaud, 83 ; de la Harpe, 15, 109, 113, 115, 118, 128, 131, 154, 162 ; Hautefeuille, 78, 89, 166, 241 ; du Haut-Moulin, 53 ; de l'Hirondelle, 82, 113, 211, 213, 228, 236, 237 ; quai de l'Horloge, 132 ; rue de la Huchette, 89, 100 ; du Hurpoix, 178 ; Jean-Pain Mollet, 258 ; de la Jussienne, 64, 247 ; Lévêque, 51 ; des Lombards, 132 ; Mâcon, 89, 147, 166, 172, 181, 237, 253, 261 ; Maubuée, 61, 75, 81, 86, 105, 130, 164, 168, 171, 178, 185, 188, 190, 191, 199, 212, 215, 216, 220, 234, 242, 244, 246, 248, 249, 251, 254, 255 ; des Mauvais Garçons, 97, 211 ; Mazarine, 11, 66, 73, 80, 83, 90, 172 ; des Ménestriers, 161, 165, 168, 173, 176 ; Meslée, 85, 267 ; Michel le Comte, 215 ; Mignon, 79, 80, 83 ; de la Monnaie, 253 ; Montmartre, 247, 269 ; de Montmorency, 73, 107, 256-258, 272 ; quai des Morfondus, 271 ; rue Mouffetard, 269 ; Neuve des Mathurins, 273 ; Neuve des Petits-Champs, 269 ; Neuve-Saint-Augustin, 273 ; Neuve-Saint-Eustache, 13, 172, 226, 227, 266, 269 ; Neuve-Saint-Merry, 66, 67, 76, 222 ; des Noyers, 96 ; d'Orléans-Saint-Honoré, 269 ; aux Ours, 130, 203 ; du Paon, 13, 227 ; de la Parcheminerie, 153, 154 260 ; Pavée Saint-André-des-Arts, 102, 252, 253, 266 ; Payelle, 248 ; Percée, 123, 261, 262 ; du Petit Bourbon, 140 ; du Petit Lyon, 153 ; des Petits-Champs-Saint-Martin, 103, 167, 174, 176, 184, 189, 196, 205, 215, 220, 242-244, 264 ; Pierre-au-Lard, 52 ; Pierre-Sarrazin, 15 ; de la Plâtrière, 13, 114, 152 ;

Paris. *Rues, places, boulevards, etc.* : 180, 186, 239 ; du Poirier, 51, 142, 240, 264 ; des Poitevins, 67, 90-92, 98 ; boulevard vis-à-vis le Pont-aux-choux, 200 ; place du Pont-Saint-Michel, 124 ; rue de la Poterie, 52 ; Poupée, 51, 88, 89, 98, 109, 110, 115, 118, 120, 128, 141, 153, 154, 162, 180, 186, 237 ; Quincampoix, 10, 51, 70, 73, 146, 156, 220 ; Renard Saint-Merry, 273 ; Richelieu, 271 ; Saint-André-des-Arcs, 72, 76, 78, 80, 88-90, 96, 98-100, 108, 115, 124, 127, 128, 134, 141, 147, 148, 166, 201, 221, 232, 235, 241, 265 ; Saint-Antoine, 211 ; Sainte-Avoye, 219 ; Sainte-Barbe, 267 ; Saint-Denis, 60, 255, 269, 273 ; Sainte-Geneviève, 237 ; Saint-Honoré, 12, 13, 110, 113, 184, 205 ; Saint-Jacques, 153, 154 ; Saint-Julien des Ménétriers, 106 ; Saint-Martin, 13, 52, 56, 59, 62, 69, 71, 107, 114, 118, 120, 126, 130, 137, 142, 145, 146, 156, 160, 161, 164, 165, 169, 170, 179, 183-185, 193, 194, 198, 200, 203, 206, 212, 217-219, 221, 222, 225, 243, 263, 264, 273 ; Saint-Merry, 233, 263 ; des Saints-Pères, 230 ; Saint-Sauveur, 52 ; Saint-Séverin, 102, 134, 213, 231 ; de Seine, 12, 117, 120, 123, 254 ; Taillepain, 207, 225, 233, 234 ; du Temple, 76, 131, 132, 215, 219, 234 ; Thevenot, 60 ; Tiquetonne, 256-258, 261, 262, 266 ; de la Tixeranderie, 262 ; de Touraine, 78, 82 ; de Tournon, 140 ; Troussevache, 273 ; de Venise, 55 ; Ventadour, 269 ; de la Verrerie, 12, 107 ; de la Vieille-Bouclerie, 92, 99, 102, 117, 118, 149, 231 ; Vieille du Temple, 49 ; de la Vieille Tixerandrie, 258 ; des Vieilles-Etuves Saint-Martin, 12, 121, 126, 135-139, 142, 143, 145, 149, 151, 158, 160, 161, 164, 177, 182, 183, 189, 206, 224, 259 ; Zacharie, 93.
Paris (Jean), tailleur, 228.
Parisi (Geneviève Fournier, femme) domestique, 228.
Parmentier, logeur, 55.
Paul (Anna Perpignan, femme Lange de), 99, 109, 115, 118, 129.
Paul (Isaac de). Décès, 128.
Paul (Jacob de), père, 96, 98-100, 108, 115, 124, 127, 133, 141, 166, 172, 213, 232.
Paul (Jacob de), fils, 88, 89, 98, 100-102, 110, 115, 118, 120, 123, 128, 141, 153, 154, 162, 180, 186.

Paul (Josué de). Décès, 99.
Paul (Lange de), 32, 82, 99, 109, 113, 115, 128.
Paul (Léon de), 32, 133.
Paul (Maria-Anna de). Décès. 115.
Paul (Sara de). Décès, 108.
Pehu (Marguerite), 57.
Peixotto (Affaire), 38.
Peixotto (Daniel), 265.
Peixotto (Paul), 265.
Peixotto (Samuel), banquier, 265.
Peixotto (Sarah Mendès Dacosta, femme Samuel), 39. Scellé, 265.
Peixotto de Beaulieu (Charles-Joseph-Paul), 265.
Pereire (Abraham). Décès, 114.
Pereire (Abraham). Décès, 186.
Pereire (David), 90, 186. Décès, 180.
Pereire (Hananel-Rodrigue) 239, 247.
Pereire (Jacob-Rodrigue), interprète du Roi, agent des juifs portugais, 16, 31, 90, 114, 152, 181, 186, 239. Décès, 247.
Pereire (Marie-Anne Lopez Dias, femme Jacob-Rodrigue), 114, 181, 186, 239.
Pereire (Samuel). Décès, 239.
Perichon, doreur, logeur, 97.
Perpignan (Abraham de), 42, 252.
Perpignan (Anna de), femme Lange de Paul, 99, 109, 115, 129. Décès, 118.
Perpignan (Elie), 252, 253, 266.
Perpignan (Jacob de), 34, 43, 253.
Perpignan (Jacob). Décès, 133.
Perpignan (Josué), 252.
Perpignan (Marie-Anne), femme David Naquet, 237, 253, 261.
Perpignan (Moyse), 99, 133, 134, 226, 229, 254.
Perpignan (Nerthe Pichaud, femme Salomon), 252.
Perpignan (Rachel Salon, femme Moyse) 134.
Perpignan (Regine), 252.
Perpignan (Salomon), 38, 133. Scellé, 252 ; décès, 253.
Perrault (Perault), logeur, 184.
Perrin ou Perrens (Françoise Dalpuget, veuve Grégoire Lafond, femme Jacques Romain), 269.
Perrin ou Perrens (Jacques-Romain), bijoutier, 269.
Petit (Aaron). Décès, 184.
Petit (Anne, fille de Joseph). Décès, 205.
Petit (Anne Dalpujet, femme Josué). Décès, 78.
Petit (David), 35.
Petit (Esther, femme Joseph) 102, 184, 205.

Petit (Isaac). 102.
Petit (Israël), 184.
Petit (Jean), notaire, 270, 272.
Petit (Jean-Antoine), dit Saint-Jean, laquais, 131.
Petit (Joseph), 102, 114, 184, 205.
Petit (Josué), 90, 91, 93, 114, 118, 120.
Petit (Josué). Décès, 102.
Petit (Lion), 35.
Philippes, père, 146.
Philippes (Hendelin, femme), 146.
Philippes (Lazare). Décès, 146.
Picard (Michel-Lyon), 273.
Pichaud (Josué-Gabriel de), 34.
Pichaud (Nerthe), femme Salomon Perpignan, 252.
Pierron (Xavier), 224.
Pigeon (Marie-Catherine), 20.
Pimentel (Moyse), 260.
Poinsignon (J.-B.), 272.
Polonais (Mardoché), 273.
Polonois (Benjamin), 190.
Pommeret (Jean-Baptiste), cordonnier, 159.
Ponpierre (Lorraine), 240.
Poupardin, cordonnier, logeur, 80.
Prac ou Prag (Elie), 52.
Prague, 143, 145, 158, 221, 222.
Prague (Isaac de), 273.
Premontval, commissaire au Châtelet, 10.
Presle (De), logeur, 162, 165, 183.
Prié, 132.
Prin, débitant de tabac, logeur, 91.
Prisac (Benjamin), 69.
Prisac (Léon-Benjamin). Décès, 69.
Prossnitz (Moravie), 169.
Protestants. Cimetière, 14 ; tarif d'inhumation, 27.
Pussin (Veuve), 24.

Quint (David), décès, 191.

Raby (Elie Schwab), 59.
Raphaël (David), 110.
Rats (Destruction des), 270.
Ratte, cordonnier, logeur, 142.
Ravel fils, 98.
Ravel (Aaron), 123, 266.
Ravel (Israël), 78, 117, 153.
Ravel (Lyon), père. Décès, 97.
Ravel (Mardoché), 107, 266.
Ravel (Pora), veuve Josué Naquet, 89.
Ravel (Salomon), 123.
Ravet, chirurgien, 211.
Rebillot, marchand de vins, logeur, 156.
Regnard, commissaire au Châtelet, 10, 11, 64.

Regnaudet (Thomas-Joseph-Jean), commissaire au Châtelet, 10, 11, 70, 75.
Regnault, rôtisseur, 110.
Regnault (Marie), veuve François Sirjan, logeuse, 93.
Regnier, grenetier, logeur, 71.
Reichshofen (Alsace), 215.
Remy, marchande de modes, logeuse, 176.
Renard, logeur, 259.
Richard, limonadier, logeur, 170, 188, 193, 197, 205.
Richard, tapissier, 162.
Rindorf (Bonn), 146.
Rivière, perruquier, logeur, 130, 142, 146.
Robart, pâtissier, logeur, 154.
Robert, géographe du Roi, 132.
Robin, chirurgien, 147.
Rochelle (La), 266.
Rodriguez (Fils de David), décès, 208.
Rodriguez (David), 208, 210.
Rodriguez (Sara, femme David), 208. Décès, 210.
Rodriguez Brandam (Enfant de). Décès, 152.
Rodriguez Brandam (Rachel Castro, femme Samuel), 152.
Rodriguez Pereire, voy. Pereire.
Roger ou Royer, tabletier, logeur, 174, 176.
Roger (Jean), dit Saint-Jean, gagne-denier, 95.
Roger ou Roget (Samuel), 211, 237.
Rosheim (Alsace), 218.
Rosier, épicier, logeur, 72, 78, 80.
Rotterdam, 122, 263.
Rouen, 266.
Rouen (Denis-André), notaire, 265, 271.
Rouget (Sarah Dalpuget, veuve Elie), 269.
Roullet, facteur de la poste, logeur, 121, 142, 145, 149, 151, 160, 162, 177, 182.
Rousseau, logeur, 51.
Rousseau, notaire, 267.
Rousson, cordonnier, 167.
Rouveau (Antoine), notaire, 21.
Roy, pâtissier, 183.
Royer, voy. Roger.

Saint-Amand (De), mousquetaire, 83.
Saint-Domingue, 38.
Sainte-Barbe, couvreur, 269.
Saint-Jean (Jean-Antoine Petit dit), laquais, 131.
Saint-Jean (Jean Roger, dit), gagne-denier, 95.
Saint-Louis (Louis Mousset, dit), domestique, 253.

Saint - Pierre (Pierre Michalot, dit) laquais, 112, 113.
Salomon, orfèvre, 33.
Salomon, revendeur, 33.
Salomon, fils de Jonas. Décès, 195.
Salomon (Fille de Jacob). Décès, 190.
Salomon (Fils de Jacob). Décès, 169, 255.
Salomon (Asser), 106.
Salomon (Baron ou Baruc), 233, 240, 248.
Salomon (Benjamin), 64.
Salomon (Bernard), de Berlin, 195.
Salomon (Bernard), de Metz, 70.
Salomon (Hélène Benjamin), 31. Décès, 64.
Salomon (Jacob), de Mohrau, 190, 255.
Salomon (Jacob), de Prosnitz, 169.
Salomon (Rosette), veuve Salomon Benjamin, 73.
Salomon (Salomon), 174, 176, 189.
Salomon (Sara, femme de Jacob), 169.
Salomon (Sara-Charlotte Veil, femme Jacob), 190, 255.
Salon (Israël), syndic des juifs de Bordeaux, 117, 118, 149.
Salon (Moïse), 253.
Salon (Rachel), femme Moyse Perpignan, 134.
Salon Dalpuget (Esther), veuve Israël Bernard de Valabrègue, 117, 120, 226, 228.
Salvador (Judith), femme Jean-Charles Bomarin, 266.
Sampson (Anne), femme Enselme Mathis, 106.
Samuel, fils de Marcus. Décès, 160.
Samuel (Frade), femme Aaron Moyse, 138, 140.
Samuel (Moyse), 149.
Samuel (Salomon), de Bamberg, 179.
Samuel (Salomon), de Francfort, 177, 222.
Samuel (Salomon), de Wurzburg, 182.
Samuel (Simon). Décès, 104.
Saphed (Syrie), 91.
Sarrelouis, 81, 104, 105, 203, 273.
Sasia (Abraham), 154.
Saulnier (Jean-Marie), vigneron à Massy 268.
Savanne, traiteur, 208, 210.
Scaramella (Jacob), 180, 213.
Scellés, 33 et ss.
Schlestadt, 204.
Schnapper (Abraham), 273.
Schouabe, voir Schwab.
Schreiber (Abraham). Scellé, 273.
Schreiber (Hefele), 273.
Schreiber (Hindela), 273.
Schreiber (Lia Cremnitz, veuve Abraham), 273.

TABLE   289

Schreiber (Lipman), 273.
Schreiber (Moyse), 273.
Schreiber (Prendel), 273.
Schwab (Anne Lévy, femme), 59.
Schwab (Brunette Nathan, femme Daniel), 171.
Schwab (Charlotte). Décès, 171.
Schwab (Daniel), 171.
Schwab (Isaï), 85.
Schwab (Moyse). Décès, 54.
Schwab (Rachel), 52.
Schwab (Rubin), 52, 55. Décès, 56.
Schwab Raby (Elie), 59.
Segret (Marin), chirurgien, 252.
Serreau, commissaire au Châtelet, 11.
Silva (Salomon), 114.
Silveyra (David), syndic des Juifs portugais, 40, 41, 239, 247, 256, 257, 258, 261, 262, 266, 268.
Silveyra (Moïse), 261, 262.
Simon (Anne), femme Emmanuel. Décès, 202.
Simon (Enoch). Décès, 176.
Simon (Jacob), 126, 176.
Simon (Judith, femme Philippe). Décès, 197.
Simon (Keila, femme Samuel). Décès, 103.
Simon (Marie). Décès, 126.
Simon (Philippes), 198.
Simon (Samuel), 103, 104.
Simon (Sara, femme de Jacob), 127, 176.
Simonneau (Pierre-François), commissaire au Châtelet, 11, 13-15, 263, 264, 266, 267, 269, 272, 273.
Simonnet, logeur, 138, 139, 150.
Sirebeau, commissaire au Châtelet, 10.
Sirjan (Marie Regnault, veuve), logeuse, 93.
Solar (Moïse Castro), 34.
Souabe, voy. Schwab.
Souevat (Jacob de), 93.
Souillard, marchand de crayons, 271.
Soullieux (Marie), femme Joseph, Trepas 249.
Soyva, voy. Souevat.
Spir (Abraham), 165.
Spir (Cerf), 203.
Steinbiedersdorf, voy. Ponpierre.
Stockstadt am Rheim (Hesse), 225.
Strasbourg, 5, 130, 132.
Suabe, voy. Schwab.
Suasso (Sara Rachel, femme Van Jeromino Moïse Lopes). Décès, 141.
Sylva (Salomon), 110.

Tabor (Jacob-Auguste), 132.
Taladon, procureur, 265.
Tessé (Cte de), 113.

Thauvart, cf. Towar.
Thauvart (Sara), femme David Dacosta, 96.
Therouenne, mercier, 107.
Thierion, commissaire au Châtelet, 10.
Thilloi, commissaire au Châtelet, 10.
Thiot, commissaire au Châtelet, 10.
Tignon, épicier, logeur, 76.
Tobar, voy. Towar.
Toille (Catherine), cuisinière, 253.
Tonnellier d'Avaucourt (Marie), 271.
Touprier, menuisier, logeur, 240.
Tourniaux, peintre-doreur, 196.
Tourton (Banque), 132.
Tourton, commissaire au Châtelet, 10.
Touvenot (Amable-Pierre), commissaire au Châtelet, 10, 111, 113.
Towar, cf. Thauvart.
Towar (Esther). Décès, 65.
Towar (Isaac), 59, 66.
Towar (Rachel). Décès, 59.
Towar (Ricca de Léon, femme Isaac), 59, 66.
Traisnel (Jacob), 130, 270, 273.
Traisnel (Sophie Hirsch, femme Jacob), 270.
Trebitsch (Moravie), 244.
Trenelle, voy. Traisnel.
Trepas (Marie Soullieux, femme Joseph), 249.
Tresfus (Mayer), 138, 139.
Trèves, 75, 103, 104.
Tripier, logeur, 220.
Trudon, commissaire au Châtelet, 10.
Turin, 112, 113.

Vaillant (Marie-Madeleine), 20.
Valabrègue (Le fils de Joseph). Décès, 72.
Valabrègue (Esther Salon Dapulget, veuve Israël Bernard de), 117, 120, 226, 228.
Valabrègue (Gentille de), femme Manassès de Béziers, 228.
Valabrègue (Isaac). Décès, 76.
Valabrègue (Israël de), dit Vidal l'aîné, 226, 227.
Valabrègue (Israël Bernard de), interprète du Roi, 34, 39, 78-80, 83, 117, 120, 226, 227.
Valabrègue (Joseph), 72, 76.
Valabrègue (Marie-Anne Bernard). Décès, 117.
Valabrègue (Moïse Bernard de). Décès, 120.
Valabrègue (Nertegarde, femme Joseph), 72, 76.
Valabrègue (Para). Décès, 79.
Valabrègue (Pora). Décès, 82.
Valabrèque, voy. Valabrègue.

Valenciennes, 273.
Valin, voy. Wellingen.
Vallois (Abbé de), 51.
Vanglenne, commissaire au Châtelet, 10, 11.
Van Jeronimo Lopes Suasso (Sara Rachel). Décès, 141.
Vanves (Petit), cimetière juif, 17, 271.
Vautier, tourneur, logeur, 185, 188, 191.
Vaylle (Abraham). Décès, 257.
Vaylle (Joseph), 257.
Veil (Sara), femme Jacob Salomon, 255.
Venture (Mardochée), interprète du Roi, 46, 230.
Verde (Madelon), femme de Paquin Monnheim, 162.
Vermond, chirurgien, 152.
Versmold (Westphalie), 138, 139.
Veyl (Salomon), 52.
Viche, voy. Bischheim.
Vidal (Aaron Hananel), syndic de la nation juive, 148, 149, 201, 221, 230, 235.
Vidal (Abraham), 39, 40, 78, 80. Scellé, 266.
Vidal (Alezar). Décès, 172.
Vidal l'aîné, (Israël de Valabrague, *dit*), 172, 226, 227, 266, 269.
Vidal (Johanan) de Millihau. Décès, 124.
Vidal (Joanan Hain, *dit*), 80.
Vidal (Miriam), femme Moyse Gard, 266.
Vidal (Noë). Décès, 123.
Vidal (Rachel), 266.

Vidal (Sara Alegre, femme Israël), 172.
Vidal de Carcassonne (Joseph), 162.
Villeneuve (Armand-Emmanuel-Antoine Dalpuget Belloni de), 269.
Villette (La), cimetière juif, 16 et ss., 54 et ss., *passim*.
Vilon, 18.
Vincent, huissier, 273.
Viollet (Veuve), logeuse, 220.
Vormes, voy. Worms.
Vouguy, logeur, 53.

Walbeck (Prusse rhénane), 73.
Warnier *ou* Wouarier (Guilin-Joseph), tailleur, 91.
Wellingen (Lorraine), 136, 174, 179, 218.
Wesphalie (Cerf). Décès, 62.
Westhafen (Alsace), 248.
Wimphen (Isaac), 219, 234, 250.
Wissembourg, 185, 190, 199, 249.
Wolff-May, orfèvre, 33.
Worms (Hayem), 81, 273.
Worms (Jacob), 49. Décès, 53.
Worms (Joseph), 85.
Worms (Sara Lévy, femme Jacob), 53.
Wouarier, voy. Warnier.
Würzburg (Bavière), 182.

Zacharie (Benjamin). Décès, 263.
Zacharie (Lion), de Rotterdam, 121, 135-137, 179, 263.
Zacharie (Lion), polonais, 164.
Zillze, voir Zülz.
Zillze (Aaron), voy. Bargate (Aaron).
Zülz (Silésie), 220.

PUBLICATIONS
DE LA SOCIÉTÉ DE L'HISTOIRE DE PARIS.

MÉMOIRES DE LA SOCIÉTÉ DE L'HISTOIRE DE PARIS. Paris, 1874-1913, 39 vol. in-8°. 304 fr.

PLAN DE PARIS par TRUSCHET et HOYAU. 8 feuilles in-plano dans un carton, et notice par J. COUSIN. Paris, 1874-1875, in-8°. 30 fr.

PARIS PENDANT LA DOMINATION ANGLAISE (1420-1436), par A. LONGNON. Paris, 1877, in-8°. 10 fr.

LES COMÉDIENS DU ROI DE LA TROUPE FRANÇAISE, par E. CAMPARDON. Paris, 1878, in-8°. 10 fr.

JOURNAL D'UN BOURGEOIS DE PARIS (1405-1449), publié par A. TUETEY. Paris, 1880, in-8°. 10 fr.

DOCUMENTS PARISIENS SUR L'ICONOGRAPHIE DE SAINT LOUIS, publiés par A. LONGNON. Paris, 1881, in-8°. 8 fr.

JOURNAL DES GUERRES CIVILES DE DUBUISSON-AUBENAY, publié par G. SAIGE. Paris, 1882-1883, 2 vol. in-8°. 20 fr.

POLYPTYQUE DE L'ABBAYE DE SAINT-GERMAIN-DES-PRÉS, publié par A. LONGNON. Paris, 1885-1895, 2 vol. in-8°. 20 fr.

L'HOTEL-DIEU DE PARIS AU MOYEN AGE; histoire et documents, par E. COYECQUE. Paris, 1888-1891, 2 vol. in-8°. 20 fr.

ÉPITRE DE G. FICHET SUR L'INTRODUCTION DE L'IMPRIMERIE A PARIS, publiée en fac-similé, avec préface, par L. DELISLE. Paris, 1889, in-8°. 6 fr.

UN GRAND ENLUMINEUR PARISIEN DU XVe SIÈCLE : Jacques de Besançon, par P. DURRIEU. Paris, 1891, in-8°. 10 fr.

LETTRES DE M. DE MARVILLE, lieutenant général de police, au ministre Maurepas, publiées par A. DE BOISLISLE. Paris, 1896-1905, 3 vol. in-8°. Tome I épuisé. 20 fr.

DOCUMENTS PARISIENS DU RÈGNE DE PHILIPPE VI DE VALOIS (1328-1350), publiés par Jules VIARD. Paris, 1898-1899, 2 vol. in-8°. 20 fr.

DOCUMENTS SUR LES IMPRIMEURS, LIBRAIRES, ETC., ayant exercé à Paris de 1450 à 1600, publiés par Ph. RENOUARD. Paris, 1901, in-8°. 10 fr.

LÉGENDE DE SAINT DENIS, REPRODUCTION DES MINIATURES, ETC., notice par H. MARTIN. Paris, 1908, gr. in-8°. 25 fr.

RECUEIL DES CHARTES DE SAINT-GERMAIN-DES-PRÉS, par René POUPARDIN, t. I. Paris, 1909, in-8°. T. II sous presse. 10 fr.

TABLES DÉCENNALES DES PUBLICATIONS DE LA SOCIÉTÉ, par E. MAREUSE. Paris, 1885, 1894 et 1909, 3 vol. in-8°. 15 fr.

BULLETIN DE LA SOCIÉTÉ DE L'HISTOIRE DE PARIS ET DE L'ILE-DE-FRANCE. Paris, 1874-1912, 38 vol. in-8°. 190 fr.

On peut se faire inscrire comme souscripteur sur la présentation de deux membres de la Société.

Le prix de la cotisation est de 15 fr. par an.

ABBEVILLE. — IMPRIMERIE F. PAILLART.

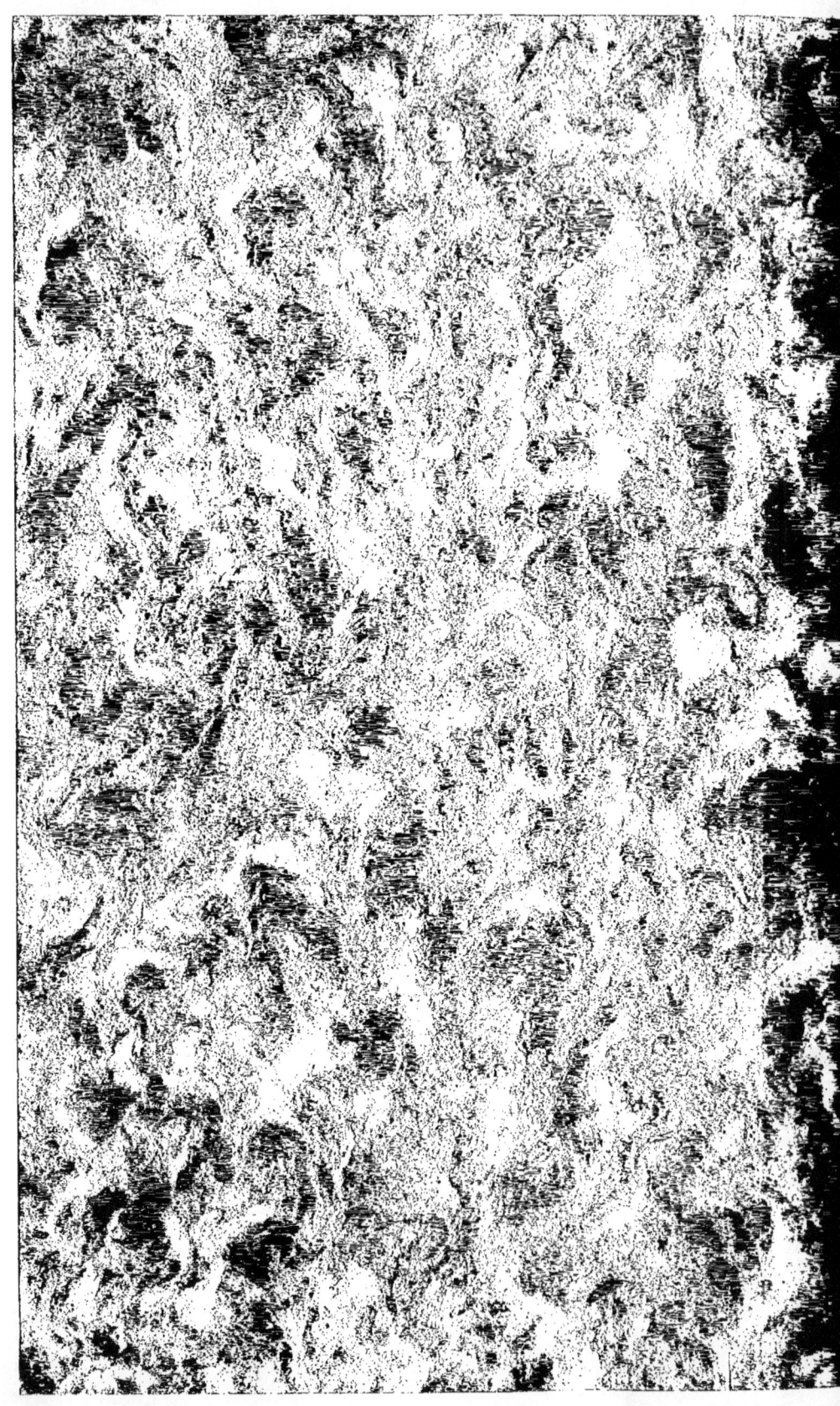

www.ingramcontent.com/pod-product-compliance
Lightning Source LLC
Chambersburg PA
CBHW071316150426
43191CB00007B/644